Konzepte der Humanwissenschaften

Frederick S. Perls

**Gestalt-Therapie
in Aktion
Ernst Klett Verlag
Stuttgart**

Aus dem Amerikanischen übersetzt von
Josef Wimmer
Titel der amerikanischen Ausgabe:
»Gestalt Therapy Verbatim«
© 1969 Real People Press, P. O. Box 542 Lafayette, California 94549
Über alle Rechte der deutschen Ausgabe verfügt der
Ernst Klett Verlag, Stuttgart
Fotomechanische Wiedergabe nur mit Genehmigung des Verlages
Einbandgestaltung und Typographie: Heinz Edelmann
Für den Umschlag wurde ein Porträt des Verfassers von Otto Dix verwendet
Gesamtherstellung: Graphische Werkstätten Kösel, Kempten
Printed in Germany 1976
ISBN 3-12-906270-X

9.–18. Tausend

To suffer one's death
and to be reborn
is not easy

Fritz

Inhalt

Fast das gesamte Material in diesem Buch, außer dem für den letzten Abschnitt, *Intensiv-Workshop,* wurde aus Tonbandaufnahmen ausgewählt, die bei von Fritz Perls geleiteten Wochenendseminaren für Traumarbeit entstanden. Diese Seminare fanden in den Jahren 1966 bis 1968 im Esalen Institute, Big Sur, Kalifornien, statt.

Die hier vorliegenden Transkriptionen von Gestalttherapie-Sitzungen sind im wesentlichen wörtlich wiedergegeben. Geringfügige Änderungen sind vorgenommen worden, um den Sinn von Äußerungen zu klären, und es sind einige erläuternde Kommentare Perls' eingefügt worden. Sämtliche Namen wurden geändert, außer denen der Personen im *Intensiv-Workshop,* die ausdrücklich die Erlaubnis gaben, ihre Namen zu verwenden.

Kopien der Original-Bandaufnahmen, aus denen in diesem Buch zitiert wird, stehen zur Verfügung und werden für ein ernsthaftes Studium der Methoden der Gestalttherapie empfohlen. Man gewinnt einen viel differenzierteren Einblick, wenn man die Stimmen hört, die stimmlichen Modulationen, das Schweigen, die zeitliche Reihenfolge der Interventionen (timing), all die Nuancen, die im Druck nicht adäquat wiedergegeben werden können. Anfragen bitte an folgende Adresse: *Gestalt Training Tapes, Big Sur Recordings, P.O. Box 6633, Carmel, California 93921.* Es stehen auch ausgezeichnete und fesselnde 16-mm-Filme von Gestalttherapie-Sitzungen zur Verfügung. Anfragen an folgende Adresse: *Sessions in Gestalt Therapy, The Mediasync Corporation, P.O. Box 486, Del Mar, California 92014.* Außerdem gibt es eine zusammenhängende Reihe von acht sehr eindrucksvollen 30-Minuten Farbfilmen, die Fritz Perls zeigen, wie er Gestalttherapie lehrt und demonstriert. Sie wurden im Frühjahr 1969 von der *Aquarian Productions of Vancouver* hergestellt und werden von *Films Incorporated, 38 West 32nd St., New York, NY 10001,* vertrieben.

Fritz Perls starb am 14. März 1970, nach kurzer Krankheit, im Alter von 76 Jahren. Keine Anerkennung kann auch nur ansatzweise ausdrücken, wie reich sein Leben war und wie viel er so vielen von uns gegeben hat.

Ich möchte über die gegenwärtige Entwicklung der humanistischen Psychologie sprechen. Wir haben lange Zeit gebraucht, um das ganze Freudsche Zeug zu entlarven. Jetzt treten wir in eine neue und gefährlichere Phase ein. Wir treten in die Phase der Aufputscher ein: sich aufputschen und augenblicklich Spaß haben, augenblicklich wache Sinne haben, auf der Stelle geheilt sein. Wir treten in die Phase der Quacksalber und Betrüger ein, die glauben, daß du geheilt bist, wenn du irgendeinen Durchbruch schaffst — und die jegliche Erfordernisse des Wachstums außer acht lassen; die den natürlichen Genius in jedem von euch, jegliches wirkliche Potential, mißachten. Wenn das zur Mode wird, dann ist das für die Psychologie ebenso gefährlich wie das jahre-, jahrzehnte- und jahrhundertlange Auf-der-Couch-Liegen. Wenigstens ist der Schaden, den wir durch die Psychoanalyse erlitten haben, für den Patienten nicht allzu schwerwiegend — außer, daß er tot und töter gemacht wird. Jedoch ist das nicht so schädlich wie dieses Schnell-schnell-schnell. Die Psychoanalytiker bringen zumindest guten Willen mit. Ich muß sagen, daß ich über das, was gegenwärtig vor sich geht, *sehr* besorgt bin.

Einer der Einwände, die ich gegen manche Leute habe, die sich Gestalttherapeut nennen, ist, daß sie Techniken anwenden. Eine Technik ist ein Trick. Ein Trick sollte nur im äußersten Notfall angewendet werden. Es gibt genug Leute, die rumrennen und Tricks sammeln, immer mehr Tricks, und sie mißbrauchen. Diese Techniken, diese Werkzeuge, sind ganz nützlich in einem Seminar für Entfaltung der Sinne oder der Fähigkeit, Spaß zu haben, einfach, um dir irgendeine Vorstellung davon zu geben, daß du immer noch lebendig bist, daß der Mythos vom Amerikaner als einer Leiche nicht wahr ist, daß er lebendig sein *kann*. Aber die traurige Tatsache ist, daß dieses Hochkitzeln weit häufiger zu einer gefährlichen Ersatzaktivität wird, zu einer weiteren Scheintherapie, die echtes Wachstum *verhindert*.

Das Problem liegt nun nicht so sehr bei den Aufputschern, als vielmehr bei der ganzen amerikanischen Kultur. Wir haben eine Wendung um 180 Grad vom Puritanismus und Moralismus zum Hedonismus gemacht. Auf einmal muß alles Spaß und Lust sein, und jedes echte Engagement, jedes wirkliche *Hiersein* wird mißbilligt.

Keine tausend Plastikblüten
lassen eine Wüste blühen.
Und tausend leere Gesichter
machen einen leeren Raum nicht voll.

In der Gestalttherapie arbeiten wir für etwas anderes. Wir sind hier, um den Prozeß des Wachstums zu fördern und das menschliche Potential zu entfalten. Wir reden nicht von augenblicklicher Freude, von augenblicklicher Wachheit der Sinne, von sofortiger Heilung. Der Prozeß des Wachstums ist ein Prozeß, der Zeit braucht. Wir können nicht einfach mit den Fingern schnalzen und sagen: »Los, Spaß muß sein! Machen wir das!« Du kannst dich mit LSD antörnen, wenn du willst, und dich hochkitzeln, aber das hat nichts mit der redlichen Arbeit jenes psychiatrischen Ansatzes zu tun, den ich Gestalttherapie nenne. In der Therapie müssen wir nicht nur durch das Rollen-Spielen hindurchgelangen. Wir müssen auch die Lücken in der Persönlichkeit ausfüllen, das, was fehlt, ergänzen, um den Menschen wieder ganz und vollständig zu machen. Und wiederum kann das von den Aufputschern nicht erbracht werden. In der Gestalttherapie haben wir einen besseren Weg, aber der ist keine magische Abkürzung. Du brauchst keine zwanzig oder dreißig Jahre auf der Couch zu liegen oder in einem Zendo zu verbringen, aber du mußt dich selbst einbringen, und Wachstum braucht Zeit.
Die Konditionierer gehen ebenfalls von einer falschen Annahme aus. Ihre Grundvoraussetzung, daß Verhalten »Gesetz« ist, ist ein rechter Unsinn. Das heißt: Wir lernen zu atmen, zu essen, wir lernen zu gehen. »Das Leben ist nichts anderes als die Bedingungen, in die es hineingeboren wurde.« *Wenn* wir durch die behavioristische Reorganisation unseres Verhaltens eine Veränderung auf größere Selbständigkeit hin erreichen und alle künstlichen sozialen Rollen, die wir gelernt haben, wegwerfen, dann bin ich auf der Seite der Behavioristen. Das entscheidende Hindernis aber scheint die Angst zu sein. Immer die Angst. Natürlich bist du ängstlich, wenn du eine neue Verhaltensweise lernen mußt, und die Psychiater haben normalerweise Angst vor der Angst. Sie wissen nicht, was Angst *ist*. Angst ist Erregung, der *élan vital*, den wir in uns tragen, der ins Stocken gerät, wenn wir uns der Rolle, die wir spielen müssen, nicht sicher sind. Wenn wir nicht wissen, ob wir Beifall oder faule Tomaten ernten, zögern wir, das Herz fängt an zu galoppieren, und nichts von unserer Erregung kann in Aktivität übergehen; wir haben Lampenfieber. Die Formel für die Angst ist also sehr einfach: Angst ist die Kluft zwischen dem *Jetzt* und dem

Später. Wenn du im Jetzt bist, kannst du keine Angst haben, denn deine Erregung geht unmittelbar über in andauernde spontane Aktivität. Wenn du im Jetzt lebst, bist du schöpferisch, bist du erfinderisch. Wenn deine Sinne bereit sind, wenn du Augen und Ohren offen hältst — wie jedes kleine Kind —, dann findest du eine Lösung.

Befreiung zur Spontaneität, zur Standfestigkeit deiner ganzen Persönlichkeit — ein klares Ja. Zur Pseudo-Spontaneität der Aufputscher und ihrem Hedonismus: tun wir halt was, nehmen wir LSD, auf geht's, Spaß muß her, her mit der Sinnenlust — ein klares Nein. Zwischen der Skylla des Konditionierens und der Charybdis des Hochkitzelns ist also etwas anderes — ein Mensch, der lebendig ist, ein Mensch, der selbständig ist.

Wie man weiß, läuft in den Vereinigten Staaten eine Rebellion. Wir entdecken, daß Sachen zu produzieren, für Sachen zu leben und Sachen auszutauschen nicht der tiefste Sinn des Lebens ist. Wir entdecken, daß der Sinn des Lebens ist, es zu leben, und nicht, damit Handel zu treiben, es in Begriffe zu stecken und in ein Gebäude von Systemen hineinzuzwängen. Wir erkennen, daß Manipulation und Kontrolle nicht die letzte Freude am Leben darstellen. Aber wir müssen auch erkennen, daß wir bis jetzt nur eine Rebellion haben. Wir haben noch keine Revolution. Es fehlt noch vieles an Substanz. Zwischen Faschismus und Humanismus findet ein Wettrennen statt. Im Moment scheint es mir, daß die Faschisten dabei sind, das Rennen zu verlieren. Aber die wilden, hedonistischen und unrealistischen Aufputscher und Antörner haben mit Humanismus nichts zu tun. Das ist Protest, das ist Rebellischsein und als solches in Ordnung, aber das ist nicht der Weisheit letzter Schluß. Ich habe viel Kontakt mit *den* jungen Leuten dieser Zeit gehabt, die verzweifelt sind. Sie alle sehen im Hintergrund den Militarismus und die Atombombe. Sie wollen etwas vom Leben haben. Sie wollen wirkliche Menschen werden und da-sein. Wenn irgendeine Aussicht besteht, Aufstieg und Fall der Vereinigten Staaten zu unterbrechen, so durch die jungen Leute, und es ist an euch, diese jungen Leute zu unterstützen. Um das tun zu können, gibt es nur einen Weg, der zu gehen ist: natürlich werden, lernen, sich auf sich selbst zu stellen, seinen Kern entfalten und die Grundlage des Existenzialismus verstehen: Eine Rose ist eine Rose ist eine Rose. Ich bin, was ich bin, und ich kann mich in diesem Augenblick von dem, was ich bin, einfach nicht unterscheiden. Darum geht es in diesem Buch. Ich sage euch das Gestaltgebet, es mag die Richtung zeigen. Das Gebet in der Gestalttherapie heißt:

Ich tu, was ich tu; und du tust, was du tust.
Ich bin nicht auf dieser Welt, um nach deinen Erwartungen zu leben,
Und du bist nicht auf dieser Welt, um nach den meinen zu leben.
Du bist du, und ich bin ich,
Und wenn wir uns zufällig finden, — wunderbar.
Wenn nicht, kann man auch nichts machen.

Fritz Perls

Ich möchte mit sehr einfachen Gedanken beginnen, die, wie immer, schwer zu verstehen sind, eben weil sie einfach sind. Ich möchte mit der Frage der Kontrolle beginnen. Es gibt zwei Arten von Kontrolle: Die eine ist die Kontrolle, die von außen kommt — ich werde von anderen kontrolliert, ich werde gelenkt von Anordnungen, ich werde gesteuert von der Umwelt usw.

— und die andere ist die Kontrolle, die jedem Organismus eingebaut ist — meine eigene Natur.

Was ist ein Organismus? Wir nennen jedes lebendige Wesen einen Organismus, jedes lebendige Wesen, das Organe hat, das eine Organisation hat, das in sich selbstregulierend ist. Ein Organismus ist nicht unabhängig von seiner Umwelt. Jeder Organismus bedarf einer Umwelt, um wesentliche Stoffe auszutauschen; wir brauchen die physikalische Umwelt, um Luft, Nahrung usw. auszutauschen; wir brauchen die soziale Umwelt, um Freundschaft, Liebe und Zorn auszutauschen. Aber innerhalb des Organismus existiert ein System von unglaublicher Feinheit — jede Zelle der Millionen von Zellen, die wir *sind,* hat eingebaute Mitteilungen, die sie an den gesamten Organismus aussendet, und der gesamte Organismus kümmert sich dann um die Bedürfnisse der Zellen und tut alles, was je für die verschiedenen Teile des Organismus getan werden muß.

Als erstes ist nun zu beachten, daß der Organismus stets als ein Ganzes arbeitet. Wir *haben* nicht eine Leber oder ein Herz. Wir *sind* Leber und Herz und Gehirn und so weiter, und sogar das ist falsch. Wir sind keine Summe von Teilen, sondern ein *Zusammenspiel* all dieser verschiedenen Teilchen, die in die Bildung des Organismus eingehen.

In der alten Philosophie dachte man immer, daß die Welt aus der Summe einzelner Teile bestünde. Ihr wißt selbst, daß das nicht stimmt. Wir bestehen ursprünglich aus einer Zelle. Diese Zelle differenziert sich in mehrere Zellen, und sie wiederum differenzieren sich in andere Organe, die besondere Funktionen haben, die ihrerseits sich voneinander unterscheiden und doch einander bedürfen.

Somit kommen wir zur Definition von Gesundheit. Gesundheit ist ein angemessenes Gleichgewicht des Zusammenspiels alles dessen, was wir *sind.* Ihr bemerkt wohl, daß ich ein paar Mal das Wort *sind* betont habe; in dem Augenblick nämlich, in dem wir sagen, wir *haben* einen Körper, führen wir eine Spaltung ein, — so, als ob es ein *Ich* gäbe, das sich im Besitz des Körpers oder des Organismus glaubt. Wir *sind* Körper (body), wir *sind* jemand (somebody) — »Ich *bin* jemand (somebody)«, »Ich bin niemand (nobody)«. Es dreht sich also mehr um *sein* als um *haben*. Deshalb nennen wir unseren Ansatz den existenziellen Ansatz: Wir existieren *als* Organismus — als ein Organismus wie eine Meermuschel, wie ein Tier usw., und wir stehen genauso in Beziehung zur Außenwelt wie jeder andere Organismus der Natur auch. Kurt Goldstein führte als erster das Konzept des *Organismus als eines Ganzen* ein und brach mit der Tradition in der Medizin, nach der wir eine Leber *haben*, nach der wir dies und jenes haben und nach der alle diese Organe für sich untersucht werden können. Er kam der Wirklichkeit ziemlich nahe, und diese Wirklichkeit liegt beim sogenannten ökologischen Aspekt. Nicht einmal die Organismen und die Umwelt kann man voneinander trennen. Eine Pflanze, die aus ihrer Umwelt herausgenommen wird, kann nicht weiterleben, und genausowenig kann es ein menschliches Wesen, wenn man es aus seiner Umwelt herausnimmt, ihm Sauerstoff und Nahrung entzieht usw. Wir müssen also stets den Ausschnitt der Welt, in dem wir leben, als Teil von uns selbst betrachten. Wo immer wir hingehen, nehmen wir irgendwie Welt mit.

Wenn das so ist, dann beginnen wir langsam zu verstehen, daß Menschen und Organismen miteinander kommunizieren *können,* und wir nennen das die *Mitwelt* — die gemeinsame Welt, die du hast und die der andere Mensch hat. Du sprichst eine bestimmte Sprache, du hast bestimmte Haltungen, ein bestimmtes Verhalten, und irgendwo überschneiden sich die beiden Welten. Und in diesem Feld der Überschneidung ist Kommunikation, Verständigung, möglich. Es ist bestimmt schon jedem von uns aufgefallen, daß die Leute, wenn sie sich begegnen, das Begegnungsspielchen anfangen — der eine sagt: »Wie geht's Ihnen?« »Schönes Wetter heute«, und der andere antwortet etwas Ähnliches. Auf diese Weise suchen sie das gemeinsame Interesse oder die gemeinsame Welt, in der sie ein mögliches Interesse, Kommunikation und ein Miteinander haben; an der Stelle kommen wir auf einmal von *Ich* und *Du* zum *Wir.* Ein neues Phänomen tritt auf, das *Wir,* das vom Ich und vom Du verschieden ist. Das *Wir* als solches besteht nicht, sondern es besteht aus Ich *und* Du, es ist eine dauernd sich verändernde Grenze, an der sich zwei Menschen begegnen. Und wenn wir uns dort begegnen, ändere ich mich, und du änderst dich, durch den Prozeß des Einander-Begegnens, außer — und darüber müssen wir noch viel sprechen —, außer wenn die zwei Menschen *Charakter* haben. Wenn einer einmal einen *Charakter* hat, dann hat er ein starres System entwickelt. Sein Verhalten versteinert sich, es wird vorhersagbar, und der Mensch verliert seine Fähigkeit, das Leben und die Welt frei und aus voller Kraft zu bewältigen. Er ist prädeterminiert, mit Ereignissen nur in einer Weise fertig zu werden, und zwar so, wie es sein Charakter vorschreibt. Es scheint paradox, wenn ich sage, daß der reichste Mensch, der produktivste und schöpferischste Mensch der ist, der *keinen* Charakter hat. In unserer Gesellschaft *verlangen* wir von einem Menschen, Charakter zu haben, und vor allem einen *guten* Charakter, denn dann ist man voraussagbar, und man kann klassifiziert werden usw.

Reden wir jetzt etwas mehr über die Beziehung des Organismus zu seiner Umwelt; an dieser Stelle führen wir den Begriff der *Ich-Grenze* ein. Eine Grenze definiert ein Ding. Ein Ding hat also seine Grenzen, es ist in Beziehung zur Umwelt durch seine Grenzen bestimmt. In sich nimmt ein Ding einen bestimmten Raum ein. Vielleicht nicht viel. Vielleicht will es größer sein, oder es will kleiner sein — vielleicht ist es mit seiner Größe nicht zufrieden. Wir führen jetzt wieder ein neues Konzept ein, nämlich das des *Wunsches, sich zu ändern,* gegründet auf dem *Phänomen des Unbefriedigtseins.* Wann immer man sich selbst ändern will oder die Umwelt ändern will, stets ist der Grund ein *Unbefriedigtsein.*

Die Grenze zwischen Organismus und Umwelt erfahren wir mehr oder weniger als das, was innerhalb der Haut und was außerhalb der Haut ist, aber das ist sehr vage definiert. Zum Beispiel: Ist im Augenblick des Atmens die Luft, die einströmt, noch Teil der Außenwelt oder ist sie schon unsere eigene? Wenn wir Nahrung zu uns nehmen, verleiben wir sie uns ein, können sie aber noch erbrechen — wo ist also der Punkt, an dem das Selbst beginnt und das Anderssein der Umwelt endet? Wir sehen, daß die Ich-Grenze nichts *Fixiertes* ist. Wenn sie verfestigt ist, so entsteht wieder Charakter oder ein Panzer wie bei der Schildkröte. Die Schildkröte hat in dieser Hinsicht eine sehr starre Grenze. Unsere Haut ist weniger starr; sie atmet, spürt usw. Die Ich-Grenze ist von großer Bedeutung. Das Phänomen der Ich-Grenze ist sehr eigenartig. Grundsätzlich nennen wir die Ich-Grenze die Unterscheidung zwischen Selbst und Anderssein, und in der Gestalttherapie schreiben wir das Selbst klein. Ich weiß, daß viele Psychologen das Selbst gern groß schreiben, als ob das Selbst etwas Kostbares wäre, etwas außerordentlich Wertvolles. Sie gehen an die Entdeckung des Selbst wie Schatzgräber heran. Das Selbst bedeutet jedoch nichts anderes als dieses Etwas, wie es durch das *Anderssein* bestimmt ist. »Ich mach' es selbst« bedeutet, daß niemand anderes es tut, es ist dieser Organismus, der es tut.

Die beiden Erscheinungsformen der Ich-Grenze sind *Identifikation* und *Entfremdung (Alienation)*. Ich identifiziere mich mit meinen Bewegungen: Ich sage, daß *ich* meinen Arm bewege. Wenn ich *dich* dort sitzen sehe, in einer bestimmten Haltung, so sage ich nicht: »*Ich* sitze dort«, ich sage: »*Du* sitzt dort.« Ich unterscheide zwischen der Erfahrung hier und der Erfahrung dort, und diese Identifikationserfahrung hat mehrere Aspekte. Das *Ich* scheint wertvoller zu sein als das andere Sein. Wenn ich mich, sagen wir, mit meinem Beruf identifiziere, dann kann diese Identifikation so stark sein, daß ich mich, wenn mir mein Beruf genommen wird, nicht mehr existieren fühle, so daß ich genauso gut Selbstmord begehen könnte. Denkt daran, wie viele Menschen 1929 Selbstmord begingen, weil sie derart mit ihrem Geld identifiziert waren, daß das Leben nicht mehr lebenswert war, als sie das Geld verloren.

Wir identifizieren uns gern mit unseren Familien. Wenn eines unserer Familienmitglieder beleidigt wird, so haben wir das Gefühl, daß man uns ebenfalls beleidigt hat. Man identifiziert sich mit seinen Freunden. Die Mitglieder des 146.ten Infanterieregiments meinen, besser zu sein als die Mitglieder des 147.ten Regiments, und die Mitglieder des 147.ten Regiments fühlen sich ihrerseits den Mitgliedern des 146.ten überlegen. Innerhalb der Ich-Grenze herrschen im allgemeinen Zusammenhalt, Liebe und Zusammenarbeit; außerhalb der Ich-Grenze ist Mißtrauen, Fremdheit und Unvertrautheit.

Diese Grenze kann nun sehr fließend sein, wie heutzutage in Kriegen — die Grenze erstreckt sich so weit, sagen wir, wie die Beherrschung des Luftraums reicht. So weit reichen Sicherheit, Vertrautheit und Ganzheit. Jenseits der Grenze aber ist die Fremdheit, der Feind; und immer, wenn eine Grenzfrage auftaucht, besteht ein Konflikt. Wenn uns das Ähnliche selbstverständlich ist, nehmen wir die Grenze in ihrer Existenz nicht wahr. Wenn uns das Unähnliche selbstverständlich ist, stoßen wir auf das Problem der Feindschaft, der Zurückweisung — des Wegstoßens. »Halt' dich raus aus meinen Angelegenheiten!«, »Bleib' von meinem Haus weg!«, »Halt' dich raus aus meiner Familie!«, »Misch' dich nicht in meine Gedanken ein!« Ihr seht also schon die Polarität von Anziehung und Abstoßung — von Appetit und Abscheu. Es herrscht stets eine Polarität; innerhalb der Grenze haben wir das Gefühl der Vertrautheit, des Rechten, außerhalb ist die Fremdheit und das Falsche. Diesseits ist's gut, jenseits ist's böse. Der eigene Gott ist der wahre Gott. Der andere Gott ist der fremde Gott. Meine politische Überzeugung ist unantastbar, ist meine; die andere politische Überzeugung ist schlecht. Wenn ein Staat im Krieg ist, sind die eigenen Soldaten Engel und die der Feinde sind allesamt Teufel. Unsere Soldaten kümmern sich um die armen Familien, der Feind vergewaltigt sie. Somit ist die gesamte Vorstellung von Gut und Böse, richtig und falsch immer eine Sache der Grenze, abhängig davon, auf welcher Seite des Zauns ich stehe.

Ich will euch jetzt ein paar Minuten Zeit zum Verarbeiten geben, auch um Anmerkungen zu machen und dann sehen, wie weit wir gekommen sind. Ihr müßt mich ein wenig in eure private Welt einlassen oder ihr müßt aus eurer privaten Welt heraus in die Umwelt kommen, die dieses Podium hier einschließt.

(Q) Frage: Wenn jemand verliebt ist, dann dehnt sich seine Grenze aus, um das Du oder den anderen, der vorher außerhalb seiner selbst war, einzuschließen.

(F) Fritz: Ja. Die Ich-Grenze wird eine *Wir*-Grenze: Ich und Du sind gegenüber der ganzen Welt abgegrenzt. In einem Augenblick der Liebesekstase verschwindet die Welt.

Q: Wenn zwei Menschen ineinander verliebt sind, akzeptieren sie — würden sie sich gegenseitig so vollständig akzeptieren, daß ihre Ich-Grenzen sich bis zu einem Punkt ausdehnen, wo sie auch andere Menschen vollständig einbeziehen oder würden sie nur den Menschen einbeziehen, zu dem sie eine Beziehung haben?

F: Nun, das ist eine sehr interessante und wichtige Frage. Und ein Mißverständnis führt hier zu vielen Tragödien und Katastrophen. Normalerweise lieben wir nicht den *ganzen Menschen*. Das ist sehr, sehr selten. Wir lieben eine bestimmte *Eigenschaft* an diesem Menschen, die entweder mit unserem Verhalten identisch ist oder unser Verhalten ergänzt; gewöhnlich ist es etwas, das eine Ergänzung zu uns darstellt. Wir glauben, den ganzen Menschen zu lieben, und in Wirklichkeit verabscheuen wir gewisse Seiten dieses Menschen. Wenn dann eine andere Seite auftritt, wenn dieser Mensch sich in einer Weise verhält, die unseren Abscheu hervorruft, dann wiederum sagen wir nicht: »*Diese Seite* von dir widert mich an, obwohl mir die andere lieb ist.« Wir sagen: »*Du* widerst mich an — verschwinde aus meinem Leben!«

Q: Aber, Fritz, trifft das nicht auch auf das Individuum zu? Beziehen wir alles, was wir sind, in unsere Ich-Grenzen ein? Gibt es nicht auch Dinge in uns, denen wir es verweigern, in unsere Ich-Grenzen aufgenommen zu werden?

F: Nun, wir werden darüber sprechen, wenn wir zur *inneren Spaltung*, zur Zerstückelung der Persönlichkeit kommen. Sobald man sagt: »Ich erkenne etwas in mir selbst an«, spaltet man sich auf in *Ich* und *mein Selbst*. Im Augenblick spreche ich über das mehr oder weniger ganzheitliche Auftreten eines Organismus, ich spreche nicht über Krankheit. Im Grunde gibt es sehr wenige Menschen, die ganze Menschen sind.

Q: Wie ist es mit der umgekehrten Situation, Haß oder heftiger Wut? Besteht dann die Tendenz, die Ich-Grenzen schrumpfen zu lassen, so daß der Haß eines Menschen auf einen anderen sein ganzes Leben absorbieren kann?

F: Nein. Der Haß ist eine Funktion, durch die jemand wegen irgend etwas aus den Grenzen gestoßen wird. Der Begriff, den wir in der existenziellen Psychiatrie verwenden, heißt *Entfremdung*, Abspaltung. Wir lehnen einen Menschen ab, und wenn die Existenz dieses Menschen für uns eine Bedrohung darstellt, so wollen wir ihn vernichten. Aber es handelt sich eindeutig um einen *Aus*schluß aus unserem Bereich, aus uns selbst.

Q: Ja, das ist mir klar. Was ich zu verstehen versuche, ist, wie eine derart intensive Situation — ein intensives Verwickeltsein in eine derartige Situation — in Begriffen der Ich-Grenzen wirkt. Tendiert sie dazu, diese enger zu machen oder macht sie sie starrer?

F: Nun, sie macht sie eindeutig starrer. Ich will auf diese Frage zurückkommen, wenn wir auf die Projektionen zu sprechen kommen. Das ist ein besonderer Fall in der Pathologie, nämlich die Tatsache, daß wir letzten Endes nur uns selbst lieben und nur uns selbst auch hassen. Ob wir dieses geliebte oder gehaßte Etwas als in uns selbst oder als außerhalb von uns erklären, hat mit Lücken in der Grenze zu tun.

Q: Fritz, du sprachst von der Polarität von Anziehung und Abscheu; es ist aber doch möglich, beides zugleich gegenüber einunddderselben Person zu empfinden, was, soweit ich es verstehen kann, einen Konflikt schafft.

F: Genau davon spreche ich. Nicht von einer Person ist man angezogen, nicht einer Person gegenüber von Abscheu erfüllt. Wenn man näher hinsieht, so ist man von einem bestimmten Verhalten oder Teil dieser Person angezogen und verabscheut ein bestimmtes anderes Verhalten oder einen anderen Teil dieser Person; wenn man durch Zufall sowohl das geliebte als auch das gehaßte Ding — wir nennen es ganz selbstverständlich ein Ding — in derselben Person entdeckt, so kommen wir in Verlegenheit. Es ist viel leichter, den einen Menschen zu verabscheuen und den andern zu lieben. Das eine Mal findet man, man hasse diesen Menschen, und das andere Mal liebt man ihn, aber wenn sowohl Liebe als auch Haß zusammentreffen, wird man konfus. Das hat eine Menge mit dem grundlegenden Gesetz zu tun, daß eine Gestalt immer so gebildet wird, daß nur eine Figur, ein Aspekt Vordergrund werden kann — daß wir grundsätzlich nur an ein Ding zu einer bestimmten Zeit denken können; sobald zwei Gegensätze oder zwei verschiedene Figuren sich dieses Organismus' bemächtigen wollen, werden wir konfus; wir spalten uns und fragmentieren uns.

Ich sehe schon, wohin die ganze Richtung der Fragen zielt. Ihr fangt allmählich an zu verstehen, was sich in der Krankheit ereignet. Wenn uns einige unserer Gedanken und Gefühle unannehmbar sind, wollen wir uns ihrer entledigen. *Ich* soll den Wunsch haben, dich zu töten? Wir schieben also den Tötungsgedanken beiseite und sagen: »Nicht ich bin's — das ist ein *Zwang*«, oder wir verdrängen das Töten oder unterdrücken es und werden ihm gegenüber blind. Es gibt viele solcher Wege, um intakt zu bleiben, aber immer um den Preis der Verleugnung und Abspaltung vieler wertvoller Teile von uns selbst. Die Tatsache, daß wir nur einen so geringen Prozentsatz unseres Potentials leben, verdanken wir dem Umstand, daß wir — oder die Gesellschaft oder was auch immer — nicht willens sind, mich und dich als *den* Organismus anzunehmen, der man durch Geburt, Anlage usw. ist. Du erlaubst dir nicht — oder man erlaubt es dir nicht, ganz und gar du selbst zu sein. So zieht sich die Ich-Grenze immer mehr zusammen. Die Kraft, die Energie, wird immer geringer. Die Fähigkeit, mit der Welt zurechtzukommen, wird kleiner — und auf der anderen Seite immer starrer, mehr und mehr nähert sie sich dem, was der Charakter, was das vorgefertigte Muster vorschreibt.

Q: Gibt es in dieser Ich-Grenze irgendeine Art von Bewegung, die möglicherweise durch einen zyklischen Rhythmus bestimmt ist? In der Weise, wie sich eine Blüte öffnet und schließt, öffnet und schließt —

F: Ja. Das gibt es sehr wohl.

Q: Bedeutet das Wort »verkrampft« dasselbe wie schrumpfen?

F: Nein. Es bedeutet Zusammengeballt-Sein.

Q: Was ist zum gegenteiligen Fall zu sagen, zur Drogenerfahrung, in der die Ich-Grenze — /F: In der man die Ich-Grenze verliert./ Wäre das eine Explosion nach deiner Theorie?

F: Eine Expansion, aber keine Explosion. Eine Explosion ist etwas ganz anderes. Die Ich-Grenze ist ein völlig natürliches Phänomen. Ich gebe euch jetzt ein paar Beispiele zur Ich-Grenze, etwas, das uns alle mehr oder weniger angeht. Diese Grenze, diese Identifikations/Alienations-Grenze, die ich lieber Ich-Grenze nenne, wird in jeder Lebenssituation wirksam. Nehmen wir an, einer unterstützt die Freedom-Bewegung, also das Akzeptieren der Neger als menschliche Wesen wie du und ich. Er identifiziert sich also mit ihnen. Wo ist dann die Grenze? Die Grenze verschwindet zwischen ihm und den Negern. Aber sofort wird eine neue Grenze geschaffen — jetzt sind nicht mehr die Neger die

Feinde, sondern die Gegner der Freedom-Bewegung; jetzt sind *sie* die Teufel, die schlechten Kerle.

So wird eine neue Grenze gebildet, und ich glaube, daß es keine Möglichkeit gibt, jemals ohne Grenze leben zu können — es gibt immer: »Ich bin auf der richtigen Seite, und du bist auf der falschen«, oder *wir* sind's, wenn es sich um Gruppen handelt. Ihr wißt, daß jede Gesellschaft oder Gemeinschaft eiligst ihre Grenzen aufbaut, wie es bei Cliquen so ist — die Müllers sind immer besser als die Meiers, und Meiers sind besser als Müllers. Und je enger die Mauern gezogen sind, desto größer ist die Möglichkeit zu Krieg und Feindschaft. Es ist leicht zu sehen, daß Kriege immer an der Grenze anfangen — als Grenzkonflikte. Für die Inder und die Chinesen ist die Möglichkeit, sich gegenseitig zu bekriegen, viel größer als für die Inder und die Finnen. Es gibt keine Grenze zwischen den Indern und den Finnen, außer wenn eine neue Art von Grenze aufgerichtet wird — also z. B. eine ideologische. Wir sind alle Kommunisten, wir liegen richtig. Wir sind alle freie Unternehmer, wir sind im Recht. Also seid ihr die Schlechten, nein *ihr* seid es. Wir suchen also selten den gemeinsamen Nenner, das, was wir gemeinsam haben, dafür aber suchen wir nach dem, worin wir uns unterscheiden, damit wir uns auch gegenseitig hassen und töten können.

Q: Glaubst du, daß es möglich ist, in sich so integriert zu werden, daß man objektiv wird und sich in nichts hineinziehen läßt?

F: Ich persönlich glaube, daß Objektivität nicht existiert. Die Objektivität der Wissenschaft ist auch nichts weiter als eine Angelegenheit wechselseitiger Übereinkunft. Eine bestimmte Anzahl Leute beobachten dieselben Phänomene und reden dann von einem objektiven Kriterium. Doch von Seiten der Wissenschaft kam der erste Beweis für Subjektivität. Und zwar von Einstein. Einstein erkannte, daß alle Phänomene im Universum unmöglich objektiv sein *können;* der Beobachter und die Geschwindigkeit innerhalb seines Nervensystems müssen nämlich in die Berechnung der Phänomene da draußen einbezogen werden. Wenn du eine bestimmte Perspektive hast und einen größeren Weitblick besitzt, erscheinst du fairer, objektiver und ausgeglichener. Aber sogar in diesem Fall bist es *du* als das Subjekt, das es so sieht. Wir haben keine besondere Vorstellung davon, wie das Universum aussieht. Wir haben nur eine bestimmte Anzahl von Organen — Augen, Ohren, Tastsinn und die Verlängerung dieser Organe — das Teleskop und die Computer. Aber was wissen wir über andere Organismen? Welche Organe haben sie? Welche Art Welt ist die ihre? Wir nehmen die Vollkommenheit des Menschen als selbstverständlich hin, und wir nehmen einfach an, daß unsere Welt — wie *wir* das Universum sehen — die einzig richtige ist.

Q: Fritz, laß mich noch einmal zur Ich-Grenze zurückkommen; wenn man nämlich sich selbst erlebt, wenn man einen erweiterten Zustand seiner selbst erfährt, dann scheint das Gefühl der Abgrenzung sich aufzuheben, zu schmelzen. Und da scheint es, daß man von dem Geschehen völlig absorbiert ist. Es scheint da überhaupt keine Ich-Grenze zu geben, außer einer Widerspiegelung dessen, was geschieht. Das verstehe ich nun nicht im Hinblick auf dein Konzept von der Ich-Grenze.

F: Ja. Das ist mehr oder weniger das nächste Thema, zu dem ich kommen wollte. Es gibt eine Art von Integration — ich weiß. daß das nicht korrekt formuliert ist — des Subjektiven und des Objektiven. Wir nennen das *Bewußtheit (awareness)* *. Bewußtheit ist stets eine subjektive Erfahrung. Ich kann mir unmöglich des gleichen bewußt sein, dessen du dir bewußt bist. Die Vorstellung des Zen von einer absoluten Bewußtheit ist meiner Meinung nach Unsinn. Absolute Bewußtheit kann unmöglich existieren, denn soweit *ich* weiß, hat die Bewußtheit immer einen Inhalt. Man ist sich immer eines *Etwas'* (something) bewußt. Wenn ich sage, ich fühle nichts, so bin ich mir wenigstens dieses *Nichts* (nothing) bewußt, das, wenn man es eingehender prüft, einen sehr positiven Charakter hat, wie zum Beispiel Taubheit, Kälte oder eine Kluft, die man verspürt; und wenn du die psychedelische Erfahrung ansprichst, so gibt es auch da eine Bewußtheit, und auch dort ist es die Bewußtheit von *Etwas*.

Gehen wir jetzt also einen Schritt weiter und schauen uns die Beziehung zwischen der Welt und dem Selbst an. Was läßt uns an der Welt interessiert sein? Was ist das für ein Bedürfnis zu erkennen, daß es eine Welt gibt? Wie kommt es, daß ich nicht funktioniere, daß ich nicht einfach als eine Art autistischer Organismus, vollkommen selbstgenügsam, leben kann? Nun, ein Gegenstand wie dieser Aschenbecher gehört nicht zu der Art von Organismen, die in Beziehungen stehen. Dieser Aschenbecher braucht sehr wenig, um zu existieren. Als erstes: Temperatur. Wenn man diesen Aschenbecher einer Temperatur von 4 000 Grad aussetzt, so ist das nicht die Umwelt, in der er seine Identität beibehält. Er braucht ein bestimmtes Maß an Schwerkraft. Würde man ihn einem Druck von, sagen wir, 40 000 Pfund unterwerfen, so

---

* »Awareness« ist eines der zentralen Konzepte der Gestalttherapie. Es bedeutet: Bewußtheit, Gewahrsein, die wache Aufmerksamkeit für das, was in mir und um mich herum vor sich geht. — Der Stern kennzeichnet Anmerkungen des Übersetzers. —

würde er in lauter Stücke zerbrechen. Aber wir können praktisch sagen, daß dieser Gegenstand sich selbst genügt. Er braucht keinerlei Austausch mit der Umwelt. Er existiert, um von uns als Kippenbehälter benutzt zu werden, um gereinigt, verkauft, weggeworfen zu werden und um als Wurfgeschoß zu dienen, wenn man jemanden verletzen will usw. Aber in sich ist er kein lebendiger Organismus.

Ein lebendiger Organismus ist einer, der aus vielen Tausenden von Prozessen besteht, die einen wechselseitigen Austausch mit anderen Medien außerhalb der Grenze des Organismus verlangen. Es gibt auch Prozesse in diesem Aschenbecher. Es finden elektronische und atomare Prozesse statt, aber sie sind für uns nicht sichtbar, und sie sind im Hinblick auf seine Existenz für uns nicht von Bedeutung. Bei einem lebendigen Organismus aber müssen wir uns über die Ich-Grenze verständigen, denn hier ist etwas außerhalb, was gebraucht wird. Draußen ist Nahrung: Ich will diese Nahrung, ich will sie zu einem Stück von mir machen, mir gleich. Also muß ich sie mögen. Wenn ich sie nicht mag, wenn sie mir un-gleich ist, werde ich sie nicht anrühren, ich lasse sie außerhalb der Grenze. Es muß sich also etwas ereignen, damit die Grenze überschritten wird, und das nennen wir *Kontakt*. Wir berühren, wir kommen in Kontakt, wir erweitern unsere Grenzen in Richtung auf den betreffenden Gegenstand. Wenn wir starr sind und uns nicht bewegen können, so bleibt der Gegenstand, wo er ist. Wenn wir leben, verbrauchen wir Energie und *brauchen* sie auch, um die Maschine in Gang zu halten. Dieser Vorgang des Austauschs heißt *Stoffwechsel*. Sowohl der Stoffwechsel des Organismus-Umwelt-Austauschs als auch der innerhalb unseres Organismus sind ständig im Gang, Tag und Nacht.

Was sind nun die Gesetze dieses Stoffwechsels? Es sind sehr strenge Gesetze. Nehmen wir an, ich marschiere durch die Wüste, und es ist sehr heiß. Ich verliere, sagen wir, einen Viertelliter Flüssigkeit. Wie weiß ich nun, daß ich diesen Viertelliter Flüssigkeit verloren habe? Erstens durch das Gewahrsein des Phänomens, in diesem Fall »Durst« genannt. Zum zweiten taucht plötzlich in dieser ungeschiedenen allgemeinen Welt etwas auf als *Gestalt*, als Vordergrund, nämlich — sagen wir — ein Brunnen oder eine Pumpe — oder sonst irgend etwas, das ein Plus von einem Viertelliter hat. Das Plus des Viertelliters in der Außenwelt und das Minus des Viertelliters in unserem Organismus können sich gegenseitig ausgleichen. In dem Augenblick, in dem dieser Viertelliter in unser System eingeht, erhalten wir ein Plus/Minus an Wasser, das das Gleichgewicht wiederherstellt. Wir kommen zur Ruhe, wir sind be-friedigt, sowie die Situation abgeschlossen ist, die Gestalt sich schließt. Der Drang, der uns treibt, etwas zu unternehmen, so und so viele Meilen zu gehen, um an diesen Ort zu gelangen, hat seinen Zweck erfüllt.

Diese Situation ist nun abgeschlossen und die nächste unabgeschlossene kann an ihre Stelle treten, was bedeutet: Unser Leben ist im Grunde praktisch nichts anderes als eine unendliche Anzahl unabgeschlossener Situationen — unvollständiger Gestalten. Kaum haben wir die eine Situation abgeschlossen, tritt eine andere auf.

Man hat mich oft den Begründer der Gestalttherapie genannt. Das ist unsinnig. Wenn man mich den Entdecker oder Wiederentdecker der Gestalttherapie nennt, einverstanden. Gestalt ist so alt wie die Welt. Die Welt und vor allem jeder Organismus erhält sich selbst aufrecht, und das einzige Gesetz, das konstant ist, ist die Bildung von Gestalten — Ganzheiten, Vollständigkeit. Eine Gestalt ist eine organische Funktion. Eine Gestalt ist eine letzte Erfahrungseinheit. Sobald eine Gestalt aufgebrochen wird, ist sie keine Gestalt mehr. Nehmt ein Beispiel aus der Chemie. Wasser hat eine bestimmte Eigenschaft. Es besteht aus H_2O. Wenn man die Gestalt Wasser zerstört, in zwei H's und ein O aufspaltet, so ist das kein Wasser mehr. Es ist Wasserstoff und Sauerstoff, und wenn jemand durstig ist, so kann er so viel Wasserstoff und so viel Sauerstoff einatmen, wie er will, es wird seinen Durst nicht löschen. Die Gestalt ist also das erlebte Phänomen. Wenn man sie analysiert, sie in ihre Teile zerlegt, wird sie etwas anderes. Gestalt kann als eine Einheit bezeichnet werden, wie etwa das Volt in der Elektrizitätslehre oder das Erg in der Mechanik usw.

Die Gestalttherapie ist eine der — ich nehme an, zur Zeit ist sie eine der drei Arten existenzieller Therapie: Frankl's Logotherapie, die Daseinsanalyse von Binswanger und Gestalttherapie. Wichtig ist, daß die Gestalttherapie die erste existenzielle Philosophie ist, die auf ihren eigenen Beinen steht. Ich unterscheide drei Arten von Philosophie. Die eine ist die »Darüber-Reden-Philosophie« (aboutism). Wir reden und reden darüber und erreichen nichts. Im wissenschaftlichen Erklären geht man normalerweise immer rund herum und berührt nie den Kern der Sache. Die zweite Art Philosophie würde ich die »Du-solltest-Philosophie« (shouldism) nennen. Den Moralismus. So solltest du sein, du solltest dich ändern, du solltest das nicht tun — hunderttausend Gebote, und niemand berücksichtigt, wie weit der Mensch, an den sich dieses »du solltest« richtet, es tatsächlich erfüllen kann. Und es geht noch weiter: Die meisten Leute erwarten, daß schon die Zauberformel allein, die bloße Verwendung des »du solltest das tun«, die Realität beeinflussen kann. Die dritte Art von Philosophie nenne ich Existenzialismus. Der

Existenzialismus will die Konzepte abschaffen und nach dem Prinzip der Bewußtheit arbeiten, auf der Grundlage der Phänomenologie. Der Nachteil der gegenwärtigen existenzialistischen Philosophien ist, daß sie Unterstützung von woanders brauchen. Besieht man sich die Existenzialisten, so sagen sie, sie stützten sich nicht auf Konzepte, aber sieht man sich die einzelnen Leute an, so borgen sie doch alle ihre Konzepte von anderen Quellen. Buber vom Judaismus, Tillich vom Protestantismus, Sartre vom Sozialismus, Heidegger von der Sprache, Binswanger von der Psychoanalyse usw. Die Gestalttherapie ist eine Philosophie, die in Harmonie sein will, die in Übereinstimmung mit allem sein will, mit der Medizin, mit den Naturwissenschaften, mit dem Universum, mit allem, was ist. Die Gestalttherapie beruht auf einer ihr eigenen Struktur, denn die Bildung von Gestalten, das Auftauchen von Bedürfnissen, ist ein primär biologisches Phänomen.

Wir schieben also die Triebtheorie beiseite und betrachten den Organismus einfach als ein System, das im Gleichgewicht ist und das ordentlich funktionieren muß. Jedes Ungleichgewicht wird als ein Bedürfnis erlebt, dieses Ungleichgewicht zu korrigieren. Wir haben nun praktisch Hunderte von unabgeschlossenen Situationen in uns. Wie kommt es, daß wir nicht völlig verwirrt sind und uns in alle Richtungen zerstreuen wollen? Da ist nun ein anderes Gesetz wirksam, das ich entdeckt habe, nämlich, daß vom Standpunkt des Weiterlebens aus die jeweils dringendste Situation die Herrschaft übernimmt, sozusagen sich an die Spitze stellt und zum Direktor wird. Die Bedrängnis tritt deutlich hervor, und wie bei jeder dringenden Notwendigkeit erkennt man, daß es nötig ist, ihr den Vortritt gegenüber allem anderen zu überlassen. Wenn es hier plötzlich zu brennen anfangen würde, wäre das Feuer wichtiger als unsere Gespräche. Wenn man dann rennt und rennt und vor dem Feuer flieht, wird man plötzlich außer Atem sein, und dann ist die Sauerstoffzufuhr wichtiger als das Feuer. Man hält an und holt Luft, denn das ist jetzt das Wichtigste. Auf diese Weise kommen wir zum wichtigsten und interessantesten Phänomen der ganzen Pathologie: der Selbstregulierung im Gegensatz zur Regulierung von außen. Die Anarchie, die die Herrschenden gewöhnlich fürchten, ist keine Anarchie ohne Sinn. Im Gegenteil, sie bedeutet, daß der Organismus sich selbst überlassen wird, damit er sich ohne Einmischung von außen um sich selbst kümmern kann. Und ich glaube, daß es vor allem darauf ankommt, folgendes zu verstehen: *Bewußtheit per se — durch und aus sich selbst heraus — kann heilsam sein.* Denn bei voller Bewußtheit wird man sich dieser organismischen Selbstregulierung bewußt, und man kann dem Organismus die Herrschaft überlassen, ohne dazwischenzutreten, ohne zu unterbrechen: Wir können uns auf die Weisheit des Organismus verlassen. Und der Gegensatz dazu ist die ganze Krankheit der Selbstmanipulierung, der Herrschaft der Umwelt und so weiter, die diese feingefügte organismische Selbst-Herrschaft stört.

Unsere Selbstmanipulation wird normalerweise durch das Wort » Gewissen« verbrämt. In früheren Zeiten meinte man, das Gewissen sei eine gottgeschaffene Einrichtung. Sogar Immanuel Kant glaubte, daß das Gewissen dem gestirnten Himmel ebenbürtig sei, als eines der beiden Absoluta. Dann kam Freud und zeigte, daß das Gewissen nichts weiter als eine Phantasie, eine Introjektion ist, eine Fortsetzung von etwas, das er als die Eltern ansah. Ich glaube, daß es eine Projektion *auf* die Eltern ist, aber lassen wir das. Einige halten es für eine Introjektion, eine Über-Ich genannte Instanz, die den Ton angeben will. Wenn das so wäre, wie kommt es dann, daß die Analyse des Über-Ichs nicht erfolgreich ist? Wie kommt es, daß wir keinen Erfolg haben, wenn wir uns selbst vorsagen, gut zu sein oder dies und jenes zu tun? Wie kommt es, daß dieses Programm nicht funktioniert? »Der Weg zur Hölle ist mit guten Vorsätzen gepflastert«, das bestätigt sich immer wieder. Jedes Vorhaben einer Änderung erreicht das Gegenteil. Das wißt ihr alle. Die Neujahrsvorsätze, der verzweifelte Versuch, anders zu sein, die Anstrengung, sich selbst zu beherrschen. All das wird immer zunichte; oder aber jemand ist in extremen Fällen scheinbar erfolgreich, bis zum Nervenzusammenbruch. Der letzte Ausweg.

Wenn wir nun bereit sind, in der Mitte unserer Welt zu bleiben, und die Mitte weder in unserem Computer noch anderswo zu haben, sondern wirklich in der Mitte, dann können wir mit zwei Händen arbeiten — dann sehen wir die *beiden* Pole eines jeden Ereignisses. Wir wissen, daß das Licht nicht ohne das Dunkel vorhanden ist. Wenn alles eins ist, wird dir nichts mehr bewußt. Wenn es immer hell ist, erlebt man die Helligkeit nicht mehr. Man muß den Rhythmus von Licht und Dunkelheit haben. Rechts existiert nicht ohne Links. Wenn ich meinen rechten Arm verliere, verlagert sich mein Zentrum nach links. Wenn es ein *Über-Ich* gibt, muß es auch ein *Unter-Ich* geben. Und wieder leistete Freud nur halbe Arbeit. Er sah den Topdog, das Über-Ich, aber er ließ den Underdog aus, der genauso Persönlichkeit ist wie der Topdog. Und wenn wir einen Schritt weitergehen und diese beiden Clowns, wie ich sie nenne, prüfen, die da auf der Bühne unserer Phantasie das Selbstquälerei-Spielchen aufführen, dann finden wir gewöhnlich die beiden folgenden Charaktere:

Der Topdog ist rechtschaffen und autoritär; er weiß alles besser. Er hat manchmal recht, aber er ist immer rechtschaffen. Der Topdog ist ein

Tyrann und arbeitet mit »Du sollst« und »Du sollst nicht«. Der Topdog manipuliert durch Forderungen und Androhung von Katastrophen, wie »Wenn du das nicht tust, dann — wird dich keiner lieben, wirst du nicht in den Himmel kommen, mußt du sterben«, usw.

Der Underdog manipuliert, indem er sich ständig verteidigt und rechtfertigt, sich anbiedert und Heulsuse spielt usw. Der Underdog hat keine Macht. Der Underdog ist die Mickymaus. Der Topdog ist die Supermaus. Und der Underdog geht etwa so vor: »Mañana«. »Ich tu mein Bestes«. »Schau her, ich versuch's immer wieder. Ich kann nichts dafür, wenn es nicht geht«. »Ich kann nichts dafür, wenn ich deinen Geburtstag vergesse.« »Ich habe die besten Vorsätze.« Man sieht, der Underdog ist verschlagen, und normalerweise läuft er dem Topdog den Rang ab, denn der Underdog ist nicht so primitiv wie der Topdog. So kämpfen also der Topdog und der Underdog um die Herrschaft. Wie alle Eltern und Kinder kämpfen auch sie miteinander um die Oberhand. Der Mensch fällt in den Kontrollierer und den Kontrollierten auseinander. Dieser innere Konflikt, der Kampf zwischen Topdog und Underdog, findet kein Ende, denn sowohl Topdog als auch Underdog kämpfen um ihr Leben.

Das ist die Grundlage für das berühmte Selbstquälerei-Spielchen. Normalerweise nehmen wir selbstverständlich an, daß der Topdog im Recht ist, und in vielen Fällen stellt der Topdog unerfüllbare perfektionistische Forderungen. Wer also mit Perfektionismus gestraft ist, der ist absolut unten durch. Dieses Ideal setzt einen Maßstab, der einem dauernd Gelegenheit gibt, sich selbst einzuschüchtern, sich selbst und andere zu bekritteln. Da dieses Ideal unerfüllbar ist, kann man es nie im Leben verwirklichen. Der Perfektionist liebt seine Frau nicht. Er ist in sein Ideal verliebt, und er verlangt von seiner Frau, daß sie in dieses Prokrustesbett seiner Erwartungen hineinpaßt; und er tadelt sie, wenn sie's nicht tut. Was sein Ideal genau ist, wird er nicht preisgeben. Hier und da wird er vielleicht einige Züge äußern, aber das Wesen des Ideals ist, daß es jenseits des Möglichen liegt, unerreichbar, so recht eine gute Gelegenheit zum Beherrschen und Mit-der-Peitsche-Knallen. Neulich hatte ich ein Gespräch mit einer Freundin. Ich sagte zu ihr: »Bittschön, bring *das* in deinen Schädel hinein: Fehler sind keine Sünden«, und sie war nicht halb so erleichtert, wie ich gedacht hatte. Dann sah ich es ein: Wenn Fehler keine Sünden mehr sind, wie kann sie dann noch andere züchtigen, die Fehler machen? Das hat also immer zwei Seiten; wenn einer dieses Ideal, dieses perfektionistische Ideal mit sich herumträgt, hat er ein wunderbares Werkzeug, um das beliebte Spielchen des Neurotikers zu spielen, das Selbstquälerei-Spielchen. Die

Selbstquälerei, das An-sich-Herumnörgeln, die Selbstkasteiung, hören nie auf. Sie verstecken sich hinter der Maske der »Besserung«, der »Selbstvervollkommnung«. Das geht nie und nimmer. Wenn jemand versucht, den Forderungen des Topdogs nach Perfektion nachzukommen, so ist das Ergebnis ein Nervenzusammenbruch oder aber die Flucht in den Wahnsinn. Das ist eines der Werkzeuge des Underdogs. Sobald wir die Struktur unseres Verhaltens erkennen, die im Fall der Selbstvervollkommnung die Spaltung zwischen Topdog und Underdog ist, und wenn wir verstehen, wie wir durch Hinhören eine Versöhnung dieser beiden streitenden Clowns bewerkstelligen können, dann sehen wir auch ein, daß *wir in uns oder anderen vorsätzlich keine Änderung zustandebringen können.* Das ist ein ganz entscheidender Punkt: Viele Leute opfern ihr Leben, um ein Bild dessen, wie sie sein *sollen,* zu verwirklichen, anstatt *sich selbst* zu verwirklichen. Dieser Unterschied zwischen *Selbst*verwirklichung und Verwirklichung des Selbst*bildes* ist sehr wichtig. Die meisten Menschen leben nur für ihre Vorstellung von sich. Wo einige Leute ein Selbst haben, ist bei den meisten Leere, weil sie so sehr damit beschäftigt sind, sich selbst als dieses oder jenes zu projizieren. Das ist wiederum der Fluch des Ideals. Der Fluch, daß du nicht sein sollst, was du bist.

Jede von außen kommende Kontrolle, auch die *verinnerlichte* äußere Kontrolle — »Du sollst!« — beeinträchtigt das gesunde Arbeiten des Organismus. Nur eines sollte herrschen: die *Situation.* Wer die Situation, in der er steht, versteht und die Situation, in der er steht, seine Handlungen beherrschen läßt, der lernt, wie er mit dem Leben fertig wird. Ihr kennt das selber aus bestimmten Situationen, wie dem Autofahren. Keiner von euch fährt sein Auto gemäß einem Programm, wie »Ich werde nur hundert fahren, nicht mehr und nicht weniger«. Ihr fahrt der Situation entsprechend. Ihr fahrt mit der einen Geschwindigkeit bei Nacht und mit einer anderen bei starkem Verkehr und wieder mit einer anderen, wenn ihr müde seid. Ihr achtet auf die Situation. Je weniger Vertrauen wir in uns selbst haben, je weniger wir mit uns selbst und der Welt in Kontakt sind, desto mehr müssen wir beherrschen.

Q: Ich frage mich die ganze Zeit, was es mit Joe Kamiyas Gehirnwellen-Test und der Frage der Selbstbeherrschung auf sich hat. Ist das eine Vermeidung, wenn er sich aus einem Zustand der Gereiztheit in einen Zustand der Ruhe versetzt?

F: Vermeidung wovon?

Q: Der Ursache der Gereiztheit, die er hinter sich läßt, wenn er sich in einen ruhigen Gemütszustand versetzt. Ich nehme an, daß es auf die Ursache der Gereiztheit ankommt.

F: Also, teilweise kann ich dir nicht folgen, teilweise weiß ich nicht, ob deine Darstellung korrekt ist, und ich weiß auch nicht genug darüber aus dem wenigen, das ich verstanden habe. Es scheint, daß die Alpha-Wellen mit der organismischen Selbstregulierung identisch sind, damit, daß der Organismus die Führung übernimmt und spontan, statt auf Befehl, handelt. Ich glaube, er beschreibt, daß die Alpha-Wellen nicht auftauchen, solange er versucht, etwas zu steuern. Aber ich möchte darüber nicht reden, denn ich habe noch keine Erfahrung mit dieser Versuchsanordnung. Ich hoffe, sie noch kennenzulernen. Ich glaube, daß das eine Sache ist, die sehr interessant und möglicherweise produktiv ist.

Q: Ich sehe ein, wie auf der Ebene organismischer Funktionen so etwas wie dieser Wasserverlust und das Bedürfnis, diesen Verlust wieder wettzumachen, wie also dieser Vorgang funktioniert, bei dem dem Organismus erlaubt wird, aus sich selbst heraus zu arbeiten. Aber wenn man auf die Ebene zwischenmenschlicher Beziehungen kommt, was passiert dann? Dann scheint es, als ob die Notwendigkeit bestünde, zu unterscheiden, was Vordergrund ist und was nicht.

F: Kannst du ein Beispiel geben?

Q: Also, ich bin in einer Situation, in der vier oder fünf dringende Bedürfnisse anstehen, solche, die ich als dringend ansehe, in denen ich aktiv werden sollte und etwas tun müßte. Dann kommt das, was ich das Unterscheiden nenne, nämlich darin, daß das eine oder das andere wichtiger ist als die übrigen. Daß der Organismus eine solche Entscheidung fällt, kommt mir nun eben nicht so einfach vor, wie die Entscheidung zu fällen, daß er Wasser braucht.

F: Ah ja. *Der Organismus fällt keine Entscheidungen.* Entscheidung ist eine vom Menschen gemachte Einrichtung. Der Organismus arbeitet stets auf der Grundlage der *Vorrangigkeit*.

Q: Ich dachte, du sagtest, es sei das Empfinden eines Bedürfnisses.

F: Ja, das Bedürfnis ist das Primäre. Wenn du keine Bedürfnisse hättest, würdest du keinen Finger rühren. Wenn du kein Bedürfnis nach Sauerstoff hättest, würdest du nicht atmen.

Q: Nun, ich nehme an, ich — was ich meine, ist folgendes: das dringendste Bedürfnis ist das, dem ich mich zuwende.

F: Ja. Das dringendste Bedürfnis. Und wenn du von fünf dringenden Bedürfnissen redest, so würde ich sagen, daß keines von ihnen eine wirkliche Bedrängnis darstellt, denn wenn eines wirklich eine Bedrängnis wäre, würde es sich *in den Vordergrund drängen*, und es gäbe kein Entscheiden oder Hin- und Herüberlegen. Dieser Drang würde sich nach vorne schieben. Unsere Beziehung zu dieser Bedrängnis, zur

Welt, ist die gleiche wie zum Beispiel in der Malerei. Du hast eine weiße Figur. Dann machst du ein paar Flecken auf die Leinwand, und dann kommt auf einmal ein Augenblick, in dem du wieder eine Mitte bildest. Plötzlich stellt die *Leinwand* Forderungen, und du wirst ihr Diener. Es ist, als ob du sagen würdest: »Was will das da?« »Wo will es noch etwas Rot haben?« »Wo will es ins Gleichgewicht gebracht werden?« Es kann auch sein, daß du keine Frage stellst und bloß antwortest.

Worüber ich nun als nächstes sprechen möchte, ist die Unterscheidung zwischen *Ziel* (end-gain) und *Mittel,* um das Ziel zu erreichen. Das Ziel wird immer durch ein Bedürfnis festgesetzt. Die freie Wahl liegt in den Mitteln. Sagen wir, ich muß eine Nachricht nach New York senden. Das ist das, was festgesetzt ist, das zu *erreichende Ziel.* Das *Mittel,* um diese Nachricht zu senden, das Medium, ist von zweitrangiger Bedeutung — ob du sie nun telegraphisch, mündlich, brieflich oder telepathisch sendest, sofern du an Telepathie glaubst. Ich sage also trotz McLuhans These »Das Medium ist die Botschaft« immer noch, daß das Ziel das Primäre ist. Im Sex zum Beispiel ist das zu erreichende Ziel der Orgasmus. Als Mittel, um dieses Ziel zu erreichen, können hundert verschiedene Möglichkeiten in Frage kommen; und Medard Boss, der Schweizer Psychiater, hat Homosexualität geheilt, indem er genau das anerkannte. Er brachte den Patienten dazu, *voll* zu akzeptieren, daß Homosexualität eines der Mittel ist, um zu orgasmischer Befriedigung, dem Ziel, das erreicht werden will, in diesem Fall dem Orgasmus, zu gelangen; dadurch hatte er dann die Möglichkeit, dieses Mittel zu ändern. Alle Perversionen sind Abwandlungen der Mittel, und dasselbe trifft auf jedes Grundbedürfnis zu. Wenn du essen willst, ist das zu erreichende Ziel, genügend Kalorien in dein System zu bekommen. Die Mittel dazu reichen vom sehr primitiven Popcorn oder sonst etwas essen bis zum feinen Unterscheiden des Feinschmeckers. Je mehr man das erkennt, desto mehr beginnt man, die Mittel auszuwählen, desto mehr kommt man dazu, zwischen all den sozialen Bedürfnissen zu unterscheiden, die die Mittel für die organismischen Ziele sind.

Dieser Typus von organismischer Selbstregulierung ist in der Therapie sehr wichtig, denn die drängenden unabgeschlossenen Situationen kommen auf jeden Fall an die Oberfläche. Wir brauchen nicht zu graben: es ist alles da. Und ihr könnt das etwa so ansehen: von innen heraus drängt irgendeine Figur zur Erscheinung, kommt an die Oberfläche und geht dann in die Welt draußen, greift nach dem, was wir wollen und kommt zurück, verleibt es ein, assimiliert es und nimmt es auf.

Etwas anderes kommt hervor, und es wiederholt sich der gleiche Vorgang. Die merkwürdigsten Dinge passieren. Sagen wir, du siehst plötzlich eine Frau, die Kalk von der Wand leckt — sie leckt die Tünche von der Wand. Es ist verrückt. Dann stellt sich heraus, daß sie schwanger ist und das Kalzium für die Knochen ihres Babys braucht, ohne es zu wissen. Oder sie schläft während des Lärms der Beatles, und dann wimmert ihr Kind bloß ein kleines bißchen und schon wacht sie auf, denn das ist eine Bedrängnis. Darauf ist sie eingestellt. Sie kann sich also vom lautesten Getöse zurückziehen, denn das bietet keine Veranlassung für die Bildung einer Gestalt.

Aber das Wimmern ist *da,* also tritt das Wimmern für sie in Erscheinung und fordert ihre Aufmerksamkeit. Das ist wiederum die Weisheit des Organismus. Der Organismus weiß alles. Wir wissen sehr wenig.

Q: Du sagtest, der Organismus weiß alles, und wir wissen sehr wenig. Wie ist es möglich, diese beiden zu vereinen? Ich nehme an, daß es sie als zwei, getrennt voneinander, nicht gibt.

F: Sie sind oft aufgespalten. Sie können vereint sein. Wenn du diese beiden in dir vereint hättest, wärst du mindestens ein Genie, denn du könntest dann gleichzeitig die Dinge in der rechten Weise sehen, empfinden und ordnen.

Q: Würdest du dann solche Erfahrungen, die manchmal »instinktiv« oder »intuitiv« genannt werden, als integrierte Erfahrungen klassifizieren?

F: Ja. Die Intuition ist die Intelligenz des Organismus. Die Intelligenz ist das Ganze, und der Intellekt ist die Mätresse der Intelligenz — der Computer, das Anpasse-Spielchen: Wenn das eine so ist, dann ist das andere so — dieses ganze Hin- und Herüberlegen, durch das viele Leute das *Hören und Sehen dessen, was geschieht,* ersetzen. Wenn du nämlich mit deinem Computer beschäftigt bist, geht deine Energie ins Denken, dir vergeht Hören und Sehen.

Q: Das ist jetzt eine widersprüchliche Frage, denn ich bitte dich, Worte zu gebrauchen. Könntest du den Unterschied zwischen Worten und Erfahrungen erklären? (Fritz verläßt das Podium, geht zu der Frau, die die Frage stellte, legt seine Hände auf ihre Schultern und küßt sie. Lachen) O.K.! Das genügt!

F: Ich habe das Gefühl, als ob du mich wegschubst. (Fritz klapst sich beim Zurückgehen zum Podium leicht auf die Schulter).

Q: Du hast über die Kontrolle des Selbst oder die innere Kontrolle gegenüber von außen kommender Kontrolle gesprochen. Ich bin mir nicht sicher, ob ich dich verstanden habe. Ich habe manchmal das Gefühl, daß die Außenkontrolle Einbildung ist — daß in Wirklichkeit du selbst es bist, der sie ausübt.

F: Ja, das stimmt. Genau das nenne ich Selbstmanipulierung oder Selbstquälerei. Die organismische Selbstregulierung, über die ich spreche, ist keine Sache der Phantasie, außer wenn das in Frage stehende Objekt nicht vorhanden ist. Dann hast du eine Phantasie, die dich sozusagen geleitet, bis das wirkliche Objekt auftaucht; dann verschmelzen die Vorstellung des Objekts und das wirkliche Objekt miteinander. Du brauchst dann die Phantasie nicht mehr.

Ich spreche noch nicht über das Phantasieleben als solches, als Probehandeln usw. Das ist eine ganz andere Geschichte. Ich spreche über die Fähigkeit des Organismus, für sich selbst zu sorgen, und zwar ohne Einmischung von außen — ohne die Mama, die uns sagt: »Es ist gesund für dich«, »Ich weiß, was für dich das Beste ist« und all das.

Q: Ich habe eine Frage. Du hast über Kontrolle gesprochen. Wenn das so ist, wie du sagst, daß der Organismus für sich selbst sorgen kann, sobald die Integration einmal vollständig ist und Selbstregulierung dem gesamten Organismus zur Verfügung steht, dann zählt Kontrolle als Faktor nicht mehr — weder äußerlich noch innerlich: sie ist etwas, das *ist* und funktioniert.

F: Das ist richtig, und dann ist nämlich das Wesen der Kontrolle, daß du anfängst, die Mittel zu beherrschen, um Befriedigung zu erreichen. Denn gewöhnlich geht das doch so: du kommst zu keiner Befriedigung, sondern bloß zur Erschöpfung.

Q: Ich kann einsehen, daß das, was du sagst, wahr ist, daß ich nämlich mit dem Hören und Sehen aufhöre, wenn ich am Computern festhalte. Und trotzdem habe ich ständig das Problem, wie ich, wenn ich tagsüber vieles zu erledigen habe —

F: Warte einen Augenblick. Wir müssen auseinanderhalten — mußt du all das als organismische Bedürfnisse oder als Teil der gesellschaftlichen Rollen, die du spielst, erfüllen?

Q: Als Teil der gesellschaftlichen Rolle.

F: Das ist ganz was anderes. Ich spreche über den Organismus *per se*.

Ich spreche nicht über uns als gesellschaftliche Wesen. Ich spreche nicht über die *Pseudo*-Existenz, sondern über die grundlegende natürliche Existenz, die Grundlage unseres Daseins. Worüber du sprichst, ist das Rollenspielen, das ein *Mittel* sein mag, um den Lebensunterhalt zu verdienen, der seinerseits ein Mittel ist, um unsere Grundbedürfnisse zu befriedigen — um dich zu ernähren usw.

Q: Und trotzdem — ich weiß, daß da etwas faul dran ist — jeden Morgen hin- und herüberlegen, denken, planen, meinen Terminkalender für den Tag festlegen, planen, daß ich dann und dann dies tun werde und zu einem anderen Zeitpunkt jenes. Und ich mach das den ganzen Tag.

Und ich weiß, daß das gerade Hören und Sehen ausschaltet, und trotzdem: wenn ich bloß hörend und sehend umhergehe, dann werden bestimmte andere Dinge nicht erledigt, und ich werde völlig konfus.

F: Das ist richtig. Das ist die Erfahrung, die aus dem Konflikt zwischen unserer sozialen Existenz und unserer biologischen Existenz entsteht — Verwirrung.

Q: Hm, du läßt mich also dann in meiner Verwirrung.

F: Ja. Das ist es, worüber ich rede. *Bewußtheit per se.* Wenn du dir jedes Mal bewußt wirst, daß du in einen Zustand der Verwirrung gerätst, — das ist etwas Therapeutisches. Und wieder übernimmt die Natur die Führung. Wenn du das verstehst, und bei dieser Verwirrung bleibst, *wird sich die Verwirrung von selbst entwirren.* Wenn du *versuchst,* sie zu entwirren, *hin- und herüberlegst,* wie's zu schaffen sei, wenn du mich nach einem *Rezept,* wie's zu machen sei, fragst, dann fügst du deinem Zustand bloß noch mehr Verwirrung hinzu.

II

Ich möchte jetzt über das Reifen sprechen. Und um die Entwicklung zur Reife zu verstehen, müssen wir uns über das Lernen unterhalten. Lernen ist für mich *Entdecken.* Ich lerne etwas aus dieser Erfahrung. Es gibt auch noch eine andere Vorstellung vom Lernen, die heißt Drill, Routine, Wiederholung, was dann zu einem Artefakt führt, das in einem Menschen erzeugt ist und ihn zu einem Automaten macht — bis er den *Sinn* des Drills entdeckt. Zum Beispiel, wenn du Klavierspielen lernst. Du fängst mit dem Drill an. Und dann kommt ein Abschluß, dann kommt die Entdeckung: Aha! Ich hab's! Das ist es! Dann mußt du lernen, wie du diese Technik am besten anwendest.

Es gibt noch eine andere Art von Lernen, bei dem Informationen in deinen Computer gefüttert werden; damit häufst du Kenntnisse an, und Wissen erzeugt mehr Wissen, wie ihr wißt, bis du zum Mond fliegen willst. Dieses Wissen, diese sekundäre Information, mag immer dann nützlich sein, wenn du nicht bei Sinnen bist. Solange du bei Sinnen bist, solange du sehen und hören kannst und erkennst, was vorgeht, *verstehst* du. Wenn du Konzepte lernst, wenn du dich um bloße Informationen bemühst, verstehst du nichts. Du *erklärst* bloß. Es ist nicht leicht, den Unterschied zwischen Verstehen und Erklären zu verstehen, genauso wie es oft nicht leicht ist, den Unterschied zwischen Herz und Hirn, zwischen Fühlen und Denken zu verstehen.

Die meisten Leute halten Erklären und Verstehen für ein und dasselbe. Es ist aber ein großer Unterschied zwischen beiden. Wie jetzt auch; ich kann euch eine Menge erklären. Ich kann euch eine Reihe von Sätzen geben, die euch helfen, ein rein verstandesmäßiges Modell davon aufzubauen, *wie* wir funktionieren. Vielleicht spüren einige von euch die Übereinstimmung dieser Sätze und Erklärungen mit eurem wirklichen Leben, und das würde Verstehen bedeuten.

Im Moment kann ich euch nur suggerieren, überreden, euch glauben machen, daß ich recht habe. Ihr wißt es nicht. Ich predige bloß etwas. Ihr würdet aus meinen Worten nichts lernen. Lernen ist Entdecken. Es gibt kein anderes Mittel für ein wirksames Lernen. Man kann einem Kind tausendmal sagen: »Der Ofen ist heiß«. Es hilft nichts. Das Kind muß es für sich selbst entdecken. Und ich hoffe, daß ich euch unterstützen kann, wenn ihr dabei seid zu lernen, etwas von euch selbst zu entdecken.

Was sollt ihr nun hier lernen? Wir haben ein ganz bestimmtes Ziel in der Gestalttherapie, und es ist dasselbe Ziel, das zumindestens *verbal* in anderen Formen von Therapie, in anderen Formen, das Leben zu entdecken, existiert. Das Ziel ist zu reifen, erwachsen zu werden. Ich möchte gern jetzt schon etwas Beteiligung von den Zuhörern im Hinblick auf das Reifen. Was ist eure Meinung? Wie würdet ihr einen reifen Menschen definieren? Können wir hier anfangen?

A: Ich weiß die Antwort schon, Fritz.

F: Ja. Du kennst die gedruckte Antwort, nach dem Evangelium des Sankt Gestalt. Was ist *deine* Definition des reifen Menschen?

A: Also, ich hatte schon eine Einführung in Gestalt und das beeinflußt mich vielleicht, aber ich glaube, der reife Mensch ist der Mensch, der —

F: Gut, wenn du *meine* Formulierung anbringen willst, die will ich nicht, denn das wäre wieder nur Information und nicht Verstehen.

A: Ich wollte gerade sagen, daß der integrierte Mensch derjenige ist, der sich seiner verschiedenen Bestandteile bewußt ist und sie zu einheitlichen funktionalen Ganzen zusammengefügt hat.

F: Und das soll ein reifer Mensch sein?

A: Es gibt kaum Bereiche seiner selbst, deren er sich überhaupt nicht bewußt ist. Es gibt immer einen Rest — wir werden unser selbst nie vollkommen gewahr werden oder vollkommen bewußt.

F: Mit anderen Worten, der reife Mensch ist für dich der *vollständige* Mensch.

A: Ja.

F: (zu jemand anderem) Könnte ich bitte deine Definition haben?

B: Ich dachte an einen Menschen, der sich selbst kennt und annimmt — all das, was er an sich mag und was er an sich nicht mag — der sich seiner vielen Möglichkeiten bewußt ist und sie soweit wie möglich zu entfalten sucht — der weiß, was er will.

F: Du hast auf jeden Fall einige wichtige Züge des reifen Menschen beschrieben, aber das gleiche kann auch auf ein Kind zutreffen, meinst du nicht?

B: Für mich — meiner Meinung nach sind Kinder manchmal reifer als Erwachsene.

F: Danke. Kinder sind oft reifer als Erwachsene. Ihr seht, hier haben wir eine andere Gleichung oder vielmehr eine andere Formulierung. Wir haben nicht die Gleichung: Erwachsener ist gleich reifer Mensch. Tatsächlich ist der Erwachsene sehr selten ein reifer Mensch. Nach meiner Meinung ist ein Erwachsener ein Mensch, der die *Rolle* eines Erwachsenen spielt, und je mehr er die Rolle spielt, desto unreifer ist er oft. (zu jemand anderem) Was wäre deine Formulierung?

C: Der erste Gedanke, der mir kam, war, daß ein reifer Mensch jemand ist, der sich von Zeit zu Zeit fragt, was ein reifer Mensch ist und der hin und wieder eine Erfahrung macht, die ihm das Gefühl gibt: »Oh! *Das* kann also auch ein Teil der Reife sein. Das ist mir bisher noch nicht aufgegangen«.

F: Was ist deine Meinung?

D: Ein Mensch, der sich seiner selbst bewußt ist, der die anderen wahrnimmt und der zudem weiß, daß er unvollständig ist und irgendwie ein Bewußtsein davon hat, in welchen Bereichen er unvollständig ist.

F: Ja, ich würde das eher einen *reifenden* Menschen nennen. Er kennt seine Unvollständigkeit. Also: Nach diesen Äußerungen können wir also sagen, daß wir folgendes tun wollen: Wir wollen die Vervollständigung unserer Persönlichkeit fördern. Ist das für jedermann akzeptabel?

Q: Was meinst du mit Vervollständigung? — oder unvollständig?

F: Ja. Diese Begriffe wurden hier aufgebracht. Könntest du das bitte beantworten? Was meinst du mit vollständig oder unvollständig?

A: Ich habe sie zuerst gebraucht; ich empfinde das als ein Ziel, das man anstrebt und nie erreicht. Niemand erreicht es je. Es ist immer ein Werden, ein Wachsen. Aber relativ gesehen, ist der vollständige Mensch der, der sich seiner verschiedenen Seiten am meisten bewußt ist, der sie am meisten annimmt und eine Integration erreicht hat — einen fortwährenden Integrationsprozeß.

F: Nun, die Vorstellung vom unvollständigen Menschen wurde zuerst von Nietzsche entwickelt, und schon bald danach von Freud. Freuds Formulierung ist etwas anders. Er sagt, daß ein bestimmter Teil der Persönlichkeit verdrängt wird, im Unbewußten ist. Aber wenn er vom

Unbewußten spricht, meint er lediglich, daß nicht alles, was wir an Möglichkeiten haben, verfügbar ist. Seine Vorstellung ist die, daß es eine Schranke zwischen der Person und dem Unbewußten, dem nicht zur Verfügung stehenden Potential, gibt; und wenn wir diese Schranke aufheben, können wir wieder ganz wir selbst sein. Diese Vorstellung ist grundsätzlich richtig, und jede Art von Psychotherapie ist mehr oder weniger an der Bereicherung der Persönlichkeit interessiert, an der Freisetzung dessen, was man gewöhnlich die verdrängten und gehemmten Teile der Persönlichkeit nennt.

E: Fritz, ich denke daran, daß Reife im Spanischen maduro heißt, was »ausgereift« bedeutet. Ich wollte diesen Beitrag bringen.

F: Danke. Genau damit möchte ich auch völlig übereinstimmen. Bei jeder Pflanze, jedem Tier, sind Auswachsen (ripening) und Reifen (maturing) identisch. Man findet kein Tier — außer dem Haustier, das schon durch den Menschen angesteckt ist —, es existiert kein natürliches Tier, keine Pflanze, die ihr eigenes Wachstum verhindert. Die Frage ist also: wie hindern wir uns am Reifwerden? Was hindert uns daran, auszuwachsen? Das Wort »Neurose« ist sehr schlecht. Ich verwende es auch, aber eigentlich sollte das *Wachstumsstörung* genannt werden. Mit anderen Worten also, das ganze Neurosenproblem verlagert sich mehr und mehr vom medizinischen auf den erzieherischen Bereich. Ich sehe die sogenannte Neurose immer mehr als eine Störung in der Entwicklung an. Freud nahm an, daß es so etwas wie »Reife« gibt, die einen Zustand bedeutet, von dem aus man sich nicht mehr weiterentwickelt, sondern nur noch zurückschreiten kann. Wir stellen die Frage, was verhindert — oder wie hindert man sich selbst daran zu wachsen, sich weiterzuentwickeln? Sehen wir uns also das Reifen noch einmal an. Meine Formulierung ist: *Reifen ist das Herauswachsen aus der Unterstützung durch die Umwelt hin zur Selbständigkeit und Selbsterhaltung*. Seht euch das ungeborene Baby an. Es bekommt seinen ganzen Lebensunterhalt von der Mutter — Sauerstoff, Nahrung, Wärme, alles. Sobald das Baby geboren ist, muß es schon selbst atmen. Und da finden wir oft das erste Symptom dessen, was eine ganz entscheidende Rolle in der Gestalttherapie spielt. Wir finden eine Blockierung. Bitte merkt euch den Ausdruck. Die *Blockierung* ist die entscheidende Stelle in der Therapie, die entscheidende Stelle im Wachstum. Die Russen nennen die Blockierung den »toten Punkt«, einen Punkt, den sie nie überwinden konnten, und anderen Arten von Psychotherapie ist es bis jetzt auch nicht gelungen, ihn zu besiegen. Die Blockierung ist die Lage, in der Hilfe von Seiten der Umwelt oder Hilfe von innen heraus — weil sie sich abgenutzt hat — nicht mehr wirksam wird, während authentische Selbständigkeit noch nicht erreicht worden ist. Das Baby kann nicht allein atmen. Es bekommt durch die Placenta keine Sauerstoffzufuhr mehr. Wir können nicht sagen, daß das Baby eine Wahlmöglichkeit hat, denn es gibt keinen absichtlichen Versuch des Überlegens, was zu tun sei; vielmehr muß das Baby entweder sterben oder aber lernen zu atmen. Es kann eine Unterstützung durch die Umwelt erfolgen — es kann geklopft werden, oder es kann Sauerstoff zugeführt werden. Das »blaue Baby« ist der Prototyp für die Blockierung, die wir bei jeder Neurose finden. Nun, das Baby beginnt aufzuwachsen. Es muß noch getragen werden. Nach einiger Zeit lernt es, eine Art von Kommunikation herzustellen — zuerst weint es, dann lernt es zu sprechen, lernt zu krabbeln, zu gehen und setzt so Schritt für Schritt immer mehr Möglichkeiten seiner selbst, immer mehr Kräfte seines Kräftepotentials in Bewegung. Es entdeckt — oder lernt — immer mehr, von seinen Muskeln Gebrauch zu machen, seine Sinne, seine geistigen Fähigkeiten usw. zu gebrauchen. Von daher kommend stelle ich also die Definition auf, daß der Vorgang des Reifens die Umwandlung der Unterstützung durch die Umwelt in Selbständigkeit ist, und das Ziel der Therapie ist es, den Patienten von anderen Menschen nicht abhängig zu machen, sondern ihn dazu zu bringen, vom allerersten Augenblick an zu entdecken, daß er vieles tun kann, *viel* mehr als er glaubt, tun zu können.

Der durchschnittliche Mensch unserer Zeit, ob ihr es nun glaubt oder nicht, lebt nur 5 % bis 15 % seines Potentials, im Höchstfall. Ein Mensch, der gar 25 % seines Potentials entfaltet hat und bereitstehen hat, wird schon als Genie angesehen. 85 % bis 95 % unseres Potentials sind also verloren, sind ungenützt, sind uns nicht zur Hand. Das hört sich tragisch an, nicht wahr? Und der Grund dafür ist sehr einfach: Wir leben in Klischees. Wir leben in Verhaltensmustern. Wir spielen immer wieder dieselben Rollen. Wenn du also herausfindest, wie du dich selber am Wachsen, am Gebrauchen deiner Möglichkeiten hinderst, hast du eine Möglichkeit, dein Potential zu steigern, das Leben reicher zu machen, dich mehr und mehr zu befähigen, dein Selbst, dich selbst in, Bewegung zu bringen. Und unser Potential gründet sich auf ein ganz besonderes Verhalten: jede Sekunde von neuem zu leben und jeden Augenblick neu zu überschauen.

Der »Ärger«, den man mit Leuten hat, die fähig sind, jede Sekunde zu überblicken und zu sehen, wie die Lage ist, ist der, daß wir nicht vorhersagbar sind. Die Rolle des guten Bürgers verlangt, daß er vorhersagbar sei, denn unser Verlangen nach Sicherheit, danach, keine Risiken einzugehen, unsere Furcht davor, authentisch zu sein, unsere

Furcht davor, auf unseren eigenen Beinen zu stehen, vor allem auf unserer eigenen Intelligenz — diese Furcht ist geradezu erschreckend! Was tun wir also? *Wir passen uns an,* und bei den meisten Arten von Therapie kann man feststellen, daß die Anpassung an die Gesellschaft das oberste Ziel ist. Wenn du dich nicht anpaßt, bist du entweder ein Krimineller oder ein Psychopath, ein Irrer oder ein Beatnik oder irgend so etwas. Auf jeden Fall bist du unerwünscht und mußt aus dieser Gesellschaft ausgestoßen werden.

Die meisten Therapien versuchen, den Menschen an die Gesellschaft anzupassen. Das war vielleicht in früheren Zeiten nicht so schlecht, als die Gesellschaft verhältnismäßig stabil war, aber jetzt, bei dem schnellen Wandel, wird es immer schwieriger, an die Gesellschaft anzupassen. Auch sind immer weniger Leute bereit, sich an die Gesellschaft anzupassen — sie meinen, daß diese Gesellschaft stinkt oder haben andere Einwände. Ich bin der Meinung, daß die Grundform der Persönlichkeit von heute die neurotische Persönlichkeit ist. Das ist eine vorgefaßte Meinung von mir, weil ich glaube, daß wir in einer irren Gesellschaft leben und daß man nur die Wahl hat, entweder an dieser kollektiven Psychose teilzunehmen oder Risiken einzugehen und gesund zu werden, und vielleicht auch gekreuzigt.

Wenn du in deiner eigenen Mitte stehst, dann paßt du dich nicht mehr an — dann wird, was auch immer geschieht, eine vorbeiziehende Parade, und du assimilierst, du verstehst, du stehst in Beziehung zu dem, was geschieht. Bei diesem Geschehen ist das Symptom der Angst sehr sehr wichtig, denn je mehr sich die Gesellschaft ändert, desto mehr Angst bringt sie hervor. Nun ist der Psychiater voller Furcht vor der Angst. Ich bin's nicht. Meine Definition der Angst ist: Angst ist die Kluft zwischen dem Jetzt und dem Später. Immer dann, wenn du den sicheren Grund des Jetzt verläßt und dich ganz und gar von der Zukunft in Anspruch nehmen läßt, erlebst du Angst. Und wenn die Zukunft eine Theatervorstellung ist, dann ist die Angst nichts weiter als Lampenfieber. Du bist voll katastrophischer Erwartungen über Dinge, die sich ereignen werden, oder anastrophischer Erwartungen des Wunderbaren, das geschehen wird. Und wir füllen diese Kluft zwischen dem Jetzt und dem Später auf — mit Versicherungspolicen, Planungen, festen Berufen usw. Mit anderen Worten, wir sind nicht willens, die fruchtbare Leere, die Möglichkeit, die in der Zukunft liegt, zu sehen — wir haben keine Zukunft, wenn wir diese Leere füllen, wir haben dann nur das Immergleiche.

Aber wie kann es das Immergleiche in dieser schnell sich ändernden Welt geben? Jeder, der am Status quo festhalten will, wird immer mehr in Panik geraten und Angst bekommen. Gewöhnlich ist diese Angst nicht tiefgreifend existenziell. Sie ist bloß mit der Rolle befaßt, die wir spielen wollen, sie ist bloß Lampenfieber. »Wird meine Rolle ankommen?« »Werden sie mich einen braven Buben nennen?« »Werd' ich Anerkennung bekommen?« »Werd' ich Beifall bekommen oder faule Eier?« Das ist also keine existenzielle Entscheidung, da stehen bloß Unannehmlichkeiten zur Wahl. Aber zu *erkennen,* daß es sich bloß um eine Unannehmlichkeit handelt, daß es keine Katastrophe ist, sondern nur etwas Unerfreuliches, das ist Teil des zu sich selbst Kommens, Teil des Aufwachens. Somit kommen wir zu unserem Grundkonflikt, und der Grundkonflikt ist dieser: Jedes Individuum, jedes Tier, jede Pflanze hat nur ein angeborenes Ziel — sich selbst, so wie es ist, zu verwirklichen. Eine Rose ist eine Rose ist eine Rose. Eine Rose ist nicht dazu bestimmt, sich als Känguruh zu verwirklichen. Ein Elefant ist nicht dazu bestimmt, sich als Vogel zu verwirklichen. In der Natur — außer für den Menschen — sind Konstitution und Gesundheit, Potential und Wachstum ein einheitliches *Etwas.*

Dasselbe trifft auf den Multi-Organismus oder die Gesellschaft zu, die aus vielen Menschen besteht. Ein Staat, eine Gesellschaft, besteht aus vielen Tausenden von Zellen, die entweder durch Kontrolle von außen oder durch innere Kontrolle organisiert werden müssen, und jede Gesellschaft neigt dazu, sich als diese oder jene besondere Gesellschaft zu verwirklichen. Die russische Gesellschaft verwirklicht sich als das, was sie ist, die amerikanische Gesellschaft, die deutsche Gesellschaft, die Kongo-Stämme — sie alle verwirklichen sich, sie wandeln sich. Und immer gibt es eine Gesetzmäßigkeit in der Geschichte: Jede Gesellschaft, die sich ausgedehnt und ihre Fähigkeit fortzuleben verloren hat, verschwindet. Kulturen kommen und gehen. Und wenn eine Gesellschaft im Widerstreit mit dem Universum steht, wenn eine Gesellschaft die Gesetze der Natur einmal überschreitet, verliert sie ebenfalls ihren Wert, am Leben zu bleiben. Sobald wir also die natürliche Basis — das Universum und *seine* Gesetze — verlassen und Artefakte, entweder als Individuen oder als Gesellschaft, werden, verlieren wir unsere *raison d'être.* Wir verlieren die Möglichkeit zu existieren.

Wo befinden wir uns also? Wir finden uns einerseits als Individuen, die sich selbst verwirklichen wollen; wir finden uns aber auch in eine Gesellschaft eingebettet, in unserem Fall die progressive amerikanische Gesellschaft, und diese Gesellschaft kann Forderungen erheben, die sich von den individuellen Forderungen unterscheiden. Das ist also der Grundwiderspruch. In unserer Entwicklung wird nun diese individuelle Gesellschaft von unseren Eltern, Kinderschwestern, Lehrern usw. repräsentiert. Anstatt die Entwicklung des echten Wachstums zu fördern, stören sie häufig diese natürliche Entwicklung.

Sie arbeiten mit zwei Mitteln, um unsere Existenz zu entstellen. Das eine ist der Stock, die Prügel, denen man dann in der Therapie als *Katastrophenerwartungen* wiederbegegnet. Die Katastrophenerwartung hört sich etwa so an: »Wenn ich das riskiere, werden sie mich nicht mehr mögen. Ich werde einsam sein. Ich muß sterben.« Das ist der Stock. Und das andere Mittel ist die Hypnotisierung. In diesem Moment hypnotisiere ich euch. Ich hypnotisiere euch so, daß ihr das glaubt, was ich sage. Ich gebe euch nicht die Gelegenheit zu verdauen, zu assimilieren, zu schmecken, was ich sage. Ihr hört an meiner Stimme, daß ich euch zu behexen versuche und meine »Weisheiten« unmerklich in eure Eingeweide stecken will, bis ihr sie entweder assimiliert oder herauskotzt oder in euren Computer füttert und sagt: »Das ist ein interessantes Konzept.« Normalerweise ist es euch, wie ihr wißt, wenn ihr Studenten seid, nur erlaubt, auf das Prüfungspapier zu kotzen. Ihr verschlingt all die Informationen, und ihr kotzt sie heraus und seid dann wieder frei und habt einen akademischen Grad erworben. Obschon man manchmal, wie ich sagen muß, im Verlauf des Ganzen etwas gelernt haben mag, entweder etwas Bedeutsames entdeckt oder Erfahrungen mit Lehrern oder Freunden gemacht haben mag — aber die im Grunde tote Information ist nicht leicht zu assimilieren.

Gehen wir jetzt wieder zum Reifungsvorgang zurück. Im Prozeß des Aufwachsens gibt es zwei Möglichkeiten: Entweder wächst das Kind auf und lernt, Frustrationen zu bewältigen, oder es wird verzogen. Es kann von Eltern verzogen werden, die alle Fragen richtig oder falsch beantworten. Es kann in der Weise verzogen werden, daß es, sobald es etwas will, das auch bekommt — denn das Kind »soll alles haben, weil's der Papa nie hatte«, oder weil die Eltern nicht wissen, wie Kinder zu frustrieren sind — nicht wissen, wie Frustration zu gebrauchen sei. Ihr wundert euch wahrscheinlich, daß ich das Wort Frustration, Versagung, in einem derart positiven Sinn gebrauche. Ohne Frustration gibt es kein Bedürfnis, keinen Grund, seine Kräfte anzuspannen, zu entdecken, daß man fähig sein kann, selber etwas zu tun; und um nicht frustriert zu werden, was ein ziemlich schmerzhaftes Erlebnis ist, lernt das Kind, seine Umwelt zu manipulieren.

Jedesmal, wenn das Kind in seiner Entwicklung durch die Erwachsenenwelt am Wachsen gehindert wird, jedesmal, wenn das Kind verzogen wird, indem man ihm nicht genügend Frustration gibt, bleibt es stecken. Anstatt also seine eigenen Möglichkeiten zum Wachsen zu gebrauchen, verwendet es jetzt seine Möglichkeiten, um die Erwach-

senen zu tyrannisieren, um die Welt zu beherrschen. Anstatt seine
eigenen Kräfte zu mobilisieren, schafft es Abhängigkeiten. Es steckt
seine Energie in die Manipulation der Umgebung, um Unterstützung
zu bekommen. Es beherrscht die Erwachsenen, indem es anfängt, sie zu
manipulieren, indem es ihre schwachen Stellen herausfindet. Sowie das
Kind anfängt, das Mittel der Manipulation zu entwickeln, erwirbt es
sich das, was man Charakter nennt. Je mehr Charakter ein Mensch hat,
desto weniger Möglichkeiten hat er. Das klingt paradox, aber ein Charakter ist ein Mensch, der vorhersagbar ist, der nur eine bestimmte
Anzahl festgelegter Antworten hat, oder, wie T. S. Eliot in »Die
Cocktailparty« sagt: »Du bist nichts weiter als eine Reihe abgegriffe-
ner Antworten.«
Welche Charakterzüge entwickelt nun das Kind? Wie beherrscht es
die Welt? Wie manipuliert es seine Umgebung? Es fordert Unterstützung in Form von Anweisungen. »Was soll ich tun?« »Mammi, ich
weiß nicht, was ich tun soll.« Es spielt die Rolle der Heulsuse, wenn es
nicht bekommt, was es will. Zum Beispiel ist hier ein kleines Mädchen,
ungefähr drei Jahre alt. Es macht mir immer das gleiche Theater vor.
Es brüllt immer, wenn ich es anschaue. Heute also habe ich mich be-
müht, es *nicht* anzuschauen, und es hörte auf zu schreien und fing dann
an, sich nach mir umzusehen. Erst drei Jahre alt, und kann schon so gut
auf sich aufmerksam machen. Es weiß genau, wie es seine Mutter quälen kann. Oder, das Kind schmeichelt dem Selbstwertgefühl des anderen Menschen so, daß der sich wohlfühlt und ihm etwas dafür gibt.
Eine der schlimmsten Diagnosen ist zum Beispiel, wenn ich einem braven Buben begegne. Es steckt immer ein trotziger Rotzbub in dem
braven Buben. Aber indem er so tut, als würde er sich fügen, wenigstens an der Oberfläche, kauft er sich den Erwachsenen. Oder er spielt
den Dummen und verlangt intellektuelle Unterstützung — stellt Fragen, zum Beispiel, was das typische Symptom der Dummheit ist.
Wie Albert Einstein einmal zu mir sagte: »Zwei Dinge sind unendlich:
das Universum und die menschliche Dummheit.« Was aber weit mehr
verbreitet ist als die *tatsächliche* Dummheit, ist das *Sich-dumm-Stellen,*
die Ohren zuhalten, nicht hinhören, nicht hinschauen. Sehr wichtig ist
auch das Hilflos-Spielen. »Ich kann mir selber nicht helfen. Ich Armer.
Du mußt mir helfen. Du bist so gescheit, du hast so viele Möglichkeiten,
ich bin sicher, daß du mir helfen kannst.«
Jedesmal, wenn du hilflos spielst, schaffst du eine Abhängigkeit, spielst
du ein Abhängigkeitsspielchen. Mit anderen Worten, wir machen uns
selbst zu Sklaven. Besonders dann, wenn diese Abhängigkeit eine Abhängigkeit von unserem Selbstwertgefühl ist. Wenn du Ermutigung,

Lob und Schulterklopfen brauchst, dann machst du jeden zu deinem Richter.

Wenn du deine Liebesfähigkeit nicht zur Verfügung hast und die Liebe projizierst, dann willst du geliebt *werden,* du tust alles Mögliche, um dich liebenswert zu machen. Wenn du dich selbst verleugnest, wirst du immer zur Zielscheibe, wirst abhängig. Was für eine Abhängigkeit, wenn du von jedem geliebt werden willst! Da hat einer gar nichts weiter im Sinn und doch gehst du plötzlich darauf aus und willst einen guten Eindruck auf diesen Menschen machen; du willst, daß sie dich lieben. Immer ist es nur das Image: du möchtest die Rolle des Liebenswerten spielen. Wenn sich einer in sich selbst wohlfühlt, dann liebt er sich selbst nicht und er haßt sich selbst nicht, er lebt einfach. Ich muß gestehen, daß vor allem in den Vereinigten Staaten das Lieben für viele Leute ein Risiko mit sich bringt. Ein Mensch, der liebt, wird hier von vielen als einer angesehen, der sich ausnützen läßt. Sie wollen die Leute dazu bringen, *sie* zu lieben, damit sie sie ausnutzen können.

Wenn ihr ein wenig in euch geht, werdet ihr erkennen, daß die Befriedigung der Bedürfnisse unseres rein biologischen Daseins — Hunger, Sex, Lebenserhaltung, Schutz, Atmen — nur eine geringe Rolle innerhalb unserer Hauptbeschäftigungen spielt, besonders in einem Land wie diesem, wo wir derart verwöhnt sind. Wir wissen nicht, was es heißt, hungrig zu sein, und jeder, der Sex haben will, kann Sex in Fülle haben, jeder, der atmen will, kann atmen — die Luft ist steuerfrei. Im übrigen spielen wir unsere Spielchen. Wir spielen ziemlich viele Spielchen in der Öffentlichkeit und noch viel mehr privat. Wenn wir denken, reden wir meistens in der Phantasie mit anderen. Wir planen für die Rollen, die wir spielen wollen. Wir müssen organisieren, *damit* wir tun, was wir tun wollen, für die Mittel und Wege.

Es mag sich nun etwas eigenartig anhören, daß ich das Denken geringschätze, indem ich es einfach zu einem Teil des Rollenspielens mache. Manchmal kann es vorkommen, daß wir miteinander kommunizieren, wenn wir uns unterhalten, aber die meiste Zeit hypnotisieren wir. Wir hypnotisieren uns gegenseitig, wir machen uns vor, daß wir recht haben. Wir spielen »Madison Avenue«, um andere Leute oder uns selbst von unserem Wert zu überzeugen. Und das nimmt so viel von unserer Energie in Anspruch, daß man manchmal, wenn man sich der Rolle, die man spielt, nicht sicher ist, nicht wagen würde, auch nur ein Wort, einen Satz zu sagen, ohne ihn vorher wieder und wieder geprobt zu haben, bis er auf die Situation paßt. Wenn man sich nun der Rolle, die man spielen will, nicht sicher ist und von seiner privaten Bühne weg auf die öffentliche Bühne gerufen wird, dann erlebt man, wie jeder gute Schauspieler, Lampenfieber. Die Erregung wächst schon, du willst eine Rolle spielen, aber du traust dich nicht recht, hältst dich also zurück und verengst dein Atmen, und dein Herz pumpt mehr Blut, weil dem erhöhten Stoffwechsel Rechnung getragen werden muß. Und dann, wenn du erst einmal auf der Bühne stehst und die Rolle spielst, dann fließt die Erregung in deine Darstellung. Wenn nicht, ist deine Darstellung starr und ohne Leben.

Was dann zur Gewohnheit wird, ist die Wiederholung dieser Aktivität, der gleichen Handlung, die immer leichter fällt — Charakter wird, eine festgelegte Rolle. Ihr versteht also jetzt, hoffe ich, daß Rollenspielen und die Umgebung manipulieren ein und dasselbe sind. Auf diese Weise entstellen wir, und oft genug liest man in der Literatur über die Masken, die wir tragen und über das durchscheinende Selbst, das an ihrer Stelle sein sollte.

Diese Manipulation der Umwelt durch das Spielen gewisser Rollen ist das Charakteristikum des Neurotikers — ist das Charakteristikum dafür, daß wir unreif bleiben. Ihr müßt also schon eine Vorstellung davon bekommen, wieviel von unserer Energie in die Manipulation der Umwelt eingeht, anstatt in den schöpferischen Gebrauch dieser Energie für unsere eigene Entfaltung. Und das trifft vor allem aufs Fragenstellen zu. Ihr kennt das Sprichwort: »Ein Narr kann mehr Fragen stellen als tausend Weise beantworten können«. Alle Antworten sind vorhanden. Die meisten Fragen sind bloß Erfindungen, um uns selbst oder andere Leute zu quälen. Der Weg, auf dem wir unsere eigene Intelligenz entfalten können, ist die Umwandlung jeder Frage in eine Aussage. Wenn du deine Frage in eine Aussage umwandelst, öffnet sich der Hintergrund, aus dem die Frage aufstieg, und der Fragende findet selbst die verschiedenen Möglichkeiten heraus. Ihr seht, ich werde schon trocken. Vorlesungen halten ist anödend, das sage ich euch. Na ja, die meisten Professoren schleichen davon, indem sie eine sehr einschläfernde, gebrochene Stimme verwenden, — dann schläft man ein und hört nicht zu, und keiner stellt unbequeme Fragen.

Q: Ich habe eine Frage. Könntest du mir einige Beispiele geben, wie man Fragen in Aussagen umwandelt?

F: Du hast mir gerade eine Frage gestellt. Kannst du diese Frage in eine Aussage umwandeln?

Q: Es wäre nett, einige Beispiele zu hören, wie eine Frage in eine Aussage umgeformt wird.

F: »Es wäre nett«. Ich bin aber *nicht nett*. In der Tat, was hinter all dem ist, ist das einzige Mittel wahrer Kommunikation, — und das ist der *Imperativ*. Was du wirklich sagen willst, ist: »Fritz, *sag mir*, wie

man das macht!« — mir eine Forderung stellen. Und das Fragezeichen
ist der Widerhaken einer Forderung. Jedesmal, wenn du es ablehnst,
eine Frage zu beantworten, hilfst du dem anderen, seine eigenen Kräfte
zu entfalten. Lernen ist nichts anderes als die Entdeckung, daß etwas
möglich ist. Lehren bedeutet, einem Menschen zeigen, daß etwas möglich ist.

Was wir anstreben, ist die Reifung des Menschen, ist, die Blockierungen zu beseitigen, die einen Menschen davon abhalten, auf seinen
eigenen Beinen zu stehen. Wir versuchen, ihm zu helfen, den Übergang
von der Unterstützung durch die Umwelt zur Selbständigkeit hin zu
schaffen. Und das tun wir grundsätzlich, indem wir die Blockierung
herausfinden. Die Blockierung erscheint ursprünglich dann, wenn das
Kind keine Unterstützung von der Umwelt bekommt, sich aber auch
noch nicht selbst versorgen und erhalten kann. In diesem Augenblick
des toten Punktes fängt das Kind an, die Umwelt in Bewegung zu
setzen, indem es sich verstellt und Rollen spielt, sich dumm stellt, hilflos spielt, sich schwach stellt, schmeichelt und all die Rollen spielt, die
wir gebrauchen, um unsere Umwelt zu manipulieren.

Jeder Therapeut, der nun *hilfreich* sein will, ist von allem Anfang an
verloren. Der Patient wird alles Mögliche tun, um dem Therapeuten
das Gefühl zu geben, daß er unzureichend ist; denn der Patient muß
ja seinen Ausgleich dafür haben, daß er den Therapeuten braucht.
Also verlangt der Patient immer mehr Hilfe vom Therapeuten, er
treibt ihn immer mehr in die Enge, bis er entweder damit Erfolg hat
und den Therapeuten verrückt gemacht hat — was ein weiteres Mittel
der Manipulation ist — oder aber, wenn der Therapeut ihm den Gefallen nicht tut, ihm wenigstens das Gefühl gibt, unzureichend zu sein.
Er wird den Therapeuten immer mehr in seine Neurose hineinziehen,
und der Therapie wird kein Ende sein.

Wie gehen wir nun in der Gestalttherapie vor? Wir haben ein sehr
einfaches Mittel, um den Patienten dazu zu bringen, das an Potential
herauszufinden, was ihm abgeht. Der Patient benutzt mich, den Therapeuten, nämlich als Projektionsleinwand, und er erwartet von mir
genau das, was er in sich selbst nicht aufbringen kann. Und bei diesem
Vorgang machen wir die eigenartige Entdeckung, daß keiner von uns
vollständig ist, daß jeder von uns seine Lücken in der Persönlichkeit
hat. Wilson Van Dusen entdeckte das zuerst bei Schizophrenen, aber
ich glaube, daß jeder von uns Löcher hat. Wo etwas sein sollte, ist
nichts. Viele Menschen haben keine Seele. Andere haben keine Geschlechtsteile. Einige haben kein Herz; ihre ganze Kraft geht ins Computern, Nachdenken. Andere haben keine Beine, um darauf zu stehen.

Viele Leute haben keine Augen. Sie projizieren die Augen, und die Augen sind weitgehend in der Außenwelt; diese Menschen leben immer so, als würden sie ständig angeschaut. Sie haben das Gefühl, daß die Augen der ganzen Welt auf sie gerichtet sind. Sie werden zu Spiegelmenschen, die immer wissen wollen, wie sie für andere aussehen. Sie geben ihre Augen auf und verlangen von der Welt, daß sie das Sehen besorgt. Anstatt kritisch zu sein, projiziert er die Kritik und fühlt sich selber kritisiert und fühlt sich im Rampenlicht. Die Befangenheit ist die gelindeste Form der Paranoia. Die meisten von uns haben keine Ohren. Die Leute erwarten, daß die Ohren draußen sind; sie reden und erwarten, daß ihnen jemand zuhört. Aber wer hört zu? Wenn die Leute zuhören würden, hätten wir unseren Frieden.

Das Wichtigste von allem, was fehlen kann, ist die Mitte. Ohne Mitte geht alles nur am Rand vor sich, und es gibt keinen Ort, von dem aus man mit der Welt arbeitet, von dem aus man mit ihr zurechtkommt. Ohne Mitte ist man nicht wachsam. Ich weiß nicht, wieviele von euch den Film »Die Sieben Samurai« gesehen haben, einen japanischen Film, in dem einer der Krieger so wachsam ist, daß er jeden, der sich ihm nähert oder der selbst in einiger Entfernung etwas tut, auch schon wahrnimmt. Er ist so völlig in seiner Mitte, daß alles, was sich ereignet, augenblicklich und unmittelbar von ihm registriert wird. Dieses Finden der Mitte, in sich selbst gegründet sein, ist so ungefähr der höchste Zustand, den ein Mensch erreichen kann.

Nun sind diese Lücken in der Persönlichkeit immer sichtbar. Sie sind immer gegenwärtig in der *Projektion des Patienten auf den Therapeuten* — so daß dem Therapeuten unterstellt wird, er habe alle Eigenschaften, die dem betreffenden Menschen abgehen. Zuerst also verschafft der Therapeut einem Menschen, der zu ihm kommt, die Gelegenheit zu entdecken, was er braucht — die fehlenden Teile, die er sich entfremdet hat und an die Welt preisgegeben hat. Dann muß der Therapeut eine Gelegenheit geben, eine Situation schaffen, in der dieser Mensch wachsen kann. Und das Mittel dazu ist, daß wir den Patienten in einer Weise frustrieren, daß er gezwungen ist, sein eigenes Potential zu entfalten. Wir wenden genügend gezielte Frustration an, so daß der Patient gezwungen ist, seinen eigenen Weg zu finden, *seine* Möglichkeiten, seine eigenen Kräfte zu entdecken und herauszufinden, *daß er das, was er vom Therapeuten erwartet, genauso gut selbst tun kann.*

Alles, was ein Mensch abgespalten hat, kann er wieder zurückgewinnen, und das Mittel dieser Wiedergewinnung ist Verstehen, Spielen, ist das Einswerden mit diesen abgespaltenen Teilen. Und indem man ihn spielen und entdecken läßt, daß er bereits all das hat (was ihm, wie er meint, nur andere geben können), steigert man sein Potential. Wir stellen ihn immer mehr auf seine eigenen Beine, vermitteln ihm immer mehr Macht in sich selbst, immer mehr Fähigkeit zu erleben, bis er imstande ist, wirklich er selbst zu sein und die Welt zu bewältigen. Er kann das nicht lernen durch Unterricht, Konditionieren, Information oder das Aufstellen von Programmen und Plänen. Er muß entdecken, daß diese ganze Kraft, die ins Manipulieren fließt, freigesetzt und genützt werden kann, und daß er lernen kann, sich selbst, sein Potential zu verwirklichen — statt daß er versucht, ein Konzept, ein Bild von dem, was er sein will, zu verwirklichen und dadurch eine Menge Möglichkeiten seiner selbst unterdrückt und, auf der anderen Seite, ein weiteres Stück Schein-Leben aufbaut, indem er etwas zu sein vorgibt, was er nicht ist. Wir wachsen völlig im Ungleichgewicht auf, wenn die Unterstützung, die wir aus unserer Konstitution beziehen, fehlt. Aber jeder Mensch muß das entdecken, indem er für sich selbst sieht, indem er für sich selbst hört, indem er aufdeckt, was vorhanden ist, indem er für sich selbst nach den Dingen greift und zweihändig wird anstatt verschlossen usw. Und das Wichtigste ist das Zuhören. Zuhören, Verstehen und Offensein sind ein und dasselbe. Vielleicht kennen einige von euch Hermann Hesses Buch *Siddartha*, in dem der Held die endgültige Lösung seines Lebens findet, indem er Fährmann auf einem Fluß wird; er lernt zuzuhören. Seine Ohren offenbaren ihm viel mehr, als der Buddha oder irgendeiner der großen Weisen ihn je lehren könnte.

Was wir also in der Therapie zu tun versuchen, ist, Schritt für Schritt die abgespaltenen, uns ent-eigneten Teile der Persönlichkeit uns *wieder zu eigen zu machen,* bis der Mensch stark genug ist, sein Wachstum selbst zu befördern, verstehen zu lernen, wo die Lücken sind und was die Symptome der Lücken sind. Und die Symptome der Lücken werden stets durch ein Wort angezeigt: *Vermeidung.* Wir werden phobisch, wir laufen davon. Wir können die Therapeuten wechseln, wir können die Ehepartner wechseln; bei dem zu bleiben, was wir vermeiden, läßt sich nicht so leicht erlernen, und daher brauchst du jemand anderen, um gewahr zu werden, was du vermeidest, denn du bist dessen nicht gewahr, und — hier tritt ein sehr interessantes Phänomen auf: Wenn man seiner Blockierung ganz nahe kommt — dem Punkt, an dem man einfach nicht glauben kann, daß man noch fähig wäre weiterzuleben —, fängt der Wirbel an. Man verzweifelt, wird konfus. Plötzlich versteht man überhaupt nichts mehr, und hier wird das Symptom des Neurotikers sehr klar. Der Neurotiker ist ein Mensch, der das

Offensichtliche nicht sieht. Man sieht das immer wieder in Gruppen. Irgendwas ist für jeden anderen offensichtlich, aber die betreffende Person sieht das Offensichtliche nicht; sie sieht die Pickel auf ihrer Nase nicht. Und das ist es, was wir immer wieder zu tun versuchen, nämlich den betreffenden Menschen zu frustrieren, bis er seinen Blockierungen, seinen Hemmungen, seiner Art des Verleugnens, Augen zu haben, Ohren zu haben, Muskeln zu haben, Autorität zu haben, Sicherheit in sich selbst zu haben, bis er all dem Auge in Auge gegenübersteht.

Wir versuchen also immer wieder, den toten Punkt zu finden, an dem du glaubst, keine Chance zum Weiterleben zu haben, weil du die Mittel und Wege dazu in dir selbst nicht findest. Wenn wir die Stelle finden, an der ein Mensch steckengeblieben ist, kommen wir zu der überraschenden Entdeckung, daß diese Sackgasse meistens eine bloße Sache der Phantasie ist. Es gibt sie in Wirklichkeit nicht. Der betreffende Mensch *glaubt* bloß, er habe seine Kräfte nicht zur Hand. Er hindert sich bloß selbst daran, seine Kräfte zu nutzen, und zwar indem er eine Menge von Katastrophenerwartungen heraufbeschwört. Er erwartet Schlimmes für die Zukunft. »Die Menschen werden mich nicht mögen«. »Ich könnte etwas Dummes machen«. »Wenn ich das tun würde, würde mich keiner mehr mögen, ich müßte sterben« usw. Wir haben alle diese Katastrophenerwartungen, durch die wir uns vom Leben abhalten, vom *Dasein*. Andauernd projizieren wir bedrohliche Phantasien auf die Welt, und diese Phantasien hindern uns daran, vernünftige Risiken einzugehen, die ein wesentlicher Bestandteil des Wachstums und des Lebens sind.

Niemand will wirklich seine Blockierungen aufheben, was eine solche Entwicklung gewähren würde. Wir erhalten lieber den Status quo aufrecht: lieber im Status quo einer mittelmäßigen Ehe, einer mittelmäßigen Mentalität, einer mittelmäßigen Lebendigkeit bleiben, als durch diesen Engpaß hindurchgehen. Sehr wenige Menschen gehen in die Therapie, um geheilt zu werden, vielmehr gehen sie hin, um ihre Neurose zu vervollkommnen. Lieber manipulieren wir andere, um Unterstützung und Halt zu bekommen, als daß wir lernen, auf unseren eigenen Beinen zu stehen und uns den Arsch selber abzuputzen. Und um die anderen gängeln zu können, werden wir kontrollversessen, machtversessen — und wenden alle möglichen Arten von Tricks an. Ich habe euch schon ein paar Beispiele gegeben — hilflos spielen, sich dumm stellen, den Kraftmeier spielen und so weiter. Das Interessanteste an kontrollversessenen Menschen ist, daß sie am Ende immer *selber beherrscht werden*. Sie stellen zum Beispiel einen Terminplan auf, der dann beherrschend wird, und von da an müssen sie überall zur bestimmten Zeit sein. Der kontrollversessene Mensch ist also der erste, der seine Freiheit verliert. Anstatt das Steuer zu führen, muß er sich die ganze Zeit abstrampeln und antreiben.

Wegen dieser Kontrollversessenheit kann eine schlechte Ehe nicht geheilt werden, denn die Leute wollen nicht durch ihre Blockierung durchkommen, sie wollen nicht einsehen, wie und wo sie stecken geblieben sind. Ich kann es euch ausmalen, auf welche Weise sie festgefahren sind. In einer schlechten Ehe lieben Mann und Frau ihren Ehepartner nicht. Sie sind in ein Bild verliebt, eine Phantasie, in eine Idealvorstellung davon, wie ihr Ehepartner sein soll. Und anstatt die Verantwortung für ihre eigenen Erwartungen zu übernehmen, spielen sie dann einzig und allein das »Du bist schuld«-Spielchen. »Du solltest anders sein, als du bist. Du genügst den Anforderungen nicht.« Die Forderungen haben also immer recht, aber der wirkliche Mensch hat unrecht. Dasselbe trifft auf die inneren Schwierigkeiten und auf die Beziehung zwischen Therapeut und Patient zu: man wechselt den Partner, man wechselt den Therapeuten, man wechselt den *Inhalt* der inneren Schwierigkeiten, erhält aber den Status quo gewöhnlich aufrecht.

Wenn wir nun die Blockierung richtig verstehen, wachen wir auf; wir haben ein Satori-Erlebnis. Ich kann euch kein Rezept geben, denn ein jeder versucht, aus der Sackgasse herauszukommen, ohne durch sie hindurchzugehen; ein jeder versucht, die Fesseln zu zerreißen, und das gelingt nie. Es ist das Bewußtsein, das volle Erleben, das Gewahrsein dessen, *wie* du festsitzt, das dich gesund werden läßt und das dich erkennen läßt, daß das Ganze bloß ein Alptraum ist, nichts Wirkliches, nicht Wirklichkeit. Das Satori kommt, wenn du zum Beispiel erkennst, daß du in eine Phantasie verliebt bist und erkennst, daß du mit deinem Partner in keiner kommunikativen Beziehung stehst.

Der Wahnsinn ist, daß wir die Phantasie für wirklich halten. In einer Blockierung, in einer Sackgasse, herrscht immer ein wenig der Wahnsinn. In einer Sackgasse kann dich niemand überzeugen, daß das, was du erwartest, Einbildung ist. Du hältst für wirklich, was bloß ein Ideal, eine Phantasie ist. Der Verrückte sagt: »Ich bin Abraham Lincoln«, und der Neurotiker sagt: »Ich wäre gern Abraham Lincoln«. Der gesunde Mensch sagt: »Ich bin ich und du bist du«.

III

Laßt mich jetzt von einem Dilemma sprechen, das nicht leicht zu verstehen ist. Es ist wie ein *Koan* — jene Zen-Fragen, die unlösbar scheinen. Das Koan lautet: *Nichts existiert außer dem Hier-und-jetzt.* Das Jetzt ist die Gegenwart, ist das Phänomen, die Erscheinung, ist das, dessen du gewahr bist, ist der Moment, in dem du deine sogenannten Erinnerungen und deine sogenannten Antizipationen mit dir herumträgst. Ob du dich erinnerst oder vorwegnimmst, du tust es *jetzt.* Die Vergangenheit ist nicht mehr. Die Zukunft ist noch nicht. Wenn ich sage »Ich war«, so ist das nicht jetzt, das ist die Vergangenheit. Wenn ich sage »Ich möchte...«, so ist das die Zukunft, sie ist noch nicht. Außer dem Jetzt kann einfach nichts existieren. Einige Leute machen daraus ein Programm. Sie stellen Forderungen, »Du *sollst* im Hier-und-jetzt leben«. Und ich sage, es ist *unmöglich,* im Hier-und-jetzt zu leben, und dennoch, nichts existiert außer dem Hier-und-jetzt.

Wie lösen wir dieses Dilemma? Was verbirgt sich in dem Wort *jetzt?* Wie kommt es, daß es Jahre braucht, um ein einfaches Wort wie das Wort *jetzt* zu verstehen? Wenn ich eine Schallplatte spiele, erscheint der Klang der Platte, wenn sich die Platte und die Nadel berühren, dort, wo sie miteinander in Kontakt kommen. Vorher ist nichts zu hören und nachher ist nichts zu hören. Wenn ich die Schallplatte zum Stillstand bringe, ist die Nadel noch immer in Kontakt mit der Platte, aber es ist keine Musik zu hören, denn das ist das *absolute* Jetzt. Wenn man die Vergangenheit oder die Vorwegnahme von Themen drei Minuten von jetzt ab auslöschen würde, könnte man beim Anhören der Platte, die man gerade spielt, nichts verstehen. Aber wenn man das Jetzt auslöscht, kommt gar nichts durch. Also noch einmal: Ob wir uns erinnern oder ob wir vorwegnehmen, wir tun es *hier und jetzt.*

Vielleicht sage ich so: Das *Jetzt* ist nicht die Skala, sondern der Ort der Ungewißheit, der Schwebe; es ist ein Nullpunkt, es ist ein Nichtsein — das ist das *Jetzt.* In eben dem Augenblick, in dem ich etwas erlebe und darüber spreche, meine Aufmerksamkeit darauf richte, ist der Augenblick auch schon vergangen. Was nützt es also, über das *Jetzt* zu reden? Das nützt in vieler Hinsicht.

Wir wollen zuerst über die Vergangenheit sprechen. *Jetzt* ziehe ich Erinnerungen aus meiner Schublade und glaube möglicherweise, daß diese Erinnerungen mit meiner Geschichte identisch sind. Das stimmt nie, denn eine Erinnerung ist eine Abstraktion. Jetzt gerade erlebt ihr etwas. Ihr erlebt mich, ihr erlebt eure Gedanken, ihr erlebt vielleicht eure Haltung, aber ihr könnt nicht *alles* erleben. Ihr abstrahiert immer die wesentliche Gestalt vom totalen Kontext. Wenn ihr jetzt diese Abstraktionen nehmt und sie ablegt, nennt ihr sie Erinnerungen. Wenn diese Erinnerungen unangenehm sind, besonders wenn sie für unser Selbstwertgefühl unangenehm sind, ändern wir sie. Wie Nietzsche über den Streit zwischen Gedächtnis und Stolz sagte: »Das habe ich getan, sagt mein Gedächtnis. Das kann ich nicht getan haben, sagt mein Stolz und bleibt unerbittlich. Endlich gibt das Gedächtnis nach.« Ihr wißt alle, wie sehr ihr lügt. Ihr wißt alle, wie sehr ihr euch selbst irreführt, wie viele eurer Erinnerungen Übertreibungen und Projektionen sind, wie viele eurer Erinnerungen beschönigt und verdreht sind.

Die Vergangenheit ist vergangen. Und doch tragen wir im Jetzt, in unserem Dasein, viel von unserer Vergangenheit mit uns herum. Aber wir tragen nur so viel an Vergangenheit mit uns herum, als wir unabgeschlossene Situationen haben. Was sich in der Vergangenheit ereignete, ist entweder assimiliert und ist ein Teil von uns geworden, oder wir tragen eine unabgeschlossene Situation, eine unvollständige Gestalt umher. Ich will euch das folgende Beispiel geben: das bekannteste der unerledigten Geschäfte ist die Tatsache, daß wir unseren Eltern nicht verziehen haben. Wie ihr wißt, haben die Eltern niemals recht. Sie sind entweder zu groß oder zu klein, zu klug oder zu dumm. Wenn sie streng sind, sollten sie nachgiebig sein, und so weiter. Aber wann findet man Eltern, die in Ordnung sind? Du kannst den Eltern immer die Schuld zuschieben, wenn du das »Du bist schuld«-Spielchen spielen willst, und die Eltern für deine ganzen Probleme verantwortlich machen willst. Du hältst dich so lange im Zustand eines Kindes, bis du willens bist, deine Eltern loszulassen. Aber zu einem Schluß der Debatte kommen und die Eltern loslassen und sagen: »Ich bin jetzt ein großes Mädchen«, das ist eine andere Geschichte. Das ist Bestandteil der Therapie — Eltern loszulassen und vor allem seinen Eltern zu vergeben, was für die meisten das Schwerste ist.

Der große Irrtum der Psychoanalyse besteht darin, daß sie die Erinnerung als Wirklichkeit gelten läßt. All die sogenannten *Traumata,* von denen man annimmt, sie seien die Wurzel der Neurose, sind eine Erfindung des Patienten, um seine Selbstachtung zu retten. Man hat die Existenz eines solchen Traumas nie beweisen können. Ich habe noch keinen einzigen Fall von Kindheitstrauma gesehen, der keine Fälschung war. Sie sind nichts als Lügen, an denen man sich festhält, um seinen Mangel an Bereitschaft zum Wachsen zu rechtfertigen. Reifen bedeutet: Verantwortung für dein Leben übernehmen, auf dich selber gestellt sein. Die Psychoanalyse begünstigt den infantilen Zustand, indem sie die Vergangenheit als für die Krankheit verantwortlich ansieht. Der

Patient ist nicht verantwortlich — nein, das Trauma ist verantwortlich oder der Ödipuskomplex ist verantwortlich und so weiter. Ich schlage euch vor, das schöne kleine Buch mit dem Titel »Ich habe Dir nie einen Rosengarten versprochen« von Hannah Green zu lesen. Dort habt ihr ein typisches Beispiel dafür, wie dieses Mädchen ein Kindheitstrauma erfand, um ihre raison d'être zu haben, ihre Basis, um von da aus die Welt zu bekämpfen, ihre Rechtfertigung für ihre Verrücktheit, ihre Krankheit. Wir haben uns eine derart übertriebene Vorstellung von der Wichtigkeit dieser erfundenen Erinnerung zu eigen gemacht und nehmen dabei an, daß die ganze Krankheit auf dieser Erinnerung basiert. Kein Wunder, daß dieser ganze »Lärm um Nichts« des Psychoanalytikers, herauszufinden, *warum* ich jetzt so bin, zu keinem Ende kommen kann, niemals ein wirkliches Sich-Öffnen des Menschen erbringen kann.

Freud opferte sein ganzes Leben, um sich und anderen zu beweisen, daß Sex nicht schlecht ist, und er mußte das naturwissenschaftlich beweisen. Zu seiner Zeit war der naturwissenschaftliche Ansatz der der Kausalität, daß die Schwierigkeiten durch irgend etwas in der Vergangenheit *verursacht* wurden, so wie der Billardstock den Billardball anstößt, und der Stock ist dann die Ursache dafür, daß der Ball rollt. In der Zwischenzeit hat sich unsere wissenschaftliche Haltung geändert. Wir sehen die Welt nicht mehr in Begriffen von Ursache und Wirkung an: Wir sehen die Welt als einen kontinuierlich fortwährenden Prozeß an. Wir sind wieder bei Heraklit, bei der vorsokratischen Vorstellung, daß alles im Fluß ist. Wir steigen nie zweimal in denselben Fluß. Mit anderen Worten, wir sind — in den Naturwissenschaften, aber leider noch nicht in der Psychiatrie — von der linearen Kausalität zum Prozeßdenken, vom *Warum* zum *Wie* übergegangen.

Wenn ihr *Wie* fragt, schaut ihr auf die Struktur, ihr seht das, was jetzt geschieht, ihr habt ein tieferes Verständnis des Geschehens. Das *Wie* ist alles, was wir brauchen, um zu verstehen, wie wir oder die Welt funktionieren. Das *Wie* gibt uns Perspektive und Orientierung. Das *Wie* zeigt die Gültigkeit eines der Grundgesetze, nämlich der Identität von Struktur und Funktion. Wenn wir die Struktur ändern, ändert sich die Funktion. Wenn wir die Funktion ändern, ändert sich die Struktur.

Ich weiß, ihr wollt fragen, *warum* — wie jedes Kind, wie jeder unreife Mensch *warum* fragt, um eine Rationalisierung oder eine Erklärung zu haben. Doch das *Warum* führt bestenfalls zu einer klugen Erklärung, aber nie zu einem Verstehen. *Warum* und *Weil* sind in der Gestalttherapie böse Wörter. Sie führen bloß zur Rationalisierung und gehören zur zweiten Klasse von Wortschwallproduktion. Ich unterscheide drei Klassen von Wortschwallproduktion: Hühnerdreck — das ist »Guten Morgen«, »Wie geht's« und so weiter; Bockmist — das ist »weil«, Rationalisierungen, Entschuldigungen; und Ganz-große-Scheiße — das ist dann der Fall, wenn man *über* Philosophie, *über* existenzielle Gestalttherapie usw. redet — das, was ich gerade tue. Das *Warum* ergibt bloß ein unaufhörliches Nachfragen nach dem Grund des Grundes des Grundes des Grundes des Grundes des Grundes. Und wie Freud schon beobachtet hat: jedes Ereignis ist *über*determiniert, hat viele Ursachen; alles Mögliche kommt zusammen, um jenen besonderen Augenblick zu schaffen, der das *Jetzt* ist. Viele Faktoren spielen zusammen, um diesen besonderen einzigartigen Menschen zu schaffen, der *Ich* ist. Niemand kann zu einem gegebenen Augenblick von dem verschieden sein, was er in diesem Augenblick ist, einschließlich aller Wünsche und Bitten, daß er doch anders sein möchte. Wir sind, was wir sind.

Das sind die beiden Beine, auf denen die Gestalttherapie geht und steht: *Jetzt* und *Wie*. Das Wesentliche an der Theorie der Gestalttherapie liegt im Verständnis dieser beiden Worte. *Jetzt* umfaßt alles, was existiert. Die Vergangenheit ist nicht mehr, die Zukunft ist noch nicht. *Jetzt* schließt das Gleichgewicht des Hierseins ein, ist Erleben, Engagement, Phänomen, Bewußtheit. *Wie* umfaßt alles, was Struktur ist, was Verhalten ist, alles, was tatsächlich geschieht — das fortwährende Geschehen. Der Rest ist unwesentlich — ist Computern, Auffassungssache und so weiter.

Alles gründet in Bewußtheit. Bewußtheit ist die einzige Grundlage des Wissens, der Kommunikation usw. Bei der Kommunikation mußt du verstehen, daß du dem anderen Menschen *etwas bewußt machen* willst: deiner selbst bewußt, dessen bewußt, was an dem anderen Menschen beachtet werden soll etc. Und um zu kommunizieren, müssen wir sicherstellen, daß wir *Sender* sind, was bedeutet, daß die Mitteilung, die wir übermitteln, verstanden werden kann; und wir müssen außerdem sicherstellen, daß wir *Empfänger* sind — daß wir bereit sind, der Mitteilung des anderen Menschen zuzuhören. Es ist sehr selten, daß jemand sprechen *und zuhören* kann. Sehr wenige Leute können zuhören, ohne zu sprechen. Die meisten Leute können sprechen, ohne zuzuhören. Und wenn du damit beschäftigt bist zu reden, hast du freilich keine Zeit zum Zuhören. Die Integration von Reden und Zuhören ist wirklich etwas Seltenes. Die meisten Menschen hören nicht zu und geben keine aufrichtige Antwort, sondern speisen den anderen lediglich mit einer Frage ab. Anstatt zuzuhören und zu antworten, gehen sie augenblicklich zum Gegenangriff über, stellen Fragen oder tun irgend etwas, das zerstreut, ablenkt, ausweicht. Wir werden viel über Blockierungen reden, in bezug auf sich mitteilen, sich geben, sich anderen bewußt machen und gleichermaßen in bezug auf bereit sein, gegenüber dem anderen Menschen offen zu sein — Empfänger zu sein. Ohne Kommunikation kann es keinen Kontakt geben. Ohne Kommunikation gibt es nur Vereinzelung und Langeweile. Ich möchte bekräftigen, was ich eben sagte, und möchte, daß ihr euch in Paare aufteilt und fünf Minuten miteinander über euere tatsächliche gegenwärtige Wahrnehmung, eure Bewußtheit von euch selbst und eure Wahrnehmung vom anderen sprecht. Betont dabei immer das *Wie* — *wie* verhältst du dich *jetzt*. *Wie* sitzt du, *wie* sprichst du, alle Einzelheiten dessen, was *jetzt* geschieht. *Wie* sitzt er da, *wie* schaut er ...

Wie steht's mit der Zukunft? Wir wissen nichts über die Zukunft. Selbst wenn jeder von uns eine Kristallkugel hätte, würden wir die Zukunft nicht erleben. Wir würden eine *Zukunftsvision* erleben. Und all das findet hier und jetzt statt. Wir stellen uns die Zukunft vor, wir nehmen sie vorweg, weil wir keine Zukunft haben wollen. Die wichtigste existenzielle Feststellung ist also, daß wir keine Zukunft haben wollen, daß wir uns vor der Zukunft fürchten. Wir füllen die Kluft, den Ort der Zukunft, mit Versicherungspolicen, Status quo, Immergleichheit, mit allem Möglichen, bloß um die Möglichkeit des Offenseins gegenüber der Zukunft nicht zu erfahren.

Wir können auch dem Nichts, dem Offensein, in der Vergangenheit nicht standhalten. Wir sind nicht gewillt, die Vorstellung von der Ewigkeit zuzulassen —»Es war schon immer so« — damit, mit der Schöpfungsgeschichte, müssen wir sie auffüllen. Zeit hat irgendwie begonnen. Die Leute fragen: »Wann hat die Zeit begonnen?« Das gleiche gilt für die Zukunft. Es scheint unglaublich, daß wir ohne Ziele leben können, ohne uns Sorgen um die Zukunft zu machen, daß wir offen und bereit sein können für das, was kommen mag. Nein, wir müssen sicherstellen, daß wir keine Zukunft haben, daß der Status quo bestehen bleibt, und es vielleicht ein bißchen besser wird. Aber wir dürfen kein Risiko eingehen, wir dürfen zur Zukunft hin nicht offen sein.

Es könnte sich etwas ereignen, das neu und aufregend wäre und das zu unserem Wachstum beitragen würde. Es ist zu gefährlich, das Wagnis des Wachsens einzugehen. Wir wandeln lieber als halbe Leichen über die Erde, als daß wir in Gefahr leben und erkennen, daß das Leben in der Gefahr viel sicherer ist als dieses Versicherungsdasein aus Sicherheit und Nichts-Riskieren, für das sich die meisten von uns entscheiden. Was ist diese lustige Sache, ein Risiko einzugehn? Hat jemand von euch eine Definition dafür? Was ist damit gemeint, wenn man sagt, daß jemand ein Risiko eingeht?

A: Verletzt zu werden.

B: Etwas Tollkühnes tun.

C: Zu weit gehen.

D: Ein gewagter Versuch.

E: Der Gefahr Tür und Tor öffnen.

Fällt euch jetzt auf, daß ihr alle die Katastrophenerwartungen habt, die negative Seite seht? Ihr seht den möglichen Gewinn nicht. Ein-Risiko-Eingehen heißt, in der Ungewißheit, in der Spannung zwischen katastrophischen und anastrophischen Erwartungen stehen. Ihr müßt *beide* Seiten der Münze sehen. Ihr könnt gewinnen, und ihr könnt verlieren. Einer der wichtigsten Augenblicke in meinem Leben war, nachdem ich aus Deutschland * entkommen war und eine Position als Lehranalytiker in Südafrika frei war und Ernest Jones wissen wollte, wer dorthin gehen wollte. Es waren unser vier: drei wollten Garantien haben. Ich sagte, ich riskiere es. Die anderen drei wurden von den Nazis geschnappt. Ich bin ein Risiko eingegangen — und ich bin noch am Leben.

Ein völlig gesunder Mensch fühlt sich und die Wirklichkeit ganz und gar. Der Verrückte, der Psychotiker, ist mehr oder weniger völlig *ohne* Gefühl gegenüber beidem, meistens jedoch *entweder* gegenüber sich *oder* der Welt. Wir stehen zwischen Verrücktsein und Gesundsein, und das ist durch die Tatsache begründet, daß wir zwei Ebenen der Existenz haben. Die eine ist die Wirklichkeit, die tatsächliche, realistische Ebene, daß wir mit allem, was auch immer im Jetzt geschieht, in Fühlung sind, daß wir mit unseren Gefühlen in Fühlung sind, daß wir mit unseren Sinnen in Fühlung sind. Wirklichkeit ist Gewahrsein des geschehenden Erlebens, ist tatsächliches Fühlen, Sehen, Bewegen, Tun. Für die andere Ebene haben wir keinen guten Ausdruck, ich wähle daher das indische Wort *Maja*. *Maja* bedeutet so etwas wie Illusion, Trugbild oder Einbildung oder, philosophisch gesprochen, das *Als ob* Vaihingers. *Maja* ist eine Art Traum, eine Art von Entrücktsein, Verblendung, Trance. Diese Phantasie, diese *Maja,* wird häufig Geist genannt, aber wenn man genauer hinschaut, ist das, was man »Geist« nennt, Phantasie. Es ist die Probebühne. Freud sagte einmal: »*Denken ist Probehandeln*«, Ausprobieren im voraus. Leider verfolgte Freud diese Entdeckung nie weiter; das wäre nämlich mit seinem genetischen

---

* nach Holland.

Ansatz unvereinbar gewesen. Wenn er diese seine Aussage, »Denken ist Probehandeln«, akzeptiert hätte, hätte er auch erkannt, daß und wie unsere Phantasietätigkeit auf die Zukunft gerichtet ist, denn wir proben nämlich für die Zukunft.

Wir leben auf zwei Ebenen — der öffentlichen Ebene, die unser *Tun* umfaßt und beobachtbar, verifizierbar ist, und der privaten Bühne, der Denkbühne, der Probebühne, auf der wir uns auf die zukünftigen Rollen, die wir spielen wollen, vorbereiten. Denken ist die private Bühne, auf der man ausprobiert. Man redet mit jemand Unbekanntem, man redet mit sich selbst, man bereitet sich auf ein wichtiges Ereignis vor, man spricht mit dem Geliebten vorm Stelldichein oder vorm enttäuschten Auseinandergehen, so wie man es auch immer erwarten mag. Wenn ich zum Beispiel fragen würde: »Wer will hier heraufkommen, um zu arbeiten?«, würdet ihr wahrscheinlich schnellstens zu proben anfangen. »Was werd' ich da bloß tun?« usw. Und ihr würdet wahrscheinlich auch Lampenfieber bekommen, weil ihr die sichere Wirklichkeit des Jetzt verlassen und in die Zukunft springen würdet. Die Psychiatrie macht viel Aufhebens von dem Symptom der *Angst,* und wir leben auch in einem Zeitalter der Angst, aber Angst ist nichts als die Spannung zwischen *Jetzt* und *Dann*. Es gibt wenige Leute, die dieser Spannung standhalten können, und deshalb müssen sie diese Spanne durch Proben, Planen und »Sicherstellen« ausfüllen, sie müssen sicherstellen, daß sie keine Zukunft haben. Sie versuchen, an der Unmöglichkeit festzuhalten, und verhindern mit Sicherheit jede Möglichkeit von Wachstum oder Unmittelbarkeit.

Q: Die Vergangenheit baut doch sicher auch Angst auf, oder nicht?

F: Nein. Die Vergangenheit baut auf — oder sagen wir, ist noch gegenwärtig mit ihren unerledigten Geschäften, Schmerzen und derlei Dingen. Wenn du Angst wegen etwas empfindest, das du getan hast, so ist es nicht Angst vor dem, was du getan hast, sondern Angst davor, welche Strafe dir in der Zukunft blühen wird.

Freud sagte einmal, daß der Mensch gesund ist, der frei von Angst und Schuldgefühlen ist. Über die Angst habe ich schon gesprochen. Über Schuldgefühle noch nicht. Nun, im Freudschen System sind Schuldgefühle etwas sehr Verzwicktes. In der Gestalttherapie ist die Sache mit den Schuldgefühlen viel einfacher. Wir sehen Schuldgefühle als projizierten Groll an. Immer wenn du dich schuldig fühlst, finde heraus, auf wen oder was du eine Wut hast, und die Schuldgefühle werden verschwinden, und du wirst versuchen, dem anderen Schuldgefühle zu machen.

Alles Unausgedrückte, das ausgedrückt werden will, kann machen, daß

du dich unwohl fühlst. Und eines der verbreitetsten unausgedrückten Gefühle ist der Groll, das Übelnehmen (resentment). Das ist das unerledigte Geschäft *par excellence.* Wenn du verärgert bist, bist du steckengeblieben; du kannst dich weder vorwärts bewegen und es herauslassen, deine Wut ausdrücken, die Welt ändern, sodaß du Befriedigung erlangst, noch kannst du, was immer dich stört, loslassen und vergessen. Übelnehmen ist das psychologische Äquivent der Verbissenheit, der zusammengebissenen Zähne. Die Verbissenheit kann weder loslassen, noch sich durchbeißen und zerkauen — was stets erforderlich wäre. Im Übelnehmen kannst du diesen Vorfall oder diesen Menschen weder loslassen und vergessen und in den Hintergrund zurücktreten lassen, noch ihn tatkräftig angreifen. Die Äußerung des Ärgers ist einer der wichtigsten Wege, dir zu helfen, daß du dir dein Leben etwas leichter machst. Ich möchte jetzt, daß ihr alle das folgende gemeinsame Experiment macht:
Ich möchte, daß jeder von euch Folgendes tut: Vergegenwärtigt euch zuerst eine Person wie Vater oder Ehemann, nennt diese Person beim Namen — wer es auch ist — und sagt nur kurz: »Klara, ich nehme dir übel —.« Versucht, die Person dazu zu bringen, daß sie euch hört, als ob es wirklich Kommunikation gäbe und ihr das fühltet. Versucht also, zu dieser Person zu sprechen, und richtet es in diesen Kommunikationen so ein, daß diese Person euch zuhört. Werdet euch einfach bewußt, wie schwierig es ist, die Phantasie in Gang zu bringen. Drückt euren Ärger aus — also, knallt es ihm oder ihr direkt ins Gesicht. Versucht gleichzeitig zu sehen, daß ihr euch in Wirklichkeit weder traut, eure Wut zu äußern, noch großzügig genug seid loszulassen, zu verzeihen. Gut, fangt an ...
Es bringt auch noch einen anderen großen Vorteil mit sich, wenn man dies Verärgertsein in der Therapie, im Wachstum nutzt. Hinter jedem Verärgertsein sind Forderungen. Ich möchte also jetzt, daß ihr alle zur selben Person wie vorher geradeheraus sprecht und die Forderungen äußert, die hinter eurem Ärger stecken. Die Forderung ist die einzig wirkliche Form der Kommunikation. Setzt eure Forderungen frei. Tut das auch als Selbstäußerung: Formuliert eure Forderungen in der Form eines Imperativs, eines Befehls. Ihr versteht wohl genug von der englischen Grammatik, um zu wissen, was ein Imperativ ist. Der Imperativ ist so was wie: »Halt's Maul!« »Geh zum Teufel!« »Tu das, tu's doch, tu's!«
Geht jetzt zurück zu dem Ärger, den ihr gegenüber der Person ausgedrückt habt. Erinnert euch *genau,* worüber ihr euch geärgert habt. Streicht das Wort *ärgern* und sagt *gern haben,* habt gern, was euch

vorher geärgert hat. Dann fahrt fort, dieser Person zu sagen, was ihr noch an ihr gern habt. Versucht wieder, das Gefühl zu bekommen, daß ihr tatsächlich mit ihr kommuniziert.

Ihr seht, wenn ihr an dieser Person nichts gern hättet, würdet ihr an ihr nicht hängenbleiben und könntet sie einfach vergessen. Es gibt immer die Kehrseite. Zum Beispiel, was ich an Hitler schätze: Wenn Hitler nicht an die Macht gekommen wäre, dann wäre ich vermutlich mittlerweile tot — und zwar so tot wie es halt ein guter Psychoanalytiker ist, der sein Leben lang von acht Patienten lebt.

Wenn ihr irgendwelche Schwierigkeiten in der Kommunikation mit jemand habt, sucht nach einem Groll. Ärger, jemand etwas übelnehmen, das gehört zu den schlimmstmöglichen unerledigten Geschäften — unvollendeten Gestalten. Wenn ihr verärgert seid, könnt ihr weder loslassen, noch es rauslassen. Übelnehmen ist ein Gefühl von zentraler Bedeutung. Verärgertsein ist die wichtigste Ausdrucksform einer Blockierung. Wenn du einen Groll empfindest, sei imstande, ihn auszudrücken. Ein unausgedrückter Ärger wird oft als Schuldgefühl erfahren oder verwandelt sich in eines. Wann immer du dich schuldig fühlst, finde heraus, worüber du dich ärgerst und drücke es aus und äußere deine Forderungen offen. Das allein hilft eine ganze Menge.

Bewußtheit umfaßt sozusagen drei Schichten oder drei Bereiche: bewußtes Wahrnehmen des *Selbst*, bewußtes Wahrnehmen der *Welt* und bewußtes Wahrnehmen dessen, was dazwischen ist — des Zwischenreichs der Phantasie, das einen daran hindert, in Fühlung mit sich selbst oder mit der Welt zu sein. Das ist die große Entdeckung Freuds — daß da etwas ist zwischen dir und der Welt. Es geht so vieles in der Phantasie vor sich. Er nennt das Komplex oder Vorurteil. Wenn du Vorurteile hast, ist deine Beziehung zur Welt sehr schwer gestört und zerrüttet. Wenn du an einen Menschen herankommen willst, und du hast ein Vorurteil, dann kommst du nicht an ihn heran. Du kommst immer nur mit den Vorurteilen, den fixen Ideen, in Berührung. Freuds Vorstellung, daß das Zwischenreich, die entmilitarisierte Zone, dieses Niemandsland zwischen dir und der Welt eliminiert, entleert, ausgewaschen werden soll oder wie man's nennen mag, war vollkommen richtig. Der einzige Haken daran ist, daß Freud in diesem Bereich blieb und dieses Zwischending analysierte. Bewußtheit seiner selbst oder Bewußtheit der Welt zog er nicht in Betracht; er dachte nicht darüber nach, was wir tun können, um wieder in Kontakt zu sein. Dieser Verlust des Kontaktes mit unserem wahren Selbst und der Verlust des Kontaktes mit der Welt sind auf diese Zwischenwelt zurückzuführen, auf das weite Feld der Maja, das wir mit uns herumtragen. Das heißt, es gibt ein weites Feld der Phantasietätigkeit, das uns so viel von unserer Lebendigkeit, von unserer Energie, von unserer Lebenskraft wegnimmt, daß nur sehr wenig Energie übrig bleibt, um mit der Wirklichkeit in Verbindung zu sein. Wenn wir nun einen Menschen wieder ganz machen wollen, müssen wir zuallererst verstehen, was bloße Phantasie und Irrationalität ist, und wir müssen entdecken, wo einer Berührungspunkte hat, und womit. Und sehr oft, wenn wir arbeiten und diese Mittelschicht der Phantasie, die Maja, entleeren, stellt sich die Erfahrung des *Satori*, des Aufwachens, ein. Plötzlich ist die Welt *da*. Du wachst aus einem Entrückungszustand auf, wie du von einem Traum erwachst. Du bist wieder ganz da. Und das Ziel in der Therapie, das Wachstumsziel, ist, daß du immer mehr von deinem »Verstand« verlierst und mehr zu deinen *Sinnen* kommst, mehr und mehr in Kontakt bist, in Kontakt mit dir selbst und in Kontakt mit der Welt, anstatt bloß in Kontakt mit den Phantasien, Vorurteilen und Befürchtungen und so weiter.

Wenn jemand *Maja,* seine Vor-Stellungen, und Wirklichkeit durcheinander bringt, wenn er die Einbildung für wirklich hält, dann ist er neurotisch oder sogar psychotisch. Stellt euch einen extremen Fall von Psychose vor, einen Schizophrenen, der sich einbildet, der Arzt sei hinter ihm her; und er beschließt, ihn zusammenzuschlagen und zu erschießen, ohne die Wirklichkeit zu überprüfen. Andererseits gibt es auch eine andere Möglichkeit. Anstatt zwischen *Maja* und Wirklichkeit gespalten zu sein, können wir diese beiden integrieren, und wenn *Maja* und Wirklichkeit integriert sind, nennen wir das Kunst. Große Kunst ist wirklich, und große Kunst ist gleichzeitig Illusion, Schein. Phantasie kann schöpferisch sein, doch schöpferisch nur dann, wenn du die Phantasie, welche auch immer, im *Jetzt* hast. Im *Jetzt* nutzt du, was verfügbar ist, und du mußt schöpferisch sein. Schaut einfach den Kindern beim Spielen zu. Was zur Hand ist, ist verwendbar, und dann ereignet sich etwas, es entsteht etwas aus dem Kontakt mit dem, was *hier* und *jetzt* ist.

Es gibt nur einen Weg, um diese gesunde Unmittelbarkeit zustandezubringen, um die Echtheit des Menschen zu retten. Oder, um in platten religiösen Begriffen zu sprechen, es gibt nur einen Weg, um die Seele wiederzugewinnen, oder auf amerikanisch, um die amerikanische Leiche wiederzubeleben und sie zum Leben zurückzubringen. Das Paradoxe ist, daß wir, um diese Spontaneität zu erlangen, wie im Zen, äußerste Disziplin brauchen. Die Disziplin ist einfach, die Worte *jetzt* und *wie* zu verstehen und alles, was nicht in den Worten *jetzt* und *wie* enthalten ist, auszuklammern und beiseite zu legen. Welche Technik wenden wir nun in der Gestalttherapie an? Die Technik ist, ein *Bewußtheits-kontinuum* herzustellen. Dieses Bewußtheitskontinuum ist erforderlich, damit der Organismus gemäß dem gesunden Gestaltprinzip funktionieren kann: daß die wichtigste unerledigte Situation stets in Erscheinung tritt und erledigt werden kann. Wenn wir uns selbst daran hindern, diese Gestaltbildung zu erreichen, funktionieren wir schlecht und tragen hunderte und tausende unerledigter Situationen, die immerzu Erledigung fordern, mit uns herum.

Dieses Bewußtheitskontinuum scheint sehr einfach zu sein, nur eben von Sekunde zu Sekunde sich dessen bewußt zu sein, was geschieht. Wir sind uns immer eines Etwas bewußt, außer wenn wir schlafen. Sobald jedoch diese Bewußtheit unangenehm wird, unterbrechen sie die meisten Leute. Dann fangen sie plötzlich an zu intellektualisieren, fangen an mit Geschwätz über Gründe und Für und Wider, mit Flucht in die Vergangenheit, Flucht in Erwartungen, guten Vorsätzen oder mit diesem schizophrenen Gebrauch freier Assoziationen, wobei sie wie eine Heuschrecke von einer Erfahrung zur anderen springen, und keine einzige dieser Erfahrungen wird je *erfahren,* ist bloß eine Art Blitz, der all das verfügbare Material unassimiliert und ungenutzt läßt.

Wie gehen wir nun in der Gestalttherapie vor? Was heutzutage sehr modern ist, wurde ziemlich ausgebuht, als ich diese Idee *Bewußtheit ist alles* zu vertreten begann. Der rein sprachliche Ansatz, der Freudianische Ansatz, in dem ich erzogen wurde, verbellt das falsche Wild. Freuds Vorstellung war, daß man durch eine bestimmte Prozedur, freie Assoziation genannt, die abgespaltenen Teile der Persönlichkeit befreien und sie der betreffenden Person verfügbar machen kann, und daß diese Person dann das entwickeln wird, was er ein starkes Ich nannte. Was Freud Assoziation nannte, nenne ich *Diss*oziation, schizophrene Dissoziation zur Vermeidung von Erfahrung. Es ist ein Computer-Spielchen, ein Deutungs-Computer-Spielchen, und das genau ist die Vermeidung der Erfahrung dessen, was *ist*. Du kannst reden bis zum jüngsten Tag, du kannst deine Kindheitserinnerungen bis zum jüngsten Tag zurückverfolgen, aber ändern wird sich nichts. Du kannst hunderterlei Dinge zu einem Ereignis assoziieren — oder dissoziieren —, aber du kannst nur eine Wirklichkeit erfahren.

Im Gegensatz zu Freud also, der die Widerstände am meisten betonte, betone ich die *phobische Haltung,* die *Vermeidung,* das *Davonrennen* am meisten. Vielleicht wissen einige von euch, daß Freud an einer Unzahl von Phobien litt, und da er diese Krankheit hatte, mußte er es natürlich vermeiden, mit der Vermeidung fertig zu werden. Seine phobische Haltung war furchtbar. Er konnte einen Patienten nicht anschauen — er brachte es nicht fertig, eine Begegnung mit dem Patienten zu haben —, also ließ er ihn auf einer Couch liegen, und Freuds Symptom wurde das Warenzeichen der Psychoanalyse. Er konnte nicht ins Freie gehen, um sich photographieren zu lassen und so weiter. Aber gewöhnlich — wenn man darüber nachdenkt — vermeiden ja die meisten von uns unangenehme Situationen, und wir mobilisieren alle Panzerungen, Masken usw., ein Vorgehen, das gewöhnlich als »Verdrängung« bezeichnet wird. Ich versuche also, vom Patienten herauszubekommen, was er *vermeidet*.

Der Feind der Entwicklung ist diese Furcht vor Schmerzen — der Widerwille gegen auch nur ein winziges bißchen Leiden. Schmerz ist nämlich ein Signal der Natur. Das schmerzende Bein, das schmerzliche Gefühl schreit auf: »Gib acht, wenn du nicht acht gibst, werden sich die Dinge verschlimmern.« Das gebroche Bein schreit: »Geh' nicht so viel. Halt' dich ruhig.« Wir nutzen diese Tatsache in der Gestalttherapie, indem wir verstehen, daß das Bewußtheitskontinuum unterbrochen wird — daß man phobisch wird —, sobald man anfängt, etwas Unangenehmes zu empfinden. Wenn man beginnt, sich unwohl zu fühlen, zieht man seine Aufmerksamkeit zurück.

Das therapeutische Agens, das Mittel der Entwicklung, ist also, *Aufmerksamkeit* und *Bewußtheit* zu integrieren. Die Psychologie unterscheidet oft nicht zwischen Bewußtheit und Aufmerksamkeit (awareness and attention). Aufmerksamkeit ist ein absichtlich gewählter Weg, der in Erscheinung tretenden Vordergrund-Figur zuzuhören, die in diesem Fall etwas Unangenehmes ist. Was ich also als Therapeut tue, ist, als Katalysator nach beiden Richtungen zu wirken. Ich schaffe Situationen, in denen ein Mensch dieses Sich-festgefahren-Haben — das Unangenehme — erfahren kann, und ich frustriere überdies sein Vermeiden, bis er bereit ist, seine eigenen Kräfte einzusetzen.

Echtheit, Reife, Verantwortung für die eigenen Handlungen und das eigene Leben, Fähigkeit zu antworten (response-ability) und im Jetzt leben, das Schöpferische des Jetzt zur Verfügung haben, das ist alles ein und dasselbe. Nur im Jetzt bist du in Kontakt mit dem, was geschieht. Wenn das Jetzt schmerzhaft wird, sind die meisten Leute schnell bereit, das Jetzt über Bord zu werfen und die schmerzhafte Situation zu vermeiden. Die meisten Menschen können sich nicht einmal selbst er-leiden. In der Therapie kann also jemand einfach phobisch werden und davonlaufen oder er kann Spielchen spielen, die unsere Bemühungen *ad absurdum* führen — etwa die Situation lächerlich machen oder das Fallensteller-Spielchen spielen. Ihr kennt wahrscheinlich die Fallensteller. Die Fallensteller locken dich heran und lassen dich vorausgehen, und wenn du dich hast verlocken lassen, dann schnappt die Falle zu und du stehst da mit einer blutenden Nase, blutendem Kopf oder sonst etwas. Und wenn du närrisch genug bist und deinen Kopf gegen die Wand rammst, bis du anfängst zu bluten, dann amüsiert sich der Fallensteller und genießt die Kontrolle, die er über dich hat, nämlich dich unzulänglich und ohnmächtig zu machen, und er genießt sein siegreiches Selbst, was eine Menge für sein schwaches Selbstwertgefühl tut. Oder da gibt's die mit dem Lächeln der Mona Lisa. Sie lächeln und lächeln und denken die ganze Zeit: »Du bist ja so ein Dummkopf.« Und nichts dringt durch. Oder die Verrücktmacher, die in ihrem Leben bloß daran interessiert sind, sich selbst oder ihre Ehepartner oder ihre Umwelt verrückt zu machen und dann im Trüben zu fischen.

Aber mit diesen Ausnahmen wird jeder, der ein kleines bißchen Bereitwilligkeit hat, aus dem Gestaltansatz Nutzen ziehen, denn die Einfachheit des Gestaltansatzes liegt darin, daß wir dem Offensichtlichen, der äußersten Oberfläche unsere Aufmerksamkeit zuwenden. Wir graben nicht in einem Bereich, über den wir nichts wissen, im sogenannten Unbewußten. Ich glaube nicht an das Verdrängte. Die ganze Verdrängungstheorie ist falsch. Wir können ein Bedürfnis nicht verdrängen. Wir haben nur bestimmte Äußerungsweisen dieser Bedürfnisse verdrängt. Wir haben die eine Seite abgeblockt, und dann kommt die Selbstäußerung anderswo heraus, in unseren Bewegungen, in unserer Haltung und vor allem in unserer Stimme. Ein guter Therapeut hört nicht auf den Inhalt von dem Geschwätz, das der Patient hervorbringt, sondern auf den Klang, die Musik, das Zögern. Die sprachliche Kommunikation ist gewöhnlich lauter Lüge. Die wirkliche Kommunikation liegt jenseits der Sprache. Es gibt ein sehr gutes Buch, *The voice of Neurosis,* von Paul Moses, einem Psychologen aus San Francisco, der kürzlich gestorben ist. Er konnte euch eine Diagnose der Stimme geben, die besser ist als der Rorschach-Test.

Also, hört nicht auf die Worte, hört einfach auf das, was die Stimme euch sagt, beachtet, was euch die Bewegungen sagen, was euch die Haltung sagt, was euch die Erscheinung vermittelt. Wenn ihr Ohren habt, dann wißt ihr alles über den anderen Menschen. Ihr braucht nicht auf das zu hören, *was* dieser Mensch sagt: hört auf den Klang. Per sona — »Hindurchtönen«. Der Klang sagt euch alles. Alles, was ein Mensch ausdrücken will, ist *da* — nicht in den Worten. Was wir sagen, ist meistens entweder Lüge oder Bockmist. Aber die Stimme ist da, die Geste, die Haltung, der Gesichtsausdruck, die psychosomatische Sprache. Es ist alles da, wenn du lernst, den Inhalt der Sätze nur die zweite

Geige spielen zu lassen. Und wenn du nicht den Fehler machst, die Sätze mit der Wirklichkeit zu verwechseln, und wenn du deine Augen und Ohren gebrauchst, dann siehst du, daß jeder sich selbst auf die eine oder andere Weise ausdrückt. Wenn du Augen und Ohren hast, ist die Welt offen. Niemand kann Geheimnisse haben, und der Neurotiker hält nur sich selbst zum Narren, und niemand sonst — außer eine Zeitlang vielleicht, wenn er ein guter Schauspieler ist.

Meistens passen sie in der Psychiatrie auf den Klang der Stimme gar nicht auf, sondern abstrahieren einfach die sprachliche Äußerung von der Gesamtpersönlichkeit. Bewegungen wie — ihr seht, wieviel dieser junge Mann hier in seinem Vorbeugen ausdrückt — die ganze Persönlichkeit, wie sie sich in Bewegungen, in der Haltung, im Stimmklang, in Bildern ausdrückt —, es ist so viel unschätzbares Material vorhanden, daß wir nichts anderes zu tun brauchen, als zu Offensichtlichkeiten, zu äußersten Oberflächen zu greifen und es dem Patienten wiederzugeben, damit es ihm bewußt wird. Das *Feedback,* die Rückkoppelung, wurde von Carl Rogers in die Psychiatrie eingeführt. Auch er gibt fast nur die Sätze wieder zurück, aber es gibt so vieles mehr, was zurückgegeben werden kann — etwas, das dir vielleicht nicht bewußt ist, und hier mögen die Aufmerksamkeit und das Bewußtsein des Therapeuten nützlich sein. Wir haben es also ziemlich leicht, verglichen mit den Psychoanalytikern, weil wir das ganze Sein eines Menschen unmittelbar vor uns haben, und das deshalb, weil die Gestalttherapie Augen und Ohren gebraucht und der Therapeut absolut im Jetzt bleibt. Er vermeidet Interpretationen, Wortschwallproduktionen und alle anderen Arten von Mind-fucking*. Denn Mind-fucking ist Mind-fucking. Es ist auch ein Symptom, das etwas anderes verdecken kann. Aber was da ist, ist da. Gestalttherapie heißt: in Kontakt mit dem Offensichtlichen sein.

IV

Laßt mich euch jetzt etwas darüber erzählen, wie ich die Struktur einer Neurose sehe. Ich weiß natürlich nicht, wie meine Theorie demnächst aussehen wird, denn ich entwickle und vereinfache das, was ich tue, immer mehr. Im Moment sehe ich es so an, daß die Neurose aus fünf Schichten besteht.

---

* ›Mind-fucking‹ bedeutet etwa: alles ›nur im Kopf tun‹, rationalisieren, ›vor- und nach-denken‹.

Die erste Schicht ist die Schicht der Klischees. Wenn man jemand trifft, tauscht man Klischees aus — »Guten Morgen«, Händeschütteln, und all die bedeutungslosen Symbole des Sich-Treffens.

Hinter den Klischees nun findet man die zweite Schicht, die ich Eric-Berne- oder Sigmund-Freud-Schicht nenne — die Schicht, wo wir Spielchen machen und in Rollen schlüpfen — in die des hochwichtigen Bonzen, des Tyrannen, der Heulsuse, des süßen kleinen Mädchens, des braven Buben — egal in welche Rolle. Diese sind also die oberflächlichen, die sozialen, die *Als-ob*-Schichten. Wir tun so, als ob wir besser, stärker, schwächer, höflicher etc. wären, als wir uns in Wirklichkeit fühlen. Damit hauptsächlich halten sich im wesentlichen die Psychoanalytiker auf. Sie behandeln das Kindchen-*Spiel* als Wirklichkeit und nennen es Infantilismus und versuchen, alles über dieses Kindchen-Spiel herauszubekommen.

Nun, diese synthetische Schicht muß zuerst durchgearbeitet werden. Ich nenne sie eine synthetische Schicht, weil das sehr schön ins dialektische Denken paßt. Wenn wir Dialektik — These, Antithese, Synthese — in *Existenz* übersetzen, können wir sagen: *Existenz, Anti*-Existenz und *synthetische* Existenz. Der größte Teil unseres Lebens ist synthetische Existenz, ein Kompromiß zwischen Anti-Existenz und Existenz. Heute zum Beispiel hatte ich das Glück, jemandem zu begegnen, der nicht diese unechte Schicht hat, der ein aufrichtiger Mensch ist und relativ direkt. Aber die meisten von uns ziehen irgendeine Schau ab, die sie *nicht* sind, hinter der sie nicht stehen, in der sich nicht ihre Stärke, ihr wirkliches Verlangen, ihre wirklichen Talente darstellen. Wenn wir nun die Schicht des Rollenspielens durcharbeiten, wenn wir die Rollen wegnehmen, was erleben wir dann? Dann erleben wir die Anti-Existenz, wir erfahren das Nichts, die Leere. Das ist der *tote Punkt*, die Blockierung, über die ich schon einmal gesprochen habe, das Gefühl, festgefahren zu sein und verloren. Die Blockierung ist gekennzeichnet durch eine phobische Haltung — Vermeidung. Wir sind phobisch, wir vermeiden das Leiden, speziell das Erleiden von Frustration. Wir sind verzogen, und wir wollen nicht durch die Höllentore des Leidens hindurchgehen: Lieber bleiben wir unreif, manipulieren wir die Welt weiter, anstatt die Schmerzen des Sich-Weiterentwickelns zu erleiden. So ist es. Wir leiden lieber darunter, verlegen zu sein, *angeschaut* zu werden, als daß wir unsere eigene Blindheit erkennen und unser Augenlicht zurückgewinnen. Darin liegt für mich die große Schwierigkeit der Selbsttherapie. Es gibt *viel*, was man eigenständig tun kann, wo man sich selbst therapieren kann, aber wenn man an die schwierigen Stellen herankommt, vor allem an die eigenen Blockierungen, dann wird man phobisch, dann gerät man ins Schleudern, dann dreht man sich im Kreis herum und will nicht durch den Schmerz der Sackgasse hindurchgehen.

Hinter der Blockierung liegt eine sehr interessante Schicht, die *Schicht* des Todes oder die *Implosions*phase. Diese vierte Schicht erscheint entweder als Tod oder als Todesangst. Die Schicht des Todes hat mit Freuds Todestrieb nichts zu tun. Sie erscheint bloß als Tod wegen der Lähmung entgegengesetzter Kräfte. Sie ist eine Art von Katatonie: wir ziehen und ballen uns zusammen, wir *implodieren*. Wenn wir einmal wirklich mit dieser Leblosigkeit der implosiven Schicht in Berührung kommen, ereignet sich etwas sehr Interessantes.

Die *Im*plosion wird *Ex*plosion. Die Schicht des Todes wird lebendig, und diese Explosion ist das Bindeglied zum echten Menschen hin, der fähig ist, seine Gefühle zu erfahren und auszudrücken. Es gibt vier Grundarten von Explosionen aus der Schicht des Todes. Die Explosion der echten *Trauer* erleben wir, wenn wir einen Verlust oder Todesfall durcharbeiten, der noch nicht verarbeitet worden ist. Die Explosion in den *Orgasmus* erleben wir bei sexuell blockierten Menschen. Es gibt die Explosion in *Wut* und auch die Explosion in *Freude, Lachen, joie de vivre*. Diese Explosionen stehen mit der echten Persönlichkeit, mit dem wahren Selbst, in Verbindung.

Erschreckt nun nicht über das Wort *Explosion*. Viele von euch fahren ein Auto. Da gibt es Hunderte von Explosionen in der Minute im Zylinder. Das unterscheidet sich von der heftigen Explosion des Katatonen — die entspräche einer Explosion in einem Benzintank. Eine einzige Explosion bringt also nichts. Die sogenannten Durchbrüche der Reich'schen Therapie und all das sind ebensowenig von Nutzen wie die Einsicht in der Psychoanalyse. Es kommt auf das Durcharbeiten an.

Wie ihr wißt, dient unser Rollenspielen hauptsächlich dazu, daß ein gut Teil der Explosionskräfte aufgebraucht wird, um solche Explosionen unter Kontrolle zu halten. Die Schicht des Todes, die Todesangst besteht darin, daß wir glauben, nicht mehr weiterleben zu können, wenn wir explodieren — daß wir dann sterben müssen, drangsaliert, bestraft, nicht mehr geliebt werden und so weiter. Das ganze Probehandeln und Selbstquälerei-Spielchen geht also weiter; wir halten uns zurück und beherrschen uns.

Laßt mich euch ein Beispiel geben. Es gab da einmal ein Mädchen, eine Frau, die vor nicht allzu langer Zeit ihr Kind verloren hatte, und sie konnte nicht recht mit der Welt in Kontakt kommen. Wir arbeiteten ein bißchen, und wir fanden heraus, daß sie sich am Sarg festhielt. Sie erkannte, daß sie diesen Sarg nicht loslassen wollte. Versteht ihr nun?

Solange sie nicht willens ist, sich diesem Loch, dieser Leere, diesem Nichts zu stellen, kann sie gar nicht zum Leben, zu den anderen zurückkommen. Es ist so viel Liebe in diesem Sarg gebunden, daß sie gern ihr Leben in diese Phantasie investiert, eine Art Kind zu haben, selbst wenn es ein totes Kind ist. Wenn sie ihrem Nichts gegenüberstehen und ihre Trauer erleben kann, kann sie ins Leben zurückkommen und mit der Welt wieder in Kontakt kommen.

Die ganze Philosophie des Nichts ist sehr faszinierend. In unserer Kultur hat »Nichts« eine andere Bedeutung als in den östlichen Religionen. Wenn wir »Nichts« sagen, dann ist da ein Loch, eine Leere, etwas Todähnliches. Wenn der östliche Mensch »Nichts« sagt, nennt er es *nicht Etwas* (no thingness) — es gibt da keine Dinge. Es gibt nur Geschehen, Ereignis. Nichts existiert für uns nicht im strengsten Sinne, denn Nichts gründet auf einem Gewahrsein des Nichts, also gibt es das Gewahrsein des Nichts, also ist da Etwas. Und wir finden dies heraus: Wenn wir dieses Nichts, diese Leere, annehmen und da *hineingehen*, dann fängt die Wüste zu blühen an. Das leere Loch wird lebendig und füllt sich an. Die unfruchtbare Leere wird zur fruchtbaren Leere. Ich nähere mich immer mehr dem Punkt, etwas über die Philosophie des Nichts zu schreiben. Ich fühle mich so, als ob ich Nichts wäre, bloß Funktion. »Ich hab' so viel von nichts.« * *Nichts* kommt *Wirklichkeit* gleich.

Frage: Fritz, als ich explodierte, draußen, schienst du auf mich einzuhacken, indem du irgendwie witzig warst und sticheltest, und mir scheint, daß es das ist, was ich tue — nämlich explodieren, daß ich mich gehen lasse und daß du dich irgendwie über mich lustig gemacht hast.

Fritz: Oh ja. Du hast nicht gemerkt, was ich getan habe. Gestern fingen wir bei deinem Fürchten an. Heute morgen hast du eine Menge leidenschaftlicher Energie herausgelassen, und ich habe dir zunehmend Hindernisse in den Weg gestellt, damit du noch heißer und überzeugender werden konntest. Siehst du, was ich für dich getan habe? (Fritz lacht)

Frage: Hm, ich habe es falsch gedeutet — ich —

Fritz: Natürlich. Wenn du's gewußt hättest, hätte es nicht funktioniert. Ich sah, wie du anfingst, dich über dich zu freuen, rote Wangen bekamst und die Welt erlösen wolltest. Es war *wunderbar*.

Frage: Woher kommt diese ganze Kraft in der Implosionsphase?

Fritz: (er macht die Finger seiner beiden Hände zu Haken und verhakt seine beiden Hände miteinander und zieht) Hast du gesehen, was ich getan habe? Hast du gesehen, wieviel Energie ich aufbrauchte, um nichts

---

* I've got plenty of nothing, Text aus »Porgy and Bess«.

zu tun, bloß um mich selbst mit gleichen Kräften auseinanderzuzerren? Woher kommt die Energie? Daher, daß wir der Lebendigkeit, der Erregung, nicht erlauben, zu unseren Sinnen und Muskeln zu gelangen. Statt dessen geht die Erregung in unser Phantasieleben, in das Phantasieleben, das wir für wirklich halten. Ihr mögt glauben: »Ich kann das unmöglich tun. Ich bin hilflos. Ich brauche meine Frau, damit sie mich tröstet«, und ihr wollt nicht aufwachen und einsehen, daß ihr fähig sein könntet, euch selbst zu trösten und sogar andere Menschen. Unsere Lebenskraft fließt nur in diejenigen Teile unserer Persönlichkeit, mit denen wir uns identifizieren. Heutzutage identifizieren sich viele Menschen hauptsächlich mit ihrem Computer. Sie denken. Einige Leute reden über die Größe des Homo sapiens, das bißchen Computer, als ob unser Intellekt die Führerschaft im Menschentier hätte, eine Ansicht, die mit Freud aus der Mode kam. Heutzutage sprechen wir über die Integration des sozialen Wesens und des tierischen Wesens. Ohne die Unterstützung durch unsere Vitalität, unsere körperliche Existenz, bleibt der Intellekt bloßes Mind-fucking. Die meisten Leute spielen zwei Arten von intellektuellen Spielchen. Das eine Spielchen ist das Vergleiche-Spielchen, das »Mehr als«-Spielchen — mein Auto ist größer als deins, mein Haus ist besser als deins. Ich bin größer als du, mein Elend ist elender als deines, und so weiter und so weiter. Das andere Spielchen nun, das von höchster Bedeutung ist, ist das Anpasse-Spielchen. Ihr kennt das Anpasse-Spielchen in vieler Hinsicht. Wenn ihr eine bestimmte Rolle spielen wollt — sagen wir, ihr wollt auf eine Party gehen, ihr wollt die Primabella des Balls sein, so müßt ihr das für diese Rolle passende Kostüm anziehen. Ihr geht zu einem erstklassigen Schneider, und ihr spielt das Anpasse-Spielchen. Dieses Kostüm paßt mir, der Schneider muß das Kostüm machen, so daß es mir paßt, ich muß Accessoires haben, die zu dem Kostüm passen und so weiter. Nun, dieses Anpasse-Spielchen kann nach zwei Richtungen hin gespielt werden. Die eine Richtung ist die: Wir sehen uns die Wirklichkeit an und schauen, wo paßt diese Wirklichkeit zu meinen Theorien, meinen Hypothesen und meinen Phantasien *über* das, wie die Wirklichkeit ist. Oder man kann von der entgegengesetzten Richtung her kommen. Man glaubt an ein bestimmtes Konzept, man glaubt an eine bestimmte Schule, entweder an die psychologische Schule, die Freudsche Schule oder die Konditionierungsschule. Dann versucht man, die Wirklichkeit in dieses Modell hineinzuzwingen. Es ist wie mit Prokrustes, der alle Menschen in das immer gleichgroße Bett einpaßte. Wenn sie zu lang waren, schnitt er ihnen die Beine ab; waren sie zu kurz, streckte er sie, bis sie ins Bett paßten. Das ist das Anpasse-Spielchen.

Eine Theorie, ein Konzept, ist eine Abstraktion, ist ein Aspekt irgendeines Ereignisses. Wenn ihr diesen Schreibtisch nehmt, von diesem Schreibtisch könnt ihr die Form abstrahieren, ihr könnt die Farbe abstrahieren, ihr könnt seinen Wert in Geld abstrahieren. Ihr könnt die Abstraktionen nicht zusammenfügen, um ein Ganzes zu bilden, denn das Ganze ist zuerst da, und die Abstraktionen werden dann von uns gemacht, aus welchem Kontext heraus auch immer wir diese Abstraktionen brauchen. Nun, im Hinblick auf die Psychologie möchte ich auf einige der Abstraktionen hinweisen, die ihr von der Gestalttherapie machen könnt. Eine ist die behavioristische. Was wir tun, ist: Wir beobachten die Identität von Struktur und Funktion bei den Menschen, Organismen und so weiter, denen wir begegnen. Das Großartige bei den Behavioristen ist, daß sie tatsächlich im Hier-und-jetzt arbeiten. Sie schauen, sie beobachten, was geschieht. Wenn wir von den heutigen amerikanischen Psychologen den Zwang zu konditionieren abziehen und sie einfach als Beobachter erhalten könnten: Wenn sie erkennen könnten, daß die Veränderungen, die erforderlich sind, durch Konditionieren *nicht* erreicht werden, daß Konditionieren immer Artefakte hervorbringt und daß die wirklichen Veränderungen auf andere Weise von selbst eintreten, dann, glaube ich, könnten wir viel tun für eine Versöhnung der Behavioristen und der Experientalisten.

Die Experientalisten, die klinischen Psychologen, haben einen großen Vorteil gegenüber den Behavioristen. Sie sehen den menschlichen Organismus nicht als ein mechanisches Etwas, das bloß funktioniert. Sie sehen, daß im Zentrum des Lebens das Mittel der Kommunikation ist, nämlich das Gewahrsein. Ihr nennt nun Gewahrsein »Bewußtsein« (consciousness) oder Empfindungsfähigkeit (sensitivity) oder einfach Gewahrsein von etwas. Ich glaube, daß die Materie — neben Ausdehnung, Dauer etc. — auch Bewußtheit hat. Freilich sind wir noch nicht imstande, die unendlich geringen Mengen von Bewußtheit in, sagen wir, diesem Schreibtisch zu messen, aber wir wissen, daß jedes Tier und jede Pflanze Bewußtheit hat, oder man könnte es Tropismus, Empfindungsfähigkeit, protoplasmatische Empfindlichkeit nennen oder wie ihr auch immer wollt, aber Bewußtheit ist vorhanden. Sonst könnten sie nicht auf das Sonnenlicht reagieren. Oder, um euch ein anderes Beispiel zu geben: Wenn ihr eine Pflanze habt, und ihr tut etwas Dünger an eine Stelle in der Nähe, so wird die Pflanze in Richtung auf diesen Dünger Wurzeln treiben. Wenn ihr nun den Dünger ausgrabt und ihn anderswohin versetzt, wird die Pflanze in diese Richtung Wurzeln treiben.

Was ich also klarmachen will, ist: In der Gestalttherapie fangen wir mit dem an, *was ist,* und schauen, welche Abstraktion, welcher Kontext, welche Situation da zu finden ist, und setzen die Figur, die Vordergrund-Erfahrung in Beziehung zum Hintergrund, zum Inhalt, zur Perspektive, zur Situation, und diese bilden zusammen die Gestalt. Sinn ist die Beziehung der Vordergrund-Figur zu ihrem Hintergrund. Wenn du das Wort »König« gebrauchst, so mußt du einen Hintergrund haben, um die Bedeutung des Wortes »König« zu verstehen, ob es also der König von England ist, der König eines Schachspiels, das »Huhn à la König« — nichts hat Bedeutung ohne seinen Kontext. Sinn existiert nicht. Er wird immer ad hoc geschaffen.

Wir haben zwei Systeme, die uns ermöglichen, mit der Welt in Beziehung zu treten. Das eine heißt Sinnesapparat, das andere ist der Bewegungsapparat. Nun haben unglücklicherweise die Behavioristen mit ihrem idiotischen Reflexbogen-Dings das Ganze in Unordnung gebracht. Der Sinnesapparat ist für die Orientierung da; er ist der Sinn für Berührung, dort wo wir mit der Welt Kontakt aufnehmen. Mit dem Bewegungsapparat treten wir in die Auseinandersetzung ein. Er ist das Handlungssystem, vermittels dessen wir mit der Welt umgehen. Ein wirklich gesunder, vollständiger Mensch muß also sowohl ein gutes Orientierungsvermögen als auch eine gut ausgebildete Fähigkeit zum Handeln haben. Manchmal nun bekommt man einen extremen Ausfall der einen oder der andere Seite zu Gesicht, wie in den extremen Fällen von Schizophrenie. Die extremen Fälle von Schizophrenie sind die völlig zurückgezogenen Menschen, denen es an Handlungsvermögen fehlt, und die paranoiden Typen, denen es an Empfindungsvermögen mangelt. Wenn also zwischen Empfinden und Tun kein Gleichgewicht besteht, so ist man in Un-Ordnung.

Viele Menschen klammern sich mit ihrer Aufmerksamkeit daran, eine Situation auszuschöpfen, die nichts hergibt. Dieses Sich-Festhalten an der Welt, diese Fixierung, dieser übertriebene Kontakt ist genauso krankhaft wie der völlige Rückzug — der Elfenbeinturm oder der katatone Stupor. In beiden Fällen sind In-Fühlung-Sein und Sich-Zurückziehen nicht in Fluß — der Rhythmus ist unterbrochen.

Krankheit, Krank-Spielen, das bei diesem Verrückt-Werden einen großen Raum einnimmt, ist nichts anderes als die Suche nach Unterstützung durch die Umwelt. Wenn du krank im Bett liegst, kommt jemand und kümmert sich um dich, bringt dir dein Essen, gibt dir Wärme, und du brauchst nicht hinauszugehen und dich um deinen Lebensunterhalt selbst zu kümmern; das ist die totale Regression. Aber Regression ist kein rein krankhaftes Phänomen, wie Freud meinte. Regression bedeutet ein Sichzurückziehen in eine Position, in der man für sich selbst sorgen kann, in der man sich sicher und geborgen fühlt. Wir werden hier ziemlich viel mit bewußter Regression und absichtlichem Rückzug arbeiten, um herauszufinden, in welcher Situation man sich wohlfühlt im Gegensatz zu der Situation, mit der man nicht fertig wird. Du findest heraus, womit du in Kontakt *bist,* wenn du mit der Welt und mit deiner Umgebung nicht in Kontakt sein kannst.

Laßt uns jetzt einen anderen Versuch machen, der auch recht nützlich sein kann. Wenn ihr in Verwirrung oder gelangweilt oder irgendwie ins Stocken geraten seid, so versucht das folgende Experiment:

Pendelt zwischen *hier* und *dort.* Ich möchte, daß ihr das jetzt alle tut. Schließt die Augen und geht in eurer Vorstellung weg, von hier weg an irgendeinen beliebigen Ort.

Nun ist der nächste Schritt, wieder zur Erfahrung des *Hier,* zum Hier-und-jetzt zurückzukommen. Und nun vergleicht die beiden Situationen. Höchstwahrscheinlich war die Situation dort der Situation hier vorzuziehen . . . Schließt jetzt die Augen wieder. Geht wieder weg, wohin ihr auch gerne geht. Und achtet auf jede Änderung . . .

Kommt jetzt wieder zum Hier-und-jetzt zurück und vergleicht wieder beide Situationen. Hat sich irgend etwas geändert? . . . Und jetzt geht wieder weg — tut das mit euch selbst so lange, bis ihr euch in der gegenwärtigen Situation wirklich wohlfühlt, bis ihr zu euren Sinnen kommt und anfangt zu hören und zu sehen und hier zu sein in dieser Welt; bis ihr wirklich anfangt zu existieren. Ist jemand bereit, über seine Erfahrung des Hin- und Her-Pendelns zu sprechen?

P: Anfangs ging ich weg zum Haus eines Freundes, es war sehr schön. Ich kam zurück. Das zweite Mal zog ich mich an einen Gebirgsfluß zurück, wohin ich immer gehe, und es war auch ganz besonders schön. Dann kam ich zurück. Jetzt bin ich hier, und ich sehe ein, daß es für mich nicht nötig ist, über meiner Zukunft zu brüten. Es ist jetzt wichtiger für mich, hier zu sein. Die Zukunft wird selbst für sich sorgen.

Q: Ich stieg mit jemand auf einen Berg, zu dem ich in einer gegenseitig sehr beglückenden und liebevollen Beziehung stand, und als ich zurückkam, war ich noch nicht zufrieden, denn das war für mein Leben noch nicht erfüllt. Ich möchte also nach dieser Erfüllung suchen.

R: Ich wechselte zwischen drei Plätzen hin und her, Plätzen draußen in der Natur, die ich bevorzuge; ich war allein da. Und jedesmal fühlte ich mich beim Zurückkommen ruhiger.

S: Fritz, mich betrifft die Tatsache, daß ich, wenn ich weggehe, lebendiger bin als wenn ich hier bin. Ich lebe hier nicht mit soviel Gefühl oder soviel Vitalität — mein Körper ist viel bewegungsloser, ist viel weniger in der Wirklichkeit, als wenn ich weggehe.

Fritz: Ist es dir nicht gelungen, etwas an Lebendigkeit ins Hier-und-jetzt zurückzubringen?

S: Doch. Aber nicht so viel. Es bestand immer noch eine Diskrepanz zwischen den beiden.

Fritz: Es ist noch ein unerschlossenes Reservoir übrig.

T: Ich empfinde das gleiche, das ich empfinde, wenn ich in mein Wohnzimmer zuhause zurückgehe. Ah ja, als ich das erste Mal zurückging, empfand ich nicht sehr viel, und ich kam hierher zurück und fühlte eine gewisse Spannung. Und als ich das zweite Mal zurückging, war es dasselbe, und ich kam hierher zurück und fühlte mehr Spannung. Und ich ging wieder zurück und empfand dieselbe Spannung dort in meinem Wohnzimmer, wie ich sie hier empfinde.

U: Ich ging auf eine einsame Insel, die so etwas war wie das, wo ich mich als Kind in meinen Träumen hinflüchtete. Und ich schätzte die Freiheit, die ich dort hatte. Das eine, was ich da immer tat, war, keine Kleider anhaben und in sehr klarem Wasser nackt schwimmen können. Und ich schätzte das, aber gleichzeitig sah ich — erkannte ich oder ich glaube, ich fühlte es mehr, daß ich Menschen brauchte. Ich bin mir mehr im klaren über mein Bedürfnis nach Menschen als zuvor. Ah ja, ich glaube, ich brachte etwas von dem — dem Wunsch zurück, frei zu sein, als ich hierher zurückkam. Der nächste Ort, an den ich ging, war dann auf einer Wanderung mit meinem Mann den Mount Tamalpais hinauf — das war damals, als wir umeinander warben. Und die Empfindungen, die damit Hand in Hand gehen, sind, daß er mich mehr liebte, als er es jetzt tut, und wir waren unheimlich begeistert über unsere Beziehung. Ich brachte auch etwas davon mit zurück, aber dann wollte ich dorthin zurückkehren, was ich auch tat. Und wir wanderten wieder den Mount Tamalpais hinauf, aber dann begann ich die Tatsache richtig einzuschätzen, daß nicht ich — daß er der tragende Teil von — daß er mich trug in unserer Beziehung, und ich glaube, ich bringe jetzt auch diese Klarheit mit zurück in die gegenwärtige Situation — beides, die Freude und die Erkenntnis, daß ich mich selbst tragen muß.

Fritz: Nun, ich glaube, daß eine ganze Anzahl von euch einiges an Integration dieser beiden Gegensätze, *dort* und *hier,* erfahren hat. Wenn ihr das mit jeder unangenehmen Situation tut, könnt ihr wirklich genau herausfinden, was in dieser Hier-und-jetzt-Situation fehlt. Sehr oft gibt euch die Situation *dort* einen Wink im Hinblick auf das, was im Jetzt fehlt, was im Jetzt anders ist. Also, immer wenn es euch langweilig wird oder wenn ihr verspannt werdet, zieht euch zurück — vor allem die Therapeuten unter euch. Schlaft ihr ein, wenn der Patient nichts Interessantes bringt, so spart *ihr eure* Kräfte, und der Patient wird euch entweder aufwecken oder mit interessanterem Material ankommen. Und wenn dem nicht so ist, so habt ihr wenigstens Zeit für ein Nickerchen.

Zieht euch zurück in eine Situation, aus der ihr Unterstützung bekommt und kommt dann wieder gestärkt zur Wirklichkeit zurück. Ihr wißt, daß Herkules das berühmte Symbol der Selbstherrschung ist. Ihr kennt diesen Zwangscharakter, der den Stall des Augias ausräumte und so weiter. Nun, die wichtigste Geschichte mag die sein, die von Herkules' Versuch erzählt, den Antaios zu töten. Sobald Antaios den Boden berührte, gewann er seine Stärke wieder, und genau das ereignet sich beim Sichzurückziehen. Natürlich ist der beste Rückzug der in den eigenen Körper. Fühle dich selbst. Wende deine Aufmerksamkeit deiner körperlichen Existenz zu. Öffne deine inneren Kraftquellen. Und sogar dann, wenn du mit deiner Phantasie, auf einer Insel oder in einer warmen Badewanne zu sein, oder mit sonst einer unabgeschlossenen Situation in Fühlung kommst, wird dir das viel Kraft geben und Halt, wenn du in die Wirklichkeit zurückkehrst.

Nun, normalerweise gibt der *élan vital*, die Lebenskraft, durch das Empfinden, das Hören, das Kundschaften, das Beschreiben der Welt dir Kraft. Diese Lebenskraft setzt nun offenbar zuerst die Mitte in Bewegung — *wenn* du eine Mitte hast. Und die Mitte der Persönlichkeit ist das, was gemeinhin Seele heißt: die Gefühle, die Empfindungen, der Geist. Gefühle sind kein Ärgernis, dessen man sich entledigen muß. Die Gefühle sind die wichtigsten Antriebskräfte unseres Verhaltens: Gefühl im weitesten Sinne – was auch immer du fühlst — das Warten, die Freude, der Hunger. Nun, diese Gefühle oder diese Grundkraft, diese Lebenskraft wird im Organismus anscheinend durch das differenziert, was ich hormonelle Differenzierung nennen möchte. Die ursprüngliche Erregung und Lebendigkeit wird, sagen wir, durch die Adrenalin absondernden Drüsen, zu Wut oder Furcht; und durch die Geschlechtsdrüsen zu Libido. Sie kann sich in Traurigkeit verwandeln, wenn man sich mit dem Verlust eines Menschen abfinden muß. Dann mobilisiert diese Gefühlserregung die Muskeln, den Bewegungsapparat. Jedes Gefühl drückt sich dann im Muskelsystem aus. Wut ist ohne muskuläre Bewegungen unvorstellbar. In der Traurigkeit finden wir Schluchzen und Weinen, und im Sex gibt es auch bestimmte Bewegungen, ihr alle kennt sie. Und diese Muskeln werden gebraucht, um sich zu bewegen, um von der Welt zu nehmen, um die Welt zu fühlen, um in Kontakt zu sein, um in Fühlung zu sein.

Jede Störung des Erregungsstoffwechsels verringert eure Vitalität.

Wenn diese Erregungen nicht in ihre spezifischen Aktivitäten umgewandelt werden können, sondern steckenbleiben, dann haben wir den Zustand, der Angst heißt, und Angst ist eine ungeheure steckengebliebene und unterdrückte Erregung. *Angustia* ist das lateinische Wort für Beengtheit, Enge. Du verengst deine Brust, du gehst auf schmalem Pfad; das Herz schlägt immer schneller, um den Sauerstoff zuzuführen, der für die Erregung gebraucht wird und so weiter. Wenn die Erregung nicht durch den Bewegungsapparat in eine Aktivität fließen kann, versuchen wir, den Sinnesapparat unempfindlich zu machen, um die Erregung herabzusetzen. Wir finden also alle Arten von Empfindungslosigkeit: Frigidität, Schwerhörigkeit und so weiter — alle diese Lükken in der Persönlichkeit, über die ich schon sprach. Wenn wir also in unserem Stoffwechsel so gestört sind und keine Mitte haben, von der aus wir leben können, müssen wir etwas tun, wollen wir etwas tun, um die Quelle, den Grund unseres Daseins wieder zu fassen, uns selbst wieder zu sammeln. Nun, so etwas wie totale Integration gibt es nicht. Integration, Sammlung, wird nie vollendet. Es ist ein fortwährendes Geschehen, auf immer und ewig. Du kannst nicht sagen: »Ich habe jetzt ein Steak gegessen, und jetzt bin ich satt; ich habe jetzt keinen Hunger mehr«, und für den Rest deines Lebens gibt's keinen Hunger mehr. Es gibt immer etwas, das integriert werden muß. Es gibt immer die Möglichkeit zu größerer Reife — dazu, mehr und mehr Verantwortung für dich selbst und für dein Leben zu übernehmen. Mit Sicherheit sind Verantwortung für sein Leben übernehmen und reich sein an Erfahrungen und Fähigkeiten ein und dasselbe. Und das ist es auch, was ich in diesem kurzen Seminar zu tun hoffe — euch begreiflich zu machen, wieviel ihr gewinnt, wenn ihr Verantwortung übernehmt für jedes Gefühl, jede Bewegung, die ihr macht, jeden Gedanken, den ihr habt — und die Verantwortung für *jeden* anderen abschüttelt. Die Welt ist nicht für eure Erwartungen da, noch braucht ihr für die Erwartungen der Welt zu leben. Wir fühlen einander, indem wir aufrichtig das sind, was wir sind und nicht, indem wir absichtlich Kontakt *herstellen*.

Verantwortung ist, in einem bestimmten Kontext, die Idee der Verpflichtung. Wenn ich Verantwortung für jemand anderen übernehme, fühle ich mich allmächtig: Ich muß mich in sein Leben einmischen. Was es einzig bedeutet, ist, daß ich eine Pflicht habe — ich glaube, daß ich die Pflicht habe, diesen Menschen zu unterstützen. Aber Verantwortung kann auch als *Antworten-Können* (response-ability) aufgefaßt werden: die Fähigkeit zu antworten, Gedanken zu haben, Reaktionen und Gefühle in einer bestimmten Situation zu haben. Nun, diese Ver-

antwortung, diese Fähigkeit zu *sein,* was man *ist,* wird durch das Wort
»ich« ausgedrückt. Viele stimmen Federn, einem Freund Freuds, zu, der
behauptete, daß das Ego eine Substanz ist, und ich sage, daß das Ego,
das *Ich,* bloß ein Identifikationssymbol ist. Wenn ich sage, daß ich jetzt
Hunger habe und nach einer Stunde sage, daß ich keinen Hunger habe,
so ist das kein Widerspruch. Das ist deshalb keine Lüge, weil ich mittlerweile zu Mittag gegessen habe. Ich identifiziere mich mit meinem
Zustand in diesem Augenblick, und ich identifiziere mich mit meinem
späteren Zustand.

Verantwortung bedeutet einfach die Bereitschaft zu sagen »Ich bin ich«
und »Ich bin, was ich bin« — »Ich bin Asterix, der Gallier«. Es ist nicht
leicht, die Phantasie oder die Vorstellung fahren zu lassen, ein bedürf-
tiges Kind zu sein, das Kind, das geliebt werden will, das Kind, das
Angst davor hat, zurückgewiesen zu werden, aber all diese Ereignisse
sind solche, für die wir keine Verantwortung übernehmen. Genau wie
ich im Hinblick auf das Verlegensein sagte: Wir sind nicht bereit, die
Verantwortung dafür zu übernehmen, daß wir kritisch sind und projizieren daher das Kritisieren auf andere. Wir wollen keine Verantwortung dafür übernehmen, daß wir urteilen, und projizieren das daher
nach außen und leben dann mit der ewigen Forderung, angenommen
zu werden oder der Furcht, zurückgewiesen zu werden. Und eine der
wichtigsten Verantwortlichkeiten — das ist ein *sehr* wichtiger Übergang — ist es, Verantwortung für unsere eigenen Projektionen zu übernehmen, und uns mit diesen Projektionen zu re-identifizieren und das
zu werden, was wir projizieren.

Der Unterschied zwischen Gestalttherapie und den meisten anderen
Arten von Psychotherapie liegt im wesentlichen darin, daß wir *nicht*
analysieren. Wir *integrieren.* Der alte Fehler, Verstehen und Erklären
zu verwechseln, ist genau das, was wir zu vermeiden hoffen. Wenn wir
erklären und interpretieren, so mag das ein sehr interessantes intellektuelles Spielchen sein, aber es ist eine Scheinaktivität, und ein schein-
bares Tun ist schlechter als Nichtstun. Wenn du in Scheinaktivität ein-
steigst, investierst du bloß Zeit und Energie in unproduktive Arbeit
und lernst es möglicherweise immer besser, diese unnützen Tätigkeiten
auszuführen, deine Zeit zu verschwenden und erreichst, wenn überhaupt etwas, dann dies: immer tiefer in den Sumpf der Neurose hin-
einzugeraten.

Es wäre wunderbar, wenn wir so weise und intelligent sein könnten,
daß unser Verstand Herr über unser biologisches Leben sein könnte.
Und dieser Gegensatz zwischen Geist und Körper ist nicht der einzige
Gegensatz. Es gibt noch anderes für den Menschen als diese beiden

Instrumente. Diese Identifikation mit dem Intellekt, mit Erklärung, läßt den ganzen Organismus aus, läßt den Körper aus. Du *gebrauchst* deinen Körper anstatt Körper, anstatt jemand (some body) zu *sein*. Und je mehr das ganze Denkvermögen ins Computern, ins Manipulieren eingeht, desto weniger Energie ist für das ganze Selbst übrig. Da du deinen Körper ausgeklammert hast, ist die Folge, daß du dich als niemand (nobody) fühlst, weil du keinen Körper (no body) hast. Es ist kein Körper in deinem Leben. Kein Wunder, daß so viele Menschen, wenn sie aus der Routine ihrer Alltagsarbeit heraus sind, ihre »Sonntagsneurose« kriegen, wenn sie ihrer Langeweile und der Leere ihres Lebens wirklich gegenüberstehen.

Gestalttherapie ist ein existenzieller Ansatz; das bedeutet, daß wir nicht nur damit beschäftigt sind, Symptome oder Charakterstrukturen zu behandeln, sondern daß wir mit der ganzen Existenz eines Menschen befaßt sind. Diese Existenz und die Schwierigkeiten der Existenz werden nach meiner Meinung meistens sehr klar in Träumen angezeigt.

Freud nennt den Traum einmal die Via Regia, den königlichen Weg zum Unbewußten. Und ich glaube, daß er in Wirklichkeit der königliche Weg zur *Integration* ist ... Ich weiß nie, was das Unbewußte ist, aber wir wissen, daß der Traum auf jeden Fall die unmittelbarste Produktion ist, die es für uns gibt. Er ereignet sich ohne unsere Absicht, unseren Willen und Vorsatz. Der Traum ist der unmittelbarste Ausdruck der Existenz des menschlichen Wesens. Es gibt keine spontanere Äußerung als den Traum. Der absurdeste Traum stört uns zur Zeit des Träumens in seinem Absurdsein nicht: Wir empfinden ihn als etwas Wirkliches. Was du auch anderweitig im Leben tust, immer hast du noch irgendeine Art Kontrolle oder Möglichkeit zu vorsätzlichen Eingriffen. Nicht so beim Traum. Jeder Traum ist ein Kunstwerk, mehr als ein Roman, ein bizarres Drama. Ob er *gute* Kunst ist oder nicht, ist eine andere Sache, aber immer gibt es darin eine Menge Bewegung, Kämpfe, Begegnungen, alles Mögliche. Wenn nun meine Behauptung richtig ist, was ich selbstverständlich glaube, so sind all die verschiedenen Teile des Traums Bruchstücke unserer Persönlichkeit. Da es unser Ziel ist, jeden von uns zu einem gesunden Menschen zu machen, und das heißt, zu einem in sich geschlossenen Menschen ohne Konflikte, müssen wir die verschiedenen Bruchstücke des Traums zusammenfügen. Wir müssen uns diese projizierten, auseinandergebrochenen Teile unserer Persönlichkeit *wieder zu eigen machen,* und uns auch das verborgene Potential, das im Traum erscheint, wieder zu eigen machen.

Wegen der phobischen Haltung, der Vermeidung von Bewußtheit und

Klarheit, wurde viel Material, das unser eigenes ist, das Teil von uns selbst ist, abgespalten, uns entfremdet, verleugnet, hinausgeworfen. Der Rest unseres Potentials ist uns nicht verfügbar. Aber ich glaube, daß das meiste davon *doch* verfügbar *ist,* und zwar als Projektion. Ich schlage vor, wir fangen mit der unmöglichsten Annahme an, daß, was wir auch immer in einem anderen Menschen oder in der Welt zu sehen meinen, nichts als eine Projektion ist. Das mag zu weit gehen, aber es ist einfach unglaublich, wieviel wir projizieren, und wie blind und taub wir für das sind, was wirklich geschieht. Unsere Sinne uns wieder zu eigen machen und Projektionen verstehen, geht also Hand in Hand. Der Unterschied zwischen Wirklichkeit und Phantasie, zwischen Beobachtung und Einbildung — diese Unterscheidung wird einiges an Arbeit erfordern.

Wir können unsere Projektionen re-assimilieren, wir können sie zurücknehmen, indem wir uns selbst vollständig in dieses andere Ding oder diesen anderen Menschen hineinprojizieren. Was krankhaft ist, ist stets die *Teil*-Projektion. *Totale* Projektion wird künstlerische Erfahrung genannt, und diese totale Projektion ist eine Identifizierung mit dem in Frage stehenden Ding. Ich gebe euch eine Vorstellung davon, als Beispiel. Im Zen ist es dir nicht erlaubt, auch nur einen einzigen Zweig zu malen, ehe du nicht dieser Zweig geworden bist.

Ich möchte also mit einem einfachen Versuch zu zaubern, uns zu verwandeln, anfangen — uns zu verwandeln in etwas, was wir augenscheinlich nicht sind, damit wir lernen, uns mit etwas zu identifizieren, was wir nicht sind. Laßt uns mit etwas sehr Einfachem beginnen. Wollt ihr mich alle beobachten, bitte. Ich werde einiges mit meinem Gesicht ausdrücken, euch verschiedene Gesichtsausdrücke zeigen, und ich will, daß ihr ohne Worte oder Töne meinen Ausdruck nachmacht und seht, ob ihr wirklich empfinden könnt, daß ihr mein Ich und mein Ausdruck werdet. Beobachtet das jetzt. Macht mit. Die Hauptsache ist der Gesichtsausdruck ...

Jetzt sage ich euch, wie ich es gemacht habe. Ich stellte mir eine Situation vor und ging in diese Situation hinein, und ich hatte den Eindruck — ich glaube, die meisten von euch bekamen von dem Gefühl der Identifizierung mit »nicht so viel denken, bloß einfach folgen« ziemlich viel mit. Gehen wir jetzt einen Schritt weiter. Komm du herauf und sprich zu mir — sag einfach irgendwas. (Als der Betreffende spricht, imitiert Fritz seine Worte, seinen Tonfall und seinen Gesichtsausdruck.) Tut euch zu Paaren zusammen und macht dasselbe und versucht wieder, wirklich das Gefühl zu bekommen, dieser andere Mensch zu sein ...

Ich möchte jetzt, daß ein jeder von euch sich in etwas verwandelt, das sich schon etwas mehr von euch unterscheidet. Sagen wir, verwandelt euch in einen Weg ...

Verwandelt euch jetzt in ein Auto ...

Verwandelt euch jetzt in ein sechs Monate altes Baby ...

Verwandelt euch jetzt in die Mutter dieses Babys ...

Verwandelt euch jetzt wieder in das gleiche Baby ...

Jetzt in die gleiche Mutter ...

Jetzt in das gleiche Baby ...

Seid jetzt zwei Jahre alt ...

Verwandelt euch nun in euer jetziges Alter, das Alter, das ihr habt ...

Kann jeder dieses Wunder wirken?

Ich möchte euch jetzt zeigen, wie man diese Identifizierungstechnik bei Träumen anwendet. Das ist ganz anders als das, was die Psychoanalytiker tun. Was gewöhnlich mit einem Traum gemacht wird, ist: Man schneidet ihn in Stücke und geht vermittels Assoziationen dem nach, was er bedeutet, und interpretiert ihn. Nun, es kann sein, daß wir durch dieses Vorgehen irgendeine Art Integration erlangen, aber ich glaube es nicht ganz, denn in den meisten Fällen ist das bloß ein intellektuelles Spielchen. Vielleicht haben viele von euch durch die Psychoanalyse eine Gehirnwäsche bekommen, aber wenn ihr von einem Traum etwas Wirkliches haben wollt, so interpretiert *nicht*. Spielt *nicht* die Spielchen der intellektuellen Einsicht oder assoziiert oder dissoziiert dazu frei oder unfrei.

In der Gestalttherapie deuten wir die Träume nicht. Wir tun etwas viel Interessanteres damit. Anstatt den Traum zu analysieren und immer weiter zu zerlegen, wollen wir ihn wieder zum Leben erwecken. Und der Weg, auf dem er ins Leben zurückgebracht wird, ist, den Traum wieder zu leben, als ob er jetzt passierte. Anstatt den Traum zu erzählen, als wäre er eine Geschichte aus der Vergangenheit, muß du ihn in der Gegenwart ausagieren, so, daß er ein Teil deiner selbst wird, so, daß du wirklich darin aufgehst.

Wenn ihr versteht, was ihr mit Träumen machen könnt, könnt ihr selber eine ungeheure Menge für euch tun. Nehmt einfach irgendeinen alten Traum oder ein Traumbruchstück, das macht nichts. So lange die Erinnerung an einen Traum wach ist, ist er noch lebendig und verfügbar, und er enthält noch eine unabgeschlossene, unassimilierte Situation. Wenn wir an Träumen arbeiten, nehmen wir gewöhnlich nur ein ganz klein wenig von dem Traum, weil man schon so vieles sogar von einem kleinen bißchen haben kann.

Wenn ihr also selbständig arbeiten wollt, schlage ich euch vor, den Traum niederzuschreiben und eine Liste *aller* Einzelheiten im Traum anzulegen. Nehmt jeden Menschen, jedes Ding, jede Stimmung und arbeitet dann an ihnen, um jedes einzelne von ihnen zu *werden*. Übertreibt es und verwandelt euch wirklich in jeden dieser verschiedenen einzelnen Teile. *Werdet* dieses Ding wirklich — was es auch ist in einem Traum — *werdet* es. Gebraucht eure Zauberkraft. Verwandelt euch in diesen häßlichen Frosch oder was da auch sei — ein totes Ding, ein lebendiges Ding, ein Dämon — und hört auf zu denken. Verliert den Kopf und kommt zu euren Sinnen. Jedes kleine bißchen ist ein Teil des Puzzlespiels, das zusammengenommen ein viel größeres Ganzes ergibt — eine viel stärkere, glücklichere, vollständigere *wirkliche* Persönlichkeit. Nehmt als nächstes jede dieser verschiedenen Einzelheiten, Charaktere und Teile und laßt sie aufeinander treffen. Macht einen Dialog. Mit »macht einen Dialog« meine ich, führt ein Zwiegespräch zwischen den beiden gegensätzlichen Teilen; ihr werdet herausfinden — vor allem, wenn ihr die genauen Gegenteile habt —, daß sie immer damit anfangen, sich gegenseitig zu bekämpfen. All die verschiedenen Teile — jeder Teil im Traum bist du selbst, ist eine Projektion deiner selbst, und wenn es da unvereinbare Seiten, sich widersprechende Seiten, gibt, und ihr benutzt sie, indem ihr sie gegeneinander kämpfen laßt, da ist es auch schon, das ewige Konflikt-Spielchen, das Selbstquälerei-Spielchen. Mit dem Fortschreiten des Prozesses von Begegnung und Selbstbegegnung ergibt sich ein wechselseitiges Lernen, bis wir zu einem Verstehen kommen und zu einem Sinn für Unterschiede, bis wir zu einer Einheit und Integration der beiden gegeneinander stehenden Kräfte kommen. Dann ist der Bürgerkrieg zu Ende und deine Kräfte stehen bereit für deine Kämpfe mit der Welt. Jedes kleine bißchen Arbeit, das du tust, bedeutet ein Stück Assimilierung von etwas. Im Prinzip kannst du den ganzen Heilungsprozeß durchmachen — nennen wir es Heilungsprozeß oder Reifung —, wenn du das mit jedem einzelnen Ding in einem Traum machst. Es ist alles da. Die Träume und ihre Formen ändern sich, aber wenn du so anfängst, wirst du herausfinden, daß mehr Träume kommen und daß die existenzielle Botschaft immer klarer wird.

Ich möchte also von jetzt an den Schwerpunkt auf die Traumarbeit legen. Im Traum oder im Umkreis des Traums, seiner Umwelt, finden wir alles, was wir brauchen. Die existenzielle Schwierigkeit, der fehlende Teil der Persönlichkeit, all das ist greifnah. Traumarbeit ist eine Art Generalangriff auf das Zentrum unserer Nicht-Existenz.

Der Traum ist eine ausgezeichnete Gelegenheit, um die Lücken in der Persönlichkeit zu finden. Sie kommen als Leere heraus, als weiße Flekken, und wenn du in die Nähe dieser Lücken gerätst, wirst du verwirrt oder nervös. Es gibt da eine schreckliche Erfahrung, nämlich die Erwartung: »Wenn ich mich dem nähere, gibt es eine Katastrophe. Ich werde *zunichte*.« Ich habe schon ein wenig über die Philosophie des Nichts gesprochen. Das ist der tote Punkt, an dem du in die Vermeidung ausweichst, an dem du phobisch wirst. Du wirst ganz plötzlich schläfrig oder erinnerst dich an etwas ganz Wichtiges, das du unbedingt tun mußt. Wenn du also an Träumen arbeitest, ist es besser, das gemeinsam mit jemand anderem zu tun, der dich darauf hinweisen kann, wo du in die Vermeidung fliehst. Den Traum verstehen, bedeutet erkennen, wann du das Offensichtliche vermeidest. Die einzige Gefahr ist, daß dieser andere Mensch vielleicht zu schnell am Retten ist und dir sagt, was in dir geschieht, anstatt dir die Chance zu geben, dich selbst zu entdecken.

Und wenn du verstehst, was es jedesmal bedeutet, wenn du dich mit einem Stückchen eines Traums identifizierst, jedesmal, wenn du ein *es* in ein *ich* übersetzt, so wachsen deine Lebendigkeit und deine Möglichkeiten. Du hast dein Geld überall im Land investiert wie ein Gläubiger, jetzt hol' es zurück. Und fange andererseits an, die Scheinaktivitäten zu verstehen, wo hinein du deine Energien verschwendest, also z. B. wenn du dich langweilst. Anstatt zu sagen, »Ich langweile mich«, und herausfindest, woran du in Wirklichkeit interessiert bist, leidest du und bleibst bei dem, was dich langweilt. Du quälst dich selbst, indem du dabei bleibst, und wann immer du dich selbst quälst, quälst du gleichzeitig deine Umwelt. Du wirst ein Trübsalbläser. Wenn du Trübsalblasen *gerne* tust, wenn du es annimmst, das ist gut, denn dann wird das Ganze eine positive Erfahrung. Dann übernimmst du Verantwortung für das, was du tust. Wenn dir Selbstquälerei Spaß macht, gut. Aber es ist immer eine Frage von Annehmen oder Nicht-Annehmen, und Annehmen ist nicht bloß Dulden. Annehmen ist, wie wenn man ein Geschenk bekommt, eine Gabe. Gleichgewicht drückt sich in der Dankbarkeit aus für das, was *ist*. Wenn es zu wenig ist, bist du verärgert; ist es zu viel, hast du Schuldgefühle. Aber wenn du ins Gleichgewicht kommst, nimmt deine Dankbarkeit zu. Wenn du ein Opfer bringst, bist du ärgerlich, wenn du ein Geschenk machst, gibst du etwas dazu und fühlst dich gut. Das ist dann eine Schließung — Vervollständigung einer Gestalt.

Frage: Wir üben im Zusammenleben das, was einige Leute den Austausch von Höflichkeiten nennen würden. Könntest du eine Linie ziehen zwischen dem Übernehmen von Verantwortung und dem Austauschen von Höflichkeiten?

Fritz: Ja. Du übernimmst Verantwortung dafür, daß du eine unechte

Rolle spielst. Du spielst den Höflichen, um den anderen glücklich zu erhalten.

Jedesmal, wenn du die Worte *jetzt* und *wie* gebrauchst, und dir dessen bewußt wirst, wächst du. Jedesmal, wenn du die Frage *warum* stellst, nimmst du an Format ab. Du plagst dich selbst mit falscher, unnötiger Information. Du fütterst bloß den Computer, den Intellekt. Und der Intellekt ist die Mätresse der Intelligenz. Er ist dir ein Klotz am Bein.

Die einfache Tatsache ist also, daß es gegen das — entschuldigt den Ausdruck — Übel der Selbstentfremdung, der Selbstverarmung, nur das Heilmittel der Re-Integration gibt, der Rücknahme dessen, was rechtmäßig dein ist. Jedesmal, wenn du ein *es* oder ein *Hauptwort* in ein *ich* oder in ein *Tätigkeitswort* verwandelst, erhältst du, sagen wir, ein Zehntausendstel deines Potentials zurück, und es wird sich summieren. Jedesmal, wenn du etwas integrieren kannst, gibt dir das eine bessere Ausgangsbasis, von wo aus du deine Entwicklung, deine Integration fördern kannst. Versuche nicht, ein perfektionistisches Programm daraus zu machen, daß du also jeden Bissen zerkauen *sollst*, daß du eine Pause zwischen den verschiedenen Bissen machen *sollst*, damit du die eine Situation vervollständigen kannst, ehe du die andere beginnst; daß du jedes *Hauptwort* und jedes *es* in ein *ich* verwandeln sollst. Quäle dich nicht selbst mit solchen Forderungen, sondern erkenne, daß das der Grund unserer Existenz ist und entdecke, daß es so ist, wie es ist. Es ist, wie es sein soll, und es soll sein wie es ist.

| Seminar | Einführung |
| für Traumarbeit | |

Einführung

Grundsätzlich mache ich eine Art Einzeltherapie im Rahmen einer Gruppe, aber es beschränkt sich nicht darauf; sehr oft passiert es einfach, daß sich ein Gruppen-Happening ergibt. Normalerweise greife ich nur ein, wenn ein Gruppengeschehen zu bloßer Klugscheißerei wird. Die meisten Gruppentherapien sind nichts anderes als Mind-fucking. Ping-Pong-Spielchen, »Wer hat recht?«, Meinungsaustausch, Interpretationen, all solcher Käse. Wenn die Leute das tun, trete ich dazwischen. Wenn sie ihre Erfahrungen mitteilen, wenn sie aufrichtig sind in ihren Äußerungen — wunderbar. Oft ist die Gruppe sehr stützend, aber wenn sie bloß »hilfreich« ist, schmeiße ich sie raus. Helfer sind Betrüger, Einmischer. Die Leute müssen durch Frustration wachsen — durch geschickt eingesetzte Frustration. Andernfalls haben sie keinen Antrieb, ihre eigenen Mittel und Wege zu entwickeln, um mit der Welt fertig zu werden. Aber manchmal passieren wirklich sehr schöne Dinge, und im Grunde gibt's nicht zu viele Konflikte, und jeder, der in der Gruppe ist, hat Teil an ihr. Manchmal habe ich Leute, die während des ganzen fünfwöchigen Arbeitstreffens (workshop) kein einziges Wort sagen, und dann gehen sie weg und sagen, daß sie sich ungeheuer verändert hätten, daß sie ihre eigene private Therapie gemacht hätten oder wie immer ihr das nennen wollt. Alles mögliche kann also passieren. Solange ihr es nicht strukturiert, solange ihr mit eurer Intuition arbeitet, mit euren Augen und Ohren passiert bestimmt etwas. Vor zwei Jahren hielt ich bei der amerikanischen psychologischen Vereinigung einen Vortrag. Ich behauptete, daß die ganze Einzeltherapie überholt sei und erläuterte die Vorteile des Workshops. Ich glaube, daß man im Workshop sehr viel lernt, indem man versteht, was in diesem anderen Menschen vor sich geht, und daß man einsieht, daß so viele seiner Konflikte die eigenen sind, und durch diese Identifizierung lernt man. Lernen ist gleich Entdecken. Du entdeckst dich selbst, und Wachheit ist das Mittel des Entdeckens.

Allmählich komme ich zur Einsicht, daß Workshop und Gruppentherapie gleichfalls überholt sind, und nächstes Jahr, 1969, werden wir unser erstes Gestalt-Kibbuz beginnen. Bis jetzt ist ein Gestalt-Kibbuz die gleich folgende Phantasie, obgleich wir schon einiges an faktischem

Material zur Verfügung haben. Ich erwarte, eine gleichbleibende Anzahl von Leuten zu haben, ungefähr 30. Die Unterscheidung zwischen Therapeutenstab und Seminaristen wird wegfallen. Die Hauptsache ist der Geist der Gemeinschaft, der durch Therapie, nennen wir es vorderhand in Ermangelung eines besseren Ausdrucks so, noch gesteigert wird. Das Ganze ist als Entfaltungs- und Wachstumserfahrung gemeint, und wir hoffen, daß wir in dieser Zeit *wirkliche* Menschen hervorbringen können, Menschen, die auf ihren eigenen Beinen stehen wollen, Menschen, die für ihr Leben die Verantwortung übernehmen wollen.

Hier, bei der Gestalttherapie, unterscheiden wir zwei Arten von Arbeit. Eine ist das Seminar und eine der Workshop. Der Workshop als Arbeitstreffen hat eine sehr begrenzte Anzahl von Teilnehmern, bis zu fünfzehn, und da *arbeiten* wir. Das große Wochenend-Seminar hat einen anderen Zweck — nämlich euch mit dem, was wir tun, bekannt zu machen, und trotzdem hoffe ich, daß ihr auch noch *etwas lernt*. Diese Vortrags- und Demonstrationsseminare sind nun keine therapeutischen Arbeitstreffen. Sie sind eine Art Kostprobe, und jegliche Erfahrung des Wachsens oder jegliche therapeutische Erfahrung ist rein zufällig.

Um eine Vorstellung davon zu vermitteln, was Gestalttherapie ist: Es gibt immer eine Anzahl Leute, die freiwillig bereit sind, mit mir zu arbeiten; ich meinerseits möchte meine Position klarstellen: Ich bin nur für mich selbst verantwortlich und für niemand anderen. Ich übernehme keine Verantwortung für irgendeinen von euch — ihr seid für euch selbst verantwortlich. Glücklicherweise oder unglücklicherweise habe ich in der letzten Zeit einen solchen Ruf als Therapeut bekommen, daß ich ihm unmöglich entsprechen kann. Es war ungefähr vor drei Jahren, als ich endlich annehmen konnte, was mir die Leute immer sagten, nämlich daß ich ein Genie sei. Das dauerte nur drei Monate, und ich entdeckte, daß ich nicht das Zeug dazu hatte, noch länger ein Genie zu sein. Es macht wirklich nichts aus, so oder andersherum.

Ich bin nicht Gott, ich bin ein Katalysator. Ich bin gut darin bewandert, Projektionen usw. zu verstehen, um in der Lage zu sein, zu unterscheiden, wann es sich um Beobachtung handelt oder ob ich eine Rolle im Leben dieses Menschen zu spielen habe — sie machen mich zur Klagemauer, sie machen einen Papa aus mir oder einen Schuft oder einen Weisen. Meine Funktion als Therapeut ist es, euch zum Gewahrsein des Hier-und-jetzt zu verhelfen und euch jeden Versuch, daraus auszubrechen, zu versagen. Das ist meine Existenz als Therapeut, in der Therapeuten-Rolle. Für viele andere Bereiche meines Lebens habe ich so etwas noch nicht zustande gebracht. Ihr seht, ich löse meine Probleme, wie jeder andere Psychologe oder Psychiater, weitgehend *außerhalb meiner selbst*. Die Tatsache, daß ich mich beim Integrieren so wohl fühle, bedeutet, daß meine eigene Integration unvollständig ist.

Wenn ihr also verrückt werden, Selbstmord begehen, euch besser machen, euch aufputschen oder ein Erlebnis haben wollt, das euer Leben verändert, so ist das eure Sache. Ich tu was ich tu und du tust was du tust. Jeder, der die Verantwortung dafür nicht übernehmen will, möge doch bitte an diesem Seminar nicht teilnehmen. Ihr seid aus freiem Willen hierher gekommen. Ich weiß nicht, wie erwachsen ihr seid, aber das Wesentliche eines er-wachsenen Menschen ist es, fähig zu sein, die Verantwortung für sich selbst — seine Gedanken, Gefühle und so weiter — zu übernehmen. Irgendwelche Einwände? ... Okay.

Grundsätzlich würde ich sagen, begegnen wir zwei Arten von Klienten oder Patienten und »grob gesprochen« gibt es die einen, die mit gutem Willen kommen und die anderen, die schlau sind. Die Schlauen erkennt man gewöhnlich an einer besonderen Art von Lächeln, einer Art Grinsen, einem Grinsen, das sagt: »Ach, du bist'n Idiot! Ich weiß es besser. Ich kann dich anschmieren und dich beherrschen.« Und was man auch zu tun versucht, es perlt an ihnen ab, wie das Wasser am Entenarsch abperlt, und nichts dringt durch. Diese Leute brauchen einiges an Arbeit. Sehr viele Leute wollen nicht arbeiten. Jeder, der zu einem Therapeuten geht, hat etwas in petto. Ich würde sagen, ungefähr 90 %/o gehen nicht zum Therapeuten, um geheilt zu werden, sondern um in ihrer Neurose noch mehr zuhause zu sein. Wenn sie machtbesessen sind, wollen sie noch mehr Macht bekommen. Wenn sie Intellektuelle sind, wollen sie noch mehr von dem Bockmist. Wenn sie Spötter sind, wollen sie ein noch klügeres Köpfchen, daß sie andere lächerlich machen können und so weiter.

Wir werden nun einige von diesen Typen hier haben, und ich werde sie wegen der kurzen Zeit, die uns zur Verfügung steht, oft genug aus diesem heißen Stuhl * hinauswerfen. Aber wenn sich jemand findet, der wirklich leidet und über die Unfruchtbarkeit seiner Existenz beunruhigt ist, dann können wir, wenn er mittut, verhältnismäßig schnelle Arbeit leisten.

Vor zwei Wochen hatte ich ein herrliches Erlebnis — nicht daß es eine Heilung gewesen wäre, aber es war zumindest ein Sich-Öffnen. Der

---

* Amerikanisch: »hot seat« = »elektrischer Stuhl«; in der Gestalttherapie sitzt darauf der Klient, der gerade »arbeitet«.

Mann war ein Stotterer, und ich bat ihn, sein Stottern zu steigern. Als er stotterte, fragte ich ihn, was er im Hals fühle, und er sagte: »Ich empfinde es so, als würde ich mich selbst würgen.« Also gab ich ihm meinen Arm und sagte: »Jetzt würg' mich.« »Verdammt noch mal, ich könnte dich umbringen!« sagte er. Er fühlte seine Wut wirklich und redete laut, ohne zu stocken. Ich sagte ihm also, daß er vor der existenziellen Wahl stünde, ein zorniger Mann oder ein Stotterer zu sein. Und ihr wißt, wie euch ein Stotterer quälen kann und euch auf heißen Kohlen sitzen läßt. Jede Wut, die nicht herauskommt, freifließend, wird zu Sadismus, Machttrieb und anderen Mitteln der Quälerei.

Wir brauchen also die jahrelangen Therapien nicht mehr. Auf der anderen Seite werde ich sehr oft in dem, was ich tue, überschätzt. Ich bin nicht vollkommen, ich bin ein Schweinehund, ich bin manchmal sehr nett, ich bin nicht allmächtig, ich kann nicht zaubern, ich habe also meine Grenzen, und häufig kommt mir jemand, der kein anderes Ziel hat als zu zeigen, was für ein Einfaltspinsel ich bin. Ich weiß das sowieso, daß ich in gewissen Situationen ohnmächtig bin, hilflos, und ich *muß* nicht gewinnen.

Abgesehen also von dieser einen Einschränkung, daß ich mir das Recht vorbehalte, abzubrechen, was wir auch immer tun — in manchen Fällen werfe ich sogar Leute hinaus, aber abgesehen von dieser Einschränkung *stehe ich zur Verfügung*, und, bitte, ich stehe nur während der Arbeitsstunden zur Verfügung. Außerhalb dieser Arbeitsstunden stehe ich nicht zur Verfügung. Ich weiß, daß einige Leute unter dem Zwang stehen, sich in anderer Leute Leben einzumischen und ihr sehr interessantes Leben ausagieren müssen und ständig rumrennen und ihre Tragödien verbreiten müssen und so weiter. Sie müssen sich andere Opfer für diesen Zweck aussuchen. Abgesehen davon, bin ich offen und bereit für jede Arbeit, und ganz besonders bevorzuge ich die Arbeit mit Träumen. Ich glaube, daß wir im Traum eine klare existenzielle Botschaft dessen haben, was in unserem Leben fehlt, was wir zu tun und zu leben vermeiden, und wir haben eine Menge Stoff zu re-assimilieren und müssen uns unsere entfremdeten Teile wieder zu eigen machen. In der Gestalttherapie schreiben wir »das Selbst« mit kleinen und nicht mit großen Buchstaben. Es groß zu schreiben ist ein Relikt aus den Zeiten, als wir eine Seele hatten oder ein Ego oder etwas ganz Besonderes; »selbst« bedeutet einfach du selbst — in Freud und Leid, in Zeiten der Krankheit, in Zeiten der Gesundheit; und nichts anderes.

Ich benutze sechs Werkzeuge, um arbeiten zu können. Eines ist mein handwerkliches Können, eines sind Tempotaschentücher. Dann der heiße Stuhl. Das ist das, wohin du gebeten wirst, wenn du mit mir arbeiten willst. Und dann gibt's den leeren Stuhl (empty chair), der ziemlich viel von deiner Persönlichkeit und anderen — für's erste so genannten — intrapersonalen Begegnungen verwirklichen wird. Dann habe ich meine Zigaretten — eben habe ich eine sehr schöne, eine Shaman-Zigarette — und meinen Aschenbecher. Schließlich brauche ich jemand, der bereit ist, mit mir zu arbeiten — jemand, der bereit ist, im *Jetzt* zu bleiben und etwas mit Träumen zu arbeiten. Also, ich stehe zur Verfügung. Wer will wirklich mit mir arbeiten und mich nicht bloß zum Narren halten?

Sam

Sam: (spricht hastig) Mein Name ist Sam . . .[1]
Fritz: Ich habe Sam schon zuvor getroffen. Wir sind uns schon begegnet.
S: Über den Tisch hinweg, beim Essen.
F: Ja. Aber du hast noch nicht mit mir gearbeitet.
S: Nein.
F: Ändere jetzt bitte deine Haltung nicht. Was fällt euch an seiner Haltung auf?
X: Er ist ziemlich angespannt.
F: Er ist ein geschlossenes System. Und nicht nur ein geschlossenes System ist er; die rechte Seite geht zur linken, und die linke Seite zur rechten. Kann man sich noch mehr durcheinander bringen? Er hat noch nichts gesagt, aber ihr könnt sehen, wieviel er mit seiner Haltung ausdrückt . . .
S: Jaa, ich fühle mich sehr geborgen. (Lachen)
F: Magst du mir einen Gefallen tun? Sieh mal nach, wie du dich fühlst, wenn du dich offen hinsetzt. Ja.
S: Ich fühle mein Herz unheimlich pochen.
F: Aha. Wir bekommen jetzt Lampenfieber. Nicht ganz so geborgen. Und — ihr seht, ich werde euch oft einige Anmerkungen zwischendurch geben — Angst, wie das in der Psychiatrie heißt, wird als sehr schwieriges Problem angesehen. Sie ist in Wirklichkeit nichts als Lampenfieber. Wenn du im Jetzt bist, bist du geborgen. Sobald du aus dem Jetzt herausspringst, in die Zukunft zum Beispiel, füllt sich die Lücke zwischen dem Jetzt und dem Dann mit zurückgehaltener Erregung und wird als Angst erlebt . . .

---

[1] Drei Punkte (...) bedeuten eine Pause von fünf Sekunden oder mehr.

84

S: Ich fühle mein Herz immer noch so stark pochen.

F: Ja. Schließ die Augen und gehe in das Jetzt, nämlich das Erleben deines pochenden Herzens und so weiter. Bleib bei deinem Körper. Was erlebst du jetzt?

S: Ein sehr ... Mein ganzer Körper, ich kann mein Herz pochen fühlen ... ich fühle mich atmen.

F: Ja? Was erlebst du?

S: Machen wir weiter.

F: Was hast du dagegen, im Jetzt zu bleiben? »Machen wir weiter« bedeutet wieder einmal, zur Zukunft hin. Was hast du dagegen, dazusitzen? ... Erlebst du irgend so etwas wie ins Stocken geraten sein oder fühlst du dich ungeduldig oder gelangweilt oder sonstwas?

S: Ich empfinde, daß das hier meine einzige Chance mit dir ist und daß ich lieber das Beste daraus machen sollte und keine Zeit an Ängste verschwenden sollte.

F: Aha. Möchtest du bitte Sam in den leeren Stuhl setzen und mit ihm sprechen. »Sam, das ist deine einzige Chance. Mach das Beste daraus.« (Lachen) ...

S: Jaa ... Du sitzt da und schaust ganz schön steif aus ... Wozu bist du da herauf gekommen?

F. Tauscht die Plätze. Der Ausdruck, den ich dafür habe, ist: »Mach dein Drehbuch (script).« Du erfindest ein Drehbuch oder einen Dialog zwischen zwei Gegnern. Das ist Teil der Integration der Bruchstücke deiner Persönlichkeit, und diese Bruchstücke treten gewöhnlich als Gegensätze auf — zum Beispiel Topdog und Underdog. Also, halte ihm etwas dagegen. Ist das ein Er oder eine Sie, das da sitzt?

S: (abwehrend) Es ist ein *Er.*

F: Du weißt gar nicht, wie viele Leute eine Sie als Topdog haben, wo überall eine »jüdische Mamme« sitzt.

S: Na ja, ich bin nicht mehr so sicher. (Lachen). Ich weiß nicht, warum ich hierher kam. Einfach um zu sehen, ob — ob er mir beikommen kann, glaube ich.

   [2] Das ist wirklich eine abscheuliche Haltung. (Lachen) Du denkst wohl, du bist hier, um mit Fritz zu kämpfen? ...

   Nein. Nein, ich will mit Fritz nicht kämpfen ... Ich weiß nicht, warum ich hier bin ... Wer bist du denn? Was geht's dich an? ...

   Was geht es dich an? ... (Seufzen) ...

---

[2] Ein weit eingerückter Absatz zeigt einen Plätzetausch zwischen dem ›heißen Stuhl‹ und dem ›leeren Stuhl‹ an, wenn jemand im Zwiegespräch mit sich selbst ist.

F: Fällt euch auf, daß ich immer den »Patienten« die ganze Arbeit tun lasse? Was macht deine rechte Hand?

S: Sie spielt mit der linken Hand.

F: Okay. Kannst du ein Gespräch zwischen deiner rechten und deiner linken Hand erfinden? Laß sie miteinander sprechen.

S: Ich mag mich an dir festhalten, linke Hand. Ich fühle mich wohl dabei.

Ich möchte mich auch an dir festhalten.

Laß nicht los, ja.

Okay.

Ich habe eben — he, schau, linke Hand. Ich habe eben gesehen, wie mein linker Fuß sich bewegt. (Lachen) Ich frage mich, was das bedeutet.

He da, rechter Daumen, schau meinen linken Daumen an. Ich berühr dich. Und ich liebe dich.

Das fühlt sich sehr gut an.

Du weißt, linke — linke Hand, ah, ich will dich festhalten.

Das ist sehr schön.

Ich habe das Gefühl, daß ich dich nicht mehr halten mag. Jetzt schau, was du tust. Du preßt deinen Daumen gegen die Finger. Sieht aus, als ob es Augen wären. Oder nicht, linke Hand?

Jaa. Du siehst mehr wie ein Auge aus als ich.

Jaa.

F: Kannst du jetzt diese Augen spielen? Geh zu den Zuhörern. Hast du Augen oder haben die Zuhörer Augen? Fühlst du dich angeschaut oder hast du deine eigenen Augen und kannst selber schauen? Oder, viele Leute sind auch, wie ich diesen Typ nenne, Spiegelbildträger. Sie tragen immer ihr Spiegelbild mit sich herum und benutzen andere Leute, um sich in ihnen zu spiegeln. Selber haben sie gewöhnlich keine Augen...

S: Hmm... Ich fühle mich, ah, von euren Augen hier nicht beherrscht.

F: Was siehst du?

S: Aber wirklich anschauen tu ich euch auch nicht. Sowas wie — es ist einfach angenehm, sich umzusehen und jeden zu sehen. Aber ich schaue euch nicht wirklich an. Mal genau hinsehen... Da ist meine Frau... Ich glaube, ihr seid alle irgendwie neugierig... Ja, und trotzdem macht ihr euch etwas daraus... Aber nicht zu viel.

F: Spiel jetzt sie. Nimm den Stuhl da. »Ich bin neugierig, aber ich mache mir nicht allzuviel aus dir.«

S: Ich bin neugierig, aber ich mache mir nicht allzuviel aus dir. Wirklich, was ich tue, ist: Ich warte, bis *ich* da oben an die Reihe komme.

Irgendwie siehst du ja ganz interessant aus, das schon. Ein bißchen zugeknöpft. Du siehst nicht so aus, als ob du besonders gut loslassen könntest ... Wahrscheinlich wirst du so, wie du dich verhältst, schwere Pleiten haben, bis du irgendeine Arbeit tust. Aber ich nehme an, du kennst keinen anderen Weg, wie du handeln könntest.

F: Tauscht jetzt wieder Plätze.

S: Das nenne ich ja nicht gerade eine hilfreiche Bemerkung.

F: Wie würdest du's nennen?

S: (leise) Ich glaube nicht, daß ihr zu mir steht, in der Art, wie ich fühle. Ihr macht euch bloß etwas aus der Nummer eins. Ich würde das eine selbstsüchtige Bemerkung nennen.

(ungeduldig) Nun ja, du verbrauchst eine Menge Zeit. Nichts passiert. Machen wir weiter mit dem — jetzt werde ich schon bald an der Reihe sein. Ich bin Nummer 20 oder so. Wie lange willst du denn noch da oben sitzen?

Komm, komm, hör auf! /F: Sag das noch mal/ [3]

  [4] Hör auf! /F: lauter./

  Hör auf! /F: lauter!/

  Hör auf! /F: lauter!!/

  HÖR AUF! ...

Worüber regst du dich denn so auf? (Lachen) Niemand versucht, dich zum Aufhören zu bringen. Entspann dich ...

F: Wie fühlst du dich jetzt? ...

S: (seufzt) Hmm. Ich halte die Luft an.

F: Wie erscheint dir die Welt? Die Zuhörer ...

S: Neugierig, interessiert, anteilnehmend, aufmerksam.

F: Siehst du irgend etwas? ...

S: Ein paar lächelnde Gesichter ...

F: Sonst noch etwas? Siehst du irgendwelche Farben?

S: Jetzt, ja. /F: Nachdem ich —/ [5]

Nachdem du es erwähnt hast.

F: Aha. Siehst du irgendwelche Lichter?

S: Jetzt, ja.

F: Aber vorher nicht.

---

[3] Fritz' Anweisung, einen Satz zu wiederholen, steht zwischen Schrägstrichen (/ ... /), die dem Satz unmittelbar folgen.

[4] Einrückung wird hier für die Wiederholung gebraucht und zeigt in diesem Kontext keinen Wechsel der Plätze an.

[5] Schrägstriche (/ ... /) werden auch verwendet, um Worte hervorzuheben, die jemand spricht, während jemand anderes spricht.

S: Nein. Vorher sah ich eine Menge interessanter Leute.

F: Ich glaube, du hast wieder dein Spiegelbild gesehen. Du benutzt sie, um dich widerzuspiegeln. Sie existieren nur, soweit sie für dich von Interesse sind.

S: Jaa. Kann sein.

F: Okay. Fiel euch an Sam schon etwas auf — etwas sehr Interessantes —, daß er nämlich keine Augen hat. Im Verlauf unserer Entwicklung bauen wir uns ein Spielchen auf, eine Rolle, anstatt uns selbst zu verwirklichen, und während dieses Prozesses entwickeln die meisten Leute Lücken in ihrer Persönlichkeit. Die meisten Menschen haben keine Ohren. Bestenfalls hören sie mal auf die Abstraktionen, die Bedeutung der Sätze. Gewöhnlich hören sie nicht einmal das. Viele haben keine Augen. Sie haben ihre Augen projiziert. Sie fühlen sich immer angeschaut. Andere Menschen haben kein Herz. Viele Menschen haben keine Geschlechtsteile. Und sehr viele Menschen haben keine Mitte, und ohne Mitte schwankst du im Leben hin und her. Das ist alles etwas komplizierter zu ergründen, aber ich bin sicher, daß wir auf diese Lücken in der Persönlichkeit bei unserer Arbeit hier stoßen werden.

Linda

Linda: Ich träumte, daß ich einen ... eintrocknenden See ... beobachtete, und in der Mitte des Sees ist eine kleine Insel und ein Kreis von Tümmlern — sie sind Tümmlern ähnlich, außer, daß sie aufrecht stehen können, sie sind also menschenähnliche Tümmler, und sie bilden einen Kreis, etwa einer religiösen Zeremonie ähnlich, und es ist sehr traurig, ich fühle mich sehr traurig, weil sie atmen können, sie tanzen irgendwie im Kreis herum, aber das Wasser, ihr Element, versiegt. Es ist also wie Sterben, eine Art Beobachten, wie eine Menschenrasse, eine bestimmte Art von Geschöpfen ausstirbt. Und die meisten sind Weibchen, aber ein paar von ihnen haben ein kleines männliches Organ, es sind also ein paar Männchen dabei, aber sie würden nicht lange genug leben, um sich fortpflanzen zu können, und ihr Element ist am Vertrocknen. Und da ist einer, der hier herüben in meiner Nähe sitzt, und ich unterhalte mich mit diesem Tümmler, und er hat Stacheln auf dem Bauch, etwa wie ein Stachelschwein, und sie scheinen nicht zu ihm zu gehören. Und ich glaube, daß das Versiegen des Wassers auch eine gute Seite hat, ich denke — na ja, wenn das ganze Wasser versiegt, wird wahrscheinlich wenigstens am Grund irgendeine Art Schatz sein, weil doch am

Grund des Sees Dinge sein müßten, die hineingefallen sind, wie Münzen oder sonst etwas, aber so genau ich auch hinsehe, alles, was ich finden kann, ist ein altes Nummernschild ... Das ist der Traum.

Fritz: Magst du bitte das Nummernschild spielen.

L: Ich bin ein altes Nummernschild, hinab auf den Grund des Sees geworfen. Ich bin nutzlos, weil ich keinen Wert habe — obwohl ich nicht verrostet bin — ich bin veraltet, also kann ich als Nummernschild nicht verwendet werden ... und ich bin einfach auf den Schutthaufen geworfen. Genau das habe ich mit einem Nummernschild getan, ich habe es auf einen Schutthaufen geworfen.

F: Nun, wie ist dir dabei zumute?

L: (leise) Ich mag das nicht. Ich mag kein nutzloses Nummernschild sein.

F: Könntest du darüber sprechen. Das war ein derart langer Traum, bis du schließlich das Nummernschild findest, ich bin sicher, daß das sehr wichtig ist.

L: (seufzt) Nutzlos. Veraltet ... Ein Nummernschild wird dazu benutzt, um zu erlauben — um einem Auto die Erlaubnis zum Fahren zu geben ... und ich kann niemandem die Erlaubnis erteilen, irgend etwas zu tun, weil ich veraltet bin ... In Kalifornien kleben sie einfach ein kleines — man kauft einen selbstklebenden Streifen — und klebt ihn aufs Auto, auf das alte Nummernschild (schwacher Versuch, witzig zu sein). Es könnte mich also vielleicht jemand auf sein Auto montieren und diesen Selbstkleber an mir anbringen, ich weiß nicht ...

F: Gut, spiel jetzt den See.

L: Ich bin ein See ... Ich bin am Austrocknen, ich verschwinde, ich sickere in die Erde ein ..., (mit einem Anflug von Überraschung) ich *sterbe* ... Aber wenn ich in die Erde einsickere, werde ich ein Teil der Erde — ich bewässere also vielleicht die Umgebung ..., also ... sogar im See, sogar in meinem Bett können Blumen wachsen (seufzt) ... Neues Leben kann wachsen ... aus mir (weint) ...

F: Hörst du die existenzielle Botschaft?

F: (traurig, aber mit Überzeugung) Ich kann malen — ich kann schaffen — ich kann Schönheit erschaffen. Ich kann mich nicht mehr fortpflanzen, ich bin wie der Tümmler ... aber ich ... ich bin ... ich will ständig sagen, ich bin *Nahrung* ... ich ... wie's das Wasser wird ... ich wässere die Erde und gebe Leben — lasse Dinge wachsen, das Wasser — sie brauchen sowohl die Erde als auch das Wasser, und die ... und die Luft und die Sonne, aber als das Wasser des Sees kann ich bei etwas eine Rolle spielen, und hervorbringen — nähren.

F: Du siehst den Gegensatz: An der Oberfläche findest du etwas, irgendein Artefakt — das Nummernschild, das Künstliche an dir, aber dann, wenn du in die Tiefe gehst, findest du heraus, daß der scheinbare Tod des Sees in Wirklichkeit Fruchtbarkeit ist . . .

L: Und ich brauche kein Nummernschild oder eine Erlaubnis, eine Lizenz, damit ich . . .

F: (sanft) Die Natur braucht keine Erlaubnis, um zu wachsen. Du mußt nicht nutzlos sein, wenn du organismisch schöpferisch bist, das heißt: wenn du in einer Sache aufgehst.

L: Und ich brauche keine Erlaubnis, um schöpferisch zu sein . . . Danke.

Liz

Liz: Ich träume von Taranteln und Spinnen, die auf mir herumkriechen. Und das ziemlich anhaltend.

Fritz: Okay. Kannst du dir vorstellen, daß ich Liz bin und du bist die Spinne. Kannst du nun auf mir herumkriechen? Wie würdest du das tun?

L: Dein Bein hinauf und . . .

F: *Tu's, tu's* . . . (Lachen)

L: Ich mag Spinnen nicht.

F: Du bist jetzt eine Spinne. Das ist *dein* Traum. Du hast diesen Traum hervorgebracht . . .

L: (sehr leise) All die Leute, sie decken mich zu.

F: Ja. Nun, ist hier irgendjemand, den du die Rolle einer Spinne übernehmen lassen würdest?

X: Meinst du damit, eine Spinne auf ihr zu sein? /F: Ja./ . . .

L: Ich sehe niemand, der mich an eine Spinne erinnert (Lachen).

F: In diesem Fall geben wir uns mit dem Dialog zufrieden. Setze die Spinne in diesen Stuhl und rede mit der Spinne . . .

L: (seufzt) Ich weiß nichts zu sagen, außer daß ich sie von mir herunter haben will.

F: Sei jetzt die Spinne . . .

L: Ich will irgendwohin kommen, und du bist mir im Weg, und deshalb krabble ich über dich . . . Das war sehr symbolisch. (kichert) . . .

F: Was sagst du? . . .

L: Ich habe das Gefühl, als ob du leblos wärst und es nichts ausmacht, wenn ich überall auf dir herumkrabble. /F: Nochmal./ Ich habe das Gefühl, als ob du leblos wärst, und es nichts ausmacht, wenn ich überall auf dir herumkrabble.

F: Sag das zur Gruppe.

L: Ich empfinde das nicht gegenüber der Gruppe.

F: Empfindest du das gegenüber Liz? . . . Wem gegenüber empfindest du das?

L: Ich empfinde das nicht. Ich glaube, daß die Spinne so empfindet.

F: Oh, du bist die Spinne nicht.

L: Nein.

F: Kannst du das nochmal sagen, »Ich bin die Spinne nicht!«

L: Ich bin keine Spinne.

F: Mach weiter. »Ich bin keine Spinne.«

L: Ich bin keine Spinne.

F: Das bedeutet, du bist was nicht?

L: Aggressiv.

F: Mach weiter.

L: Ich bin nicht aggressiv.

F: Sag uns alle Verneinungen; alles dessen, was du nicht bist: »Ich bin keine Spinne, ich bin nicht aggressiv —«

L: Ich bin nicht . . . häßlich, ich bin nicht schwarz und glänzend, ich habe nicht mehr als zwei Beine —

F: Sag das jetzt alles zu Liz . . .

L: Du bist nicht schwarz und glänzend, du hast nur zwei Beine, du bist nicht aggressiv, du bist nicht häßlich.

F: Tauscht die Plätze. Gib's ihr.

L: Warum kriechst du auf mir herum?

F: Mach weiter, tausch von selber die Plätze und schreib einen Dialog.

L: Weil du nicht wichtig bist.

Aber das ist nicht wahr, ich bin wichtig.

F: Jetzt mach weiter. Jetzt beginnt sich etwas zu entwickeln.

L: Wer sagt, du seist wichtig?

(leise) Jeder sagt mir, ich sei wichtig, und deshalb muß ich wichtig sein. Es ist gesund, wichtig zu sein und sich als wertvoll zu empfinden. / Hmm?/ Es ist geistig gesund, sich selbst als wichtig und wertvoll zu fühlen.

F: Hört sich an wie ein *Programm,* nicht wie eine *Überzeugung* (Lachen).

L: (kichernd) Es *ist* ein Programm.

F: Tausch nochmal die Plätze.

L: Wann *glaubst* du endlich, daß du schön und gesund und all das bist?

Irgendwann, wenn jemand wie Herr Fritz mir eine Rolle gibt und ich mich durch und durch besser fühle.

F: Laß jetzt die Spinne dasselbe sagen — »Ich bin häßlich und ich will schön sein.« Laß die Spinne dasselbe sagen.

L: Ich bin häßlich, und ich will schön sein. Für einen Spinnenliebhaber bin ich es wahrscheinlich. Aber viele Leute mögen Spinnen nicht.

F: Okay, geh zurück und gib der Spinne etwas Anerkennung.

L: Spinnen sind notwendig, weil sie die Insekten — die Zahl der fliegenden Insekten gering halten — (Lachen). Spinnen sind phantastisch wegen der Spinnweben, die sie bauen können.

F: Sprich zur Spinne direkt, sprich sie an, *du* . . . »Du bist wichtig, weil du —«

L: Du bist wichtig, weil du die Zahl der Insekten gering hältst, und du bist wichtig, weil du schöne Spinnweben machst . . . und du bist wichtig, weil du lebendig bist.

F: Tausch jetzt wieder die Plätze . . . ich möchte, daß du versuchst, die Spinne dir etwas Anerkennendes sagen zu lassen.

L: Du bist wichtig, weil du ein Mensch bist, und es gibt fünfzig Zillionen von euch, was macht dich denn so wichtig? (Lachen)

F: Hier könnt ihr schon das Loch in ihrer Persönlichkeit bemerken — Selbsteinschätzung, Mangel an Selbstvertrauen. Andere Leuten haben Gefühle von Eigenwert oder so etwas. Sie hat ein Loch . . .

L: Aber es liegt an ihr, das Loch zu füllen.

F: Nein, es liegt an der Spinne.

L: Was kann die Spinne dazu tun?

F: Nun, finde es heraus. Laß die Spinne ihr etwas Anerkennung geben . . .

L: Den Spinnen fällt nichts ein.

F: Die Spinne stellt sich dumm, ja?

L: Nein. Nein. Sie macht ein paar ordentliche Sachen, aber sie sind — sie tut sie nicht ebenso gut wie fast jeder, der ihr in den Sinn kommt.

F: Leidest du vielleicht zufällig am Fluch des Perfektionismus?

L: Oh! *Ja.* (kichert)

F: Was du also auch immer tust, es ist nie gut genug.

L: Richtig.

F: Sag das zu ihr . . .

L: Du tust, was du tust zwar angemessen, aber nie richtig, nie perfekt.

F: Sag ihr, was sie tun *soll*, wie sie sein *soll*.

L: Sie soll . . .

F: »*Du* sollst —« Klatscht nie über jemand, der anwesend ist, besonders wenn es um euch selbst geht. (Lachen) Macht immer eine Begegnung daraus. Sprich mit ihr.

L: Du solltest fähig sein, alles und jedes zu tun, und es vollkommen zu tun. Du bist eine sehr fähige Person, du hast die angeborene Intelligenz, das zu tun, und du bist zu faul dazu.

F: Ah, du bekamst die erste Anerkennung — du bist fähig. Wenigstens gesteht sie soviel zu.

L: Je nun, sie kam damit auf die Welt. Sie hat sich das nicht ... (Lachen)

F: Kaum sagst du etwas über dich, schon kommt die Spinne und scheißt dich an. Siehst du das?

L: Ja, ich glaube, das ist wahr.

F: Jaah. Hier haben wir nun die typische Topdog/Underdog-Situation. Der Topdog ist immer rechtschaffen — manchmal im Recht, aber nicht zu oft — und *immer* rechtschaffen. Und der Underdog ist bereit, dem Topdog zu glauben. Der Topdog ist nun ein Richter, er ist ein Tyrann. Der Underdog ist gewöhnlich sehr schlau und beherrscht den Topdog mit anderen Mitteln, wie *mañana* oder »Du hast recht«, oder »Ich tu mein Bestes«, oder »Ich hab's immer wieder versucht«, oder »Ich hab es vergessen« und derlei Dinge. Kennst du diesen Trick?

L: Oh ja.

F: Okay, spiel jetzt das Topdog-Underdog-Spielchen. Der Topdog sitzt hier und der Underdog dort.

L: Warum machst du nie nie — eine Sache vollkommen?

Weil ich zu vieles zu tun versuche. (Lachen) Ich habe nicht genug Zeit, um mich auszubreiten, und ich lese gern ...

Warum liest du gern? Um dich davonzustehlen?

F: Was für ein *gemeiner* Topdog! (Lachen)

L: Ja, ja, aber es ist auch dazu da, um meine geistigen Fähigkeiten zu verbessern. (Lachen) ... Ich muß doch etwas Vergnügen am Leben finden, neben dem Vollkommensein.

F: Sag das nochmal. Sag das nochmal ... Sag das nochmal ... Ich fordere dich heraus.

L: Ich muß doch etwas Vergnügen am Leben finden neben dem Vollkommensein.

F: Jetzt will ich ein neues Element einführen. Laß den Topdog weiter mit ihr reden, und ich möchte, daß sie jedesmal erwidert: »Leck mich am Arsch« und sieh zu, was passiert.

L: Du hast eine Verantwortung dir gegenüber, dein Leben zu erfüllen und das meiste aus ihm herauszuholen und so viel wie möglich zu erfahren und so weiter ...

Leck mich am Arsch ... aber der Topdog hat recht ...

F: Sag das zu —

L: Aber du hast recht.

F: Wer ist's? Papa oder Mama oder beide zusammen?

L: Großmutter.

F: Großmutter. Aha. Also setz die Großmutter in den Stuhl.

L: Alles, was du sagst, ist wahr . . . aber ich will das nicht . . .

F: Ich möchte versuchen, auf eine Vermutung hin zu arbeiten, und ich kann damit völlig daneben gehen. Sag: »Großmutter, du bist eine Spinne« . . .

L: (überzeugend) Großmutter, du bist eine Spinne . . .

F: Tauscht Plätze . . .

L: (großmütterlich) Nein, das bin ich nicht, Liebes. Ich will nur das Beste für dich. (Lachen)

F: Das ist eine stereotype Phrase vom Topdog, wie du wahrscheinlich selber siehst . . . Tauscht wieder Plätze. Ich möchte jetzt, daß du die Augen schließt und in dich hineingehst. Was siehst du in diesem Augenblick? Fängst du an, etwas zu fühlen?

L: Es ist so ein Gefühl wie bei einer Spinne.

F: Was fühlst *du?* Was erlebst du persönlich?

L: Meinst du körperlich?

F: Körperlich, gefühlsmäßig, bis jetzt hatten wir meist denken und wieder denken, reden und nochmal reden . . .

L: Ich fühle mich wie — da sitzt eine Spinne auf mir und ich will etwas tun.

F: Was erlebst du, wenn die Spinne auf dir sitzt?

L: Hier oben fühlt es sich so schwarz an.

F: Keine Reaktionen auf die Spinne? . . . Wenn jetzt wirklich eine Spinne über dich krabbeln würde, was würdest du erleben?

L: Adrenalin und Aufspringen und laut Aufschreien.

F: Wie? (Liz wischt die Spinne recht halbherzig weg) Nochmal. Die Spinne ist noch immer da . . .

L: (monoton) Ich würde auf- und abspringen und nach Walter schreien, daß er kommt und sie von mir wegtut .

F: Kannst du deine tote Stimme hören? Bist du dir im klaren darüber, daß du recht literarisch daherredest? Sag das nochmal und schau, ob wir dir glauben können . . .

L: Ich würde schreien und —

F: Wie? . . . Wie würdest du schreien?

L: Ich — ich weiß nicht, ob ich es fertig brächte. Ich kann es aber hören, wenn ich es tue. Es kommt einfach heraus.

F: Wie? . . .

L: (seufzt) Ich fühle mich zu gehalten, um zu schreien.

F: Sag das jetzt zu deiner Großmutter.

L: Ich fühle mich zu gehalten, um zu schreien.

F: Okay, wir würden offensichtlich ein ganz schönes Stück Arbeit zu tun haben, um durch deine Blockierung, um durch diesen Panzer hindurch zu kommen. Aber ich möchte gern ein paar Minuten auf so ein Spielchen verschwenden. Bist du bereit mitzuarbeiten? Ich möchte, daß du ein Gespräch erfindest, in dem ein braves Mädchen und ein böses Mädchen miteinander reden. »Ich bin ein braves Mädchen, ich tue alles, was meine Großmutter von mir verlangt«, und so weiter. Das böse Mädchen sagt »Leck mich« oder was halt ein böses Mädchen sagt.

L: Ich bin ein braves Mädchen und ich nutze alle meine Möglichkeiten aufs äußerste: alle meine — wie Großmutter sagen würde — von Gott gegebenen schöpferischen Fähigkeiten, meine von Gott gegebene Intelligenz und Erscheinung und was immer. Und ich bin einfach ein sehr nettes Persönchen und komme mit jedem gut zurecht ...

Das mag für dich ganz schön sein, aber du wirst nicht gerade viel Spaß am Leben haben. Mir dagegen geht es sehr gut, und du kannst dich selber am Arsch lecken.

(zu Fritz) Mir fallen nur Dinge ein, von denen man glaubt, daß böse Mädchen sie tun, um Spaß zu haben. Aber ich ...

F: Sag das *ihr*. Nicht mir.

L: Siehst du, was du mir angetan hast? ... Du findest keinen Spaß, und ich finde keinen Spaß, und da drin schwelgen wir. Ich kann nicht böse sein, und du kannst nicht brav sein ...

F: Das ist nun ein Punkt, den wir eine Blockierung oder einen toten Punkt nennen würden. An dieser Stelle ist sie festgefahren. Okay, sei nochmal das brave Mädchen.

L: Nun, wenn du auf mich hören würdest, würden wir wenigstens ein bißchen Spaß im Bravsein haben. Du hast nicht die geringste Selbstdisziplin, und die höchsten Freuden im Leben sind die, bei denen man produktiv ist ...

Die höchsten Freuden im Leben sollten einfach im Erleben sein ... leb ein bißchen hier und jetzt ...

F: Erlaubst du mir ein Wort unter vier Augen? Dein böses Mädchen — ist es denn wirklich so böse?

L: Ich nehme an, daß die anderen Leute das denken.

F: Ja? Frag sie ...

L: Walter, hältst du mein böses Mädchen für so böse?

W: Frag sie. Frag nicht mich. (Lachen)

L: Feigling.

X: Ich möchte wissen, als wer du dich jetzt da oben am wohlsten fühlst?

L: Als keines von beiden.

F: Ja. Das ist die Blockierung. Du steckst fest ...

X: Dein böses Mädchen ist nicht böse genug.

L: Das kommt daher, weil sie nur allgemeine Dinge sagt. (Lachen)

P: Ich finde, sie ist toll.

Q: Ich auch.

R: Ihr böses Mädchen ist große Klasse.

S: Ich meine, daß dein braves Mädchen eine entsetzlich langweilige Grete ist.

T: Sie ist schrecklich selbstgerecht. Mit dem bösen Mädchen würde man besser auskommen.

U: Das böse Mädchen ist viel lustiger.

V: Das böse Mädchen ist fast unfähig, böse zu sein. Sie ist wirklich zu gut, um böse genannt zu werden.

W: Ich habe gehofft, du würdest dich als böses Mädchen wohler fühlen, nachdem du da hinaufgekommen bist.

L: Na ja, das böse Mädchen kommt sich wirklich nicht so selbstgerecht vor, und das ist etwas, was das brave Mädchen gern aufgeben möchte.

X: Was ist böse?

Y: Oder gut, für dich?

L: Unproduktiv sein. Und deine besten Fähigkeiten, dein bestes Potential nutzen —

F: Ah-ah. Schlecht ist, was deine Großmutter mißbilligt, und gut ist, was Großmutter billigt. Wenn sich die Großmutter nicht wohl fühlt, nennt sie dich böse, und wenn Großmütterchen sich wohl fühlt, nennt sie dich gut. Sie hat einfach deine Seele umgebracht, und das ganze Potential deiner Seele fehlt. Es ist alles im Kopf.

L: Meine Seele?

F: Nein, es ist nur dein Kopf da. Es ist also nur ein kleines bißchen deines Potentials genutzt. Ich sehe keinerlei Gebrauch deiner Gefühle, deiner Weiblichkeit, deiner Fähigkeit zur Freude, deiner *joie de vivre.* All das ist brach liegendes Land bis jetzt. Du bist ein »gutes, braves Mädchen«. Und hinter dem braven Mädchen steckt immer ein trotziger Fratz. Das ist die schlimmste aller Diagnosen, denn um »gut« und »brav« zu sein, mußt du heilig sein — um ein braves Kind, ein gehorsames Kind zu sein — und die ganze Auflehnung geht in Selbstgehässigkeit über. Das Leben verläuft immer in derartigen Gegensätzen. An der Oberfläche bist du offen und willfährig, während du mich darunter sabotierst und mir trotzt. Das brave Mädchen ist das Mädchen, das Pappi und Mammi und der Gesellschaft gefällig ist. Das böse Mädchen ist dasjenige, das *nicht* gefällig ist. Der einzige Weg also, auf dem ein braves Kind sich durchsetzen kann, ist Trotz. Trotz ist in diesem Fall *Identität,* ist identisch damit, jemand zu sein, etwas zu sein. An dieser Stelle bist du also festgefahren, zwischen Fügsamkeit und Trotz. Okay.

L: Danke, Fritz.

F: Fällt euch auf, daß sich alles um die Gegenwart dreht? Alles Reden *über* bleibt draußen, alles Interpretieren, alles Mind-fucking wird mißbilligt. Was ist, ist. Eine Rose ist eine Rose ist eine Rose. Ist sie, streng phänomenologisch, in Kontakt mit sich selbst, ist sie in Fühlung mit ihrer Umgebung, ist sie in Kontakt mit ihrer Phantasie? Und dann könnt ihr auch noch etwas anderes bemerken, das Plätze-Tauschen. Ich glaube, daß wir alle zerstückelt sind. Wir sind geteilt. Wir sind in viele Teile aufgespalten, und das Schöne am Arbeiten mit einem Traum ist, daß im Traum jeder Teil — nicht nur jede Person, sondern jeder Teil du selbst bist.

Carl

Carl: Der Traum ist ein Traum, der sich zweimal wiederholt hat.

Fritz: Das sind die besten und wichtigsten Träume — die wiederkehrenden Träume. Wenn ich ein Wort über sie sagen darf: Freud prägte einen Ausdruck »Wiederholungszwang«. Und er meinte, daß dieser Wiederholungszwang zu Versteinerung und Todestrieb führt. Und ich glaube, daß er gerade das Gegenteil davon ist. Wenn etwas wieder und wieder heraufkommt, so bedeutet das, daß eine Gestalt nicht geschlossen worden ist. Es liegt ein Problem vor, das nicht gelöst und abgeschlossen worden ist und deshalb nicht in den Hintergrund zurücktreten kann. Wenn er also irgendwas ist, dann ist er ein Versuch, lebendig zu werden, etwas in Angriff zu nehmen. Und sehr häufig sind diese sich wiederholenden Träume Alpträume. Und wieder steht das im Gegensatz zu Freud, der meinte, daß Träume Wunschdenken sind. In den Alpträumen kannst du immer finden, wie du dich selbst frustrierst. So weit, so gut.

C: Nun, das ist ein Traum, den ich hatte, als ich sehr jung war — ich war etwa elf Jahre alt — und ich hatte den Traum nach einer Typhus-Impfung, die mir sehr hohes Fieber gemacht hatte. Und ich hatte diesen Alptraum in dieser Nacht. Und ich hatte ihn auch vor nicht allzu langer Zeit, ungefähr drei oder vier Tage nach dem Tod eines Hundes, an dem ich sehr hing — den gleichen Traum. Und —

F: Erzähl den Traum in der Gegenwart.

C: Das ist ziemlich schwierig, weil ich schon mehrmals darüber nachgedacht habe, an welcher Stelle im Traum ich selber stehe, aber ich will's versuchen. Der Schauplatz ist eine Hügelkette hier draußen und eine ebene Wüste mit weißem Sand. Der Himmel ist fast schwarzblau — ein sehr dunkler Himmel, mit einem Mond, der ein ganz fahles

Licht über alles ergießt. Und ein Bahngleis durchquert in einer schnurgeraden Linie die Wüste. Und der Zug kommt heran. Und der Ton, den ich höre, ist nicht der einer Lokpfeife, sondern eher eine Art Sirren von einer sehr hohen elektrischen Schwingung oder ein pfeifähnlicher, aber sehr stetiger Ton. Er hat keine Dimension.

Und ich spüre, daß ich im Sand stecke — nicht direkt vor dem Zug, aber im Sand. Ich spüre, daß ich bis zum Kopf im Sand stecke. Ich kann sehen. Und das ist ziemlich gewaltig und oft sehr furchterregend, vor allem wegen des Tons, der irgendwie unendlich ist. Und er beginnt und endet nie. Er ist einfach da. Und er fährt gewaltig über mich hinweg. Und der Zug endet irgendwie nie. Und ich bin ziemlich sicher, daß das, was da dargestellt ist, irgendeine Art Tod ist. Ich bin aber eigentlich nicht sicher. Ich bin nicht überzeugt. Aber die Furcht — ich weiß nicht, ob ich das ausdrücken kann — das ist keine krampfhafte Furcht vor einer drohenden Katastrophe. Das ist nicht wie bei den Spinnen oder Taranteln oder etwas dergleichen, nicht so, als wenn ich verrückt werden würde. Das ist vielmehr eine sehr tiefe durchdringende Furcht, die stetiger da ist. Und wenn ich mein Leben zurückverfolge, so meine ich, daß diese beiden Träume die einzig wirklichen Gefühle von Furcht sind, die ich je hatte. Und ich weiß nicht, ob ich den Traum noch irgendmehr als bis hierher ausarbeiten kann. Mir fallen keine anderen Gegenstände ein. Es sind keine anderen Leute im Traum und —

F: Ja. Kannst du die Wüste spielen? »Ich bin die Wüste« ... Welche Art von Leben würdest du führen, wenn du eine Wüste wärst?

C: Wenn ich eine Wüste wäre, wäre ich Sand, ich würde kein Gefüge haben. Ich würde einfach in Bewegung befindlicher Sand sein, der sich in sich selbst verwebt und vom Wind verweht wird. Ich würde tagsüber braten und nachts kalt sein. Aber ich würde mich unendlich weit erstrecken, ohne Anfang und ohne Ende ...

F: Und wenn du diese Hügelkette wärst?

C: Wenn ich eine Hügelkette wäre, würde ich wieder tagsüber glühen und kalt sein in der Nacht. Ich würde mehr Charakter haben und mehr Kon- Kon- Konstanz. Ich wäre mehr oder weniger eine Art Rückgrat.

F: Und wenn du dieser Zug wärst?

C: Das ist das einzige, von dem ich wirklich fühle, daß es ist — wenn ich der Zug wäre, würde ich fahren und immerzu fahren, mit ungeheurer Triebkraft und ungeheurer Bestimmtheit, aber ich würde nie wirklich ein Ziel erreichen, nicht so sehr ein Ziel, das ich mir gesetzt habe, sondern *das* Ziel, das wichtig ist. Ich würde einfach fahren und fahren und fahren, wie ...

F: Wie ein Karussell. /C: Ja./ Wie ich schon vorher sagte, sehe ich die Neurose als aus fünf Schichten bestehend an. Dieser Traum ist ein *sehr* typischer Traum aus der Schicht des Todes oder der Implosionsphase, in der sich der Mensch zusammenzieht und nichts sich ereignet. Die Wüste, wie er es schon gedeutet hat, ist der Tod. Kein Leben ist zu sehen. Aber wir sehen wenigstens etwas sich bewegen, die Macht des Zuges. Irgendwo ist Energie vorhanden. Sie führt nicht irgendwohin, aber die Kraft ist da. Nach der Implosionsphase — wenn wir durch den toten Punkt hindurchgelangen — kommt man in eine Explosionsphase. Und es gibt wenigstens vier Typen von Explosionen, die ein — nennen wir ihn für den Augenblick so — gesunder Mensch erleben können muß. Sie sind: *Wut, Freude, Traurigkeit* und *Orgasmus.* Ich sage ganz deutlich Orgasmus und nicht Sex, denn es gibt eine Menge Sex ohne jede Explosion. Diese Explosionen sind nun in sich nicht Sinn des Lebens oder der Existenz. Sie sind eine Art Energie, die einen Damm sprengt und die Verbindung zum ursprünglichen Menschen herstellt, sodaß das Gefühl, die Fähigkeit, teilzuhaben, emotional in etwas aufzugehen, möglich wird. Wenn du einmal durch die explosive Phase hindurch bist, kommt der ursprüngliche Mensch, der wirkliche Mensch durch. Seht ihr nun, daß er in der Implosionsphase steckengeblieben ist? Es wird auch der Versuch unternommen, in Verbindung mit wirklicher Todesgefahr zu treten. Kannst du also den Zug spielen: »Ich bin ein Zug.« . . .
C: Ich bin ein Zug, und ich fahre irgendwohin, aber das ist nirgendwo. Er hat eine Richtung — /F: »Ich habe eine Richtung.«/ Ich habe eine Richtung. Ich habe eine eindeutige Richtung, geradewegs auf dem Gleis. Aber da ist kein Zuhause, kein Ausruhen am Ziel. Es ist immer ein schnurgerades Gleis und eine Richtung, eine Ausrichtung der Kraft, eine Richtung, die ich mit voller Kraft fahren muß . . . Ich bin ein Zug, und ein Zug hat keine Beziehungen zu Menschen. /F: »Ich«/ Ich habe keine Beziehung zu Menschen, wenn ich ein Zug bin. Ich fahre das Gleis entlang . . .
X: Transportierst du irgendwelche Leute?
C: Niemand.
F: Habt ihr die Schadenfreude bemerkt, die bei ihm aufkam? (Lachen) Es war beinahe ein Grinsen, »nein, ich befördere keine Leute«. Ich interessiere mich jetzt dafür, was dein linker Fuß deinem rechten tut . . .
C: Bewegt mein Knie.
F: Du bewegst dein Knie . . . Könntest du ausprobieren, ob sich dein Knie selber bewegen kann. /C: Ja./ (Carl bewegt das Knie) . . . Okay, sei jetzt das Gleis . . .

C: Ich bin das Gleis. Ich liege auf dem Rücken, und das Leben rollt über mich weg . . .

F: Jetzt haben wir also wenigstens zum ersten Mal wirklich das Wort »Leben«. Laß jetzt das Gleis und den Zug miteinander reden . . .

C: Ich habe das Gefühl, daß ich meine Phantasie einfach laufen lassen kann und mit irgendwas kommen kann, von dem ich aber nicht das Gefühl habe, daß es richtig ist. Aber das ist richtig. Oder? Ist das das, was du willst oder willst du, daß ich versuche, es auf mich zu beziehen.

F: Du meinst, du möchtest Assoziationen bringen. Ich werde nicht —

C: Ja nun, was ich da tue, ist spielen. Ich meine, ich habe das Gefühl, ich kann Verbindungen herstellen, aber sie kommen einfach so. Ich empfinde sie als nicht legitim. Ich empfinde nicht, daß sie aus mir selbst entspringen.

F: Okay, mit anderen Worten heißt das, daß du vielleicht nicht so ganz tot bist. Vielleicht bist du irgendwie schöpferisch. Ich würde sagen, wir —

C: Ja, genau das ist es. Es ist nichts anderes als meine eigene Schöpfung. Gut. Ich bin der Zug, und das ist das Gleis. Ich fahre geradewegs auf dir und folge dir, wohin du mich führst, geradewegs ins Nirgendwo.

Ich leite dich, aber ich leite dich passiv. Deine Kraft leitet dich, aber ich bestimme die Richtung, in die du fährst — ich bestimme die Richtung, in die deine Kraft geht.

Das stimmt. Du bestimmst, wohin ich fahre, und meine ganze Kraft wird dahin gelenkt, wohin du willst, daß ich fahre. Aber ich bin die Kraft. Ich bin das Leben. Du bist unbeseelt. Du bist tot. Alles, was du tust, ist, daß du mich lenkst . . .

Ich habe eben Leute in den Zug bekommen. Soll ich sie mit hereinziehen und etwas damit anfangen?

F: Oh! Das ist wunderbar. (Lachen) Es ist also nicht ganz tot. Wir kriegen jetzt auch Leute rein.

C: Mein Gefühl ist, daß . . .

F: Nun, du hast schon die erste existenzielle Botschaft bekommen. Für mich ist ein Traum eine existenzielle Botschaft, du hast also anscheinend die erste Botschaft schon erhalten. Wir brauchen Menschen. Mechanische Dinge arbeiten nicht ganz von selber. Okay, setz die Leute rein.

C: Ich habe das Gefühl, daß ich der Zug bin und das Gleis meine Mutter ist. Nun, das war jetzt wenigstens die Assoziation. Und das würde heißen, daß — wenn ich meine Mutter oder das Gleis spiele — Ich lenke dich. Ich bin unbeseelt, ich bin tot, aber trotzdem strukturiere ich deine

Lebenskraft. Und wenn du auch das Leben bist, so leite ich dich doch in einer Weise, daß du nicht einzigartig bist, daß du nicht dein Eigenes bist . . .

F: Weißt du was? Ich erkenne die Stimme deiner Mutter nicht. Ich meine, du sprichst zu literarisch. Spiel deine Mutter.

C: Ich lenke dich.

F: So redet sie?

C: Ich kann mit der Art, wie sie redet, nicht herauskommen.

F: Geh jetzt zurück und sag ihr das.

C: Ich kann deine Art zu reden, nicht wieder hervorholen oder wiederherstellen, Mutter.

F: Was antwortet sie? . . . Ihr seht, wir greifen jede Erfahrung auf und geben die Erfahrung zurück. Carl Rogers fand diese Feedback-Technik als erster heraus, aber er gibt meistens nur Sätze zurück. Wir geben die Erfahrung, das Erlebnis, zurück — den Teil, der lebendig ist.

C: Ich bringe es nicht mehr zusammen, wie du redest, Mutter.

F: Was würde sie antworten?

C: (anklagend) Weil du mir nie zuhörst. (Lachen und Beifall)

Nein, weil du nie mit mir geredet hast. Du hast immer bloß *an mich hingeredet* — versucht, mich von mir selbst abzulenken.

F: Ihr seht, die Wüste beginnt zu blühen — etwas Lebendiges, Wirkliches, tritt jetzt auf.

C: (wieder als Mutter) Ich habe nie versucht, dich zu lenken. Das sagst du immer. Du willst ja nie auf mich hören. Du bist einfach selbstsüchtig. Ich allein weiß, was für dich das Beste ist. (gluckst)

F: Sag das nochmal.

C: Ich will nur das Beste für dich.

F: Entgegne ihr etwas.

C: Ja, aber du bist ungefähr genauso weit weg davon zu wissen, was für mich das Beste ist, wie, wie ah — du bist ziemlich weit davon entfernt zu wissen, was für mich das Beste ist.

Aber du bist ja nie meiner Meinung. Du tust nie, was ich sage, nie. Wenn ich zu dir sage, tu das, dann ist das wie ein Todeskuß. Du tust immer das Gegenteil.

Das sollte dich eigentlich lehren, deinen Mund zu halten. (Lachen) Ah, du mußt versuchen zu begreifen, wo *ich* bin oder wer ich bin . . . und mich mein eigenes Leben führen lassen und nicht versuchen, es zu lenken.

F: Sag das nochmal.

C: Und versuch nicht, es zu lenken. Das genau ist es.

F: Gehen wir jetzt zum Traum zurück. Was würde passieren, wenn der

Zug den geraden und engen Pfad verlassen würde, wenn er aus dem Gleis springen würde.

C: Nun, die Wüste würde ihn einkreisen, und es bleibt nicht immer Nacht. Aber der Schauplatz ist ein anderer. Er ist einfach voller Kreativität. Das Problem, das mir gerade einfällt, ist, daß ich mich nicht oft eingeengt fühle. Das war mal so. Ich habe das Gefühl, daß ich mich davon losgemacht habe — daß ich schöpferisch bin, daß ich mein eigenes Leben führe. Ich fühle mich nicht gefesselt. Ich sehe, wie das alles zusammengesetzt und aufgebaut ist, aber ich glaube, ich habe das schon als kleiner Junge gesehen und bin deshalb schon früh von zu Hause weg und habe Gegen-Techniken zur Glucken-Mutter-Szenerie entwickelt, die genauso verheerend waren, wenn ich sie gegenüber der Außenwelt angewendet habe. Aber in dieser Glucken-Szenerie funktionierten sie.

F: Was ich jetzt bemerkte, ist — du sagst, du seist nicht eingeschränkt —, aber alle deine Bewegungen, die du machst, sind normalerweise nur in deinen Händen. Einmal oder zweimal hast du dich anderswo ein wenig bewegt, aber sonst — ah, ich bekomme deine Haltung nicht ganz zu fassen. Für mich sieht sie ein wenig aus wie die Kreuzung zwischen einer Schildkröte und einem Stürmer. (Lachen) /C: Ein Schafsbock/ Ja. Daß du mit dem Kopf voran kämpfst.

C: Jaah, ich sitze wirklich vornübergebeugt. Dabei fühle ich mich aber doch wohler. Ich gehe tatsächlich mit dem Kopf voran.

F: Ja ... Schließen wir's also ab mit einer Diskussion zwischen deinem Kopf und dem übrigen Körper ...

C: Körper, du — du bist abseits von mir. Du stellst mich wirklich nicht dar.

Aber manchmal repräsentiere ich dich vollständig. Manchmal bin ich der, der du bist, und es gibt kein du.

Das stimmt, aber das ist entweder schwarz oder weiß. Es ist keine Zusammengehörigkeit zwischen uns. Entweder sind wir Körper oder wir sind Kopf. Als wir Fußball spielten, warst du der Körper. Mehr waren wir nicht.

F: Hast du Fußball gespielt?

C: Ja. Und wenn wir Rechtsanwalt spielen, sind wir ganz und gar Kopf. Wir sind eine Maschine — ganz einfach eine Kopf-Maschine.

F: Ja, ich habe einen Vorschlag zu machen. Du solltest zwei Dinge tun. Das eine ist, steig in den Ausdruckstanz ein, um dich in Bewegung zu bringen. Und das andere ist, laß dich von Ida Rolf oder einem ihrer Schüler behandeln. Ida Rolf hat eine Methode, den Körper wieder ins rechte Lot zu bringen, genannt Strukturelle Integration. In dir steckt zu viel drin, was dich zum Schafbock, zum Stürmer, zum Zug, zur blinden

Energie werden läßt. Und es ist ganz eindeutig das, was der Stürmer auch ist — Undifferenziertheit des Körpers. Wenn du tanzen würdest, wärst du nicht so wirkungsvoll wie ein Fußball-Stürmer. Aber Tatsache ist, daß du diese Richtung wählst. Um also wieder ganz zu werden, ein Mensch zu werden, um aus der Schicht des Todes herauszukommen — wenn du dir deinen Körper wieder zu eigen machen kannst, glaube ich, daß du das sehr wertvoll finden wirst. Ihr seht, die dritte Phase oder Schicht — die Implosionsphase — ist einfach das Gegenteil der explosiven. In der implosiven ziehen wir uns zusammen, wir implodieren, und werden dann zu einem *Ding*.

C: Einem Zug./ Jaah./ Einem Ding, anstatt zu etwas Lebendigem. Okay.

Nora

Nora: In meinem Traum war ich in einem Haus, das noch nicht fertig war, und die Treppe hatte kein Geländer. Ich steige die Treppe hinauf und komme sehr hoch hinauf, aber sie führt nirgendwo hin. Ich weiß, daß es in Wirklichkeit entsetzlich wäre, diese Treppe so hoch hinaufzusteigen. Im Traum ist es zwar schlimm genug, aber es ist nicht entsetzlich, und ich frage mich dauernd, wie ich das aushalten konnte.

Fritz: Okay. Sei dieses unfertige Haus und wiederhole den Traum.

N: Nun, ich steige die Treppe hinauf, und die Treppe hat kein Geländer an der Seite.

F: »Ich bin ein unfertiges Haus, ich habe keine« . . .

N: Ich bin ein unfertiges Haus, und ich steige die Treppe hinauf und —

F: Beschreibe, was für eine Art Haus du bist.

N: Nun, es hat ein —

F: »Ich bin —«

N: Ich bin das Haus?

F: Ja, du bist das Haus.

N: Und das Haus ist —

F: »Ich bin —«

N: Ich bin das Haus, und ich bin unfertig. Ich habe nur den Rohbau, die Teile und noch kaum Fußböden. Aber die Treppe ist da. Ich habe kein Geländer, um mich zu schützen. Und trotzdem steige ich hinauf und —

F: Nein, nein. Du bist das Haus. Du steigst nicht hinauf.

N: Aber man steigt mich hinauf. Und dann ende ich irgendwo oben, und das führt nirgendwo hin und —

F: Sag das zu Nora. Du bist das Haus, und sprich mit Nora.

N: Du steigst mich hoch und kommst nirgendwo hin. Und du könntest fallen. Gewöhnlich fällst du auch.

F: Siehst du? Das ist es, was ich versuche — dich hochzusteigen, und ich komme nirgendwo hin. Es dauerte eine ganze Weile, ehe du dich mit dem Haus identifizieren konntest. Sag jetzt dasselbe zu einigen Leuten hier, als Haus. »Wenn du versuchst, mich hochzusteigen« . . .

N: Wenn du versuchst, mich hochzusteigen, wirst du fallen.

F: Kannst du mir mehr davon mitteilen, was du ihnen antust, wenn sie versuchen, in dir zu leben und so weiter? . . . (Nora seufzt) Bist du ein angenehmes Haus zum darin Wohnen?

N: Nein, ich bin offen und ungeschützt, und der Wind pfeift drinnen. (Stimme sinkt ab zum Flüstern) Und wenn du hochkletterst, wirst du fallen; und wenn du mich beurteilst . . . werde ich fallen.

F: Beginnst du etwas zu erleben?

N: Ich möchte kämpfen.

F: Sag das zum Haus.

N: Ich möchte gegen dich kämpfen. Ich mache mir nichts aus dir. *Doch.* Ich *will* aber nicht. (weinend) . . . Ich will nicht weinen und will nicht — ich will nicht einmal, daß du mich weinen siehst. (weint) . . . Ich habe Angst vor der . . . Ich will nicht, daß du mich bemitleidest.

F: Sag das nochmal.

N: Ich will nicht, daß du mich bemitleidest. Ich bin stark genug auch ohne dich; ich brauche dich nicht und — ich, ich *wünschte,* ich brauchte dich nicht.

F: Okay. Laß die Treppe mit dem nicht-existierenden Geländer eine Unterhaltung führen. »Geländer, wo seid ihr, daß man sich festhalten kann?«

N: Geländer, ich kann ohne euch leben. Mich kann man hinaufsteigen. Es wäre aber doch schöner, euch zu haben. Es wäre schöner, vollständig zu sein, etwas auf dem Beton oben drauf zu haben und ein nettes poliertes Geländer zu haben.

F: Welche Art Böden hast du?

N: Beton. Betonböden, ohne Belag.

F: Ziemlich stark, hmm? Mit solider Grundlage.

N: Ja.

F: Kannst du das der Gruppe sagen, daß du solide Fundamente hast?

N: Ihr könnt drauf gehen, und sie sind sicher, und ihr könnt damit leben, wenn es euch nichts ausmacht, es ein bißchen ungemütlich zu haben. Ich bin zuverlässig.

F: Was brauchst du also, um vollständig zu sein? . . .

N: Ich weiß nicht. Ich — ich *glaube* nicht, daß ich etwas brauche, ich — ich habe einfach das Gefühl, ich will mehr.

F: Ahah. Wie können wir das Haus ein bißchen wärmer machen?

N: Nun, es eindecken, verschließen — Fenster einbauen, Wände aufziehen, Vorhänge und schöne Farben anbringen — schöne warme Farben.

F: Okay, kannst du die ganzen Zusätze sein — alles, was fehlt, und mit dem unfertigen Haus reden? »Ich bin hier, um dich zu vervollständigen, um dich zu ergänzen.«

N: Ich bin hier, um dich zu vervollständigen. Du bist ziemlich gut, aber du könntest viel besser sein und viel schöner zum darin Leben, wenn du mich hättest — du wärst wärmer und heller und weicher — hättest schöne Farben, hättest vielleicht Teppiche und Vorhänge, einige weiche und helle Gegenstände und vielleicht etwas Heizung.

F: Tauscht die Plätze. Sei das unvollständige Haus.

N: Nun, du bist Luxus. Es geht auch ohne Luxus ... Und ich weiß nicht, ob ich mir dich leisten könnte.

Wenn du glaubst, daß ich's wert bin, könntest du — dann versuchst du's und nimmst mich. Und das wird dir ein angenehmeres, besseres Gefühl geben.

Hm, bist du nicht in Wirklichkeit Schein? Ich meine, bist du nicht tatsächlich nur eine Bedeckung?

Du bist die Struktur.

Ja, das bin ich.

Na ja, wenn du meinst, ohne mich leben zu können, mach nur zu. Warum tust du's nicht?

F: Was tut deine linke Hand? Fiel dir das auf? Ja, tu das etwas mehr. Wir finden etwas Ähnliches auch in der Psychose. Der Psychotiker hat eine Sprache, die wir oft nicht verstehen, eine ganz eigene Sprache. Nun, bei einem nicht psychotischen Menschen verstehen wir meist die Ausdrucks-Bewegung dessen, was geschieht. Aber es ist immer noch besser, wenn wir den »Patienten« selber ausdrücken lassen, was sie bedeutet.

N: Nun —

F: Nein, es war deine linke Hand.

N: Ich stoße dich nicht weg. Ich kitzle dich ...

F: Aha ... Tauscht jetzt nochmal die Plätze.

N: Ich habe wirklich das Gefühl, daß ich eigensinnig und hartnäckig bin und ich glaube nicht, daß ich dich wirklich brauche. Ich meine, es wäre fein, wenn du da wärst — aber auch wenn du da wärst, würde ich vielleicht versuchen, mich zu erinnern, wie's zuvor war ...

Ich will dich überzeugen, und ich muß es noch mehr versuchen...

Wir könnten alle in Betonhäusern ohne Wände leben.

F: Was machst du mit deiner linken Hand? (Fritz reibt sich das Gesicht). Ist es das, was du tust, ja?

N: Mein Gesicht reiben.

F: Laß deine Finger mit deinem Gesicht reden.

N: Ich reibe dich... um dich auf mich aufmerksam zu machen...

Wer bist du?... Ich denke zu viel.

F: Du denkst zu viel. Okay, Nora, was für ein Gefühl hast du bei dem kleinen bißchen Arbeit, das wir hier geleistet haben? Bist du erschreckt? /N: Nein./Hast du irgendeine existenzielle Botschaft aufgenommen?

N: Es war großartig.

F: Du nimmst etwas mit, ja? Laßt mich etwas mehr über den Traum im Ganzen sagen. Ihr seht, daß die ganze Vorstellung von Verdrängung Unsinn ist. Wenn ihr hinschaut, ist alles da. Am wichtigsten ist es, die Idee der Projektion zu verstehen. Jeder Traum oder jede Geschichte enthält alles Material, das wir brauchen. Die Schwierigkeit liegt darin, die Vorstellung der Fragmentierung zu verstehen. All die verschiedenen Teile sind weit verstreut. Ein Mensch, zum Beispiel, der seine Augen verloren hat — der Löcher hat anstelle der Augen, wird immer in der Umwelt die Augen finden. Er wird ständig das Gefühl haben, daß ihn die Welt anschaut.

Noras Projektion ist nun das unvollständige Haus. Anfangs erfährt sie sich nicht als ein unfertiges Haus. Es wird so projiziert, als ob sie in diesem Haus leben würde. Aber sie selbst ist das unfertige Haus. Was fehlt, ist Wärme und Farbe. Sobald sie selbst das Haus wird, räumt sie ein, solide Fundamente und so weiter zu haben. Wenn du fähig bist, dich in jedes kleine Stückchen eines Traums vollständig hineinzuprojizieren — und dieser Gegenstand wirklich zu *werden* — dann beginnst du zu re-assimilieren, dir wieder zu eigen zu machen, was du von dir weggeschoben hast, was du abgespalten hast, was du verschenkt hast. Je mehr du verleugnest, desto mehr verarmst du. Hier ist eine Gelegenheit geboten, zurückzuholen. Eine Projektion erscheint oft als etwas Unangenehmes — als Spinne, oder als Zug, oder als ausgestorbenes Haus, als unfertiges Haus. Aber wenn du das erkennst: »Das ist mein Traum. Ich bin verantwortlich für den Traum. Ich habe dieses Bild gemalt. Jeder Teil bin ich«, dann fangen die Dinge an zu funktionieren und zusammenzukommen, anstatt unvollständig und zerstückelt zu sein. Und sehr häufig ist die Projektion nicht einmal sichtbar, aber offensichtlich da. Wenn ich eine Treppe ohne Geländer habe, dann ist es offensichtlich, daß das Geländer irgendwo im Traum steckt, aber fehlt. Es ist nicht anwesend. Wo ein Geländer sein sollte, ist ein Loch. Wo Wärme und Farbe sein sollten, ist ein Loch. Hier haben wir also eine sehr mutige, vielleicht eigensinnige Person, die es schaffen kann. Gut.

Ich möchte auf ein Problem in der Therapie hinweisen, das besonders schwer zu handhaben ist, und dieses Problem ist charakterisiert durch das Wort es oder das Hauptwort. »Mein Gedächtnis ist schlecht.« »Der Gedanke ist mir entschlüpft.« »Streichhölzer werden zum Anzünden von Zigaretten gebraucht.« Was geht im es, im Hauptwort vor sich. Ich erwähnte vorhin die Schicht des Todes, und obgleich ich weitgehend mit Freuds Todestrieb, so wie Freud ihn benutzt, nicht übereinstimme, erfolgt diese Versteinerung doch häufig im Prozeß, etwas Totes zu werden: Ein lebendiger Organismus wird ein Ding, ein Prozeß wird ein Substantiv, ein Dingwort, ein großes Potential gefriert, wird zu Voraussagbarkeiten, und ein leichtfertiger Gebrauch von Worten ersetzt das Erleben von lebendigen Vorgängen. Das ist eine Art, wie wir tot sind, ohne es zu wissen.

Wenn es nur das wäre, könnten wir möglicherweise immer noch einigermaßen bequem damit fertig werden. Aber die Sache geht weiter. Das es, das Dingwort, geht in die Projektion ein. Es wird externalisiert. Zuerst wird es also getötet und dann nach draußen, außerhalb unseres Organismus gestellt. Es scheint also, als ob wir es oder dieses Stück Leben völlig verloren hätten. Und sobald eine Projektion einmal geschehen ist, oder sobald wir eine Möglichkeit von uns einmal projiziert haben, wendet sich dieses Potential gegen uns selbst. Wie ich vorhin erwähnte, anstatt Augen zu haben, werden wir angeschaut. Wir fühlen uns beobachtet. Wir fühlen uns entweder von Augen verfolgt — vor allem von beurteilenden Augen — oder, wenn sich das mit Aufmerksamkeit paart, so brauchen wir Aufmerksamkeit, anstatt unsere Aufmerksamkeit frei zu haben, um die Welt zu beobachten, zu erforschen und zu entdecken; wir wollen, daß man sich mit uns befaßt. Anstatt zuzuhören, projizieren wir das Zuhören. Wir reden und erwarten, daß die anderen uns zuhören, aber wir sind nicht einmal bereit, uns selbst zuzuhören. Anstatt unsere eigene Erregung in Fluß zu haben, erwarten wir von der Welt, daß sie uns Erregung verschafft.

Ihr seht also, wie sich im es diese beiden Schwierigkeiten verbinden. Und beide bedeuten dies: sie berauben uns unseres wertvollsten Vermögens. Dieses Vermögen ist das Wort — ein sehr mißbrauchtes Wort — Verantwortung. Verantwortung bedeutet die Fähigkeit zu antworten: die Fähigkeit, lebendig zu sein, zu fühlen, empfindsam zu sein.

Nun haben wir oft aus dieser Verantwortung die Idee der Verpflichtung gemacht, und das ist Größenwahn und Allmachtsdünkel. Wir übernehmen Verantwortung für jemand anderen. Verantwortung bedeutet aber einfach: »Ich bin ich, ich habe genommen und entfaltet in mir, was ich sein kann.« Mit anderen Worten, Verantwortung ist die Fähigkeit zu antworten und voll verantwortlich für sich selbst und für *niemand* sonst zu sein. Das ist, glaube ich, das grundlegendste Merkmal des reifen Menschen.

Nun, May wollte hier heraufkommen und arbeiten. Sie erzählte mir, daß sie eine Wand zwischen sich und der Welt hat. Hier haben wir natürlich ein *es,* um damit zu arbeiten. Sie sagt, sie hat da *etwas:* etwas da draußen, etwas, für das May nicht verantwortlich ist. Es geschieht einfach so, daß sie ein Opfer der Umstände ist.

Wenn wir etwas entfremden, das in Wirklichkeit unser eigen ist — mein eigenes Potential, mein Leben — dann verarmen wir: Erregung und Leben werden immer weniger, bis wir wandelnde Leichen, Roboter und Zoombies werden. Und ich bin sicher, daß ihr eine Menge Leute kennt, die sich lieber mit ihrer Pflicht als mit ihren Bedürfnissen, lieber mit ihrem Geschäft als mit ihrer Familie identifizieren.

Sehen wir mal, was wir mit diesen Ideen anfangen können. Wir müssen also zusehen, ob du diesen entfremdeten Teil re-identifizieren kannst; und das Mittel dazu ist, den Teil zu spielen, den wir entfremdet haben. Diese Wand ist Teil der Selbstentfremdung, der Verleugnung von etwas, von Potential, und wir müssen das Gegenteil von Entfremdung tun — Identifizierung. Je mehr du dieses Ding wirklich wieder wirst, desto leichter ist es, zu assimilieren und uns wieder zu eigen zu machen, was wir hinausgeworfen haben. Möchtest du also bitte die Wand spielen, die zwischen dir und mir ist? Warte einen Augenblick. Du bist noch nicht bereit. Ich kann sehen, daß du von psychosomatischen Symptomen noch ganz in Anspruch genommen bist, wir können also nicht erwarten, daß du voll einsteigen kannst, weil etwas in dir, May, geschieht. Also, ziehe dich auf deine Symptome zurück und beschreibe, was du eben jetzt erlebst. Trete ein in das Bewußtheitskontinuum, fange an, dich im Hier-und-jetzt-und-wie aufzuhalten.

May

May: (schwach, monoton) Ja. Ich habe Angst und ich zittere und mein Gesicht ist heiß, und ich kann kaum atmen, und als ich anfing zu reden, begann ich, mich zu verspannen.

Fritz: Schließ die Augen und verspann dich. Übernimm Verantwortung für dein Verspannen. Sieh nach, *wie* du dich verspannst; welche Muskeln ziehen sich zusammen?

M: Es ist im oberen Teil meines Körpers und in der Brust, in den Armen und Händen. Und es verengt meine Stimme.

F: Kannst du noch etwas mehr anspannen? Ja ... Gut, unterbrich das jetzt, wenigstens ein bißchen. Siehst du nun, was du dir selbst antust? Oft tun wir uns vieles selbst an, anstatt es der Welt anzutun. Machen wir jetzt ein Experiment! Könntest du bitte aufstehen, May. Könntest du jetzt *mich* so anspannen, so zusammenziehen, wie du dich selbst zusammengezogen hast? So, jetzt drück mich zusammen ... drück mich ... (May drückt Fritz zusammen, dann seufzt sie) setz dich jetzt ... wie fühlst du dich jetzt?

M: (atmet schwer) Ich kann das nicht *ertragen*.

F: Ja? Was ist passiert?

M: Ich habe Sternchen gesehen, und ich wurde so verspannt, daß ich einfach überschnappte.

F: Bleib bei deinen Händen.

M: Sie zittern.

F: Laß sie zittern ... Was empfindest du sonst noch?

M: Ich fühle mich empfindungslos.

F: Sag das nochmal.

M: Ich fühle überhaupt nichts. Ich bin empfindungslos.

F: Schließ jetzt deine Augen und geh in diese Empfindungslosigkeit hinein ... Wie ist deine Empfindungslosigkeit?

M: (flüstert) Ich fühle mich grau, grämlich und kalt ... Ich fühle mich immer noch eingeschlossen ... Es ist einfach alles grau ...

F: Du schaust, als ob du in einem hypnotischen Trancezustand wärst. Bist du jemals hypnotisiert worden?

M: Ob ich jemals hypnotisiert worden bin? /F: Ja/ ... Ja.

F: Kannst du zu dem Augenblick zurückgehen, in dem du hypnotisiert worden bist? Wer hypnotisiert dich?

M: Ich kann nicht zurückgehen.

F: Du kannst nicht zurückgehen. Wer hindert dich daran? ...

M: Ich weiß, daß ich hypnotisiert worden bin, aber ich kann es mir nicht vergegenwärtigen. Ich weiß, wer es gemacht hat.

F: Kannst du mit dieser Person sprechen?

M: (seufzt) Sie ist sehr schwer zu erkennen. Ja.

F: Frag ihn, ob es dir hilft, dich zu erinnern.

M: Doktor Peters, wollen sie mir helfen, mich an das Hypnotisiertwerden zu erinnern?

F: Was antwortet er?

M: Ja, May ... Sie kamen in meine Praxis, und Sie sollten gerade ein Baby bekommen. Und ich fragte Sie, ob Sie das Baby unter Hypnose bekommen wollten, und Sie sagten ja. Wir arbeiteten daran, und so wurde Ihr Baby geboren.

F: Und du weißt nicht, wie dein Baby geboren wurde? ...

M: Doch, ich kann mich erinnern, aber es war unter Hypnose.

F: Was empfindest du im Moment? ...

M: Ich, mein Kopf ist sehr schwer. Da oben ist so ein Druck. Meine Hände haben fast keine Verbindung mit mir.

F: Bevor wir in das einsteigen, möchte ich, daß du mit mir ein Spielchen spielst. Ich möchte, daß du den Hypnotiseur, diesen Doktor, spielst und mich hypnotisierst. Wie würdest du das tun?

M: Ich weiß nicht, wie ich das anfangen würde. Ich kann dir die Worte sagen, die er benutzte.

F: Ja. Du kannst so falsch sein, wie du willst, aber ich möchte wirklich, daß du diesen Doktor spielst, und ich bin May. Was würdest du mit mir tun? »Doktor, ich möchte meine Raucherei loswerden. Könnten Sie mich hypnotisieren? Befreien Sie mich davon.«

M: Also gut. May, werfen Sie bitte ihre Zigarette in den Kamin und lehnen Sie sich zurück, schließen Sie die Augen und entspannen Sie sich ... May, ich möchte, daß Sie jetzt an gar nichts denken; lassen Sie einfach Ihren Geist sich entspannen ... und lassen Sie Ihren Körper sich entspannen. Und entspannen, entspannen, immer entspannter werden ... Sie sind jetzt sehr, sehr entspannt ... So würde ich es tun.

F: Wie fühlst du dich jetzt?

M: Entspannter. (Lachen)

F: Was ist mit deinen Händen?

M: Sie zittern ein bißchen, aber sie sind wieder bei mir. (lacht) Ich kann sie fühlen.

F: So, dann gehen wir jetzt zur Wand zurück. Magst du jetzt die Wand spielen ...

M: Ich werde dich mit niemand in Kontakt kommen lassen.

F: Sag das zu *mir*. Du bist die Wand und ich bin May.

M: May, ich werde dich mit niemand ganz in Kontakt kommen lassen. Du kannst Leute kennen lernen, und du kannst sie sehen, aber du kannst nie als Mensch, als Persönlichkeit, voll mit ihnen in Kontakt kommen, und ich weigere mich, dich das tun zu lassen ...

F: Warum nicht? (stellt sich verzagt) Was habe ich getan, daß ich das verdiene?

M: Du verdienst es einfach, weil du da bist. Ich bin eine ganz gemeine Wand, und ich werde dich nicht hinauslassen.

F: Okay. Tausch jetzt die Rollen. Sei jetzt May. Die Wand hat gerade zu ihr gesprochen . . .

M: Das ist genauso, wie wenn du mich davon abhältst, jemals an irgendetwas voll und ganz Spaß zu haben. Ich möchte . . . Ich muß einen Weg durch dich hindurchfinden, Wand . . .
Und die Wand sagt, gut, ich weiche mal ein klein wenig zurück, gerade so viel, daß du dich ein bißchen wohler fühlst, aber ich bin immer da . . . Und gerade, wenn du es nicht erwartest, dann werde ich erst wirklich riesig und erdrücke dich.

F: Sag das nochmal zu mir.

M: (stark) Oh, gerade wenn du es nicht erwartest, werde ich wieder *riesig* und werde dich *erdrücken.*

F: Kannst du eine Hexe spielen?

M: Eine Hexe?

F: Ja. »Ich gehe etwas zurück und warte auf dich, und ich werde groß und stürze mich auf dich.« Eine richtige gemeine Hexe. (Lachen)

M: Ihnen gegenüber?

F: Hmm. Auch mir gegenüber. Deinem Kind gegenüber, deinem . . .

M: Nein, ich kann das nur mir selbst antun.

F: Du kannst das nur dir selbst antun. Was für ein Mensch ist das, der das tut?

M: Ein starker Mensch . . . ah, stark und klug und eine Art Befehlshaber.

F: Kannst du deine Augen schließen und diesen Menschen anschauen. Beschreibe diesen Menschen. Ist es ein Er oder eine Sie, was du da darstellst.

M: Es ist eine Sie — ich bin es.

F: Wo hast du diesen Raster her? . . . Schau, ich kann einfach nicht glauben, daß du von Natur aus so gemein bist . . .

M: (leise) Ich weiß nicht, wo ich das her habe, ich kann niemand sehen . . .

F: Was empfindest du im Moment? . . . Hast du die Wand zwischen dich und dein Gedächtnis gesetzt?

M: Ja.

F: Ja . . . Dann gehen wir mal zurück zu dem Zwiegespräch zwischen der Wand und dir . . .

M: Ich kann darüber nicht sprechen, oder ich *kann nicht* sprechen, nicht mit der Wand. Ich kann nicht sprechen . . .

F: Dann müssen wir also meinen Assistenten wieder hereinrufen. Du hast Fritz einfach lahmgelegt. Er ist ohnmächtig, er ist hilflos, du sagst, du kannst nicht, also machst du mich absolut impotent und hilflos. Und hier sitzt Fritz also impotent und hilflos. Spiel ihn jetzt . . .

M: Mit ihm reden oder ihn spielen?

F: Spiel ihn zuerst und entwickle nochmal einen Dialog.

M: May, sieh zu, ob du kannst, — schau, ob du die Wand spielen kannst . . . Oh, Fritz, ich kann die Wand nicht spielen. Ich will nicht . . . Darüber hinaus kann ich nicht gehen.

F: Mach das nochmal.

M: Ich kann genau über diesen Punkt nicht hinausgehen. (flüstert) Soweit kann ich kommen.

F: Sprich mit deiner Wand, so weit du kannst. Sprich damit . . .

M: Das hier ist die Wand, und hinter der Wand bin ich.

F: Sag das zur Wand — oder laß die Wand zu dir sagen: »Ich bin hier, um dich zu beschützen.«

M: Du bist — du bist vor mir, Wand, und hinter dir bin ich sicher. Und die Wand sagt: Ja, und du wirst nie fähig sein, durch mich hindurch zu gelangen. Wenn du das tust, wirst du ungeschützt und verletzbar sein und Leute können herein kommen. Und diese Wand hält die Leute draußen.

F: *Ich* halte die Leute draußen . . .

M: Ich halte mit dieser Wand die Leute ab. Ich halte die Leute draußen.

F: Nun hast du mir eben was mitgeteilt. Du befürchtest, daß du verletzbar sein könntest. Kannst du einen verletzbaren Menschen spielen.

M: Ich weiß nicht.

F: Du weißt nicht. Was für ein Leid würde dir zugefügt werden?

M: Wenn ich ein ungeschützter Mensch wäre, würden mich die Leute verletzen.

F: Wie?

M: Indem sie mich in ihr Vertrauen ziehen, und ich würde . . . ah . . . indem sie mich zurückweisen würden, wenn ich sie lieben würde.

F: Wie? Wie weisen sie dich zurück?

M: Indem sie dasselbe tun, was ich tun würde, indem sie mich einfach abfahren lassen.

F: Wie?

M. Indem sie sagen: »Verschwinde. Laß mich in Ruhe!«

F: Sag das nochmal.

M: (lauter) Verschwinde und laß mich in Ruhe.

F: Du hast es eben zu den Fliegen gesagt. Sag es zu ihnen.

M: Verschwindet und laßt mich in Ruhe.

F: Sag es zu mir.

M: Verschwinde und laß mich in Ruhe.

F: Sag es zu deinem Kind.

M: (leiser) Verschwinde und laß mich in Ruhe ...

F: Und jetzt?

M: Sie verschwinden.

F: Und dann.

M: Dann bin ich allein.

F: Und bist du sicher?

M: Ich bin sicher ... Ja, sie ist da.

F: So? Die Wand ist immer noch da.

M: Ja.

F: Jetzt rückt die Wand näher, oder?

M: Manchmal rückt sie sehr nahe.

F: Laß es jetzt nochmal raus, mit dieser nahe gerückten Wand.

M: (seufzt) Du kommst so nahe, daß ... ich kann manchmal nicht atmen und ich habe dann große Angst. Und doch, und trotzdem kann ich nicht durch dich hindurchgelangen ... ich will mich selbst nicht durch dich hindurchdringen lassen ... ich könnte mich daraufhin bewegen und tatsächlich mich selbst erdrücken.

F: Okay. Komm jetzt hier herüber und erdrück mich, nochmal ... so richtig *gemein*. Erdrück mich.

M: Nein, ich mag dich nicht erdrücken. Nur mich.

F: Ich möchte, daß du mich erdrückst. Willst du, daß ich dich erdrücke?

M: Nein ...

F: Okay, du mußt immer noch mit dir selbst zufrieden sein. Mach weiter, wie würdest du dich selbst erdrücken?

M: Ich weiß nicht. Ich — ah, ich weiß nicht, was ich tue.

F: Das ist eine Lüge. Du weißt sehr wohl, was du tust. Wie erdrückst du dich selbst? ...

M: Ich bin nicht — ich habe da eine Wand stehen, und ich lasse mich selbst nicht durch sie hindurchdringen.

F: Wie erdrückst du dich selbst? ... Wie erdrückst du dich selbst?

M: Ich verschließe mich und rede nicht.

F: Wie erdrückst du dich? ... Ja? Was war das eben?

M: Ich erdrücke mich überhaupt nicht.

F: Du erdrückst dich überhaupt nicht. Du hast dich so gestellt.

M: Ja.

F: Ja. Was empfindest du jetzt? ... Ich habe gemerkt, daß du aufhörtest, mich mit deinem Spiel zu quälen ...

M: (lebhaft) Wie, eben jetzt? Ich weiß nicht, ich fühle mich irgendwie dumm.

F: Schau die Zuhörer an. (May lacht) ... Schau sie an.

M: Sie sind alle da.

F: Sag das zu ihnen.

M: (erregt, fast weinend) Ihr seid alle da, und ich kann eure Augen sehen, und ich kann eure Gesichter sehen, wie sie zu mir hersehen. Und ihr habt alle wunderschöne Gesichter ...

F: Könntest du hinuntergehen und jemand, den du gerade siehst, berühren.

M: Ich könnte euch alle berühren. (May geht und berührt und umarmt Leute und fängt an zu weinen)

F: So. Siehst du, was auf der privaten Bühne alles passierte, auf der Bühne der Einbildung, wie mächtig die Vorstellung der Selbsthypnose sein kann? ... *Es sind gar keine Wände da.*

M: (lacht) Du hast recht.

F: Okay. Danke.

Wie ihr seht, hat May ein ganz schönes Stückchen Integration gewonnen, indem sie sich mit ihrer Wand identifizierte. Wenn sie das nächste Mal etwas tut, wird sie das schon ein bißchen gewachsene Vertrauen unterstützen, und sie wird weniger Unterstützung durch die Umwelt brauchen. Und der einfachste Weg, das zu erreichen, ist, wirklich hinhören, wann immer du das Wort *es* gebrauchst. Das ist der einfachste Weg. Und forme einfach deine Aussage um. Geh von der rein verbalen Ebene aus, bis sich die Erfahrung einstellt: Es ist nicht ein *es,* was da ist, sondern *ich.*

Max

Max: Ich habe ein Traumbruchstück, Fritz.

Fritz: Nur immer frisch drauf los. Solange du die Bedeutung von dem, was wir tun, nicht verstehst, wirst du es als eine Art Technik ansehen. Und eine nichtverstandene Technik wird zum Trick. Wir verwenden also eben jetzt — in deinem Sinn — eine bestimmte Anzahl Tricks. Der Trick, den ich bei dir anwenden möchte, ist: ein *Haben* in ein *Sein* verwandeln. Anstatt »Ich habe ein Traumbruchstück« sag einfach »Ich *bin* ein Traumbruchstück«.

M: Ich bin ein Traumbruchstück.

F: Bleib jetzt bei diesem Satz und assimiliere ihn. Entspricht es dir irgendwie, daß du ein Bruchstück eines Traums bist?

M: Nun ja, ich bin ein Bruchstück eines Ganzen. /F: Ja/ Nur ein Teil von mir ist anwesend.

F: Du fühlst deine Wirklichkeit, du bist kein Traum.

114

M: Ich fühle den Stuhl, ich empfinde die Hitze, ich fühle eine Verspannung in meinem Magen und in den Händen —

F: *Eine Verspannung.* Hier haben wir das Dingwort. *Eine Verspannung,* das ist ein Dingwort. Verwandle nun das Dingwort, das Ding, in ein Verbum.

M: Ich bin verspannt. Meine Hände sind angespannt.

F: Deine Hände sind verspannt. Sie haben nichts mit dir zu tun.

M: *Ich* bin verspannt.

F: Du bist verspannt. Wie bist du verspannt? Was tust du? Schau, das ist die beständige Tendenz zur Verdinglichung — dauernd versucht man, aus einem Geschehen ein Ding zu machen. Das Leben ist Geschehen; der Tod ist ein Ding.

M: Ich verspanne mich.

F: Das ist es. Sieh dir den Unterschied an zwischen den Worten »ich verspanne mich« und »da ist eine Verspannung«. Wenn du sagst »ich fühle eine Verspannung«, dann bist du unverantwortlich, du bist für das nicht verantwortlich, du bist impotent, und du kannst nichts dagegen tun. Die Welt soll etwas tun — dir Aspirin geben oder sonst etwas. Aber wenn du sagst »ich verspanne mich«, dann übernimmst du die Verantwortung dafür, und wir können sehen, wie das erste Stückchen lebendiger Erregung hervorkommt. Bleib also bei dieser Aussage.

M: Ich drücke mit meinen Armen auf den Stuhl.

F: Bist du sicher? Erfährst du das? Tu das, bis du wirklich empfindest, daß *du* es tust, voll und hundertprozentig verantwortlich für das, was du tust.

M: Ich halte meine Hände steif ... Ich halte meinen ganzen Körper steif. Mein Rücken ist steif — ich halte ihn steif.

F: Kannst du dir vorstellen, wieviel Kraft nötig ist, um dich selbst so steif zu halten, um Leichnam zu spielen?

M: Ich kann nicht weitermachen, weil ich steif bin.

F: Wer ist verantwortlich dafür, daß du steif bist?

M: *Ich* mache mich selbst steif. Ich habe mich noch nicht entspannt.

F: Du hast dich noch nicht entspannt. Siehst du die Spaltung? »*Ich* entspanne *mich*«.

M: Aber ich bin's noch nicht.

F: Du hast das Gefühl, du solltest dich entspannen.

M: Ich habe das Gefühl, ich kann nicht weitermachen, solange ich mich nicht entspannt habe.

F: Du kannst nicht weitermachen. Wer sagt, daß du weitermachen sollst?

M: Ich sage das zu mir selbst, daß ich weitermachen will.

F: »Ich sage mir, daß ich weitermachen soll.« Du manipulierst dich. Du stellst die Hauptstütze auf und versuchst dann, sie umzuwerfen. Du machst dich selbst steif, und dann sagst du zu dir, daß du dich entspannen sollst. Siehst du, wie sich die ganze Energie bei deinem Spiel zerstreut?

M: Ich habe mich eben entspannt.

F: Du hast dich entspannt?

M: Ich bin entspannter.

F: Hast du das herbeigeführt oder hat es sich von selbst ereignet?

M: Es kam von selber.

F: Darüber rede ich. Jede absichtliche Änderung ist zum Scheitern verurteilt. Ein Wandel muß von selbst kommen, durch die organismische Selbstregulierung. Wenn du hungrig bist, bist du hungrig. Wenn du ißt, aber keinen Hunger hast, bekommst du wahrscheinlich Magengeschwüre. Mir fällt auf, daß du vom Ellbogen abwärts lebendig bist. Du bist wie ein Kloß — und daraus ragt nur ein klein wenig hervor — deine Hände. Im übrigen behältst du alles vollständig bei dir. Werde dir einfach dessen bewußt — wie wenig du dich auf das Leben hin bewegst. Wie fühlst du dich nach diesen Bemerkungen von mir?

M: Ich mochte das Wort Kloß nicht, aber ich — es war richtig.

F: Schau, als du das geäußert hast, hast du gelächelt. Aber du sitzt auf deinem Nicht-Mögen. Und schon macht es dir ein gewisses Unbehagen, und du kannst deine lebendige Energie nicht in das investieren, was im Augenblick geschieht, weil du zu sehr damit beschäftigt bist, etwas zurückzuhalten. Einige Leute sind richtige Verdruß-Sammler und tun nichts anderes in ihrem Leben als Verdruß ansammeln und ihn nicht heraus lassen. Du kannst dir vorstellen, wie wenig Vitalität sie zum Leben übrig haben.

Das Unbehagen kommt ziemlich häufig heraus. Unbehagen ist immer ein Symptom von Unoffenheit. Wenn du dich selbst nicht offen ausdrückst, fühlst du dich unwohl. In dem Augenblick, in dem du dich adäquat ausdrückst, verschwindet das Unbehagen.

M: (mit gepreßter Stimme, schnell) Bei mir ist das nicht so; die meiste Zeit war es nicht so. Ich meine, du hast halt gerade etwas aufgegriffen, was eben jetzt passierte, weil ich nervös bin.

F: Du bist nervös. /M: Ja./ Kannst du mir deine Symptome nennen?

M: Das Gefühl, daß das Blut in den Adern fließt. Ich fühle sie — ich fühle es, wie das Blut fließt, und meinen Herzschlag, und jetzt habe ich aufeinmal einen Schmerz hier unten im Rücken, und ich fühle mich steif, einfach steif. Das ist die Aufregung ... Könnte ich mit dem Traum weitermachen?

F: Frag Fritz. Setz Fritz in den Stuhl und frag ihn.

M: Fritz, könnte ich mit dem Traum weitermachen? ...

Entscheide du für dich selbst. (Lachen)

Ich bin auf offenem Feld, in weiter Ferne sehe ich eine Ansammlung von Gegenständen aufgehäuft. Und dann komme ich näher heran, und es ist einfach eine zerstörte Stadt — sowie ich näher herankomme, ist es eine zerstörte Stadt. Riesige Brocken Beton liegen da, einer auf dem anderen. Und der Traum hat irgendwie Teile, die keine Verbindung miteinander haben. Ich glaube, ich hatte ihn während einer sehr schwierigen Nacht. Aber im nächsten Bild bin ich in einer Höhle; ich stehe in der Höhle. Ich sehe mich selbst in dem Traum nicht. Und es sind zwei andere Männer in der Höhle. Und wie ich zu ihnen hinschaue, sehe ich, daß sie in der Höhle gehen — es ist sehr düster, es ist sehr dunkel — sie sehen wie Affen aus, vorwärts und zurück. Ich erkenne plötzlich, daß sie von Grund auf entstellt sind. Jeder von ihnen hat etwas ganz Entstelltes an sich.

Und dann sitzt da eine Frau in der Ecke, und dann kann ich erkennen, daß die Frau auch total entstellt ist. Sie hat kein Kinn, und ihre rechte Seite ist völlig eingedellt. Und diese Männer gehen vor und zurück, und dann ist plötzlich das nächste, daß diese Frau — sie liegt auf dem Boden, hat ihre Beine geöffnet, und die Männer legen sich auf sie und ficken sie. Die Szene wird immer grotesker, und ich werde schließlich auch mit hineingezogen. Und ich geh hin und fick sie auch. Ich bin fast so weit, mich zu übergeben. Irgendetwas hat mich gewürgt.

Und dann war Stille. Ich weiß nicht, wie lange es dauerte; dann kam ein anderer Traum, der unmittelbar darauf folgte, und ich war wieder auf offenem Feld. Und ich ging mit einem Kind, mit einem Kind in der Hand. Ich versuchte, es umher zu tragen und ihm etwas beizubringen. Und ich versuchte, mit ihm zu reden und versuchte, mit ihm zu reden und merke dann plötzlich, daß es nichts versteht. Es hat keinen Verstand. Und ich fing an, es anzuschreien: »Du mußt verstehen! Du mußt verstehen!« Aber es verstand nichts . . . (leise) das war's.

F: Was mich am meisten interessierte, war, wie du über die rechte Seite sprachst, die verstümmelt war und doch hast du die ganze Zeit mit der Rechten gesprochen. Die Linke war völlig passiv . . .

M: Meine linke Hand ist schwach. Ich kann sehr wenig mit ihr tun. Meine rechte ist viel stärker . . .

F: Okay, nimm dir jetzt wieder deinen eigenen Fritz und laß ihn deine Traumarbeit bestimmen.

M: Ich habe da ein Problem, denn ich bin mehr an den beiden Männern und der Frau interessiert. Ich bin daran interessiert, was sie sind. Wenn ich also Fritz wäre, würde ich damit weitermachen, würde ich das tun.

X: Könntest du ein bißchen lauter sprechen?

M: (scharf) Ich sagte, ich kann mein eigener Fritz nicht sein... Du verlangst etwas Unmögliches von mir. Ich kann das nicht tun. Ich hab es tatsächlich versucht, im Geiste, die ganzen 24 Stunden lang, bis jetzt.

F: Sag das zu Fritz...

M: Ich habe 24 Stunden lang, bis jetzt, versucht, mich zu identifizieren und einer dieser beiden Männer oder diese Frau zu sein und mit mir selbst zu reden. Und ich habe es einfach nicht gekonnt. Sie haben sich geweigert, auch nur ein Wort zu sagen. Sie haben mich bloß angeschaut, völlig still. Ich bin allmählich auf sie wütend geworden und habe sie angeschrien, aber sie haben nicht geantwortet. Ich habe versucht, sie zu spielen; ich bin einfach dagesessen und habe mich beobachtet, in totalem Schweigen, ein vollkommener Tod.

F: Was sagt jetzt Fritz dazu?

M: Fritz, Fritz sagt: »Gut, könntest du jetzt mit dem Tod reden?«... (flüstert, gefühlsbeladen) *Verdammt nochmal.*

F: Sag das nochmal.

M: Verdammt nochmal, hab ich gesagt. /F: Nochmal/ Verdammt nochmal /Nochmal/ *Verdammt* nochmal! (schlägt mit der Faust auf die Stuhllehne)

F: Was erfährst du jetzt? Da geht etwas vor sich.

M: Ich erlebe das, was ich am Abend vor dem Traum erlebt habe. Ich sollte eine Gehirnoperation haben. Das war das erste Mal, daß ich absolute Angst vor dem Tod hatte. Ich hatte einen Auto-Unfall und war halt ein gesunder Mensch und plötzlich mußte ich zu einer Gehirnoperation. Und ich war zu Tode erschrocken. (flüstert) Und dieses Gefühl kam eben jetzt ganz und gar wieder. Das ist das erste Mal, daß ich mir dessen als etwas bewußt werde, was völlig gegenwärtig ist. Weißt du, das ist gerade um die Ecke. Und ich hatte Angst. Ich hatte — ich hatte nie Angst zuvor. Und diese Empfindung kam mir eben jetzt wieder... schiere Furcht einfach —

F: Sprich mit dem Tod...

M: Aber sie — sie — sie sind der Tod. Ich weiß nicht, was ich zu ihnen sagen soll!

F: Sprich mit dem Tod. Du hast gesagt, du hast Angst vor dem Tod. Ich weiß nicht, was Tod für dich heißt.

M: Was wirst du mir tun? Gut, nehmen wir an, daß du die Überhand gewinnst. Was wirst du mir antun?

(lacht sanft) Ich werde deinen Verstand ausleeren. Du wirst wie das Kind sein; du wirst ohne Verstand sein.

Siehst du, da hat er mich gestoppt. — Genau da ... Ich hab angefangen zu denken.

F: Du gebrauchst wieder deinen Verstand?

M: Ja. Ich bin einfach hineingeglitten.

F: Könntest du einen Menschen ohne Verstand spielen?

M: Das Kind. (lebhaft) Es war absolut fröhlich. Es war fröhlich; es lief umher und hat gespielt. /Spiel das./ hat Blumen gepflückt —

F: Spiel es. (Lachen)

M: (aufgeregt) Es ist umhergegangen, hat einfach Blumen gepflückt, hat Spaß gehabt, es ist um die Hügel herum gelaufen, hat gelacht, gelächelt, alles Mögliche getan.

F: Spiel es.

M: Ich bin ein Kind.

F: *Spiel* es.

M: Ein Mensch ohne Verstand redet nicht, ich kann also bloß etwas *tun*. Ich kann bloß etwas tun ... (weich) Nein, es hat gelacht. (Lachen) Es hat die ganze Zeit gelacht und gelächelt.

F: *Spiel* es. (Lachen)

M: (aufgeregt) Kein Platz, nicht genug Platz. Ich muß rennen — ich muß einfach rennen. Um es zu spielen, muß ich die Hügel hinauf rennen und Blumen pflücken.

F: Siehst du den Unterschied zwischen dem unverständigen Kind und dem Denker?

M: Ja. Ich bin mir völlig klar ... Es ist wahr, im Traum, ich habe im Traum geschrien. Ich habe das Kind angeschrien. Ich hab geschrien: »Es ist keine Zeit. Keine Zeit dafür. Du mußt verstehen.« Und es geht umher und pflückt Blumen. (Lachen und Applaus)

F: Weißt du, worum es geht? (Lachen) Siehst du, damit bin ich befaßt. Ich, *dieser* Fritz, kann nicht mit dir nach Hause gehen. Du kannst mich nicht als Dauertherapeut haben. Aber du kannst deinen eigenen personalisierten Fritz haben und *den* mit dir mitnehmen. Und er weiß *viel* mehr als ich, weil er deine Erfindung ist. Ich kann nur erraten oder theoretisieren oder interpretieren, was du erfährst. Ich kann die Kratzwunde sehen, aber ich kann das Jucken nicht empfinden. Ich bin nicht in dir und ich bin nicht arrogant genug, um ein Psychoanalytiker zu sein und zu sagen, daß ich weiß, was du erfährst, was du empfindest. Aber wenn du diese Idee vom ganz persönlichen Fritz verstehst, kannst du dir selber einen Stuhl nehmen oder eine Couch oder was du auch hast, und kannst, wenn es dir schlecht geht, mit diesem imaginären Fritz reden.

Mark: Es kommt mir vor als würdest du darauf warten, daß ich anfange. Ich habe das Gefühl, daß wir beide hier sitzen und warten, daß
etwas passiert.

Fritz: *Wie* erlebst du denn das *Warten?* Was ist das für ein Phänomen,
das Warten heißt? Was geht in dir vor, während du wartest?

M: Wenn ich warte, fange ich an, nachzudenken, über ... ah ... was du
wohl sagen wirst oder tun wirst, damit ich weiß, wie ich mich verhalten
werde.

F: *Wie* denkst du? ... Oder, wie ich das nenne, wie sieht dein Probehandeln aus?

M: Nun, ich versuche mir vorzustellen, was du sagen könntest ... ich
versuche, genau die richtige Antwort herauszufinden ... ich probiere
verschiedene Sätze und Wörter aus und stell sie da hin und schau sie
mir an, wie sie aussehen.

F: Siehst du, das ist ein wunderbares Beispiel von anti-spontanem Handeln. Du hinderst dich selbst daran, spontan zu sein, indem du proben
mußt und prüfen oder im vorhinein sagen, was wohl das Richtige sein
wird, und so weiter. Damit erstickst du jede Möglichkeit, spontan zu
sein.

Das erste, was ich an einem jeden Menschen bemerke ist, ob er ein geschlossenes oder ein offenes System ist. Schaut, Mark ist ein geschlossenes System. Seine Hände sind geschlossen, seine Beine sind geschlossen,
ich weiß also nicht, ob ich mit ihm kommunizieren kann. (Mark macht
sich auf) Jetzt, sobald ich das sage, zerstört er das Erscheinungsbild der
Geschlossenheit und gibt sich den Anschein von Offenheit. Wir werden
sehen, wie lange das dauern wird, daß er sich diesen Anschein gibt, und
ob er zu einer Geschlossenheit zurückkehrt. Ich bezweifle, ob man ein
geschlossenes System so schnell öffnen kann, einfach indem man darauf
hinweist.

M: Dieser Traum — es ist bloß ein sehr kurzes Bruchstück, ich schreibe
als Nebenbeschäftigung Songs, und ich hatte eine Vereinbarung mit
einem gewissen Sänger, daß er einen Song von mir aufnehmen würde,
und seit dieser Vereinbarung vor ungefähr einem Jahr, hatte ich von
ihm nichts mehr gehört, und im Traum —

F: Das ist der Traum?

M: Nein. Im Traum —

F: Oh. Du bringst Assoziationen.

M: Na ja, das ist bloß ein kurzes Vorwort zum Traum. Der Traum
selbst ...

F: Was weißt du darüber, daß du das Bedürfnis hast, deinen Handlungen und Reden Vorworte voranzustellen?

M: Das ist für die Leute hier, damit sie — ich stellte mir vor, daß sie vielleicht einigen Hintergrund zu diesem Traum haben möchten.

F: Aha.

M: Der Traum selbst — im Traum selbst redete er mit mir, und er sagte zu mir: »Du weißt, daß wir große Schwierigkeiten mit dem Arrangement hatten.«

F: Nun, schon dieses kleine Stückchen kann ich verwenden. Kannst du ihn spielen, wie er mit dir spricht?

M: (versöhnlich) Nun, wir hatten ein Problem mit dem Arrangement.

F: Tauscht jetzt die Plätze. Was antwortest du?

M: Ich müßte die Antwort erfinden, ich hatte keine Antwort im Traum.

F: Sag ihm das.

M: Ich hatte keine Antwort im Traum. Das ist alles, woran ich mich erinnere.

F: Setz dich jetzt wieder in diesen Stuhl. Sprich wieder zu Mark.

M: (herausfordernd) Akzeptierst du, was ich sagte?

F: Wechsle die Rollen. Erfinde jetzt ein Gespräch zwischen dir und deinem Freund.

M: Nein, das sieht nicht aus wie eine passende Antwort. Du hast mir versprochen, ihn aufzunehmen. Ich glaube, das hört sich an wie Aussteigen.

F: Du willst nicht, daß er sich so schnell aus dem Staub macht (Lachen). Aber merkst du, daß der Freund schon ein bißchen zurückschlägt. Und mir fällt auf, daß du jedesmal, wenn ich etwas sage, was nach Mißbilligung aussieht, das zu ändern versuchst, was du gerade tust . . . Okay.

M: Ich weiß nicht — ich weiß nicht, wir waren am Aufnehmen, ich hab es versprochen — schau, ich bin ein beschäftigter Mann und wir hatten ein Problem, das wir nicht bewältigen konnten und gingen zu anderen Dingen über.

F: Hörst du deine Stimme?

M: Ja.

F: Wie hört sich deine Stimme an?

M: Ich hörte ein Gewinsel am Schluß.

F: Ah. Es fällt dir also eine Änderung gegenüber dem auf, wie du anfingst?

M: Ich weiß, daß du ein beschäftigter Mann bist, aber das war sehr wichtig für mich und ich sehe ein Versprechen als etwas Bindendes an.

Abgesehen davon weiß ich, daß du von dem Song sehr angetan warst und du — es scheint, als ob deine Verpflichtung auf der Strecke bleibt. Und ich möchte eine Erklärung haben.

Schau, wenn du daraus eine Affäre machen willst, kannst du es ja, aber ich werde dir nur so viel an Erklärung geben.

F: Was macht deine rechte Hand?

M: Sie reibt zwischen diesen beiden Fingern hin und her. Ich habe ein Gefühl, als ob ich mit diesem letzten Satz die Unterhaltung abgeschlossen hätte.

F: Sag ihm das.

M: Ich habe das Gefühl, als ob ich mit diesem letzten Satz die Unterhaltung abgeschlossen hätte.

F: Du lächelst. (Lachen) Was ist dabei so lustig, daß du abschließt?

M: Das zu dir zu sagen, und dann gibst du mir die Anweisung, es ihm zu sagen und dann sage ich es ihm, das kam mir lustig vor.

F: Kannst du mir sagen: »Fritz, du bist lustig.«

M: Fritz, du bist lustig. Fritz, du *bist* lustig. (Lachen)

F: Kannst du das ausführlicher beschreiben?

M: Ja. Als du als Cyrano angekündigt worden bist, hast du so eine Nase hingemacht und großen Spaß daran gehabt. Und als Sally sagte, sie mag Männer, die sich gern den Bart streichen, bist du gleich aufgesprungen und hast fest an deinem Bart gerieben. Das war eine lustige Vergrößerung von jedem dieser Augenblicke. Du bist übrigens auch sehr traurig . . . Das ist auch lustig.

F: Würdest du bitte den traurigen Fritz darstellen? (Mark macht eine Pantomime vom traurigen Fritz, die Zuschauer lachen; dann sitzt er und wartet) . . .

F: Wie ändert sich die Atmosphäre? Fällt dir der Wandel der Atmosphäre auf?

M: Es scheint so eine Art tastende Stimmung. Ich — ich warte auf dich und sie warten auf uns, glaube ich.

F: Wie kannst du wissen, daß sie warten?

M: Ich nehme an, sie tun's. Es ist so ein schweigendes Hin-und-her, und —

F: Du *nimmst an*.

M: Ich nehme an, daß sie auf eine Fortsetzung warten. Ich habe eben die Stille erlebt, die . . .

F: Ich möchte nur das Wort *annehmen* unterstreichen. Du *weißt* es nicht.

M: Nein. Das nicht. — Ich sagte danach, daß ich —

F: Hast du, ganz zufällig, in diesem Augenblick ein Warten verspürt?

M: Warten? Ich weiß nicht, ob es Warten war oder bloß dich und mich beobachten, wie wir uns anschauen, was durchaus eine Erfahrung für sich sein kann, ohne Warten auf etwas anderes.

F: Okay. Gehen wir jetzt zum Traum zurück. Was war noch im Traum? War das der ganze Traum? ... Bis zu welchem Grad erkennst du dich in deinem Freund wieder? Kannst du ihn nochmal spielen? Kannst du Mark sagen »so und so bin ich«?

M: Ich bin ein Sänger, und ich — ich hörte Mark diesen Song bei einer Party singen und ich war sehr berührt durch den Song, wie ich ihm auch deutlich zeigte, und er sagte: »Wenn du das empfindest, könnte ich dich ihn sogar singen lassen«, und ich sagte: »Ich werde ihn aufnehmen.«

F: Das ist nun für mich die grundsätzliche Frage bei jedem Traum: Was vermeidest du?

M: Ich machte einen kleinen Versuch, im darauffolgenden Jahr mit ihm in Kontakt zu kommen, aber ich glaube, daß ein aggressiveres Bemühen, ihn an diese Verpflichtung zu erinnern, angemessen gewesen wäre, aber ich habe es nicht getan.

F: Du vermeidest also, die Situation zum Abschluß zu bringen, die Gestalt zu schließen. Du rennst immer noch mit diesem unabgeschlossenen Geschäft herum. Dies wäre also die unmittelbare Vermeidung. Und die weitergehende Vermeidung — nun, das ist — kannst du diesen Song singen?

M: Ja.

F: Magst du das bitte tun.

M: (singt weich und langsam und mit gedämpfter Stimme)

> Roses white, and roses red
> wishes and puppies do come true.
> But they have to be tended
> they have to be fed
> or little brown dogs, and wishes too
> fade and die, and when they are dead
> what can you say?
> And what can you do?
> But sing them a song
> and drop on their head
> roses white, and roses red.

> Weiße Rosen und rote Rosen,
> Wünsche und junge Hunde werden doch Wirklichkeit.

Aber sie müssen umhegt werden
und man muß sie füttern —
oder die kleinen braunen Hunde
und auch die Wünsche gehen ein und sterben, und wenn sie tot sind,
was bleibt dann noch zu sagen?
Was kann man tun?
Sing ihnen ein Lied
und streu Rosen auf ihre Köpfchen,
weiße Rosen und rote.

F: (sanft) Und wozu brauchst du *ihn?* Du kannst deine Songs selber singen.

M: Ich kann ihn singen, und es macht mir Spaß, ihn zu singen. Ich möchte, daß andere Leute Gelegenheit haben, ihn zu hören.

F: Weißt du, wie man ein Tonbandgerät bedient?

M: Ja.

F: Wozu brauchst du ihn denn dann noch? Du kannst selber ein Band machen. Okay. Kannst du dieser Song *sein?* Kannst du diese Rose spielen? »Ich bin eine rote Rose —« Gib ihr ein paar Worte.

M: Ich bin eine rote Rose, und ich wachse neben einer weißen Rose. Ich möchte gehegt werden, ich brauche das, und ich möchte wie alles andere auch, daß man für mich sorgt.

F: Zu wem sagst du das? Mit wem sprichst du?

M: Ich bin mir nicht bewußt, daß ich das zu irgend jemand sage.

F: Tu mir einen Gefallen und sag es zu *irgend jemand.*

M: Ich bin eine rote Rose, und ich bin wie ein junger Hund und wie alles, was lebendig ist. Ich brauche — während ich wachse, muß ich gehegt werden und umsorgt werden — und wenn du das weißt, und wenn ich dir gehöre, dann ist es deine Aufgabe, dich um mich zu kümmern, und wenn du das nicht tust, so brauchst du bloß eine andere rote Rose auf mich zu werfen, oder auch eine weiße.

F: Ich möchte jetzt wieder, daß du die Rollen tauschst. Sei jetzt die Person, die genau das tut, was Mark von ihr will. Sei diese Person und kümmere dich um Mark. (Mark ahmt nach, wie eine Rose gehegt und zärtlich umsorgt wird)

F: Was empfindest du?

M: Ich kümmere mich . . . um das. Ich erfülle meine Pflicht, ich stehe in einer Beziehung zu dieser Rose.

F: Wechsle jetzt wieder, sei wieder die Rose.

M: Ein angenehmes Gefühl. Ich habe kein Bewußtsein von irgend etwas Besonderem. Auf einmal werde ich umsorgt.

F: Okay, ich möchte hier aufhören. Es ist noch eine Menge zu tun, würde ich sagen ... Mark braucht noch ... laß mich euch ein knappes Bild von Mark geben, denn es kam hier *sehr* schön heraus. Wie ich schon sagte, sind Wachstum und Reifung das Transzendieren der Unterstützung durch die Umwelt hin zur Selbständigkeit. Das Kind braucht die Umwelt, damit sie sich um es kümmert, und im Verlauf des Wachsens lernst du mehr und mehr, auf deinen eigenen Beinen zu stehen, dich selbst mit den *Mitteln* zum Leben zu versorgen, und so fort. Hier nun kam es sehr klar heraus, daß Mark noch Menschen braucht, die sich um ihn kümmern, er braucht die Unterstützung durch die Umwelt für seine Songs, für sein Gefüttertwerden, es fehlt also noch ein Stück vom reifen Menschen. Und wo ist dieser fehlende Teil? Er ist in dem, was wir Projektion nennen, er ist immer noch in der Welt draußen. Aber es fällt auf, daß er, als er sich um die Rose kümmerte, sehr liebevoll in seiner Fürsorge war. Er versuchte, das abzutun, als er sagte, daß er es aus Pflichtgefühl tut, aber ich fand in seinen Bewegungen etwas sehr Zartes, etwas *sehr* Hingegebenes. *Das* sehe ich hier.

Jim

Jim: Ich habe bloß ein Bruchstück von einem Traum. Im Traum kommen keine Stimmen vor.

Fritz: Nun, der erste Eindruck ist, daß Jim in seinem Fahrgestell offen ist, aber hier oben zugemacht — er verdeckt seine Geschlechtsteile mit den Händen. Das ist also das erste, was ich sehe. Es ist nun sehr wichtig, welcher Teil verschlossen ist, ob die ganze Persönlichkeit, oder das Untergestell oder der Oberteil. Das Untergestell ist im wesentlichen zur Unterstützung da, der Oberkörper für den Kontakt. Jenes zeigt, wie wir auf unseren eigenen Beinen stehen, und dieser ist der Teil, mit dem wir nach der Welt greifen, mit unseren Händen nämlich. Ich sehe also schon eine ganze Menge, wenn Jim auch bloß so dasitzt: seine Haltung, die Art, wie er den Kopf bewegt und so weiter und so weiter.

J: Du hast mich schon ganz schön aufgerüttelt. (Lachen) Das hat nichts mit meinem Traum zu tun, aber das ist eine ganz schön derbe Bemerkung, die du da machst, denn ...

F: Seht ihr die mangelnde Zweihändigkeit in seinen Gesten? Er verwendet nur die rechte Hand, und die zeigt immer auf ihn selbst, er bezieht sich auf sich selbst. Das hat Kierkegaard am Anfang gesagt — die Beziehung des Selbst zum Selbst. Wenn du so lebst, was kannst du erreichen?

J: Ich habe Angst, mich zu bewegen.

F: Genau das ist es, worauf ich hinweisen wollte. (Lachen)

J: Jetzt weiß ich, warum meine Träume kurz sind.

F: Würdest du mich bitte aufklären? Ich weiß nicht, warum deine Träume kurz sind.

J: Ich habe einfach den typischen immer wiederkehrenden Traum, und ich glaube, daß viele Leute so einen Traum haben könnten, wenn sie ein Problem im Hintergrund haben, und es ist nichts darin, von dem ich meine, ich könnte es ausagieren. Es ist ein Rad in der Ferne — ich bin nicht sicher, welche Art Rad es ist —, es kommt auf mich zu und wird immer größer und größer, es wird *jedesmal* immer größer. Und dann ist es schließlich über mir, und es ist so hoch, daß ich es nicht ermessen kann. Und das ist —

F: Wenn du dieses Rad wärst, was für eine Art Existenz würdest du haben, und was würdest du mit Jim tun?

J: Was für eine Art Beziehung ich als Rad haben würde?

F: Du hast gerade das Rad beschrieben, wie es immer größer wird . . .

J: Richtig. Und ich bin gerade dabei, über Jim hinwegzurollen.

F: Wie würdest du das tun?

J: Wie ich das tun würde? Indem ich meinen Weg fortsetze, in meiner momentanen Bahn bleibe, ich würde einfach weiterrollen und über Jim hinweg.

F: Sprich mit Jim . . .

J: Als Rad?

F: Ja.

J: Ich weiß nicht, was das Rad zu Jim zu sagen versucht.

F: Okay. Ich helfe dir jetzt, mir zu sagen, ob ich dieses Rad richtig verstehe. Ich bin hier, ich rolle, rolle immerzu, werde immer mächtiger und nichts kann mir widerstehen auf meinem Weg. Ich werde dich einfach überrollen Jim, ob du das magst oder nicht . . . Das wäre *mein* Rad — wie wäre jetzt *dein* Rad?

J: Ich würde sagen, du überrollst mich nicht.

F: Sag das zum Rad.

J: (ausprobierend) Du überrollst mich nicht. Ich werde dich nicht lassen.

F: Hast du auf deine Stimme gehört? Wenn du dieses Rad wärst, würde diese Stimme das Rad zum Stillstand bringen? (Lachen)

J: Nein.

F: Was sagt das Rad zu Jims Stimme?

J: *Unübertrefflich.* (Lachen)

F: Was sagt Jim?

J: Jim will instinktiv, vielleicht — ich weiß nicht. Meine erste Reaktion wäre, daß — daß Jim es lauter sagt oder — ich weiß nicht. Die erste Reaktion darauf wäre, zu versuchen —

F: Ist dir aufgefallen, wie oft die Worte »Ich bin nicht sicher, ich weiß nicht« fallen? Wieder und wieder hören wir: »Ich weiß nicht, ich bin nicht sicher, was würde ich bloß tun?« Hat das irgendeine Bedeutung, daß ich diese Ausdrücke so oft gehört habe?

J: Ob das irgendeine Bedeutung hat?

F: Für dich. Ja. Die Tatsache, daß ich diese Art Ausdrücke so oft gehört habe.

J: Ja, das bedeutet eine ganze Menge in *meinem* Leben, daß ich nämlich sehr unentschieden bin und keine einzige Verpflichtung zu handeln eingehen will.

F: Nun, wo ist deine Macht, im Traum?

J: Ich sehe nicht, welche Macht ich habe, wenn ich — mit anderen Worten, ich sehe eine Größe, die jenseits — jenseits jeder — es ist so, als ob das Rad einfach zu riesig wäre, um einen Widerstand auch nur ins Auge zu fassen.

F: Ja. Spiel jetzt nochmal das Rad. Versuch dieses Mal, dich mit dem Rad zu identifizieren und es wirklich zu spielen. Steh auf und spiel das Rad . . . und ich bin Jim . . .

J: Ich bin das Rad und ich — ich bin — du hast keine Chance. Ich komme über dich und ich — und — du darfst dich nicht bewegen.

F: Hast du irgendeine Macht gefühlt? Hast du eben jetzt Unentschlossenheit gespürt, als du das Rad gespielt hast?

J: Nein . . . ich habe Entschlossenheit gespürt.

F: Das stimmt. Dahinein hast du deine Möglichkeiten investiert und projiziert und zwar so stark, daß in deiner bewußten Persönlichkeit sehr wenig übrig ist. Spiel jetzt das Rad noch einmal. Baue es aus! Oh! Du hast jetzt sogar zwei Hände. Schau, du beginnst sogar, beide Hände zu *gebrauchen*.

J: Ich bin ein Rad und im Augenblick habe ich nicht das Gefühl, als ob das Rad so groß wäre, wie ich meinte. (Lachen) Du läßt Jim ein wenig zweifeln, wie stark dieses Rad wirklich ist, und ich kann nicht als Rad handeln . . .

F: Okay, setz dich jetzt — sprich jetzt nochmal mit dem Rad.

J: (zögernd) Ahhh . . . (Lachen) . . . Du bist ja bloß Gerede. /F: Sag das nochmal/ Du bist eine Menge Gerede. /F: Nochmal/ Du bist ja bloß Gerede. /F: Nochmal./ Du bist ja bloß Gerede.

F: Sag das jetzt zum Rad.

J: Du bist ja bloß Gerede. Du erscheinst recht groß, aber wenn ich aufhöre abzuschätzen, wie groß du bist, dann bist du in Wirklichkeit gar nicht entschlossen, so mächtig zu sein, wie ich von dir zuerst geglaubt habe.

F: Fällt dir auf, wieviel von deiner Unsicherheit dich verlassen hat? Wieviel von deiner Rad-Projektion du dir schon wieder zu eigen gemacht hast?

J: Ja. Ich glaube — so groß es auch ist, jetzt, ich glaube, ich würde tun, was ich könnte. Mit anderen Worten, ich habe immer das Gefühl gehabt, — was *kann ich schon machen?* — aber jetzt weiß ich wenigstens, daß ich alles tun würde, was in meiner Macht stünde, um das Rad zu stoppen ... Und, ah — was das da betrifft, ich bin unfruchtbar, und das kam in meine Ehe mit herein — das ist es ganz genau, wofür ich mich schämte, und du hast dann gesagt, ich bedecke meine Geschlechtsteile.

F: Das große Rad. Ja?

Fragen I

Frage (= Q): Was ist, wenn man sich an keine Träume erinnert? Was bedeutet das?

Fritz: Ich habe eine *Theorie* darüber. Du willst deiner Existenz nicht gegenübertreten. Für mich ist der Traum eine existenzielle Botschaft davon, welcher Teil deiner Persönlichkeit fehlt, und im Traum kann man klar erkennen, wie man vermeidet. Sehr typisch sind Alpträume, in denen man davonrennt. Ihr könnt ziemlich sicher sein, daß Menschen, die sich nicht an ihre Träume erinnern wollen, phobische Menschen sind. Und wenn du dich weigerst, dich an deine Träume zu erinnern, weigerst du dich in Wirklichkeit, deiner Existenz ins Gesicht zu sehen — dem ins Gesicht zu sehen, was mit deiner Existenz nicht in Ordnung ist. Du vermeidest, mit dem Unangenehmen fertig zu werden. Normalerweise sind das die Leute, die mehr oder weniger meinen, daß sie mit dem Leben schon ins Reine gekommen sind. Man träumt auf jeden Fall, aber man erinnert sich nicht daran. Man träumt wenigstens vier Träume pro Nacht. Wir wissen das. Wenn jemand sich an seine Träume nicht erinnern kann, lasse ich ihn mit dem fehlenden Traum reden — »Träume, wo seid ihr?« und so weiter.

Q: Was passiert, wenn man einen sehr kurzen Traum hat?

F: Ich fordere oft jemand auf, einen Traum zu erzählen. Er ist sehr lang und kompliziert, und bevor der Traum zu Ende ist, ist schon eine ganze Stunde vergangen, und man ist verwirrter als zu Beginn der Arbeit. Ein kurzer Traum ist also oft besser als ein langer. Wenn du einen langen Traum hast, nehme ich nur einen winzigen Ausschnitt. Ich bin überzeugt, daß jeder Teil des Traums ein Teil deiner selbst ist — nicht nur die Personen, sondern jede Einzelheit, jede Stimmung, alles, was dir über den Weg läuft. Mein Lieblingsbeispiel ist das: Ein Patient träumt, er verläßt meine Praxis und geht zum Central Park. Und er geht über den Reitweg in den Park. Ich fordere ihn also auf: »Sei jetzt der Reitweg.« Er antwortet entrüstet: »*Was?* Und jeden auf mich scheißen und kotzen lassen?« Seht ihr, er hat sich wirklich damit identifiziert. Ich lasse den Patienten all diese Teile spielen, denn nur durch echtes Spielen kannst du zur vollen Identifikation gelangen, und diese Identifikation ist das Gegenmittel gegen *Entfremdung. Entfremdung* bedeutet »Das bin nicht ich, das ist etwas anderes, etwas Fremdes, etwas, das nicht zu mir gehört.« Und häufig begegnet man einem ziemlichen Widerstand dagegen, diesen entfremdeten Teil zu spielen. Man will die Teile von sich, die man aus seiner Persönlichkeit hinausgestoßen hat, nicht zurücknehmen, und will sie sich nicht wieder aneignen. Das ist die Art und Weise, wie du dich selbst arm gemacht hast. Das ist der Vorteil dieses Rollenspielens, und wenn ich den Patienten *alle* Rollen selbst übernehmen lasse, erhalten wir ein klareres Bild, als wenn wir Morenos Technik des Psychodramas anwenden, und wir Leute mit hereinziehen, die sehr wenig von dir wissen — weil sie *ihre eigenen Phantasien,* ihre *eigenen* Interpretationen einbringen. Die Rolle des Patienten wird durch die Einzigartigkeit der anderen Leute verfälscht. Aber wenn du alles selber tust, dann wissen wir, daß wir uns innerhalb deiner selbst befinden. Im Psychodrama muß man sich außerdem normalerweise auf Menschen beschränken, während der leere Stuhl benutzt werden kann, um Rollen aller Art zu spielen — Räder, Spinnen, fehlende Geländer, Kopfschmerzen, Schweigen. In diese Objekte ist so viel investiert. Wenn wir diese Dinge ins Leben zurückbringen können, haben wir mehr Stoff zu assimilieren, uns gleich zu machen. Und meine ganze Technik entwickelt sich immer mehr dahin, *nie, niemals zu interpretieren.* Lediglich zurückgeben, back-feeding, dem anderen Menschen eine Gelegenheit verschaffen, sich selbst zu entdecken.

Q: Ich möchte, daß du dich zu Folgendem äußerst: Wenn man ein Gefühl mit in den Wachzustand hinübernimmt, als Folge von Träumen. Ich weiß, daß ich jede Nacht träume, aber ich erinnere mich nur an sehr wenige Träume. Aber ich habe aus meinen Gefühlen während der darauf folgenden Tage gelernt. Wenn ich mich ängstlich fühle und so weiter, fühle ich intuitiv, daß ich irgendwelche Angst hervorrufenden Träume gehabt habe, und an manchen Tagen fühle ich mich sehr lebhaft und begeistert und kann mich vage an einen sehr lohnenden Traum erinnern.

F: Ja. Was du zu sagen vermeidest, ist: »Wovor habe ich Angst?« Meine Vermutung ist, daß du an diesem Tag irgendetwas darstellen mußt und dir nicht erlaubt hast, im Traum zu proben, um dich auf dieses Ereignis vorzubereiten, daß es dir an spontanem Handeln mangelt, daß du dich vorbereiten mußt. Angst ist immer die Folge, wenn man das Jetzt verläßt.

Q: In meinem Fall wiederholen sich einige Träume schon über Jahre hinweg, und ich hatte einen, in dem es keine Handlung, nur Szenen gab. Enthält das eine Botschaft?

F: Ja. Du vermeidest die Handlung.

Q: Würde ein Mensch träumen, der nicht fragmentiert ist, der sehr gesammelt ist?

F: Ja. Aber da finden sich keine Alpträume mehr. Da finden sich Versuche, die Lücken in der Persönlichkeit zu schließen, mit unabgeschlossenen Situationen fertig zu werden — direkt und unmittelbar. Je fragmentierter ein Mensch ist, desto mehr sind seine Träume Alpträume. Eine sehr gute Idee ist, immer auf das zu sehen, was im Traum vermieden wird und dann die Löcher schließen und sehen, was man vorfindet.

Oft läuft das so. Ich erinnere mich an einen Patienten, der mit seinen Augen nicht sehen konnte — seine Augen waren nämlich projiziert. Er erlebte immerzu, daß Gott ihn anschaut. Freilich hatte er da keine Augen mehr übrig, und so konnte er nicht sehen. Eines Tages träumte er, er sei unter den Zuschauern, und da war diese Bühne — es war *nichts* auf der Bühne. Ich brachte ihn dazu, auf die Bühne zu gehen; er sagt: »Da ist nichts.« Ich sagte, er solle genauer hinschauen, und dann sagt er: »Ja, da ist ein Teppich.« Und ich bat ihn, den Teppich zu beschreiben.

»Oh, da sind ja Farben! Und da sind Vorhänge!« Und dann wachte er auf, (schnalzt) so, mit einem Mini-Satori: »Ah! Ich kann sehen!« Er bekam plötzlich seine Sehkraft wieder. Das bedeutet nicht, daß ihm die Augen schon bleiben, aber er entdeckte wenigstens, daß er sehen konnte, daß er nicht immer die Zielscheibe von anderen Augen sein muß. Das ist ein typisches Beispiel. Wo andere Leute Augen hatten, hatte er nichts.

Q: Könntest du einige Anmerkungen zum »existenziellen Problem« machen. Was sind solche Probleme genau? Kannst du das herausarbeiten?

F: Ich gebe dir ein Beispiel. Vielleicht kann es das zeigen. Jemand kann durch eine bestimmte Handlung in Verlegenheit geraten. Stimmt das? Aber einige Menschen empfinden eine *existenzielle* Verlegenheit. Es macht sie verlegen, daß sie existieren, daß sie sind. Sie müssen also ihre Existenz ständig rechtfertigen. Mit anderen Worten, die Vorstellung von der Existenz ist viel weitreichender als die bloße Behandlung von Symptomen oder Charakterzügen. Viele Menschen haben nicht einmal das Gefühl, daß sie tatsächlich existieren, und um irgend weiter zu kommen, müßten wir in die ganze Philosophie des Nichts einsteigen, was, wie ich glaube, jenseits des Rahmens von diesem Seminar ist. Aber nimm für's erste die existenzielle Philosophie einfach als eine Philosophie, die sich mit dem *Sein* befaßt. Die erste Frage ist natürlich: Wie kommt es, daß da Sein ist und nicht Nicht-Sein? Die meisten Philosophien sind daran interessiert, das Leben zu *erklären* oder gewisse Ideale zu schaffen, wie der Mensch leben soll.

Laßt mich euch ein Beispiel dieser Philosophie des Nichts im Vergleich zu den anderen Philosophien geben. Wir wissen nicht, was in der Vergangenheit geschehen ist und wenn wir versuchen zu ergründen, wie der Anfang der Welt war und so weiter, stoßen wir auf gar nichts. Nun entsteht in vielen Menschen diesem Nichts gegenüber ein Gefühl von Unheimlichkeit. Sie haben das Gefühl, da sei eine Leere. Also setzen sie etwas da hinein, und jede Religion erfindet schnell etwas, wie die Welt zustandekam. Das ist gewöhnlich der Weg der Philosophie, nämlich zu erklären. Dieses Erklären steht nun freilich dem Verstehen im Weg. Sie geben dir irgendeinen Grund, irgendeine Rechtfertigung, ein bißchen Geschmarre. Ich würde sagen, die beste Definition des Existenzialismus wurde durch den folgenden Satz von Gertrude Stein gegeben: »Eine Rose ist eine Rose ist eine Rose.« Was ist, ist.

Q: Es gibt ein existenzielles Problem — vom psychologischen Standpunkt aus. In der Psychologie ist das Problem des Hier-und-jetzt, ohne ... — ich versuche, eine Brücke zwischen Philosophie und Psychologie zu schlagen.

F: Es gibt keine Probleme mit dem Hier-und-jetzt. Du kannst ein Problem daraus *machen*, indem du vergißt, daß du hier und jetzt bist. Bist *du* hier, jetzt? — Nein. Du bist hier, aber im Grunde bist du *nicht* hier. Du bist in deinem Computer. Das ist deine Jetzigkeit. Ich bezweifle, ob du hier bist und atmest, oder mich siehst oder dir deiner Haltung bewußt bist, dein Da-Sein ist also beschränkt, Deine Existenz mag sich um dein Denken drehen. Viele Menschen unserer Zeit existieren nur als Computer. Sie denken und denken und denken und konstruieren eine Erklärung und dann eine andere Erklärung und was fehlt, ist Verständnis. Hast du je Steinbecks »Früchte des Zorns« gelesen? Die Frau darin, am Ende des Buches, die Mutter — sie hat *verstanden*. Sie war *ganz da*.

Q: Gibt es irgendeine Möglichkeit zu sagen, ob ein Traum eine Kompensation ist — und die Bedeutung dann entgegengesetzt wäre — oder ob er eine direkte Botschaft ist?

F: Er ist immer eine verschlüsselte, verborgene Botschaft. Wenn er eine direkte Botschaft wäre, bräuchtest du ihn nicht zu träumen. Dann wärst du aufrichtig; das heißt, daß du gesund und in Ordnung wärst. Du kannst nicht gleichzeitig aufrichtig und neurotisch sein.

Q: Du sagtest, daß ein Traum immer eine verborgene Botschaft darstellt. Ich hatte einmal einen Traum. Ich dachte, er gäbe eine sehr einfache Botschaft, und am nächsten Tag stellte sich heraus, daß die Sequenzen des Traums ganz bestimmte Konturen darstellten, die ich in meinem Erleben nachfuhr; ich sehe also Träume nicht immer als verschlüsselt an, und ich sah das als eine Art psychische Vorbereitung auf das, was geschehen sollte; oder habe ich nicht alles gesehen — daß da etwas anderes dahinter war?

F: Ja. Da liegt etwas darin vergraben. Wir tun vieles, was in Wirklichkeit Teil der *Trance* ist, in der wir leben. Schau, sehr wenige von uns sind erwacht, sind wach. Ich würde sagen, der Großteil der modernen Menschheit lebt in einem sprachlichen Trancezustand. Der moderne Mensch sieht nicht, er hört nicht und es braucht ganz schön lange, um aufzuwachen. Zuerst, in der Therapie — ihr habt einige kleine Erweckungen hier gesehen — ich nenne das Mini-Satori. Es ist durchaus möglich, daß man eines Tages voll erwacht ist, voll da ist, und dann hat man ein Satori. Häufig gibt es ein Aufwachen und dann ein Zurückschliddern in die Trance des Verfolgungswahns oder in Gerede, und worüber du redest, ist ganz bestimmt Teil dieses In-Trance-Seins, sogar dann, wenn du diesen Traum in der Wirklichkeit ausagierst.

Q: Das Ausagieren, ich kann das akzeptieren — ja, das akzeptiere ich. Aber die Ereignisse, die eintraten, ich war nicht in der Lage, sie körperlich in der Hand zu haben. *Das* versuche ich zu sagen; daß nämlich in dem Augenblick und erst dann, als ich erkannte, was mit mir in einer Situation geschah, über die ich keine Kontrolle hatte, ich mich an den Traum wieder erinnerte. Deshalb habe ich ihn nicht als eine verschlüsselte Botschaft angesehen. *Das* habe ich versucht zu sagen. Ich habe ihn als einen sehr realen Bezug angesehen und als Vorbereitung auf diese Situation, die ich nicht steuern konnte.

F: Du schaust mich an, als ob du eine Auseinandersetzung erwarten würdest.

Q: Ich hadere mit mir selbst, ich versuche zu entscheiden —

F: Ahah — ah. Ich höre ganz klar eine Herausforderung.

Q: Gut. Du glaubst immer noch, daß alle Träume verborgene Botschaften darstellen?

F: Ja.

Q: Wenn ein Kind von Natur aus Linkshänder ist und seine Eltern es zwingen, rechtshändig zu sein, muß das psychische Wirkungen auf das Kind haben?

F: Ja. Auf jeden Fall. Denn dann belastet man die rechte Seite zweifach. Das Ergebnis ist oft Stottern, Stammeln.

Q: Mir ist immer wieder aufgefallen, daß ich es als sehr unbefriedigend empfinde, Leuten meine linke Seite zu zeigen. Ich sitze oft so, daß die Leute meine rechte Seite sehen können. Ich habe meine Nase operieren lassen, um die beiden Hälften so zu korrigieren, daß sie sich mehr gleichen, und meine Augenbraue auf der rechten Seite ist geschweift und irgendwie streng, und sie ist mir immer auf die Nerven gefallen. Ich möchte sanfter sein, wie die linke Seite von mir. Und ich bin sehr daran interessiert, was ich darüber erfahren könnte. Ist das ein Widerstand dagegen, die rechte Seite, die männliche Seite, zu akzeptieren?

F: Du fragst mich, ob du einen Widerstand hast. Was ist *deine* Meinung?

Q: Meine Meinung ist, daß ich einen habe.

F: Gut.

Q: Was ist deine Meinung über Meditation?

F: Meditation ist weder richtig scheißen, noch vom Scheißhaus runtergehen.

Q: Ist es möglich, mit einer ungelösten Lebenssituation so zu verfahren, als wäre sie ein Traum, und an ihr in derselben Art und Weise zu arbeiten?

F: Ja, genau in derselben.

Q: Was hat die Gestalttherapie über Psychosen zu sagen?

F: Ich habe bis jetzt noch sehr wenig über die Psychose zu sagen. Wir arbeiten immer mit Gegensätzen, Polaritäten. Aber ich sehe die Polaritäten in, zum Beispiel — nehmen wir eine Form der Psychose, die Schizophrenie, an der die meisten Leute interessiert sind. Nun, unsere Welt besteht aus drei Bereichen. Das ist sehr stark schematisiert, das ist klar. Wir haben: den Bereich des Selbst, den inneren Bereich, der wesentlich — nennen wir's so — das biologische Tier ist. Den äußeren Bereich, die Welt um uns herum — und zwischen dem äußeren Bereich und dem inneren Bereich liegt eine entmilitarisierte Zone, die vor allem von Freud entdeckt und *Komplex* genannt wurde.

Mit anderen Worten, in diesem mittleren Bereich befindet sich ein Phantasieleben des Bewußtseins, »Geist« genannt, das voll Katastrophenerwartungen, voller Phantasien, voller Computeraktivität ist — Wortschwall, Programme, Pläne, Gedanken, Konstruktionen. Dieser dazwischen liegende Bereich braucht die ganze Energie, die ganze Erregung auf, so daß sehr wenig frei ist, um sich selbst oder die Welt zu fühlen.

Freud hatte die richtige Vorstellung, nämlich diesen mittleren Bereich zu entleeren, aber in der Praxis der Psychoanalyse *bleibt* man im mittleren Bereich. Es gibt ein Berührungsverbot, du darfst nicht kopflos werden, dich nicht selbst entdecken im vollen Umfang körperlichen Erlebens, im Kontakt mit der Welt und so weiter.

In der Schizophrenie also, finde ich, vor allem durch Erforschung meines eigenen schizophrenen Bereichs —, daß es eine Menge toter Trümmer gibt, in die keine Erregung hineinkommen kann. Der Psychotiker hat eine sehr breite Schicht des Todes, und dieser tote Bereich kann durch die Lebenskraft nicht genährt werden.

Eines, was wir sicher wissen, ist, daß die Lebensenergie, die biologische Energie oder wie man's auch immer nennen will, im Fall der Psychose allmählich nicht mehr zu handhaben ist. Anstatt differenziert und verteilt zu sein, äußert sie sich in Ausbrüchen. Normalerweise ist also alles, was wir tun, daß wir versuchen, ein Stück vom Gehirn herauszuschneiden oder die Erregung mit Tranquilizern abzutöten. Wenn wir das tun, dämmen wir das Erregungsniveau ein, sodaß relativ rationales Verhalten erreicht wird. Aber das heilt den Patienten in Wirklichkeit nicht, denn sein Selbst erhält dann das Maß an Lebendigkeit nicht, das er braucht, um mit den schwierigen Lagen des Lebens fertig zu werden.

Mir scheint, daß es einige Ähnlichkeiten zwischen Träumen und Psychosen gibt. Beide sind für den Außenstehenden absurd, und beide scheinen für den betroffenen Menschen wirklich zu sein. Während du träumst, erscheint dir der Traum als *absolute* Wirklichkeit. Noch der absurdeste Traum, der schrecklichste Traum, läßt keinen Zweifel zu, daß sich das wirklich ereignet. Wir wissen nicht viel über die Psychose, aber wir wissen einiges über Träume.

Ein sehr interessanter *Unterschied* zwischen Träumen und dem Verhalten und der Mentalität eines Psychotikers ist folgender: Normalerweise *versucht* der Psychotiker nicht einmal, mit Frustrationen fertig zu werden; er verleugnet die Frustrationen einfach und tut so, als ob diese Frustrationen nicht existierten. Im Traum sehen wir jedoch einen Versuch, diese Frustrationen zu überwinden. Ihr wißt wahrscheinlich, daß die meisten Träume Alpträume sind. Der Alptraum ist ein Traum, in dem du dich selbst frustrierst und dann versuchst du, das zu überwinden. Das gelingt dir zwar nicht, aber im weiteren Verlauf, vor allem wenn an solchen Träumen gearbeitet wird, bist du imstande, diese Selbstfrustrationen zu überwinden, und du lernst, mit ihnen fertig zu werden. Das sind also ein paar der Beziehungen zwischen Träumen und Psychose, von denen ich glaube, es würde sich lohnen, sie zu erforschen. Es könnte auch der Mühe wert sein, zu erforschen, wie diese absurde Sprache des Psychotikers verständlich und verstehbar gemacht werden kann.

Wir wissen mit Sicherheit, daß jemand durchaus in eine Nervenheilanstalt gehen und seine Lage dort bessern, wieder entlassen werden und seinen Zustand wieder verschlimmern kann. Das zeigt, daß ein wesentlicher Situations- oder Verhaltensfaktor beteiligt sein muß. Es kann einfach nicht nur Chemie sein. Und die Beziehung der Chemie zum Verhalten ist auch sehr wenig erforscht. Die Verrücktheit ist im Geist, trotz allem, was die physiologische Chemie sagt. Freilich ist sie auch in der Physiologie, aber primär ist alles Störende, das vor sich geht, in der Phantasie.

Und schließlich sehen wir beim Schizophrenen genau dieselbe Polarität, die wir bei den meisten Leuten sehen. Wir finden Menschen, die in Kontakt mit sich selbst sind, die in sich zurückgezogenen Menschen, die in keiner Fühlung mit der Welt stehen. Sie haben ein reiches inneres Leben, aber sie sind gegenüber der Welt abgesperrt. Und wir haben auch den paranoiden Schizophrenen, der keinen Kontakt zu sich selbst hat, der sich selbst nicht fühlt, der immer in Fühlung mit der Welt steht. Er schaut die Welt ständig scharfen Blickes an, aber er ist unempfindlich. Wieder funktioniert also nur ein winziger Teil von ihm. Es ist also keine vernünftige Beziehung möglich. Bis hierher möchte ich jetzt gehen, wenn ich über diese Dinge spreche.

Judy

Judy: Darf ich fragen, Dr. Perls, warum ah — es wird nämlich immer gesagt, man habe symbolische Träume. Ich hatte nie welche. Ich . . . /Fritz: Ich weiß nicht, was Symbole sind./ Ich habe ein Trauma wieder — gelebt — nun, ich habe nie etwas geträumt, das imaginär war. Ich bin durch ein Trauma hindurch gegangen, das ich wirklich erlebt habe. Und es war genauso, wie es sich ereignet hatte. Was hat das für eine Bedeutung? Ah, seit ein paar Jahren habe ich — es hat sich geändert — ich träume nämlich nicht mehr davon, aber —

F: Ich bekomme keine existenzielle Botschaft. Sie wollen etwas sagen, aber ich bekomme — könnten Sie so gut sein und hier herauf kommen?

J: Wenn Sie mich nicht über den Traum sprechen lassen. Ich erinnere mich an nichts davon sehr gut.

F: Ich höre, — Sie sagen Sätze zu mir, und ich möchte gern den Sinn, die Botschaft verstehen.

J: (nervös) Lassen Sie mich mit einer Zigarette stärken, bevor ich das tue. Hat jemand Streichhölzer? (sie bekommt Feuer von jemand, während sie zur Plattform geht) Danke.

F: Und was ist das hier? (Fritz zeigt auf die Streichhölzer, die sie die ganze Zeit in der Hand gehalten hat; sie lacht) Und was ist das? Sehen Sie —

J: Ich habe *Sex und ledige Mädchen* gelesen und da steht, trag nie deine eigenen Streichhölzer bei dir.

F: (freundlich) Komm, sei still. Sie manipuliert nur die Umgebung, um unterstützt zu werden. Sie trägt ihre eigenen Streichhölzer bei sich, aber sie muß jeden ausnutzen, damit er sich um sie kümmert. Das ist schon die erste Botschaft . . .

J: Ja?

F: Ja? *Sie* fragen *mich?*

J: (einladend, gehalten und kontrolliert) Es ist Ihre Schau, Doktor.

F: (zur Gruppe) Habt ihr die Wendung bemerkt? Es ist meine Schau. *Ich* will etwas von *ihr*.

J: (nervöses Lachen, leichte Panik) Ich glaube nicht, daß Sie das bekommen werden.

F: Na also, die Bühne ist aufgebaut. Ich will etwas von ihr. Ich würde es nicht bekommen.

J: Ich habe von Ihnen gehört.

F: Sie winkt mir zu, sagt »Komm doch«, damit das Beil herab sausen kann.

J: Wessen Beil, meines oder Ihres?

F: Machen Sie bitte eine Aussage aus dieser Frage.

J: Eine Aussage soll ich daraus machen — aus dem Beil? Uhhhh . . . Wer wird da wohl wem eins versetzen, Sie mir oder ich Ihnen?

F: Das ist eine sehr gute Illustration. Das nennen wir den Fallensteller. Sie spielt die Fallensteller-Nummer. Die Falle stellen und warten, bis du hineinrennst, damit — psst! . . .

J: Ich bin nicht bösartig . . . (Fritz macht Anstalten, sich eine Zigarette anzuzünden, aber er fährt mit dem Streichholz absichtlich über eine Stelle, wo es sich nicht entzündet — er spielt Judys Nummer — großes Gelächter)

J: Sie brauchen Hilfe, Doktor — können Sie sich nicht mal Ihre eigene Zigarette anzünden? (Fritz macht weiter mit seinem Spielchen, schließlich zündet Judy das Streichholz für ihn an ... Fritz schaut zuerst gelangweilt drein, schließt dann seine Augen und scheint zu schlafen)
J: Sie atmen viel zu tief für einen, der schläft... (Fritz hält die Augen weiterhin geschlossen) ...
J: Bringen Sie mich nicht dazu, Ihnen einen Fußtritt zu geben! (brüllendes Gelächter)
F: Okay. Recht vielen Dank.

Beverly

Beverly: Ich vermute, ich soll etwas sagen. Ich habe keine interessanten Träume. Meine sind so eine Art Allerweltsträume.
Fritz: Bist du dir bewußt, daß du dich verteidigst? ... Ich habe euch nicht gebeten, nur Träume zu bringen.
B: Du hast gestern abend darum gebeten, und ich hatte Angst, das würde mich disqualifizieren. Wenn ich ein paar machen könnte ...
F: Du hast eben eine sehr interessante Haltung. Das linke Bein unterstützt das rechte Bein, das rechte Bein unterstützt die rechte Hand, die rechte Hand unterstützt die linke Hand.
B: Ja. Das gibt mir etwas, an dem ich mich festhalten kann. Und bei einer solchen Menge Leute da draußen bekommt man leicht etwas Lampenfieber. Es sind so viele Leute.
F: Du hast Lampenfieber, und es sind Leute da draußen. Mit anderen Worten, du bist auf der Bühne.
B: Ja, ich glaube, das ist mein Gefühl.
F: Nun, was hältst du davon, mit deinem Publikum in Kontakt zu kommen? ...
B: Also, sie sehen sehr gut aus, die Leute. Sie haben wunderschöne Gesichter.
F: Sag das ihnen.
B: Ihr habt sehr warme Gesichter, sehr interessierte, sehr interessante ... mit — mit so viel Wärme.
F: So, dann komm jetzt wieder zurück zu deinem Lampenfieber. Was erlebst du in diesem Augenblick?
B: Ich habe kein Lampenfieber mehr. Aber mein Mann schaut nicht zu mir her.
F: Dann geh zu deinem Mann zurück.
B: Du bist der einzige, der befangen aussieht. Niemand anders schaut

mich so befangen an. (Lachen) Du hast so ein Gefühl, als ob du hier heroben wärst, oder? Oder ist es so, wie wenn dein Kind hier heroben ist? . . . Nein?

X: (aus dem Publikum, schreit) Antworte!

Ehemann: Sie ist diejenige, die da oben ist und sie versucht, *mich* da hinaufzusetzen.

F: (zum Mann von B.) Ja. Du mußt antworten. (zu Beverly) Du mußt wissen, was ich fühle.

B: Nun, normalerweise antwortet er nicht. Wolltest du ihn aus seiner Rolle herauskriegen? (Gelächter)

F: So, du bist also ein Keulenschläger.

B: Du brauchst einen Aschenbecher.

F: »Ich brauche einen Aschenbecher« (Fritz hält seinen Aschenbecher hoch) Sie weiß, was *ich* brauche. (Lachen)

B: Oh, nein — du hast einen. (Lachen)

F: Jetzt krieg *ich* Lampenfieber. (Lachen) Ich habe immer Schwierigkeiten im Umgang mit jüdischen Mammen. (Lachen)

B: Magst du jüdische Mammen nicht?

F: Oh, ich liebe sie geradezu. Vor allem ihre Matzesklöß-Suppe. (Lachen)

B: Ich bin keine gastronomische jüdische Mamme, ich bin einfach eine jüdische Mutter (gluckst). Ich mag gefilte Fisch auch nicht. Ich vermute, daß ich eine ziemlich ausgeprägte jüdische Mutter bin. Nun, das ist nicht schlimm. Das ist in Ordnung so. Wirklich, das ist gut so.

F: Nun, was tun deine Hände denn?

B: Meine Nägel reiben sich aneinander.

F: Was tun sie sich gegenseitig?

B: Sie spielen einfach. Ich tu das oft. Schau, ich rauche nicht, was soll man denn sonst mit seinen Händen tun? Es sieht nicht gut aus, Daumen zu lutschen.

F: Das ist wieder die jüdische Mamme. Sie hat für alles Gründe. (Lachen)

B: (scherzhaft) Und wenn ich keinen hab, dann erfinde ich mir einen. (gluckst) Das geordnete Universum. Was ist daran falsch, eine jüdische Mutter zu sein?

F: Habe ich gesagt, daß mit der jüdischen Mutter etwas nicht stimmt? Ich sage bloß, daß *ich* Schwierigkeiten habe im Umgang mit ihnen. Es gibt da eine berühmte Geschichte von einem Mann, der ein derart hervorragender Schwertkämpfer war, daß er sogar einen Regentropfen treffen konnte, und wenn es regnete, benutzte er sein Schwert anstelle eines Regenschirms. (Lachen) Nun, es gibt auch intellektuelle oder behavioristische Schwertkämpfer, die auf jede Frage, Aussage oder was auch immer mit Zurückschlagen antworten. Was du auch tust, sofort wirst du mit irgendeiner Art von Antwort kastriert oder k.o. geschlagen — mit Dumm-Stellen oder »Ach, ich armer...« oder wie die Spielchen auch heißen. Sie ist darin vollkommen.

B: Das ist mir noch nie aufgegangen.

F: Seht ihr. Das ist das Schwert wieder. Dumm-Stellen. Ich möchte noch einmal wiederholen, was ich schon gesagt habe. Reifung ist das Transzendieren der Unterstützung durch die Umwelt hin zur Selbständigkeit. Der Neurotiker vergibt, anstatt seine eigenen Kräftequellen zu mobilisieren, seine ganze Energie an die Manipulation der Umwelt, die ihn unterstützen soll. Und was *du* tust, ist immer wieder mich manipulieren, deinen Mann manipulieren, du manipulierst jeden so, daß er zur Rettung der »Jungfrau in Nöten« eilt.

B: Wie habe ich dich manipuliert?

F: Ihr seht, schon wieder. Diese Frage zum Beispiel. Das ist sehr wichtig für das Reifen — verwandelt eure Fragen in Aussagen. Jede Frage ist ein Widerhaken, und ich würde sagen, daß die Kehrseite unserer Fragen Erfindungen sind, um uns selbst und andere zu quälen. Aber wenn du deine Frage in eine Aussage verwandelst, machst du deinen Hintergrund ein schönes Stück weit auf. Das ist eines der besten Mittel, eine gute Intelligenz zu entwickeln. Verwandle also deine Frage in eine Aussage.

B: Nun, das — das schließt ein, daß, ah ich habe einen Fehler an mir. Hast du das so gemeint?...

F: Setz Fritz in den Stuhl und stell ihm diese Frage.

B: Magst du jüdische Mütter nicht? Hattest du eine, die du nicht mochtest?

Nun ja, ich mag sie. Nur der Umgang mit ihnen ist halt ganz schön schwierig.

Was macht sie denn so schwierig?

Na ja, sie sind sehr dogmatisch und sind sehr starrsinnig und unbeugsam, und der Kasten, den sie für sich konstruieren, um darin zu wachsen, ist ein bißchen enger als mancher andere. Man kann sie weniger leicht therapieren.

Muß sich jeder deiner Therapie unterwerfen?

Nein. (Lachen)

(zu Fritz) Hast du mit dir selbst jemals so die Plätze getauscht?

F: (lachend) Oh ja — *Oh!* Sogar *ich* werde eingesogen von ihr (Lachen)

B: Du sagtest, du hättest Probleme mit jüdischen Müttern. (Lachen)

Ehemann: Verstehst du jetzt, warum ich nicht geantwortet habe? (Lachen und Applaus)
F: Das ist richtig, du siehst nämlich, daß die jüdische Mutter nicht sagt: »Du solltest nicht so viel rauchen.« Sie sagt: »Du brauchst einen Aschenbecher.« (Lachen) Gut. Danke.

Maxine

Maxine: Mein Traum ist, daß ich daheim im Haus meiner Eltern bin und . . .
Fritz: Gut, möchtest du bitte erst mal deine Stimme spielen: »Ich bin Maxines Stimme. Ich bin laut, weich, dröhnend, melodisch, ich bin lebendig . . .«
M: Ich bin Maxines Stimme und ich bin sehr leblos . . . da ist wenig Gefühl drin, und ich fühle mich ganz anders als das, was meine Stimme darstellt.
F: Okay, dann setze dich mit deiner Stimme auseinander. Setz deine Stimme hierher, und du sitzt da. Du sagst: »Stimme, ich habe keine Beziehung zu dir. Du bist ganz anders als ich.«
M: Stimme, du bist ganz anders als ich. Ich fühle mich völlig verschieden von — von — von dem, wie du dich anhörst. Ich bin nervös, ich zittere, und bin zu Tode erschrocken . . .
F: Das ist es, was du fühlst.
M: Mein Magen ist — mein Magen ist — ist nervös.
F: Okay, sei jetzt deine Stimme.
M: Ich — ich weiß, daß du nicht — du willst nicht, daß ich — äh — daß ich deine wirklichen Gefühle ausdrücke, ich helfe dir also dabei, sie zu verdecken.
F: Mach jetzt einen Dialog daraus, das heißt, tausche die Plätze, bei jedem Satz oder wann immer dir nach antworten zumute ist. Jetzt sagt die Stimme zu Maxine: »Ich möchte das verdecken, was du empfindest.« Ja?
M: Aber ich will nicht, daß du verdeckst, was ich fühle. Ich will — ich will, daß du meine Gefühle herausläßt, ich will, daß du —
F: Sag das nochmal: »Ich will, daß du meine Gefühle herausläßt.«
M: (lebendiger) Ich will, daß du meine Gefühle herausläßt, ich will, daß du mich Mensch sein läßt.
F: Nochmal.
M: Ich bins leid und müde, daß du — daß du dich die ganze Zeit vor mich stellst. Ich will — ich will ich sein.
F: Sag das nochmal: »Ich will ich sein.«

M: Ich will ich sein, Stimme! Ich will, daß du aufhörst, mich zu verdecken. /F: Nochmal/ Ich will ein richtiger Mensch sein. /F. Nochmal./ Ich will ich sein! *Hör auf,* mich zu verdecken.

F: Laß mich auf eine Vermutung hin arbeiten. Sag das zu Brian. (M.s Verlobter)

M: Hör auf, mich zu verdecken ...

F: Spürst du's?

M: Nein. Ich hab Angst, es zu sagen.

F: Sag ihm das ...

M: *Stell dich nicht vor mich!*

F: Okay, schließ nochmal deine Augen. Mach deine Augen zu und geh in deinen Körper. Was begegnet dir, was erlebst du?

M: Sehr nervös. Meine Beine zittern, meine Arme zittern, und mein Magen ist sehr nervös.

F: Tanze diese Aufgeregtheit. Drücke alles, was du jetzt empfindest, in Bewegung aus.

M: Ich fühle mich irgendwie angespannt, in meinem ...

F: Ja. (Fritz streckt einen Arm aus). Schnür jetzt mich zusammen, geh zu, mehr — mehr — mehr. Implodiere mich ... So, was fühlst du jetzt?

M: Ich fühle mich entspannter.

F: Aha. Weil du mir getan hast, was du sonst dir selbst antust. Das ist die Goldene Regel in der Gestalttherapie: »Tu andern an, was du dir selbst antust.« Ich glaube, wir sind jetzt für den Traum bereit, gehen wir also zum Traum über.

M: Ich war zu Hause und ich bin — ich bin bei meiner Schwester und — und wir haben viel Spaß miteinander.

F: Im Traum? /M: Ja./ Was für einen Spaß?

M: Wir unterhalten uns, wir tun etwas miteinander, wir —

F: Was tut ihr miteinander? Schau, ich kann die abstrakte Sprache nicht verstehen, ich muß etwas Wirkliches zum Arbeiten haben.

M: Wir — wir laufen miteinander davon, wir —

F: Ihr lauft miteinander davon.

M: Wir laufen vor Leuten davon und —

F: Ich verstehe das Wort »Leute« nicht. Vor wem lauft ihr davon?

M: Vor meinen Eltern.

F: Ah. Und das macht Spaß.

M: Ja, es macht Spaß. Und wir verstehen uns. Ich kann ihr sagen — ich kann ihr meine Feindseligkeit zeigen, ich kann sie anschreien und ich kann an ihr rummäkeln. Das kann ich gegenüber meinen Eltern nicht tun. Alles was ich tun kann, ist bloß — einfach leblos sein im Umgang mit ihnen, bloß auf sie hören, sonst nichts.

F: Okay. Setze dich mit deiner Schwester auseinander.

M: Du bist eine Nichtstuerin. Du bist zu nichts gut. Ich bin besser als du.

F: Tauscht die Plätze. Was antwortet sie?

M: Ich mag es nicht, Nichtstuerin genannt zu werden. /F: Sag das nochmal/ Ich *mag* es nicht, wenn du mich eine Nichtstuerin nennst!/ F: Nochmal/ Ich habe es satt, von dir die ganze Zeit Nichtstuerin genannt zu werden!

F: Jetzt klingt deine Stimme echt. Hörst du es?

M: Darum mag ich dich nicht, (hohe, gereizte Stimme) und ich hasse dich, ich —

F: Ich nehm dir den Haß nicht ab. »Ich hasse dich.« Ich habe nicht den *geringsten* Haß darin gehört. Du machst wieder auf literarisch.

M: *Du* bist die Nichtstuerin.

F: Ah! Sag das nochmal.

M: *Du bist* eine Nichtstuerin, *du bist* eine Nichtstuerin. Ich bin keine Nichtstuerin. *Du bist* die Nichtstuerin.

F: Tauscht die Plätze . . . Was empfindest du jetzt?

M: Ich fühle mich, als ob ich sie am liebsten auseinanderreißen würde. Ich würde ihr am liebsten die Kleider vom Leib reißen, und ihr die Beine ausreißen und sie einfach in Stücke zerschmettern.

F: Tu das jetzt — tanze es. Agiere es aus.

M: Ich kann es nicht ausagieren.

F: Komm, tu es. Laß den Blödsinn . . . Du konntest mich ganz nett zusammendrücken. Haben wir etwas, das sie auseinanderreißen könnte (jemand holt einige Zeitungen) Und atme, wenn du das tust und gib einen Ton von dir. Mach Lärm dabei.

M: Ich *kann dich nicht* auseinanderreißen, Norma . . . Ich möchte gern, aber —

F: Ja? Was hast du dagegen?

M: Ich — ich — Du bist gar nicht diejenige, auf die ich wirkliche eine Wut habe.

F: Aha.

M: Ich mag dich nicht verletzen.

F: *Wie* magst du sie nicht verletzen? (Lachen)

M: Du bist nicht die — dich will ich nicht umbringen. Ich will dich nicht auseinanderreißen. Ich möchte nicht — *Kleinholz* aus dir machen. Nicht dich körperlich umbringen, aber ich will nicht —

F: Wen möchtest du denn umbringen?

M: (weich) Ich möchte meinen Vater umbringen.

F: Okay. Rufen wir den Papa herein. (Fritz pfeift) Eltern sind nämlich niemals *gut,* Eltern machen's selbstverständlich immer falsch. Wenn sie groß sind, sollen sie klein sein. Wenn sie das sind, sollen sie jenes sein. Also, schnauz ihn an. Wie entspricht er deinen Erwartungen nicht? Wie sollte er sein?

M: Er sollte mich in Ruhe lassen.

F: Sag ihm das.

M: (gereizt, klagend) Laß mich in Ruhe, Paps. Geh weg von mir. Laß mich in Ruhe. Laß mich mein eigenes Leben leben und hör auf, dich einzumischen und laß mich endlich stehen.

F: Hört er dich?

M: Nein.

F: Dann versuchs nochmal. Kommuniziere mit ihm.

M: Ich — ich fühle mich sehr traurig, wenn ich dir das sage.

F: Sag ihm das.

M: Ich fühle mich traurig, wenn ich dir das sage, denn ich will dich wirklich nicht verletzen. Ich habe Schuldgefühle, wenn ich versuche, dich zu verletzen.

F: In der Gestalttherapie übersetzen wir das Wort »Schuldgefühle« mit Ärger; schauen wir mal, ob das paßt. Wie nennst du ihn?

M: Paps.

F: »Paps, mich ärgert, daß . . . — mir stinkt, daß . . .«

M: Paps, mich ärgert — mich ärgert, daß du versuchst, mich so weit zu bringen — deine Bedürfnisse zu erfüllen. —

F: Wie zum Beispiel?

M: Mir stinkt, daß du mir sagst, wo ich leben soll, was ich tun soll, und ich weiß, daß der einzige Grund dafür, daß du mir das sagst, ist, weil — weil, wegen deiner eigenen Bedürfnisse. Du willst, daß ich in deiner Nähe lebe. Du willst, daß ich . . .

F: Was blockierst du jetzt gerade?

M: Ich versuche mir auszudenken — ich versuche mir auszudenken, wie ich in Worte fassen kann, was er will, daß ich tun soll.

F: Okay, spiel *ihn.* Laß ihn sagen: »Maxine, ich möchte, daß du in meiner Nähe lebst . . .«

M: Alles, was ich von dir will, Max — alles, was ich dir gegeben habe, ich habe so viel für dich getan — Alles, was ich dafür von dir will ist, daß du mir eine gute Tochter bist. Ich will, daß du tust, was *andere* Leute auch tun. Ich will, daß du — ich will, daß du deinen Apotheker-beruf ausübst, darin hast du doch einen Abschluß, aber stattdessen wirfst du *alles* weg. Wenn du das tun würdest, dann könntest du so um die vierzig herum *in den Ruhestand gehen,* du könntest so viel Geld haben, wie du willst. (Lachen)

Ich *will keine* Apothekerin sein. Ich wollte *nie* Apothekerin sein.

F: Spiel nochmal den Papa.

M: *Ich* habe nie von dir verlangt, Pharmazie zu studieren. Du kannst tun, was du willst. Es ist mir gleich, was du tust. Alles, was ich von dir verlangt habe, ist, etwas zu tun, wobei du eine Menge Geld verdienst und einen guten Ruf hast.

F: Kannst du ein bißchen spielen? Ja?

M: Ja.

F: Mach weiter mit Papa-Spielen, und komm dann auf dich selbst zurück und antworte jedes Mal »Leck mich!« (Lachen)

M: Jedes Mal, wenn ich meinem Vater antworte, sage ich: »Leck mich«?

F: Ja. Richtig. Er hält Moralpredigten, oder? Laß ihn nur predigen und jedes Mal, wenn er versucht, dir irgendeinen Schmarrn aufzuschwatzen, sag ihm gleich: »Leck mich!«

M: Ich bin ein kranker Mann — und — ich kann es mir einfach nicht bieten lassen, wie — wie du mich behandelst. Du bringst mich noch ins *Grab*.

F: Jetzt hat er einen anderen Ton angeschlagen. Jetzt spielt er den Tragischen. (Lachen) Sag ihm das.

M: Paps, du spielst den Tragischen. Du spielst den armen, hilflosen, alten Mann: »Hab doch Mitleid mit mir.« — Das sagst du mir, ja ... »Hab doch Mitleid mit mir«. Ein schwacher alter Mann. Ich bin es müde, ich hab's satt. Ich kann nichts dagegen machen, daß du ein schwacher alter Mann bist, — wenn es das ist, was du bist.

(schnarcht) Er schläft ein. (Lachen)

Verdammt, Paps, ich hab einen solchen Haß auf dich — jedes Mal, wenn ich irgendetwas ausdrücken will oder dir irgendwas sagen will — bist du völlig — du hörst einfach nicht zu, du hörst dir nichts an von mir — was ich auch zu sagen hab, ist unverantwortliches Zeug.

F: Gib mehr — gib dich ganz hinein.

M: Alles, was ich dir auch zu sagen habe, siehst du als unverantwortlich an, als wäre es nichts wert —

F: (ihren Ton imitierend) Nyahnyahnyahnyah.

M: Nyahnyahnyan. Ich habe es allmählich satt, wie ein Kind behandelt zu werden. Ich bin doch kein Kind mehr!

F: Nun, deine Stimme drückt das nicht aus, sie ist nicht dementsprechend. Deine Stimme ist die Stimme eines gereizten Kindes. Versuch meine Medizin. Sag ihm: »Leck mich!«

M: Leck mich am Arsch, du alter Bock (schallendes Gelächter und Beifall).

Wie kannst du so schreckliche Dinge zu deinem Vater sagen!

Ich habe nie so etwas gesagt. Ich habe dich nie dazu erzogen, auf diese Art und Weise zu reden. Du gehst vor die Hunde — das kommt von der ganzen Ausbildung, die du gemacht hast (Lachen).

Du bist ein ganz beschränkter — Du bist beschränkt, du kannst nichts sehen außer /F: Nyahnyahnyahnyah./ deiner eigenen Methode. F: Nyahh. Hörst du deine Stimme? Gut, rede weiter mit ihm, aber hör auf deine Stimme.

M: Ich wünschte, ich könnte dir sagen, was ich wirklich von dir denke.

F: Ja. Das hörte sich real an. Sag das nochmal.

M: Ich wünschte, ich könnte dir sagen, was ich wirklich von dir denke.

F: Wer hindert dich daran? Er ist nicht da. Er ist in Wirklichkeit nicht da. Riskiere es . . .

M: Wenn du nicht sterben und mir dann die Schuld dafür anhängen würdest, dann — ich würde dir ein paar Sachen sagen.

F: Okay. Er ist jetzt tot.

M: *Gottseidank!!* (Lachen)

F: Jetzt kannst du wirklich reden.

M: Ich habe das Gefühl, daß ich allein daran schuld bin, daß er gestorben ist.

F: Oh, das ist *seine* Stimme. Komm, dreh es um. Ich will hören, was er sagt: »Das ist alles deine Schuld.«

M: Das ist nur deine Schuld. Ich war — ich war krank und hilflos. Ich habe alle möglichen Krankheiten, alle möglichen Unpäßlichkeiten, und weil du mich anschreist, weil du mich — weil du nicht willst — äh — weil du so undankbar bist, weil du mir nicht helfen willst, weil du nicht bei mir sein wolltest, als ich dich gebraucht habe, bin ich gestorben. Und es ist *deine* Schuld.

F: Gut. Jetzt bist du dran. »Ich bin schuld.«

M: Ja. Ich bin also eine Schlampe. Macht dich das jetzt glücklich? Bist du jetzt stolz auf mich? Ist es das, was du willst? Hältst du deine Tochter für eine Schlampe? O.K. Ich geb's zu, ich bin eine Schlampe, und ich werde auch weiterhin eine Schlampe sein.

Na ja. Ich hab dir's gezeigt. Ich bin gestorben, und dir wird es leid tun. Eines Tages wird es dir leid tun.

F: Nochmal.

M: Eines Tages wird es dir leid tun.

F: Wann?

M: Eines Tages wird es dir leid tun, dann nämlich, wenn du einsiehst, wie du mich behandelt hast — wenn du einsiehst, daß ich nur deinetwegen gestorben bin, dann wird es dir leid tun.

F: Okay, sag das jetzt zu jemand im Publikum. Sag das zu Brian (Verlobter). Probier, ob es paßt. »Eines Tages wird es dir noch leid tun, wie du mich mißhandelt hast.« (Lachen)

M: (lacht nervös) Lach mich nicht aus, bitte. (räuspert sich) Eines Tages wird es dir leid tun. Es wird dir leid tun, weil — weil du mich nicht richtig behandelt hast. Du wirst mich verlieren.

F: Sag ihm, was dir an ihm nicht paßt ... Was empfindest du jetzt?

M: Ich fühle mich — äh — scheu — und — äh, als ob ich kein Recht hätte, mit dir zu reden. (seufzt)

F: Was fühlst du? Was erlebst du? Was spürst du *körperlich?*

M: Leblosigkeit, Nichts. Tod. Ich habe ein Gefühl, als ob ich kein Recht hätte zu leben ...

F: Du gehst also rückwärts, anstatt vorwärts, ja? Gut. Komm zu mir zurück. Was empfindest du mir gegenüber?

M: Ich habe Angst vor dir.

F: Was willst du mir gegenüber tun?

M: Ich möchte gut Freund mit dir sein.

F: Nun, wenn du dich fürchtest, bedeutet das, daß du Aggressionen auf mich projizierst.

M: Ich habe Angst, daß du mir zu nahe kommst.

F: Aha. Wie nah kann ich dir kommen?

M: Ich weiß nicht. (lacht) Das ist es, wovor ich mich fürchte.

F: Okay. Gehen wir zurück und sagen das dem Papa ...

M: Paps, ich habe Angst, daß du mir zu nahe kommst. Und ich habe Angst, daß du dich an mir anklammerst. Ich habe Angst, daß du aus mir ein winziges Etwas — ein Nichts machst ...

F: Spiel diesen Papa: »Ich werd mich in dir verhaken.«

M: *Ich werd dich schon kriegen.*

F: Ja. Da ist jetzt deine Kraft. Komm! Spiel die Hexe.

M: (stark) Ich bin stärker als du. Ich werd dich schon kriegen, und ich werd dich in einen Käfig stecken, lebenslänglich. (streckt die Hände aus und greift nach etwas)

F: Das sieht aber mehr nach Erdrosseln aus.

M: Ich werd dich erwürgen ... /F: Ja./ Ich werd dich genauso unterkriegen wie deine Mutter. Ich werd dich — ich werd dich so weit kleinkriegen, daß — ich werd aus dir *genau* das machen, was *ich* haben will. Du wirst einfach — du wirst meine ganzen Wünsche und Bedürfnisse erfüllen. Du wirst mein Sklave sein. Ich werde alles Gefühl von dir wegnehmen, bis du nur noch fühlst, was *ich* fühle, und das einzige, wofür du empfänglich bist, werden *meine* Gefühle sein und — und — du wirst dich *meiner* Gefühle annehmen. Vergiß die deinen. Sie sind unwichtig. Sie sind unreif. Sie sind kindisch.

F: Wie fühlst du dich in dieser Rolle, als Manipulator?

M: Ich mag sie nicht.

F: Fühlst du irgendeine Stärke?

M: Ja.

F: Erkennst du dich im Manipulator wieder? (sie schüttelt den Kopf) Nein. Dann hat es keinen Wert . . . Was empfindest du im Moment?

M: Ich bin wütend auf meinen Vater.

F: Okay.

M: Du wirst mir das nicht antun, Paps. Ich werde das nicht zulassen.

F: Sag das nochmal.

M: (lauter) Du wirst mir das *nicht* antun.

F: Ich höre immer noch keine Wut. Ich höre immer noch Beklagen. Nyahnyahnyahnyah. Bis jetzt ist die ganze Stärke immer noch in ihm, und du bist immer noch am Verteidigen.

M: Paps, ich werde es nicht zulassen, daß du mir das antust. Ich weiß nicht — ich kann dich nicht bremsen, wenn du um mich herum bist. Wenn ich dich nicht bremsen kann, wenn du um mich herum bist, geh ich einfach weg von dir. Ich werde eine Entfernung zwischen uns aufbauen — Meilen, die zwischen uns liegen — so groß, daß du mir das nicht antun kannst. Ich werde dich nicht lassen. Wenn ich vor dir davonlaufen muß, dann werde ich das tun.

F: Sag das: »Ich werde es nicht zulassen — «

M: Ich werde das nicht zulassen. /F: Lauter/ *Ich werde das nicht zulassen* /F: Lauter/ *Verdammt nochmal!* (brüllt) *Ich werde das nicht zulassen!*

F: Lauter. Sag es mit deinem ganzen Körper.

M: ICH WERDE DAS NICHT ZULASSEN!

F: Ich glaube das immer noch nicht. Das ist immer noch Literatur — Jammern, Klagen . . . Ich fühle noch kein Vertrauen.

M: Ich kann es nicht lauter sagen.

F: Er ist immer noch der Stärkere.

M: Dann werde ich ihm davonlaufen.

F: Ja. Das ist nun etwas, das du noch verarbeiten mußt, ihm wirklich standzuhalten. Nicht wie eine Heulsuse, sondern wie eine erwachsene Frau.

M: Ich weiß, was du meinst. Dankschön.

F: Ich möchte euch etwas über mein allerjüngstes Hobby erzählen. Jerry Greenwald, ein Ex-Schüler von mir, hat einen sehr schönen Aufsatz geschrieben. Wie alle Psychologen muß er natürlich Buchstaben, Nummern und Namen einführen, er führt also die T-Menschen und die N-Menschen ein. T-Menschen (toxic people) sind *gifthaltige* Menschen, und N-Menschen (nourishing people) sind *nahrhafte* Menschen, und mein Vorschlag für euch ist nun, sehr genau hinzuhören, wenn ihr jemand begegnet, ob er gifthaltig oder nahrhaft ist. Wenn er gifthaltig ist, dann fühlst du dich blaaah, erschöpft, irritiert; wenn er nahrhaft ist, wächst du, möchtest du tanzen, ihn umarmen. Jeder Satz — alles, was jemand sagt oder tut, kann also entweder gifthaltig oder nahrhaft sein. Alles, was vom Selbst getragen wird, ist nahrhaft. Alles, was manipuliert, heraufbeschworen, absichtlich ist, ist in den meisten Fällen gifthaltig. Es ist falsch, es ist heuchlerisch, es ist eine Lüge.

Für diejenigen unter euch, die Therapeuten sind: Wenn ihr einen gifthaltigen Patienten habt, findet heraus, *wie* er euch vergiften will. Wieviel Energie verbraucht ihr? Müßt ihr euch anstrengen, um dem Patienten zuzuhören? Fühlt ihr euch verantwortlich für den Unsinn, den er erzählt und wie er die ersten 40 Minuten mit Unsinn vertut, um während der letzten 5 Minuten etwas ins Spiel zu bringen, das euch auf heiße Kohlen setzt und es euch schwer macht, ihn fortzuschicken? Oder hört ihr, daß er euch einschläfert und seid ihr gute Therapeuten und schlaft ein, bis er euch aufweckt?

Sicherlich handelt es sich oft um eine Mischung aus beiden, aber manchmal bekommt man wirklich 100 Prozent giftige Leute. Wenn du giftig bist, heißt das, daß du einen Dybbuk, einen Dämon, in dir hast, jemand, der dich vergiftet, den du ganz und gar verschlungen hast. Die Freudsche Vorstellung, daß wir den Menschen introjizieren, den wir lieben, ist falsch. Du introjizierst immer Menschen, die *beherrschen*. Das beschäftigt mich jetzt wirklich, das mit dem Gift und der Nahrung. Ihr könnt sicher sein, wenn ihr in Gemeinschaft oder in einer Gruppe seid und euch nachher ganz erschöpft und verausgabt fühlt, so habt ihr eine Menge gifthaltiger Sätze aufgenommen. Wenn ihr euch erfrischt und wach fühlt, habt ihr eine Menge Nahrung zu euch genommen. Und sehr häufig ist das Gifthaltige mit Zucker übergossen, in Süßstoff getunkt. Seht ihr jetzt, wie gifthaltig bis oben hin Maxines Vater ist? Er hat sie mit all diesen Drohungen vergiftet — sie hält sich folglich von ihm fern. Aber sie ist noch nicht immunisiert. Weißt du, worüber ich rede?

M: Ich weiß, worüber du redest.

F: Ich meine, für die erste Sitzung, die du je hattest — warst du sehr mutig und kooperativ, aber wir sind nicht ganz durchgedrungen. Wir können nicht immer in zwanzig Minuten eine ganze Therapie vollbringen.

Q (Frage): Du hast gesagt, daß man von der Explosion zur Ebene authentischen Daseins kommt. Kann die Explosion in Freude oder Sex oder Wut nicht authentisch sein? /F: Doch./ Und warum unterscheidest du das von der authentischen Daseinsebene.

F: Weil sich die authentische, die eigentliche Daseinsebene *zuerst* in diesen Explosionen zeigt.

Q: Sie hängen also zusammen.

F: Oh, auf jeden Fall. Genau das habe ich gesagt. Das ist die Verbindung. Die Implosion *vergeht,* die aufeinanderprallenden Kräfte vergehen in der Explosion. Ihr habt hier gesehen, wie sie sich jedesmal zurückhalten. Hier deckt die Stimme etwas zu. Es ist immer der innere Kampf. Als sie sich selbst zusammenpreßte, implodierte, — fühlte sie sich sehr unwohl. Als sie gelinde explodierte und mich preßte — sie ist sehr stark —, fühlte sie sich viel besser, sie fühlte sich selbst viel mehr.

Ich fand es sehr interessant, was ich diesen Sommer von Stan Grof erfahren habe, nämlich darüber, was sie in der Tschechoslowakei mit LSD-Therapie alles tun; das bestätigt völlig meine Theorie über die Implosionsphase, die Todesmitte. Trotz aller Beeinträchtigung haben sie anscheinend den Mut gehabt, zur Todesmitte vorzustoßen und blieben dabei, und dann kam die Genesung, anstatt daß alle Symptome wiederkamen. Ich halte das für eine schöne Bestätigung meiner Theorie — eine Art Beweis, neben meiner eigenen Erfahrung.

Elaine

Fritz: Fällt dir auf, daß in deinem Körper etwas vor sich geht?

Elaine: Ja.

F: Was erlebst du?

E: Mein Magen ist flattrig und mein Herz schlägt, aber ich fühle wirklich kein — ich entspanne mich jetzt allmählich . . . Ich hatte einen Traum, den ich dir erzählen wollte. Ich war auf . . .

F: Hast du die Tränen in deiner Stimme gehört, als du sagtest: »Ich war auf . . .«? Hast du die Tränen gehört? Darauf möchte ich eure Aufmerksamkeit lenken — auf die Stimme. Die Stimme sagt euch alles — jede Sekunde.

E: Nun, ich war im Bett und, äh —

F: Erzähl den Traum bitte in der Gegenwart.

E: Ja. Ich liege im Bett und . . . ich schlafe, und ein Priester, ein katholischer Priester — kommt, und er ist in schwarze Talare gehüllt, und er kommt ans Bett, und, ah, er fordert mich auf, mit ihm mitzugehen. Und ich fürchte mich, anfangs, weil ich die Situation nicht in der Hand habe. Und er fordert mich auf —

F: Darf ich dich einen Augenblick unterbrechen? Sag zur Gruppe: »Ich muß die Situation in der Hand haben.«

E: Ich muß die Situation in der Hand haben.

F: Sag das ein paar Leuten hier.

E: Ich muß die Situation in der Hand haben (schluchzend) Ich muß die Situation in der Hand haben. Äh, äh — er kommt zu mir, in Talare gehüllt, und er fordert mich auf zu kommen, und ich hatte mich nicht in der Hand — ich habe mich nicht in der Hand.

F: Jetzt könnt ihr diese Art von Überstürzen bemerken. Elaine handelt so, als ob sie emotional blind wäre. Sie erlebt etwas — Weinen oder sonst was — etwas geschieht, aber sie muß durchgehen, auf den Traum zu, als ob nichts ihre Errungenschaft stören dürfte. Sie ist offensichtlich zielgerichtet. Okay.

E: Und er fordert mich auf, mit ihm mit zu gehen, und ich fürchte mich, und ich sage »Ich kann jetzt nicht mitgehen«; er ist sehr unnachgiebig und sagt: »Du mußt kommen, und zwar jetzt.« Und ich sage: »Ich kann nicht, ich bin noch nicht bereit.« Und dann, — ich — scheine mich zu bewegen, hinaus — während ich mit ihm rede. Ich bin nicht, ich habe nicht das Gefühl, daß ich in meinem Körper bin. (fängt an zu weinen) Mein Körper ist im Bett, und ich bin drau — ßen — aber ich kann mich nicht mit ihm fortbewegen, weil ich meinen Körper im Bett nicht verlassen kann, und darum sage ich ihm, daß ich zurückgehen muß, ich muß in meinen Körper zurückgehen, weil ich nicht bereit bin. (weniger geängstigt) Und ich tu das — ich bewege mich zurück, und sofort verschwindet er. Als er mich verläßt, sitze ich an einem Tisch, mit meinem Körper, und auf diesem Tisch ist etwas — es ist ein langer Tisch, und er ist aus Holz und meine Familie sitzt da — meine Mutter, mein Vater, ich, mein Bruder. Und als erster steht mein Bruder auf, um in den anderen Raum zu gehen und zu sterben (ruhig), und ich bin davon nicht berührt. Der Tod bedeutet mir nichts, daß er sterben wird. Und ich fühle mich fast schuldig, im Traum, daß ich seinem Tod gegenüber nichts empfinde. Und dann kommen meine Mutter und mein Vater aus dem Raum zurück, und mein Vater — ich versuche, ihn aufrecht zu halten. Ich hebe ihn hoch, und (ihre Stimme bricht) er hat keine Knochen, er hat keine Struktur, er ist einfach eine Amöbe, und ich kann ihn nicht hoch heben, und ich hebe ihn auf und er (sie fängt an zu weinen) *kann nicht stehen.* Es gibt keine Möglichkeit für mich, ihn aufrecht zu halten — *ich habe es versucht.* Und (weich) das passiert ihm ... Er findet auch den Tod — (sehr schnell) er bewegt sich auf seinen Tod zu und dann sind es bloß meine Mutter und ich, die übrig sind, und ich sitze am Tisch und warte auf meinen Tod ...

F: So. Fangen wir an mit einer Begegnung mit dem Priester. Du sitzt da, setz den Priester in den Stuhl und rede mit ihm.

E: Ich fürchte mich entsetzlich ... vor den Dingen, die du mir gesagt hast, über meinen Tod, und ich *will* das verstehen, aber du hast mir *nichts* gegeben und (weint) keine Mittel, um es zu verstehen ... und ich habe dich gebeten ... und ich habe keine Möglichkeit, das ... herauszufinden, durch dich, und trotzdem bestehst du darauf, in mein Leben zurückzukommen ...

F: Spiel ihn. »Ich bin dein Priester.«

E: (gleichgültig) Ich bin dein Priester ...

F: Was tust du jetzt? Probst du?

E: Nein ... ich ... fühle mich als Autoritätsperson, wenn ich mit ihr rede.

F: Sag ihr das. »Ich bin eine Autorität.«

E: (schwach) Ich bin eine Autorität ... Ich bin eine Autorität. Ich bin eine Autorität, und du mußt auf das hören, was ich dir sage.

F: Sag das nochmal.

E: Ich bin eine Autorität, und du mußt auf das hören, was ich dir sage.

F: Lauter.

E: Ich bin eine Autorität (weint) und du mußt auf das hören, was ich dir sage?

F: Der Priester weint? ...

E: Nein, aber ich hatte eine Selbsterkenntnis, als ich sagte —

F: Sei also wieder du selbst ...

E: Ich ... weißt du, was mir eben jetzt kam?

F: Sag ihm das.

E: (schwach) Ich bin der Priester ... *ich* bin der Priester. Elaine ist der Priester.

F: Aha, sag das jetzt den Zuhörern.

E: (kühl) *Ich* bin der Priester. Elaine ist der Priester.

F: In der Tat — und das ist der entscheidende Punkt — bist du jedes Stückchen Traum selber. Die Fragmentierung der menschlichen Persönlichkeit kommt nirgendwo besser heraus als im Traum. Wenn du zu einem Traum frei assoziierst oder dich nach tatsächlichen Fakten umschaust, zerstörst du, was du von einem Traum oder einer Phantasie bekommen kannst. Und zwar die Re-Integration deiner abgespaltenen Persönlichkeit. Ich möchte das wieder und wieder betonen. Gestalttherapie hat einen integrativen Ansatz. Wir integrieren, wir fördern Sammlung. Wir sind nicht analytisch orientiert. Wir zerschneiden die Dinge nicht weiter und schauen nach Gründen und Einsichten. Die Erfahrung, die Elaine gerade machte, ist typisch. Mit diesem kleinen

Stück erkannte sie schon, daß sie der Priester *ist*. Und jedes Stück des Materials, wenn du es wirklich voll ausspielst, wird wieder ein Teil deiner selbst, und anstatt immer mehr zu verarmen, wirst du reicher und reicher und reicher. Sei also dein Priester. Sei mein Priester . . .

E: *Ich werde dich* lenken.

F: Ja. Du hast die Lage in der Hand, oder?

E: Ja. Jetzt schon. Und — ich werde *dir* helfen, *dein* Leben zu führen, nicht mir. Das ist, wenn ich der Priester bin — oder, ich *bin* der Priester.

F: Du hast Angst vor deiner Macht, deinem Wunsch, ein Priester zu sein.

E: Ja.

F: Sag das auch den Zuhörern.

E: Ich habe Angst vor meiner Macht, (weint) und meinem Wunsch, ein Priester zu sein. Ich *bin* einer.

F: Nun, ich verstehe dein Weinen nicht. Gehen wir einen Schritt weiter. Was ist deine Macht beim Weinen?

E: Ich weine sehr selten vor Leuten oder in Situationen, sehr selten.

F: Was erreichst du mit dem Weinen? Was ist deine Macht beim Weinen?

E: Ähh . . . meine Macht beim Weinen. Ich bin demütig, ich bin niedrig, daß ich Niedrigkeit haben will, daß ich niedrig sein will.

F: Du ziehst eine Heulsusen-Schau ab.

E: Tu ich das jetzt?

F: Ein alter Scherz von mir ist, daß Tränen die zweitbeste Waffe der Frau sind. (Lachen) Weißt du, welche Waffe die beste ist? — Kochen. (Lachen) Was empfindest du also jetzt? /E: Niedrigkeit/ Niedrigkeit. /E: Ja./ Kannst du die Niedrigkeit übertreiben — sie tanzen, sie ausagieren? . . . (Elaine steht auf und geht langsam umher, mit gebeugten Schultern) . . . Wie fühlt sich das an? . . .

E: Ich weiß mehr, wie es sich *nicht* anfühlt — als daß ich weiß, wie es sich anfühlt. Normalerweise stehe ich sehr aufrecht und groß. Und hier fühle ich mich sehr klein und niedrig.

F: Machen wir jetzt mit der Begegnung mit dem Priester ein wenig weiter. Setz ihn nochmal dorthin. Sag ihm nochmal: »Ich bin nicht bereit für dich.«

E: Ich bin nicht bereit für dich . . . und ich weiß nicht . . . wie ich mit dir *umgehen* soll . . .

Aber ich bestehe darauf, daß du dich mit mir befaßt, und es muß jetzt sein, denn du kannst nicht warten. Du *hast* wirklich *nicht* viel Zeit zum Warten.

F: Sag das nochmal.

E: Du hast wirklich nicht viel Zeit zum Warten. Du hast lange genug gewartet.

F: Tauscht die Sitze.

E: Es gibt viel zu viel, um das ich mich noch kümmern muß. Ich — werde mich jetzt nicht mit dir befassen, weil ... es zu viele praktische Probleme gibt, um die ich mich kümmern muß. Ich habe — ich habe die *Zeit* nicht dafür.

F: Ja. Verstehst du den existenziellen Sinn?

E: Ja, ob ich es verstehe? ... Ob ich verstehe, was vor sich geht?

F: Ja. Aus dem Traum — nimmst du den Sinn auf, die Botschaft, was der Traum sagt? Was sagt der Traum?

E: Er sagt mir, daß ich an zwei Polen lebe — an den Enden der Pole — und ich komme nicht zusammen, in der Mitte. Es ist, wie, ich lebe in den ... ich lebe nicht im Jetzt, wie du sagst.

F: Fällt dir auf, daß der ganze Traum vor allem mit der Zukunft beschäftigt ist, und am meisten mit dem *Ende* der Zukunft — dem Tod? Und Todesangst bedeutet Lebensangst. Sagt dir das irgend etwas? Nimmst du ein wenig auf?

E: Ja. Oh, ja. Ich — meine Intensität für das Leben ist so groß geworden, gefühlsmäßig, /F: Ja./ daß ich bei so vielen Dingen, an die ich mich hingebe, sehr angespannt bin, *wegen* meiner Hauptbeschäftigung, wie mir scheint, mit dem Tod; so daß jeden Augenblick — bei so vielem, das ich tue, eine derartige Unruhe in meinem Körper ist ...

F: Okay, setz die Unruhe in den Stuhl — rede mit deiner Unruhe ...

E: Du hast keine — meine Un- ... du hast keine Mittel, um — ich habe keine Möglichkeit, mit dir fertig zu werden.

F: Mmh. Sag das nochmal.

E: Ich habe keine Möglichkeit, mit dir *fertig zu werden.* Es gibt ... für mich ... keinen Weg, um in Kontakt zu kommen. *Du* beherrschst *mich.*

F: Ja. Sei jetzt die Unruhe, die dich beherrscht. »Elaine, ich bin deine Unruhe. Ich beherrsche dich.«

E: Ich will dich in Bewegung halten. / F: Sag das nochmal / Ich will dich in Bewegung halten. /F: Nochmal./ Ähäh, in Bewegung halten. /F: Nochmal/ Ich will dich in Bewegung halten. /F: Sag das zu ein paar Leuten hier/ Ich will dich in Bewegung halten. Ich will dich in Bewegung halten. Ich will dich in Bewegung halten.

F: Wie tust du das denn? Wie hältst du die Leute in Bewegung? ...

E: Indem ich sie in das, was ich sage, sich verwickeln lasse. /F: Hmmh/ Aber ich habe sie in der Hand.

F: Hmmh. Sprich jetzt zur Gruppe und halt uns eine Rede von etwa einer Minute. »Ich bin herrschwütig. Ich muß die Welt beherrschen, ich muß mich selbst beherrschen —«

E: Ich bin herrschwütig. Ich muß Leute beherrschen. Ich muß mich selbst beherrschen. Ich muß die Welt beherrschen. Wenn ich die Welt beherrsche, dann kann ich sie handhaben, aber wenn ich herrsche, habe ich keine Möglichkeit, damit fertig zu werden. Dann verlier ich mich, und ich bin —

F: »Und dann verliere ich mich.« Laß mich das aufgreifen. Schließ deine Augen, *verliere* dich ... was passiert, wenn du dich verlierst?

E: (entspannt) Oh, ich ... bewege mich langsam, ich bin mit mir selbst in Frieden.

F: Sag das nochmal.

E: Ich ... ich bewege mich ganz langsam, mit mir selbst in Frieden. /F: Ja./ In mir drehend ... weich ... Alle Spannung ist verschwunden.

F: Ist das ein angenehmes Gefühl? ...

E: Im Kontrast zu dem anderen — Ja.

F: Ja ... Was passierte also, als du dich verlorst? Als du dich nicht in der Hand hattest? ...

E: Es ist ... Ich kann — ich kann es beschreiben — es ist eine Bewegung der See, wenn die Flut und die Brandung langsam anrollen, und — nur — ich bin ein Teil der Bewegung und des Wirbels, es ist nicht gewaltsam. Und ich bewege mich langsam, in einem Kreis. Ich drehe mich, mein Körper dreht sich langsam, wie sich die See dreht — so fühle ich mich.

F: Die Katastrophenerwartung, daß etwas Schreckliches passieren wird, wenn du nicht beherrschst, ist also nicht ganz korrekt?

E: Nein. Das ist es, wozu ich dann werde —

F: Ja. Ich hatte das Gefühl, daß du viel mehr du selbst warst, viel weniger zerrissen. Die Herrschwütigkeit *hält* dich also in Wirklichkeit davon ab, du selbst zu sein.

E: Ja. Sogar mit meinem Körper tut sie das.

F: Ja ... Okay.

Jean

Jean: Es ist lange her, daß ich das geträumt habe. Ich bin nicht sicher, wie es anfing. Ich glaube, es begann in der — einer Art U-Bahn wie in New York, und mit einer Art Bezahlen — eine Marke einwerfen und zum Drehkreuz gehen, und eine kurze Strecke die Korridore hinab gehen, und dann irgendwie um eine Ecke gehen, und ich erkenne, daß

154

der eine oder andere Weg hier drin äh ... anstatt U-Bahn zu sein, schien es, als ob da so eine Art Schrägen wären, die von hier ausgehend in die Erde hinab führten. Und es schien sich zu drehen und ich erkannte, was vor sich ging, und auf irgendeine Art und Weise war gerade an der Stelle, als ich diese Schräge entdeckte, meine Mutter bei mir, oder vielleicht war sie es schon, als ich losging — ich kann mich nicht erinnern. Auf jeden Fall, es war diese Neigung — sie war irgendwie schlammig, irgendwie schlüpfrig, und ich dachte, Oh! Wir können da hinabgehen! Und na ja, irgendwie hob ich von der Seite einen alten Karton auf — vielleicht war er einfach flach gedrückt. Jedenfalls sagte ich: »Setzen wir uns da drauf.« Ich setzte mich am Rand nieder, machte eine Art Rodelschlitten daraus und sagte: »Mama, du sitzt hinter mir«, und wir fingen an hinabzufahren. Und irgendwie ging's im Kreis herum, es drehte sich (schnell) und da waren andere Leute, schien es, die in einer Reihe warteten, dann aber irgendwie verschwanden, und wir (glücklich) fuhren einfach hinab und im Kreis herum, und es ging immerzu abwärts und hinunter und hinunter, und ich erkannte irgendwie, daß ich hinunter in den — ah — Bauch der Erde fuhr.
Und hier und da drehte ich mich um und sagte: »Ist das nicht lustig?« — es scheint so, obwohl ich vielleicht entdecke, daß ich diese Einstellung nicht hatte. Aber es schien Spaß zu machen. Und doch fragte ich mich, was unten am Grund von alledem sein würde — fahren, drehen und wieder drehen, und schließlich wurde es wieder flach, und wir standen auf und ich war einfach verblüfft, denn hier dachte ich: »Oh, mein Gott, der Bauch der Erde!« Und doch war es, anstatt dunkel zu sein, als ob da von irgendwoher ein Sonnenlicht käme, und ein wunderschönes ... oh, eine Art ... ich war nie in Florida, aber es schien wie sumpfige Landstriche in Florida, mit Lagunen und hohem Schilfrohr und schönen langbeinigen Vögeln — Reihern und solcherlei Dingen. Und ich erinnere mich nicht, irgendetwas besonderes gesagt zu haben, außer so etwas wie: »Hättest du das jemals erwartet«, oder sonst etwas.
Fritz: Ja. Nun, wenn der Träumer eine Geschichte wie diese erzählt, kann man sie halt als einen Vorfall oder eine unabgeschlossene Situation oder Wunscherfüllung nehmen, aber wenn wir sie in der Gegenwart erzählen, als Spiegelung unserer Existenz, erhält sie sofort einen anderen Aspekt. Das ist nicht bloß ein zufälliges Ereignis. Ein Traum ist nämlich ein verdichtetes Spiegelbild unserer Existenz. Was wir nicht genügend einsehen, ist, daß wir unser Leben einem Traum widmen: Einem Traum von Ruhm, Nützlichkeit, Gutes-Tun, Gangstersein oder wovon wir auch immer träumen. Und im Leben vieler Menschen

wird durch die Selbstfrustrierung unser Traum zu einem Alptraum. Die Aufgabe aller tiefen Religionen — vor allem des Zen-Buddhismus — oder von wirklich guter Therapie ist das *Satori*, das große Erwachen, das Zu-Sinnen-Kommen, Aufwachen aus seinem Traum — vor allem aus seinem Alptraum. Wir können damit schon anfangen, indem wir erkennen, daß wir Rollen spielen im Theater des Lebens, indem wir verstehen, daß wir immer in einem Trancezustand sind. Wir entscheiden: »Das ist ein Feind«, »Das ist ein Freund«, und wir spielen all diese Spielchen, bis wir zu unseren *Sinnen* kommen.

Wenn wir zu unseren Sinnen kommen, fangen wir an, unsere *Bedürfnisse* und *Befriedigungen* zu *sehen*, zu *fühlen*, zu *erleben*, anstatt Rollen zu spielen und eine ganze Menge an Requisiten dafür zu brauchen — Häuser, Autos, Aberdutzende von Kostümen, obwohl eine Frau, wenn es darauf ankommt, nie etwas zum Anziehen hat, sie braucht also immer noch ein weiteres Kostüm. Oder der Mann muß einen neuen Anzug haben, wenn er zur Arbeit geht und einen, wenn er sein Schätzchen besucht, — die Millionen unnötigen Ballasts, den wir uns aufbürden, und wir sehen dabei nicht ein, daß uns sowieso aller Besitz nur auf Zeit gegeben ist. Du kannst es nicht mitnehmen, und wenn wir Geld haben, dann haben wir den zusätzlichen Verdruß, was wir mit dem Geld tun sollen. Du sollst es nicht verlieren, du solltest es vermehren, und so weiter und so weiter — diese ganzen Träume, diese ganzen Alpträume, die so typisch sind für unsere Zivilisation. Nun, die Idee des *Aufwachens* und Wirklichwerdens bedeutet, mit dem zu existieren, was wir haben, dem wirklichen vollen Potential, einem reichen Leben, tiefen Erfahrungen, Freude, Wut — *wirklich* sein und keine *wandelnden Leichen*. Das ist die Bedeutung der echten Therapie, der wirklichen Reifung, des wirklichen Aufwachens, anstelle dieser ständigen Selbsttäuschung und dem Phantasieren unmöglicher Ziele, anstatt uns selber leid zu tun, weil wir den Part nicht spielen können, den wir spielen wollen, und so weiter.

Also, zurück zu Jean. Jean, möchtest du bitte nochmal reden, den Traum nochmal erzählen, ihn durchleben, als ob er deine Existenz wäre, als ob du ihn jetzt leben würdest, schau, ob du dein Leben mehr verstehen kannst ...

Jean: Ich — es scheint nicht wirklich klar zu sein, bis ich mich selber finde — der Ort ist eine Art höchster Punkt der Rutschbahn geworden. Ich erinnere mich nicht, ob ich mich zunächst fürchtete oder nicht, möglicherweise — oh, ich sollte sagen, daß das jetzt passiert?

F: Jetzt bist du auf der Rutschbahn. Hast du Angst hinunterzurutschen?

J: (lacht) Ich glaube, ja, ich fürchte mich ein bißchen hinunterzurutschen. Aber dann scheint es, als ob . . .

F: Der existenzielle Sinn lautet also: »Du mußt hinunterrutschen.«

J: Ich glaube, ich habe Angst, herauszufinden, was da unten ist.

F: Das weist auf phobischen Ehrgeiz, daß du zu hoch droben bist.

J: Das stimmt.

F: Die existenzielle Botschaft sagt also: »Rutsch hinab.« Unsere Mentalität sagt wiederum: »Hoch droben ist besser sein als unten.« Du mußt immer irgendwo höher sein.

J: Auf jeden Fall scheine ich mich ein wenig vor dem Hinabrutschen zu fürchten.

F: Rede mit der Rutschbahn.

J: Warum bist du schlammig? Du bist schlüpfrig und glitschig, und ich könnte auf dir fallen und rutschen.

F: Spiel jetzt die Rutschbahn: »Ich bin schlüpfrig« und . . .«

J: Ich bin schlüpfrig und schlammig, um so besser kann man auf mir rutschen und um so schneller hinabkommen. (lacht)

F: Aha, nun, was ist so lustig?

J: (lacht weiter) Ich lache einfach.

F: Kannst du dich selbst als schlüpfrig annehmen?

J: Hm. Ich glaube schon. Ja. Ich kann anscheinend nie. Jah, weißt du, immer dann, wenn ich gerade denke, daß ich so weit bin zu sagen: »Aha! Hab ich dich jetzt!« entschlüpft es mir — weißt du, die Rationalisierung. Ich bin schlüpfrig und glitschig. Hm. Auf jeden Fall werde ich mal da hinunterrutschen, schon weil es so aussieht, als ob es Spaß machen würde, und ich will herausfinden, wohin das führt und was am Ende sein wird. Und es scheint, vielleicht auch nur jetzt, daß ich mich umdrehe und mich umschaue, ob ich etwas sehe, das ich verwenden könnte, um meine Kleider irgendwie zu schonen (lacht) oder um vielleicht eine bessere Rutschpartie zu machen. Ich entdecke diesen Pappendeckel —

F: Kannst du diesen Pappendeckel spielen? Wenn du dieser Pappendeckel wärst . . . was für eine Funktion hättest du?

J: Ich kann nützlich sein. Ich bin nicht bloß übriggeblieben und liege einfach irgendwie herum und bin übriggeblieben, und aha, ich habe eine Verwendung dafür.

F: Oh — du kannst nützlich sein?

J: Ich kann nützlich sein. Ich bin nicht bloß übriggeblieben und liege herum, und wir können es uns leichter machen hinabzukommen.

F: Ist es für dich wichtig, nützlich zu sein?

J: (leise) Ja. Ich will für jemand ein Vorteil sein . . . ist das genug, um ein Pappendeckel zu sein? ... Vielleicht will ich auch, daß man sich auf mich draufsetzt. (Lachen) /F: Oh!/ Welcher Teil in dem Buch handelt davon, wer wem einen Fußtritt geben will? Ich möchte bemitleidet werden, ich möchte zusammengedrückt werden. /F: Sag das nochmal/ (lachend) Ich will, daß man sich auf mich draufsetzt und mich zusammendrückt.

F: Sag das zur Gruppe.

J: Nun, das ist schwer für mich. (laut) Ich will, daß man sich auf mich draufsetzt und mich zusammendrückt ... Hm (laut) Ich will, daß man sich auf mich *draufsetzt* und mich *zusammendrückt*. (schlägt sich mit der Faust auf die Oberschenkel)

F: Wen schlägst du? /J: Mich./ Außer dir?

J: Ich glaube, meine Mutter, die sich umdreht, die hinter mir ist, und ich schaue mich um und sehe sie.

F: Gut. Schlag jetzt sie.

J: (laut) Mutter, ich drücke dich (schlägt sich auf die Schenkel) autsch! — nieder, und *ich* werde *dich* auf eine Fahrt mitnehmen, (Lachen) anstatt daß du mir sagst, wohin ich fahren soll und *mich* mitnimmst, wohin auch immer *du* willst. *Ich* nehme *dich* auf eine Fahrt mit *mir* mit.

F: Fiel dir irgend etwas in deinem Verhalten gegenüber deiner Mutter auf?

J: Eben jetzt? (lacht)

F: Ich hatte den Eindruck, es war *zuviel,* um überzeugend zu sein ... Es war mit Wut gesagt, aber nicht mit Festigkeit.

J: Mm. Ich glaube, ich fürchte mich immer noch ein wenig vor ihr.

F: Das ist es. Sag ihr das.

J: Ma, ich fürchte mich immer noch vor dir ... aber ich werde dich auf jeden Fall zu einer Fahrt mitnehmen.

F: Okay. Setzen wir Mama auf den Schlitten. (Lachen)

J: (lacht) Du sitzt hinter mir. Diesmal mußt du hinten sitzen ... Bist du bereit? O.K.

F: Du übernimmst die Führung?

J: Ich habe die Leitung. Ich bin am Ruder. (lacht)

F: Du bist der Fahrer.

J: (traurig) Das einzige an Lenken, das ich tue, ist Abwärtsfahren. (seufzt)

F: Fährst du Bob?

J: Ich bin nie Bob gefahren ... aber ich bin Ski gefahren. O.K. Auf geht's. Ich weiß nicht, wohin wir fahren — in diesem Moment. Wir fahren einfach los, weil es einen Ort gibt, zu dem man fahren kann und wir gerade hier sind.

F: Gut, du hast gesagt, daß das eine Reise in den Bauch der Erde ist.

J: Ja. Aber jetzt bin ich mir dessen nicht wirklich sicher, glaube ich. Ich — es dämmert mir nicht so richtig, bis ich erkenne, wie weit wir fahren.

F: Also, fang an.

J: Wir fahren jetzt abwärts. Wir gleiten hinab und kommen dann zu einer Kurve, und jetzt drehen wir uns ... rund herum ... rundum ... und ich schaue nach, ob sie noch da ist. (lacht) Sie ist noch da.

F: Mach immer eine Begegnung, eine Auseinandersetzung daraus. Das ist das Allerwichtigste, alles in eine Begegnung zu verwandeln, anstatt *drüber* zu schwätzen. Rede *mit* ihr. Wenn du nicht *mit* jemand redest, gibst du eine Vorstellung.

J: Bist du noch da?

F: Was antwortet sie?

J: Ja. Ich bin noch da, aber es macht mir irgendwie Angst.

Mach dir keine Sorgen. Ich hab mich um alles gekümmert. (entschieden) Es macht uns *Spaß.* Ich weiß nicht, wohin es geht, aber wir werden es herausfinden.

Ich fürchte mich!

Ich glaube — hab keine Angst. Es geht immerzu abwärts und hinunter und HINUNTER und HINUNTER ... (sanft) Ich frage mich, was da unten sein wird. Es wird einfach schwarz sein ... Ich weiß nicht, was sie sagt.

F: Was tut deine Linke?

J: In diesem Moment?

F: Ja. *Immer* in diesem Moment?

J: Sie hält meinen Kopf. Ich bin —

F: Als ob? ...

J: Um nichts zu sehen?

F: Aha. Du willst nicht sehen, wohin du fährst, du willst die Gefahr nicht sehen.

J: Mmhm. (weich) In Wirklichkeit habe ich Angst davor, was da unten sein wird ... Es könnte schrecklich sein oder einfach Schwärze oder vielleicht sogar einfach Vergessenheit.

F: Ich möchte, daß du jetzt in diese Schwärze hineingehst. Das ist dein Nichts, das Wesenlose, die sterile Leere. Wie fühlt sich das an, in diesem Nichts zu sein?

J: Plötzlich ist das Nichts, daß ich abwärts fahre, jetzt ... Ich habe also immer noch ein Gefühl, daß ich abwärts fahre, und so ist es irgendwie aufregend und erheiternd ... weil ich mich bewege und ich bin sehr lebendig ... Ich habe nicht wirklich Angst. Es ist mehr ... irgendwie ist es schrecklich aufregend und ... die Erwartung, was ich am Ende von all dem entdecken werde. Es ist nicht wirklich schwarz — es ist, irgendwie geht es abwärts, irgendwo ist Licht, woher es kommt, weiß ich nicht —

F: Ja. Ich möchte jetzt den Weg etwas abkürzen. Bist du dir im klaren darüber, was du in diesem Traum vermeidest?

J: Bin ich mir im klaren darüber, was ich vermeide? ...

F: Beine zu haben.

J: Beine zu haben?

F: Ja.

J: Beine, um mich irgendwohin zu tragen.

F: Ja. Anstatt auf deinen Beinen zu stehen, verläßt du dich auf die Unterstützung des Pappendeckels und du verläßt dich darauf, daß dich die Schwerkraft weiterbringt.

J: Passiv — passiv durch den Tunnel — durch das Leben.

F: Was hast du dagegen, Beine zu haben?

J: Das erste, das mir in den Kopf kommt, ist, daß jemand – das erste war, daß mich jemand umstoßen könnte, dann erkannte ich, daß ich befürchtete, meine Mutter würde mich umstoßen. Sie will nicht, daß ich Beine habe.

F: Hab jetzt eine weitere Begegnung mit ihr. Stimmt es, daß sie nicht will, daß du auf deinen eigenen Beinen stehst — auf deinen eigenen Füßen?

J: (beklagend) Warum willst du nicht, daß ich auf meinen eigenen Beinen stehe?

    Weil du hilflos bist. Du brauchst mich.

    Ich brauche dich *nicht*. Ich kann ganz allein durchs Leben gehen.

... Ich kann! — Sie muß gesagt haben: »Du kannst es nicht.«

F: Da kannst du dieselbe Wut bemerken /J: Ja, ich hab's gemerkt/ und denselben Mangel an Standhaftigkeit, Mangel an Selbständigkeit.

J: Ja.

F: Siehst du, wir sind sehr eigenartig gebaut. Das Untergestell ist für die Unterstützung da und das Obergestell ist für Kontakt da, aber ohne standhafte und gute Unterstützung ist freilich auch der Kontakt unsicher.

J: Ich sollte nicht wütend sein.

F: Ich habe nicht gesagt, daß du nicht wütend sein sollst, aber die Wut ist immer noch /J: Sie ist zu unsicher/ zu unsicher, ja.

J: Ich habe Angst davor, auf meinen eigenen zwei Beinen zu stehen und wütend zu sein ... auf sie.

F: Und ihr wirklich *ins Gesicht zu sehen*. Steh jetzt auf deinen Beinen und tritt deiner Mutter gegenüber und schau, ob du mit ihr reden kannst.

J: (weich) Ich habe Angst, sie anzuschauen.

F: Sag ihr das.

J: (laut) Ich habe Angst, dich anzuschauen, Mutter (atmet aus)

F: Was würdest du sehen?

J: Was ich sehe? Ich sehe, daß ich sie hasse. (laut) Ich hasse dich, weil du mich jedesmal zurückgehalten hast, wenn ich bloß über den Seitengang in dem verdammten Kaufhaus gehen wollte.

(mit hoher Stimme) Komm hierher zurück! Geh nicht auf die andere Seite des Gangs.

Ich kann nicht einmal den verdammten Gang überqueren. Ich kann nicht nach Flushing gehen, wenn ich mit dem Bus fahren will. Ich kann nicht nach New York fahren — bis ich aufs College gehe. Hol dich der Teufel! . . .

F: Wie alt bist du, wenn du das jetzt spielst?

J: Nun, ich bin . . . im Kaufhaus. Ich bin etwa, irgendwo zwischen sechs und zehn oder zwölf —

F: Wie alt bist du wirklich?

J: Wirklich? Einunddreißig. /F: Einunddreißig/ Sie ist sogar schon tot.

F: Okay. Kannst du als Einunddreißigjährige mit deiner Mutter reden? Kannst du dein Alter sein?

J: (standhaft und gelassen) Mutter, ich bin einunddreißig Jahre alt. Ich bin einigermaßen in der Lage, meinen eigenen Weg zu gehen.

F: Bemerkst du den Unterschied? Viel weniger Lärm und viel mehr Substanz.

J: Ich kann auf meinen eigenen Beinen stehen. Ich kann *alles* tun, was ich tun will und ich kann wissen, was ich tun will. Ich brauche dich nicht. In der Tat, du wärst nicht einmal hier, selbst wenn ich dich brauchen *würde*. Warum hängst du also noch 'rum?

F: Ja. Kannst du ihr Lebwohl sagen? Kannst du sie begraben?

J: Nun, ich kann es jetzt, weil ich am Grund des Abhangs bin, und wenn ich zum Grund komme, stehe ich auf. Ich stehe auf und gehe umher und es ist ein wunderschöner Ort.

F: Kannst du zu deiner Mutter sagen: »Lebwohl, Mutter, ruhe in Frieden . . .?«

J: Ich glaube, ich habe es ihr schon gesagt . . . Lebwohl Mutter. (wie ein Weinen) Lebwohl! . . .

F: (sanft) Rede mit ihr. Geh zu ihrem Grab und rede mit ihr darüber.

161

J: (weinend) Leb wohl, Mama. Du konntest nichts für das, was du getan hast. Es war nicht deine Schuld, daß du zuerst drei Buben hattest, und dann dachtest du, es würde wieder ein Bub werden, und du wolltest mich nicht und du hattest so ein schlechtes Gefühl, nachdem du herausgefunden hattest, daß ich ein Mädchen war. (weint immer noch) Du hast einfach versucht, dich mit mir auszusöhnen, das ist alles. Du brauchtest mich nicht mit allem Möglichen zu überhäufen ... Ich vergeb dir, Mama ... Du hast schrecklich hart gearbeitet. Ich kann jetzt gehen ... Ich bin sicher, ich kann gehen.

F: Du hältst immer noch die Luft an, Jean ...

J: (zu sich selbst) Bist du wirklich sicher, Jean? ... (weich) Mama, laß mich gehen.

F: Was würde sie sagen?

J: Ich kann dich nicht gehen lassen.

F: Sag *du* das jetzt zu deiner Mutter.

J: Ich kann dich nicht gehen lassen.

F: Ja. Du hältst sie. Du hältst dich an ihr fest.

J: Mama, ich kann dich nicht gehen lassen. Ich brauche dich. Mama, ich brauch dich nicht.

F: Aber sie fehlt dir immer noch ... nicht wahr?

J: (sehr weich) Ein bißchen. Nur daß jemand da ist ... was wäre, wenn niemand da wäre? ... wenn alles finster und leer wäre. Es ist nicht alles finster und leer — es ist wunderschön ... Ich werde dich gehen lassen, Mama ...

F: Ich bin sehr froh um diese letzte Erfahrung — wir können so viel davon lernen. Ihr seht, das waren keine Spielchen. Das war kein Weinen, um Sympathien zu erheischen, das war kein Weinen, um die Situation in die Hand zu bekommen, das war eine der vier Explosionen, von denen ich sprach — die Fähigkeit, in Trauer auszubrechen — und diese Trauerarbeit, wie Freud sie nannte, ist notwendig, um erwachsen zu werden, um der Vorstellung des Kindes Lebwohl zu sagen. Das ist sehr wesentlich. Sehr wenige Menschen können sich wirklich als Erwachsene sehen und begreifen. Sie müssen immer noch ein Mutter- oder ein Vaterimage um sich herum haben. Hier ging Freud völlig irre. Eines der wenigen Dinge, bei denen er *vollkommen* unrecht hatte. Er dachte, daß jemand deshalb nicht reif wird, *weil* er traumatische Kindheitserlebnisse hatte. Es ist genau umgekehrt. Er will die Verantwortung des erwachsenen Menschen nicht tragen, und deshalb rationalisiert er und hängt an seinen Kindheitserinnerungen, an der Vorstellung, daß er ein Kind sei, und so weiter. Denn erwachsen werden, heißt *allein* sein, und allein zu sein ist die Vorbedingung für Reife und Kontakt. Einsamkeit und Isolation, das ist immer noch das Verlangen nach Unterstützung, nach Getragenwerden. Jean hat heute abend einen großen Schritt in Richtung auf Erwachsenwerden getan.

Carol

C: Ich versuche zu entscheiden, ob ich mich von meinem Mann scheiden lasse oder nicht, und ich tu das schon zehn Jahre lang.

F: Das ist eine echte Sackgasse, jawohl! Eine wirklich unabgeschlossene Situation. Und das ist typisch für die Blockierung. Wir versuchen *alles,* um den Status quo zu erhalten, anstatt durch die Sackgasse hindurch zu gelangen. Wir machen weiter mit unseren Selbstquälerei-Spielchen, mit unseren schlechten Ehen, mit unserer Therapie, in der es uns besser und besser und besser geht und ändern tut sich nichts, sondern unser innerer Konflikt ist immer der gleiche, wir erhalten den Status quo aufrecht. Rede mit deinem Mann. Setz ihn dahin.

C: Hm, ich habe das Gefühl, als ob ich — ich habe ein paar Dinge herausgefunden, wer du — wer du für mich bist, und in mancher Hinsicht liebe ich dich. Du weißt, daß ich dich nicht geliebt habe, als ich dich geheiratet habe, aber ich liebe dich jetzt, in mancher Hinsicht, aber — aber ich habe das Gefühl, als ob ich nicht in der Lage bin, erwachsen zu werden, wenn ich bei dir bleibe, und ich möchte keinesfalls, daß es mit mir daneben geht.

F: Tausch die Plätze.

C: Das ist nicht fair, Carol, denn ich habe dich so lieb, und wir sind so lange zusammen ... und ich möchte mich um dich kümmern ... ich möchte einfach, daß du mich liebst, und —

F: Ich verstehe das nicht. Zuerst sagt er, er liebt dich, und jetzt sagst du, er will — er braucht Liebe.

C: Ja. Ich — ich brauche wirklich — ich glaube, ich brauche wirklich Liebe.

F: Ist das ein Handel? Ein Handelsabkommen — Liebe gegen Liebe? ...

C: Ich brauch dich.

F: Ah! Wozu brauchst du Carol?

C: Weil du so anregend bist ... ohne dich fühle ich mich leblos.

Du bist mir eine *Last*, Andy. Ich kann nicht für uns *beide fühlen* ... Ich — ich weiß, ich hab auch Angst davor, ich hab wirklich Angst davor, dich zu verlassen. Ich hab Angst davor, wegzugehen, aber — wir haben einfach Angst. Wir brauchen beide Liebe. Ich glaube nicht, daß ich dir das geben kann.

F: Können wir mit Ressentiments anfangen. Sag ihm, was dir an ihm nicht paßt.

C: Ohh, mir paßt es nicht, daß du mir eine solche Last auf dem Buckel bist. Mir paßt es nicht — jedesmal, wenn ich aus dem Haus gehe, muß ich mich dafür schuldig fühlen. Ich habe Schuldgefühle, weil —

F: Das ist jetzt eine Lüge. Wenn du Schuldgefühle hast, bist du in Wirklichkeit verärgert. Streich das Wort »Schuldgefühle« und verwende stattdessen jedesmal den Ausdruck »verärgert sein«.

C: Ich bin verärgert darüber, daß ich nicht in der Lage bin, mich frei zu fühlen. Ich möchte mich frei bewegen. Ich will — mir paßt es nicht, daß . . . mir paßt es nicht, daß du an mir herumnörgelst . . .

F: Sag ihm jetzt, was dir an ihm gefällt.

C: Gut, was ich wirklich an dir mag, ist — wie du dich um mich kümmerst, und wie du mich liebst, weil — ich weiß, daß mich kein anderer so lieben könnte wie du. Mir paßt es nicht, daß du —

F: Streichen wir jetzt das Wort »Liebe« und setzen dafür die tatsächlichen Ausdrücke ein.

C: Ohh. Mir paßt es nicht, daß du mich andauernd unterdrückst. Mir stinkt, daß du mich dauernd als kleines Mädchen behandelst.

F: Und was sollte er tun?

C: Du solltest mit mir ins Bett gehen, du solltest mit mir vögeln. Und ich mag nicht mehr mit dir vögeln, so wie du es machst. Ich mag einfach nicht mehr. Du solltest mehr dabei tun. Irgendwas ist faul, irgendwas sollte anders sein. Ich — ich würde wirklich gern lieben — jemand lieben, einen *Körper*. Ich — ich hab es satt, diese Art, bloß geliebt zu werden. Ich habe das Gefühl, daß ein Loch in mir ist, ich hab ein ganz schönes Loch in mich hinein gefressen. Ich will erwachsen werden.

F: Wie alt fühlst du dich?

C: Wie alt? Ich . . . ich habe keine — ich weiß es wirklich nicht. Ich weiß, daß ich die ganze Zeit zweierlei Stimmen in mir höre, und ich habe versucht, hier nicht so viel zu reden, damit ich sie nicht höre. Eine ist sehr kindlich, und eine ist eine, die ich mag, sie hört sich erwachsen an. Das ist eine, die ich am Telephon häufig benutze. Sie ist manchmal sehr feindselig und scharf.

F: Kannst du deine Stimme *jetzt* hören?

C: Sie ist — irgendwie in der Mitte. Sie ist — äh — sie ist — beherrscht, damit sie nicht kindlich ist.

F: Nun, *ich* reagiere auf deine Stimme im Augenblick mit Schläfrigkeit. Du hypnotisierst mich, du versetzt mich in Schlaf.

C: (weint) Ich schläfere mich ja selbst ein, auf diese Weise /F: Ja. Ja./ und dann scheine ich darüber nicht hinausgehen zu können, wo ich jetzt bin — kann ich nicht erwachsen werden, und wenn ich dann wirklich daran denke, eine Entscheidung zu treffen — dann schläfere ich mich selbst ein. Entweder lege ich mich schlafen oder ich habe fünferlei Dinge zu erledigen. (lacht) Das Arbeiten macht mich einfach verrückt. Und dann mache ich hier und da eine bestimmte Erfahrung und denke mir »Da werd ich mal darüber nachdenken«, und anstatt darüber nachzudenken, blockiere ich einfach und schlafe ein ... Entweder dasitzen und einschlafen oder Schlaftabletten nehmen und mich schlafen legen.

F: Ich möchte jetzt eine Auseinandersetzung zwischen Carol und dem Schlaf.

C: Ohhh, Schlaf. O.K. Soll ich einfach der Schlaf sein?

F: Nein, *da* ist Carol. Der Schlaf ist *hier*.

C: Ach Mensch, ich möcht einfach bloß einschlafen. Vielleicht kann ich mich heute nachmittag hinlegen und ein wenig schlafen, oder — wenn ich mich bloß an diese Arbeit heranmachen kann, dann werd ich einschlafen. Aber dann bleibe ich vielleicht etwas länger auf oder schau mir das Fernsehprogramm an oder tu sonst etwas. Es gibt nichts zu tun, ich glaube, ich muß mich nur noch schlafen legen. Ich glaube nicht, daß ich von selber einschlafen kann, drum werd ich eine Pille nehmen und dann bin ich *sicher,* daß ich einschlafe, denn ich muß auf die Zeit aufpassen und in ein paar Stunden muß ich aufstehen. Also los. O.K., ich schlaf jetzt ein, und ich werd — jetzt will ich der Schlaf sein.

Oh. Ich schlafe, ich bin der Schlaf ... Das ist nicht so, wie ich mir's dachte. Ich bin der Schlaf. (Die Stimme erstirbt, wird ein Flüstern) Ich bin nicht wirklich — ich bin gar nichts — ich bin — ich bin nicht erfrischend. Ich bin nicht tief ... ich bin ... ich bin bewegt ... ich bin nicht friedlich ... ich bin nicht friedlich. Ich träume und rede die ganze Zeit, ich höre Laute ...

F: Sei jetzt wieder Carol.

C: Ich bin angespannt. Mein Rücken tut mir jetzt weh. Meine Augen sind müde. Meine Beine sind verkrampft. Und ich — na ja, ich phantasiere, ich phantasiere eine ganze Menge.

F: Ja.

C: Und wenn ich im Bett bin, phantasiere ich eine ganze Menge.

F: Zum Beispiel?

C: Nun, ich habe da meine alten Muster. (lacht) Der Märchenprinz ... ich — ich glaube nicht mehr daran. (weint) Sechs Monate lang hat mir das einfach keine Ruhe gelassen, und ich glaube einfach nicht mehr daran. Ich muß jetzt selbst etwas unternehmen — nichts — diese ganze Phantasiererei, die verhilft überhaupt zu nichts, wenigstens nicht für mich. Ich muß selbst etwas tun. Ich will, so oder so, eine bindende

Entscheidung in meiner Ehe treffen, *so oder so.* Scheiß dich aus oder geh runter vom Pott — entweder-oder, damit ich meine Kraft und meine Zeit nicht damit verschwende, jeden Tag darüber nachzudenken, ob das jetzt der Tag ist, an dem ich mich zu einer klaren Entscheidung aufraffe.

F: Sag das jetzt — rede jetzt so mit Carol: »Carol, scheiß dich aus oder geh runter vom Pott, werd endlich fertig.«

C: Ich hab es ihr gesagt.

F: Laß es uns nochmal hören.

C: Ohhhh. (lacht) Oh, Carol, wann wirst du dich endlich klar *entscheiden?* Was machst du bloß? *Tu doch was,* Herrgottnochmal. Du bist nichts als eine schwerfällige, monotone Schwätzerin — *andauernd,* mit deiner gottverdammten Phantasiewelt. Der *Märchen*prinz. So hübsch wirst du nicht mehr. Und warst es nie. Werd endlich fertig, scheiß. Niemand kommt und wird dich runternehmen vom Pott, du mußt schon selber aufstehen. Steh auf und geh, wenn du gehen willst.

F: Tauscht die Plätze.

C: Ja, aber ich weiß wenigstens, was ich hier habe. Es ist wirklich nicht so schlecht, weißt du, wenn ich mir die Dinge genauer ansehe. Hör auf, so ein Theater daraus zu machen, es ist wirklich nicht so schlecht. Ich habe wirklich großes Glück. Ügghhch! (Lachen)

F: Sag das nochmal!

C: Ügghhch! /F: Nochmal./ Ügghhch! /F. Nochmal/ Oh wei! So vernünftig. Oh je! Du bist ja so *vernünftig* gewesen. Du hast einen ganz schönen Bock geschossen.

F: Tauscht jetzt nochmal die Plätze.

C: Ich habe wieder vergessen, wer ich bin.

F: Ja, wirklich! Ja. Ich möchte hier aufhören. Alles, was ich sagen kann, ist, daß du ein herrliches Beispiel für jemand Steckengebliebenes bist. Du bist in deiner Ehe steckengeblieben, in deinen Phantasien, in deiner Selbstquälerei —

C: Was heißt *das* dann?

F: Daß du steckengeblieben bist... Du willst jetzt was von mir. Du schaust mich an, als ob du was willst.

C: Oh, ich weiß, daß du mir in Wirklichkeit nicht helfen kannst, meine Entscheidungen zu treffen, aber — /F: *Aber.*/ aber du kannst mir vielleicht helfen zu verstehen, wo ich stehe — also, ob ich irgendwelche Fortschritte mache.

F: Nein. Du bist festgefahren. Du steckst in deinem eigenen Dreck.

C: Wie kommt man denn dann heraus aus diesem Dreck? Wie komme ich denn da heraus?

F: Steig noch mehr *ein*. Verstehe, wie du, auf welche Weise du festgefahren bist. Hast du je den Film »The Woman in the Dunes« (Die Frau in den Dünen) gesehen?

C: Nun, wie kann ich da noch mehr einsteigen? . . . Darüber nachdenken?

F: Ich schlage vor, daß du die Worte »ich bin festgefahren« ungefähr hundert Mal am Tag verwendest. Rede mit deinem Mann darüber, wie du festgefahren bist und rede mit deinen Freunden darüber, bis du voll und ganz verstehst, wie du stockst.

C: Danke.

F: Was ich nun klarmachen möchte, ist, daß das wirklich ein schönes Beispiel ist. Ihr könnt hundert Jahre in die Psychoanalyse gehen, ihr könnt euch hundert Jahre lang intellektuell aufgeilen. Nichts würde sich ändern. Der Status quo bleibt aufrechterhalten. Sie *stockt* und sie *will* steckenbleiben. Wenn sie die Blockierung nicht aufhebt, wird sie für den Rest ihres Lebens so bleiben.

X: Was du sagst, daß sie nämlich, je mehr sie in das hineingeht, dessen schließlich — wie jemand letzte Nacht sagte — müde wird. Daß, vielleicht —

F: Das wäre einreden. Ich kann euch nur so viel sagen: Es ist möglich, durch die Sackgasse hindurchzugelangen. Wenn ich sagen würde, wie, so wäre ich »hilfreich«, und es würde gar nichts helfen. Sie muß es entdecken, ganz allein, ganz von selbst. Wenn es ihr wirklich klar wird, »ich bin steckengeblieben«, dann ist sie vielleicht bereit, etwas damit anzufangen, etwas zu tun. Sie ist ziemlich nah daran, wenigstens zu erkennen, daß sie in ihrer Ehe steckengeblieben ist. Sie erkennt noch nicht, daß sie mit ihrer Selbstquälerei, ihrem Spielchen, ins Stocken geraten ist. »Du sollst / du sollst nicht; du sollst / du sollst nicht; ja / aber; aber wenn das passiert / dann; warum kommt der Märchenprinz nicht / aber den Märchenprinzen gibt es ja gar nicht.« Dieser ganze Wortsalat, den ich das Karussell eines wirbelnden Steckenbleibens nenne, des wirklichen Durcheinanders. Ich meine, ihr habt ein gutes Beispiel gesehen. Die einzige Lösung ist, einen Zauberer mit seinem Zauberstab zu finden. Und den gibt es nicht. Gut.

Kirk

Kirk: Ich habe keinen Traum zu berichten.

Fritz: Okay, rede mit diesem nicht-vorhandenen Traum.

K: Nun, du bist nicht nicht-vorhanden, du bist bloß — ich habe — wenn du da bist — und dann rennst du weg, sobald ich aufwache. Und jedermann hier lernt so viel über sich selbst, aber du bist mir einfach abgehauen. Du hast mir keinerlei Information gegeben, mit der ich arbeiten kann.

F: Tauscht die Plätze. »Ja, ich laufe davon. Ich bin dein Traum, ich laufe davon.«

K: Nun, es war ja nicht mein Fehler, daß du aufgewacht bist und vergessen hast. Ich hab mein Geschäft erledigt. Ich hab geträumt. Du bist derjenige, der vergessen hat. Ich bin nicht davon gelaufen.

Dann liegt der Fehler also wieder bei mir.

F: Das muß ein Jüdische-Mamme-Traum sein. »Ist also wieder mein Fehler!« (Lachen)

K: Schäm dich, du armer Kleiner. Du weißt schon.

F: Kannst du ohne nachzudenken auf meine Frage antworten, wenn ich mit dem Finger schnalze? Ohne nachzudenken. Wann hast du deinen Traum verloren?

K: Unmittelbar nachdem ich aufgewacht bin. Ich hatte einen Traum, und sagte — das ist es doch, womit Fritz arbeiten will, und ich wachte auf und hatte ihn nicht.

F: Ein Leben ohne Traum . . . Was passierte mit deinem Traum?

K: Mein Traum . . . Ein Leben ohne Traum ist etwas sehr Trauriges.

F: Was tun deine Hände im Augenblick?

K: Sie massieren die Fingerspitzen. Meine Hände zittern.

F: Ja. Setz dich doch damit auseinander; da geht irgend etwas vor sich.

K: Du bist nervös, und ich — ich werde dich wie gewöhnlich beschützen und deine — deine *Handlungen* hierher holen, damit du nichts tust, was du mit deinen Händen nicht tun sollst. Du schämst dich, weil sie zittern, deine linke Hand zittert — und drum — aha, ich mach sie zu.

F: Könntest du eine Reihe von Sätzen machen, die mit »ich schäme mich meiner . . .« anfangen?

K: Ich schäme mich meines Körpers, ich schäme mich wegen der Art, wie ich unfähig bin, mit Leuten umzugehen. Ich schäme mich der Art, wie ich aussehe. Ich schäme mich, daß ich so dumm bin, mich zu schämen. Ich schäme mich —

F: Sag das zu Kirk, »Kirk, du solltest dich schämen, daß — du überhaupt auf der Welt bist, oder daß du nervös bist —«

K: Du solltest dich *schämen*, daß du das tust. Du weißt es ganz genau. Du weißt, daß du einen Wert hast, du weißt, daß es Dinge gibt, die du sehr wohl tun kannst.

F: Mach weiter mit dem Nörgeln. Werd ein richtiger Nörgler.

K: Du solltest dich schämen! Das ist doch dumm, das ist doch wirklich dämlich. Das macht es doch bloß klarer, daß du — daß du's nicht wert bist, hier zu sein. Du willst ja nicht einmal anerkennen — einstehen für Dinge, von denen du weißt, daß du sie sehr wohl tun kannst. Du bist hoffnungslos, so wie du bist, so wie du fühlst.

F: Kannst du jetzt an *uns* ein bißchen herumnörgeln. Sag uns, daß wir uns schämen sollten ...

K: Ihr solltet euch schämen ...

F: Spiel einfach den Nörgler.

K: Schämt euch! Ihr sitzt da und schaut den Leuten zu, und warum seid ihr denn überhaupt hier? Ihr solltet alles wissen. Ihr solltet in der Lage sein, euch um euch selbst zu kümmern ... und über euch nachzudenken, und daran zu denken, daß ihr hierher kommen müßt und euch um euch selber kümmert, während doch in der Welt so vieles vor sich geht, um das man sich kümmern sollte. Ich weiß, daß ihr hierher gekommen seid, um für euch was Gutes zu tun. Das ist etwas ganz Falsches.

F: Gut. Spielen wir das Lügenspielchen. Geh nochmal zu Kirk zurück. Sag »Kirk, du solltest dich für dies und jenes schämen.« Dann spielst du den Kirk, und jedesmal gibst du zurück, entweder »Leck mich am Arsch« oder du nörgelst zurück, gehst zum Gegenangriff über.

K: Kirk, du solltest dich dafür schämen, daß du so ...

(angewidert) Ach, halt doch den Mund! Du tust das doch die ganze Zeit. Halt doch den Mund!

Wer sagt es dir denn sonst, wenn du's nicht tust? Irgendwer muß dich doch ständig daran erinnern, daß du dich unterdrückst, glaub jetzt bloß nicht, daß du recht scheißpatent bist.

Ah, da ist er ja wieder! Mich anschreien. Den ganzen Tag lang. Den ganzen Tag lang. Laß mich doch ein bißchen Spaß haben.

Alles, was ich tun kann, ist, wieder und wieder zu sagen —

F: Was machen deine Hände im Augenblick?

K: Sie möchten zuschlagen.

F: Ah. Ja. Der Nörgler wird schon ein bißchen stärker.

K: Das passiert, weil —

F: Sag ihm, »Ich könnte dich zusammenschlagen!«

K: Ich könnte dich zusammenschlagen!, aber in Wirklichkeit kann ich dich nicht schlagen, drum nörgle ich. Meine Worte schlagen zu. Das ist sicherer, denn wenn du wirklich zuschlägst, na ja, dann zerstörst du, und ich würde keinen Grund haben ... nicht so zu fühlen ... wenn du nicht da wärst, um an mir herumzunörgeln. Denn wenn ich zuschlage, zerstöre ich dich.

F: Sag das jetzt zu deinen Eltern. Ist das die jüdische Mamme? Hat deine Mutter an dir herumgenörgelt? Ist sie eine Nörglerin?

K: Nein.

F: Wer ist der Nörgler? Der Gängler, der Stoßer.

K: Gott. (verärgert) Deine Sünden sind ganz und gar dein Fehler, aber deine Tugenden sind Gaben Gottes, glaub also nicht — Hochmut kommt vor dem Fall, und diesen ganzen Scheiß hast du dein Leben lang zu tragen.

F: Kannst du Gott sagen, was dir an ihm nicht paßt?

K: Er ist so ein verdammter Falschspieler, so verlogen. (Lachen)

F: Sag es *ihm*.

K: (zögernd) Du bist — du bist — (lautes Lachen) . . . Wenn es dich *gäbe*, du *bist* verlogen und falsch. Und es ist noch schlechter als verloren und falsch, es ist boshaft.

F: Könntest du sagen: »*Ich* bin boshaft.«

K: Ich bin boshaft, ich bin boshaft.

F: Sag das auch zu Gott. »Du bist boshaft.«

K: *Du* bist boshaft . . . Aber du bist es ja gar nicht.

F: Ich weiß jetzt, was du bist. Du bist ein Dementierer. Du stellst die Hauptpfeiler auf, und dann wirfst du sie um. Du stellst die Pfeiler wieder auf, und dann wirfst du sie um. »Ja — aber.« Es ist sehr wichtig, das Wort *aber* zu verstehen. *Aber* ist ein Killer. Du sagst »Ja . . .« und dann kommt das große »Aber«, das das ganze »Ja« umbringt. Du gibst dem »Ja« keine Chance. Wenn du jetzt das *aber* durch *und* ersetzt, dann gibst du dem *ja,* der positiven Seite, eine Chance. Noch schwieriger zu verstehen ist das *aber,* wenn es nicht zu Wort kommt und sich im Verhalten äußert. Du magst dreimal »ja« sagen, und deine Haltung ist »aber«; deine Stimme oder deine Gesten widerlegen, was du sagst. »Ja — aber.« Es gibt also keine Chance zu wachsen oder, sich zu entwickeln.

K: Wie ändere ich mich dann?

F: Setz Fritz in den Stuhl und frag ihn.

K: Wie ändere ich das bloß, Fritz?

    Wirf die Stützen nicht wieder um, wenn du sie aufstellst.

    Das hört sich sehr einfach an . . .

    Es mag einfach sein, aber es ist schwer und du mußt es üben.

F: Siehst du? »Ja — aber« »Wie einfach, *aber*« — (Lachen)

K: Es ist einfach, aber es ist schwer.

F: Ja. Siehst du, sogar Fritz ist ein Dementierer — *dein* Fritz . . .

K: Ja. Ich wollte, daß du mir sagst, was ich tun soll.

F: Damit du es in den Abfalleimer werfen kannst.

K: Ich *kann* es tun . . . ich *hör einfach auf,* es zu tun . . . ich hör auf, mich zu hintergehen.

F: Nörgelst du wieder?

K: Ja. »Ich sollte mich schämen.« Ja. So bin ich . . .

F: Was hast du gegen dich? . . . Magst du mir einen Gefallen tun und alles Schlechte in dir annehmen, wie das Zittern und so weiter. Mach weiter mit deiner Nervosität und finde sie mal interessant. Sag »Ja« zu deinem Zittern und laß das »aber« weg. Ich weiß, daß das jetzt ein Trick ist, aber versuchen wir doch diesen Trick: »Ich zittere. Es macht mir Spaß.«

K: Du entspannst mich, ich kann nicht —

F: Ah! Du entspannst dich in dem Augenblick, in dem du aufhörst, dich zu drängen; dann brauchst du nämlich nicht trotzig zu sein. Das Nörgeln schafft eine Gegenkraft. Das ist die Grundlage für das Selbstquälerei-Spielchen — zu versuchen, etwas zu sein, was du nicht bist. Okay.

Meg

Meg: Ich sitze in meinem Traum auf einer Plattform, und irgend jemand ist bei mir, ein Mann, und vielleicht noch jemand anderes, und — ah — ein paar Klapperschlangen. Und eine ist jetzt oben auf der Plattform, ganz aufgerollt, und ich habe Angst. Und ihr Kopf ist hoch aufgerichtet, aber sie scheint mich nicht angreifen zu wollen. Sie sitzt einfach da und ich fürchte mich und diese andere Person sagt zu mir — äh — du brauchst die Schlange bloß nicht zu stören, das ist alles, dann tut sie dir nichts. Und die andere Schlange, die andere Schlange ist da unten, und ein Hund ist auch da unten.

F: Was ist da unten?

M: Ein Hund und die andere Schlange.

F: Also, hier heroben ist eine Klapperschlange, und da unten ist noch eine Klapperschlange und der Hund.

M: Und der Hund schnüffelt irgendwie an der Klapperschlange herum. Er — äh — er kommt der Schlange sehr nahe, er spielt irgendwie mit ihr, und ich will ihn davon abhalten — abhalten, das zu tun.

F: Sag ihm das.

M: Hund, hör auf! /F: lauter./

Hör auf! /F: lauter./

(schreit) HÖR AUF! /F: lauter./

(brüllt) HÖR AUF!!

F: Hört der Hund auf?

M: Er schaut mich an. Jetzt ist er zu der Schlange zurückgegangen. Jetzt — jetzt, die Schlange rollt sich irgendwie um den Hund herum zusammen, und der Hund legt sich hin, und — und die Schlange rollt sich um den Hund, und der Hund schaut sehr glücklich drein.

F: Aha! Laß jetzt den Hund und die Klapperschlange einander begegnen.

M: Du willst, daß ich sie spiele?

F: Beide. Klar. Das ist dein Traum. Jeder Teil ist ein Teil deiner selbst.

M: Ich bin der Hund. (zögernd) Hu. Hallo, he da, Klapperschlange. Es fühlt sich irgendwie gut an, dich um mich gewickelt zu haben.

F: Schau zu den Zuhörern. Sag das zu jemand von den Zuhörern.

M: (lacht freundlich) Hallo, Schlange. Es fühlt sich gut an, dich um mich gewickelt zu haben.

F: Mach deine Augen zu. Geh in deinen Körper. Was erlebst du körperlich?

M: Ich zittere. Spanne mich an.

F: Laß das sich entwickeln. Erlaube dir das Zittern und fange an zu spüren ... (ihr ganzer Körper beginnt, sich ein wenig zu bewegen) Ja. Laß es zu, laß es geschehen. Kannst du es tanzen? Steh auf und tanze es. Laß deine Augen ein bißchen aufgehen, gerade so viel, daß du mit deinem Körper in Fühlung bleibst, mit dem, was du körperlich ausdrücken willst ... Ja ... (sie geht umher, zitternd und zuckend, beinahe taumelnd) Tanze jetzt die Klapperschlange ... (sie bewegt sich langsam und geschmeidig graziös) ... Wie fühlt sich das an, eine Klapperschlange zu sein? ...

M: Es ist — so etwas wie — langsam — ganz — ganz klar und bewußt, alles das, was zu nahe kommt.

F: Hm?

M: Ganz bewußt, daß nichts zu nahe gelassen wird, bereit zuzustoßen.

F: Sag das zu uns. »Wenn ihr zu nahe kommt, dann —«

M: Wenn ihr zu nahe kommt, werde ich mich zur Wehr setzen!

F: Ich höre dich nicht. Ich glaube dir nicht, noch nicht.

M: Wenn ihr zu nahe kommt, werde ich mich *zur Wehr setzen!*

F: Sag das zu jedem einzelnen hier.

M: Wenn du zu nahe kommst, werde ich mich *zur Wehr setzen!*

F: Sag das mit deinem ganzen Körper!

M: Wenn du zu nahe kommst, werde ich mich *zur Wehr setzen!*

F: Wie steht's mit deinen Beinen? Ich empfinde dich als etwas wacklig.

M: Ja.

F: In Wirklichkeit hast du keinen Stand.

M: Ja. Ich habe das Gefühl, daß ich ... irgendwie zwischen sehr stark sein und — wenn ich loslasse, werden sie wie Gummi.

172

F: Okay, laß sie zu Gummi werden. (ihre Knie knicken ein und wak-
keln) Nochmal... Probier jetzt, wie stark sie sind. Probier es aus —
tritt kräftig auf. Tu irgendwas. (sie stampft mehrmals mit einem Fuß
auf) Ja, jetzt den anderen. (stampft mit dem anderen Fuß auf) Laß sie
jetzt wieder zu Gummi werden. (sie läßt ihre Knie wieder einknicken)
Jetzt ist's schwieriger, oder nicht?

M: Ja.

F: Sag jetzt den Satz noch einmal: »Wenn du zu nahe kommst —« ...
(sie macht einen Anlauf) ... (Lachen) ...

M: Wenn — wenn du ...

F: Okay. Ändere es. Sag: »Kommt näher.« (Lachen)

M: Kommt näher.

F: Wie fühlst du dich jetzt?

M: Warm.

F: Fühlst du dich etwas wirklicher?

M: Ja.

F: Okay ... Was wir jetzt eben getan haben, ist, daß wir etwas von der
Furcht vor Gefühlen weggeschafft haben. Von jetzt an wird sie also
sich selbst ein bißchen mehr fühlen.

Ihr seht, wie man *jedes einzelne Stück* in einem Traum nutzen kann.
Wenn du im Traum von einem Oger verfolgt wirst und dann du selbst
der Oger *wirst,* verschwindet der Alptraum. Du eignest dir die Energie,
die in den Dämon investiert ist, wieder an. Dann ist die Macht des Oger
nicht mehr draußen, entfremdet, sondern in dir, wo du sie nutzen
kannst.

Chuck

Chuck: (nachdrücklich selbstsichere Stimme) Würdest du das über den
Oger nochmal sagen? Ich habe das alles nicht ganz mitbekommen. Der
Oger draußen und der Oger innen.

F: Hast du einen Alptraum?

Ch: Ja ... (Lachen) ... (er kommt herauf um zu arbeiten). Der Alptraum kehrt nicht ständig wieder, aber er ist zwei- oder dreimal vorgekommen — wo — an einmal erinnere ich mich *sehr* lebhaft, es war,
als ich den Berg von meinem Haus hinunterfuhr —

F: Erinnerst du dich an unser Übereinkommen?

Ch: Ja. Tut mir leid. Wir sind in der Gegenwart. Tut mir leid. O.K.
Da sind wir. Ich fahre den Berg hinunter, in meinem Auto, und mein
kleiner Junge läuft mir vor das Auto, und ich fahre ihn an, und das ist
ziemlich erschreckend. Das ist zwei- oder dreimal vorgekommen.

F: Spiel jetzt das Auto.

Ch: O.K. Hier herüben oder da, wo ich bin?

F: Spiel einfach das Auto — als ob du das Auto wärst.

Ch: Ich fahre — dem Auto ein eigenes Leben geben, das es nicht hat?

F: Ja.

Ch: *Ich* habe das Leben. Das Auto tut, was ich ihm sage.

F: Sag das zum Auto.

Ch: Auto, du tust, was ich dir sage. Wenn ich das Lenkrad drehe, dann — wenn ich das Lenkrad drehe, drehst du dich, und wenn du — wenn ich das Lenkrad gerade halte, fährst du geradeaus.

F: Was antwortet das Auto?

Ch: Das Auto antwortet: »Jawohl, mein Herr.« (Lachen) Was kann es sonst noch antworten? Ich fahre es, es fährt mich nicht.

F: Sag das zum Auto.

Ch: Auto, ich fahre dich, und nicht umgekehrt.

F: Spiel jetzt diesen Jungen. Träume den Traum aus der Sicht des Jungen.

Ch: O.K. Da kommt Pappis Auto die Straße herab, und ich hab Pappi lieb und ich möchte hinauslaufen und — äh »Grüß dich« zu Pappi sagen, und plötzlich — plötzlich fährt mich dieses Auto an. Warum?

F: (Grimassen schneidend) Das ist ein komischer Junge. In dem Augenblick, wo ihn das Auto anfährt, fragt er »warum«. (Lachen)

Ch: Na ja, wohlgemerkt, ich mache den Jungen bloß nach. Und ich *weiß* ja nicht, was er denkt, das ist bloß, was — was mir kommt, daß er denkt.

F: Okay. Spiel noch einmal den Jungen.

Ch: O.K. Gut. Hier kommt Pappi im Auto, und ich habe ihn gern und möchte mich mit ihm unterhalten — und er fährt mich an! Er haßt mich!

F: Und?

Ch: Soll ich diesen Traum ausspielen, wenn er ihn anfährt? Das passiert nämlich nicht — es passiert nicht. Ich fahre ihn gar nicht an. Ich wache auf, bevor ich ihn anfahre.

F: In welchem Augenblick unterbrichst du also den Traum?

Ch: Die Vorderräder sind etwa 20 Zentimeter von ihm weg.

F: Was vermeidest du also?

Ch: Ich vermeide es, den Jungen zu töten.

F: Ja. Töte jetzt den Jungen.

Ch: O.K. Gut. Ich fahre im Auto den Berg hinunter und wenn ich den Jungen sehe, werde ich nicht anhalten.

F: Und?

Ch: Wir überfahren ihn.

F: Und?

Ch: Er ist tot.

F: Mach deine Augen zu. Schau ihn an. Er ist tot . . . Rede jetzt mit ihm.

Ch: (weint) Ich wollte es nicht tun. Ich wollte es nicht tun. Ich konnte nicht anhalten.

F: Unterhalte dich weiter mit ihm.

Ch: Da gibt's nichts mehr zu sagen . . . außer, daß es mir leid tut.

F: Sag ihm all das, was dir leid tut.

Ch: Es tut mir leid, daß ich ihn weggeschoben habe, wenn er kommen wollte — und mit seinem Pappi sein wollte und ich zu beschäftigt war, um mit ihm sprechen zu können.

F: Sag ihm das jetzt.

Ch: Es tut mir leid, daß ich dich weggeschoben habe — all die vielen Male, die ich dich weggeschoben habe, als ich irgendwas machte, das — ich hatte das Gefühl, daß das sehr wichtig für mich war, und das wirklich Wichtige war nicht, was ich machte, sondern die Tatsache, daß du mit — mit deinem Pappi sein wolltest.

F: Spiel jetzt ihn.

Ch: O.K. Äh . . . äh . . .

F: Geh in die Zeit zurück, als er sich mit dir unterhalten wollte.

Ch: O.K. Pappi — ich bin, ich bin der Junge. Pappi, warum ist das — und — das — Pappi, was macht die Maus, wenn sie sich im Kreis herum dreht? Solche Sachen.

F: Okay. Jetzt —

Ch: Pappi, ich möchte mich mit dir unterhalten. Ich frage einfach irgendwas, wenn du bloß mit mir *redest* und merkst, daß ich da bin. Das ist — das ist der Junge.

F: Okay. Mach es jetzt andersherum. Rede auf diese Weise zu *deinem* Vater.

Ch: Gut. Herrgottnochmal, warum sitzt du jeden Abend da und schreibst Predigten, wenn ich *da bin*.

F: Mach weiter mit dem Dialog. Laß ihn antworten.

Ch: Mein Sohn, du weißt, daß ich morgen einen Gottesdienst halte. Du weißt, daß jeden Samstagnachmittag Predigtstunde ist. Würdest du also bitte gehen und mich nicht belästigen, ich muß das nämlich erledigen . . . Ich projiziere — ich projiziere mit meinen eigenen Gedanken, weil ich mich an die genauen Worte nicht erinnere, aber es war so etwas Ähnliches.

F: Mach jetzt weiter. Besteh darauf, daß er sich mit dir unterhält.

Ch: Pappi, *bitte,* unterhalte dich mit mir oder gehen wir doch — nimm mich mit ins Kino oder sonst etwas. *Irgendwas.* Ich möchte mich mit dir über das unterhalten, was für mich wichtig ist, und du magst nicht zuhören. Du *magst einfach nicht zuhören!* (schreit ärgerlich) *Du bist ja so verdammt beschäftigt, daß du nicht einmal zuhören kannst!* Und *ich bin da.*

F: Tu etwas, damit er zuhört.

Ch: (schreit lauter) *Herrgottnochmal, hör endlich zu, du Hurensohn.* Das wird dir zeigen, daß ich auch hier bin.

F: Okay. Geh jetzt zurück zu deinem Sohn.

Ch: Wer bin ich? Bin ich er oder —

F: Du bist du, und er sitzt da. Rede jetzt mit ihm.

Ch: Was ich tue, ist gar nicht so etwas Besonderes. Gehen wir an den Strand.

F: Du schaust mich die ganze Zeit an. Was willst du von mir?

Ch: Ich möchte, daß du mir hilfst, ein paar Szenen zu Ende zu bringen.

F: Setz Fritz in den Stuhl.

Ch: O.K.

F: »Fritz, ich möchte, daß du mir hilfst.«

Ch: Fritz, ich habe da einige Szenen, die nicht zu Ende gebracht sind, und sie sind es schon jahrelang nicht, und ich will Hilfe.

F: Tauscht die Plätze. Spiel Fritz.

Ch: Von mir, Hilfe willst du? Schau, Chuck, das ist etwas, was *du* erledigen *mußt.* Wenn du weißt, wenn du weißt, was das für eine unabgeschlossene Sache ist, und weißt, was du tun sollst, um sie zu Ende zu bringen, was hält dich denn bloß davon ab, verdammt nochmal? Du — alles, was du — alles was du tust, ist — äh — du spielst bloß mit dir selbst herum. Alles, was — alles, was du tun willst, ist, dich flachlegen und es mich für dich tun lassen. Nun, ich werde es nicht tun. *Du wirst es tun.*

F: Ja. Siehst du, du willst meine Unterstützung.

Ch: Ja, natürlich sehe ich das.

F: Nun, *dieser* Fritz im leeren Stuhl wird dir alle Unterstützung geben, die du brauchst. Tauscht jetzt die Plätze.

Ch: O.K. Dieser Fritz ist — da ist jetzt ein Fritz, und ich bin ich.

F: Ja.

Ch: O.K. ... äh ... Fritz, herrgottnochmal, hilf mir doch! — Ich bekomme keinerlei Antwort von dir. (Lachen) Weil ich schon weiß, was die Antwort ist, ich habe sie gerade gegeben ...

F: Du kriegst mich nicht. (Lachen). Du kannst mit mir bis zum Jüngsten Tag hilflos spielen. Ich bin ein sehr guter Frustrator.

176

Ch: O. K. Ähm . . . Fritz, dieser Fritz hilft mir nicht wirklich.

F: Oh doch.

Ch: Nein, er tut's nicht. Er sagte mir, daß er's nicht tun wird. Dieser Fritz hat mir gerade gesagt, ich soll meinen Karren selber aus dem Dreck ziehen. Das ist es also, was ich zu tun habe, meinen Karren selber herausziehen.

F: Bist du bereit, ihm zuzuhören?

Ch: Freilich werde ich ihm zuhören.

F: Okay. Versuche herauszufinden, was er sagt.

Ch: Ich bin er? . . . Er hat noch nichts gesagt. Außer dem, was er schon gesagt hatte, was wir alle wissen.

F: Hast du das Gefühl, steckengeblieben zu sein?

Ch: Ich bin im Moment ganz schön steckengeblieben.

F: Beschreibe jetzt die Erfahrung, steckengeblieben zu sein.

Ch: Man kann — es ist sehr einfach, man kann weder vorwärts noch zurück. Da sitzt man also. Du bist steckengeblieben. Du bewegst dich nicht. Du — äh — ich habe das Gefühl, daß man in — in der Situation, in der man steckengeblieben ist, nichts richtig macht; was man macht, ist falsch. Was man auch tut, ist — ist — wenn — wenn es einen weiterbringt, dann bloß noch tiefer hinein, nicht — nicht wieder heraus. Am besten — am besten also steckenbleiben und sich sehr ruhig verhalten . . . und du läßt mich also stecken. Du stockst, ich stocke. Du wirst mich nicht herausholen, oder?

F: Ganz bestimmt nicht. (Lachen) Ich bin ein Frustrator. Ich bin bestimmt *nicht* von der Bergwacht.

Ch: In Ordnung. Wobei sind wir steckengeblieben?

F: Frag ihn.

Ch: Nun, er ist im Augenblick ziemlich unaufgeschlossen. Er sagt mir nicht viel. Äh — O.K. Ich bin er. Du mußt dich immer noch herausholen. Du mußt immer noch selbst entscheiden, was du tun wirst und was — was bedeutungsvoll ist und was nicht. Und du bist der einzige, der das weiß, warum erhebst du also deinen Allerwertesten nicht und tust, was du zu tun hast?

Jetzt bin ich wieder *ich*. Fritz, du — natürlich weiß ich, was ich zu tun habe, aber — wenn ich — wenn ich etwas anfange, dann wird — so oder so — jemand verletzt.

F: Ahah. Jetzt geht dir also schon das erste Licht auf. Jemand wird verletzt.

Ch: Das ist nämlich so: Wenn ich das aufgebe, was ich — was für mich von Bedeutung und wichtig ist, was — äh, na gut, ich sage mal so: Eine Semesterarbeit ist fällig, Fritz, und es ist Sonntagnachmittag, und das

Ding ist Montagmorgen fällig und ich hab's noch nicht gemacht. Wenn ich — wenn ich das fallen lasse und mit dir an den Strand gehe oder was auch immer und die Semesterarbeit nicht mache, dann passiert *mir* etwas, und ich habe genauso ein Recht darauf, daß mir nichts passiert. Wenn ich — wenn ich diese Semesterarbeit *nicht* mache und dich schon mitnehme — oder wenn ich die Semesterarbeit schreibe und ihn nicht mit an den Strand nehme, ist *er* verletzt. Was ich auch tue, es ist falsch. Was ich auch tue, irgend jemand wird dabei eine Wunde davontragen — entweder ich oder er, und manchmal nehme ich halt den Schmerz auf mich, und manchmal gebe ich ihn an ihn zurück, aber keiner von uns — aber keine Lösung ist sehr befriedigend. So, was passiert als nächstes? Was tu ich bloß, — sie alle über den Haufen werfen? Was tu ich bloß, — alles aufgeben, was für mich wichtig ist, damit ihr nicht mehr weh tut? Ich kann Fritz nicht nochmal sein.

F: Ich empfinde mich im Augenblick als Klagemauer.

Ch: Eh? . . . O.K. Ich nehm dir's ab. Ich suche immer noch Unterstützung durch die Umwelt — wie verrückt. /F: Ja./ *Warum* ist sie denn nicht da *draußen?* Warum muß ich es denn *ganz* alleine tun? Warum kriege ich kein bißchen Hilfe?

F: Nyahhhnyahnyah. Mach ein bißchen Kauderwelch . . .

Ch: (tut es) Ja, genau das tu ich. O.K. Ich nehm es an.

F: Mach weiter. Mach weiter.

Ch: O.K. (macht das gleiche Kauderwelsch, in mehr weinerlichem Ton, wie ein kleines Kind, dann formt er im selben Tonfall Worte) Niemand liebt mich. Niemand hilft mir. Nyanyahhnyah.

F: Wie alt bist du in dieser Rolle?

Ch: Ungefähr drei.

F: Drei. Es wird langsam Zeit, daß du *das* Kind totfährst.

Ch: Ja.

F: Rede jetzt mit diesem Kind, mit dem drei Jahre alten Kind. Dem nyanhnyanh Kind.

Ch: Nyah, komm geh woanders hausieren mit deiner Ware, ich bin beschäftigt. Zieh deinen Karren selber raus — komm, geh und spiel mit deinen Freunden. Ich habe einiges zu erledigen. Und wenn dich das verletzt, so tut es mir leid. Tut mir leid. Aber ich zähle *auch*.

F: Sag das nochmal.

Ch: Tut mir leid — aber *ich zähle auch*, vergiß das nicht!

F: Sag »Ich zähle auch!«

Ch: Ich zähle auch, verdammtnochmal, *denk gefälligst daran*, von jetzt an!

F: Sag das zu den Zuhörern.

Ch: Ich zähle auch, verdammtnochmal, und ich — denkt von jetzt an gefälligst daran, ihr alle. *Alle!*

F: Sag es zu mehreren Leuten — zu deiner Frau, deinem Vater, und so weiter. Sag es zu deiner ganzen Umgebung.

Ch: Eines merkt euch und behaltet das wirklich im Kopf und nehmt das wirklich gut in euch auf und haltet euch daran, denn das ist es, so ist es. *Ich zähle auch!* Genauso viel wie ihr — nicht mehr und nicht weniger, aber genauso viel, und merkt es euch! Jetzt geh damit hausieren! Schau dir ihre Birnen an und schau, ob du sie magst. *Ich zähle auch*, verdammtnochmal, *merkt euch das!*

F: Sag das auch zu mir.

Ch: Ich zähle auch! Ich bin genauso wichtig wie jeder andere in diesem Raum, und vergiß das nicht, *du!* . . . (als ob er um Erlaubnis fragen würde) O.K.? (Lachen) Und ich kann meine Geschichten selber zu Ende bringen. Kann ich das nochmal sagen? (Lachen) Denn das will *ich* mir merken. Ich kann meine Geschichten selber zu Ende bringen.

F: Ja. Nun, ich bin weitgehend mit dir mitgegangen, außer, daß ich dir deine selbstgezimmerten Regeln nicht glaube, — daß du nämlich *entweder* die Semesterarbeit zu Ende bringen mußt *oder* mit dem Jungen ausgehen mußt. Ich glaube, daß das eine Lüge ist.

Ch: O.K. Natürlich ist das gelogen. Denn in Wirklichkeit, in dem Fall, daß — daß ich verallgemeinere, genau das ist nämlich passiert. Ich bin tatsächlich mit ihm an den Strand gegangen und Semesterarbeiten werden — genau besehen — sowieso um 4 Uhr früh geschrieben. Sie taugen nichts, wenn's anders wäre. So war es — es war nicht entweder-oder, es war sowohl-als-auch, und es gibt keinen Grund, warum es nicht immer so sein sollte.

F: Ganz genau . . . Nun, ich sehe den existenziellen Sinn des Traums so: Du brauchst nicht zu warten, bis du deinem Jungen weh tust, um mit ihm in Berührung zu kommen. Du brauchst es deinem Vater nicht nachzumachen.

Bill

Bill: Ich habe eine Art Vulkan in mir, der ständig ausbricht —

Fritz: Okay. Ich versuche wieder, den leeren Stuhl ins Spiel zu bringen, weil es etwas ist, was man so leicht selber zu Hause tun kann. Und es hat tatsächlich jemand vorgeschlagen, kleine Fritz-Puppen zu machen und — (großes Gelächter). Da hast du also einen Vulkan, rede mit ihm.

B: Du sitzt einfach innen drin. Du sitzt da drin, und die meiste Zeit weiß ich gar nicht, daß du da bist — ich hab einfach eine gute Zeit und dann brichst du hier und da aus und das Ende davon ist, daß ich zittere und irgendwie die Beherrschung verliere, und ich verstehe das nicht.

F: Sei der Vulkan.

B: Nun, ich warte. Ich kann jederzeit ausbrechen, paß also lieber auf.

F: Sag das zu mir.

B: Ich kann jederzeit ausbrechen, paß bloß auf.

F: He?

B: (lauter) Ich kann jederzeit ausbrechen — paß lieber auf.

F: Ich höre dich noch nicht.

B: (laut) Ich kann jeden Augenblick ausbrechen — paß lieber auf.

F: Gut. Ich bin bereit.

B: Hrauwerrh! (Lachen)

F: Was empfindest du im Augenblick?

B: (ruhig) Ich bin zittrig.

F: Mach deine Augen zu. Geh in dein Zittern hinein — geh in deinen Körper.

B: Es fühlt sich gar nicht so übel an. Ich weiß nicht, warum das zittert. Ich weiß nicht, warum ich zittere.

F: Kannst du es zulassen, daß sich das Zittern weiterentwickelt. Ich kann dir die Diagnose schon stellen — du leidest an übermäßiger Selbstbeherrschung. Gib dich ein bißchen freier — zittere ein bißchen . . .

B: (nach einer langen Pause) Es hat dann aufgehört.

F: Gut. Geh zurück und rede mit dem Vulkan.

B: Nun, du hast einen lauten Knall getan, aber so schlecht ist dein Gekläff gar nicht, glaub ich. Wenn ich dich einfach ausbrechen lasse — aufhöre, dich ständig unter Druck zu halten —

F: Kannst du eine Phantasie machen — wenn du ein Vulkan wärst und voll ausbrechen würdest, was würde dann passieren?

B: In lauter Stücke auseinanderfliegen — die Teilchen würden sich in alle Richtungen zerstreuen. Glühende Teilchen würden überall zu Boden stürzen. Es würde nichts übrigbleiben.

F: Du würdest alles zerstören. Könntest du uns sagen, was du mit uns tun würdest, wenn du ein Vulkan wärst?

B: Ich würde alles zum Platzen bringen — ich würde den ganzen Platz in die Luft fliegen lassen.

F: Hör auf deine Stimme.

B: Meine Stimme ist absolut tot.

F: Ja. Wer soll dir da glauben?

B: Niemand. (Lachen) Der Vulkan tut sonst niemand weh. Er bringt *mich* zum Platzen. Sonst wird keiner davon auch nur berührt. Die stehen alle da und schauen zu, wie ich platze und fragen sich, was das alles soll.

F: Kannst du das zu uns sagen?

B: Wenn ich hier vor euch in die Luft gehen würde, würdet ihr dasitzen und mir dabei zuschauen und sagen: »Was zum Teufel macht er — was ist los mit ihm? Er tut mir keineswegs weh. Er macht viel Lärm und schreit, daß ihm die Lungen heraushängen.«

F: Kannst du ihn jetzt nochmal spielen?

B: Wen?

F: Den Vulkan! Laß uns zuschauen. Gib uns eine Vorstellung.

B: Von einem Vulkan.

F: Ja.

B: Chchchchchooooaaa!

F: Weiter.

B: Bchchchchrrroaa . . . Nichts geht richtig.

F: Hör jetzt auf deine Stimme — das ist eine schwache, milde Stimme. Siehst du den Bruch zwischen dir als einer ziemlich schwachen Person und dem Vulkan auf der anderen Seite. Mit nichts dazwischen. Mach weiter, spiel den Vulkan.

B: Ich weiß, daß es nicht geht. Ich kann nicht, ich kann nicht — ich wäre sicher, daß ich, wenn ich das spielen würde, auf der Bühne, nur etwas vormachen würde, oder — es würde keinen Sinn haben.

F: Hör jetzt nochmal auf deine Stimme.

B: Meine Stimme sagt: »Ich spreche in einem netten beherrschten Tonfall und sage nichts, was irgend jemand verletzen könnte — ich halte alles Gefühl da heraus.«

F: Sei jetzt die Stimme des Vulkans. Was würde der Vulkan sagen?

B: (grollt mit sehr lauter Stimme) ZUM TEUFEL MIT DIR!

F: Sei wieder deine andere Stimme.

B: Kein wirkliches Gefühl da. Warum sollte ich irgend etwas erwarten? Ich empfinde wirklich nichts. Ich habe keine Wut auf dich. Du hast mir nichts getan.

F: Rede nochmal so wie der Vulkan.

B: (schreit) WAS IST BLOSS LOS MIT DIR! (normale Stimme) Warum empfinde ich nichts — dir gegenüber. Ich möchte einen echten Kontakt haben und empfinde ihn nicht.

F: Ich möchte, daß du eine Diskussion zwischen deiner Vulkanstimme und deiner anderen Stimme machst.

B: Vulkanstimme, du bist ein großes leeres Getöse. Du erschreckst die Leute, aber du überzeugst sie nicht.

Was glaubst du denn, daß *du* tust? (Lachen) Du erschreckst sie nicht einmal. Nun? *Tu doch was, zeig* was — *Wirkliches.*

Nun, ich bin genauso wirklich wie du, aber ich glaube, daß ich das auch nicht sein will — ich will weder du sein noch ich. Ich möchte eine Stimme sein, die überzeugt — die meint, was sie sagt und sich auch so anhört, die meint, was sie sagt.

F: Ahah. Jetzt haben wir etwas erfahren, daß du nämlich keine Mitte hast, wo du dir selbst vertraust. Du hast dich in eine sanfte und milde Stimme und in eine leere bullige Stimme aufgespalten, aber die Mitte fehlt, das Selbstvertrauen fehlt. Laß sie also weitermachen. Die milde und sanfte und die krachende — den Schreihals.

B: Wenn du vielleicht, anstatt mit dieser lauten, riesigen Stimme zu schreien, einfach genau ausdrücken würdest, was und wie du empfindest — wenn du von irgendwas überzeugt bist, so sag es. Vielleicht hast du bloß Angst, dein wirkliches Selbst heranzunehmen oder dein wirkliches Wesen zu zeigen. Du mußt entweder dein großes lärmendes Selbst herzeigen oder aber schön tun...

Aber ich habe jetzt Angst. Ich möchte in der Lage sein, einfach zu fühlen — weißt du, einfach auszudrücken, was ich fühle. Vielleicht kann ich's. Ich fühle mich nervös.

F: Mach deine Augen zu und geh in deine Nervosität hinein. Zieh dich zurück und regrediere in deine Nervosität. Da ist zwar keine derart ungeheuerliche Erregung wie beim Vulkan vorhanden, aber auch in der Nervosität ist einiges an Erregung. Wie empfindest du deine Nervosität? Kannst du irgendwo ein Beben, Vibrationen wahrnehmen?

B: Ich fühle ein Beben und ich fühle — Prickeln in meinen Fingern. Ich spüre beinahe, daß von weither Tränen kommen könnten — ganz ferne.

F: Was spürst du in deinen Geschlechtsteilen, vor allem in deinen Hoden?

B: Das ist etwas schwer zu beschreiben... Ich glaube, es fühlt sich an wie bei einem kleinen Jungen — so wie ich mich manchmal fühlte, wenn ich aus der Badewanne stieg.

F: Was empfindest du in deinen Augen, deinen Augäpfeln?

B: Ich spüre nicht so sehr meine Augäpfel als vielmehr, wie es sich um sie herum zusammenzieht.

F: Ja. Könntest du das noch ein bißchen verstärken? — oder dir vorstellen, daß du dich dort etwas mehr zusammenziehst? Was empfindest du in deinen Händen?

B: Sie sind gefaltet.

F: Was empfindest du in deinen Hoden?

B: Nichts.

F: Sind sie vorhanden?

B: Ja.

F: Sie ziehen sich nicht zusammen?

B: Nein...

F: Was empfindest du jetzt?

B: Die Tränen in meinen Augen. Ich fühle, wie sich meine Hände festklammern.

F: Kannst du zu den Zuhörern sagen: »Ich will nicht weinen.«

B: Ich will nicht weinen. /F: Nochmal/ Ich will nicht weinen /F: Nochmal/ Ich will nicht weinen. Ich will nicht weinen.

F: Was hast du dagegen zu weinen?

B: Ich habe eigentlich nichts dagegen. Ich habe Angst vor dem, was die Leute von mir denken, wenn ich weine.

F: Okay. Tausche nochmal den Platz und spiel die Leute.

B: Wir werden keineswegs geringer von dir denken, wenn du weinst. Da ist absolut nichts Unrechtes dabei. Wenn dir nach Weinen zumute ist, dann mußt du wohl etwas haben, um das du weinst.

Ich weiß das alles in abstracto, aber irgend etwas in mir hält mich ständig zurück — irgend etwas Bewußtes und manchmal Unbewußtes.

F: Mach deine Augen nochmal zu. Teile uns die genauen Einzelheiten davon mit, wie du deine Tränen zurückhältst. Welche Muskeln benutzt du, und so weiter.

B: Ich spüre es im Augenblick nicht. Ich kann mich erinnern, daß ich sie zurückhalte, indem ich mir den Hals zuschnüre und die Kiefer zusammenpresse.

F: Kannst du das jetzt tun? (durch die Zähne) »Ich will nicht weinen.«

B: Ich will nicht weinen.

F: Ja. Beiß die Zähne zusammen. Halte es zurück.

B: Ich will nicht weinen. Ich will nicht weinen.

F: In welcher Situation stehst du? Bei welcher Gelegenheit?

B: Wenn ich nicht weine? /F: Ja./ Ich war bei einer Beerdigung. /F: Wessen?/ Von einem alten Mann; er starb, und ich mochte ihn sehr gern.

F: Geh zu seinem Grab zurück und sag ihm Lebwohl.

B: (sehr weiche Stimme) Lebwohl.

F: Wie heißt er?

B: Curt.

F: Sag: »Lebwohl, Curt.«

B: Lebwohl, Curt. Ich habe dich wirklich vermißt; (beinahe weinend) hätte ich dir bloß mehr zeigen können, wie sehr ich dich mochte, solange dafür Zeit war.

F: Laß ihn antworten — gib ihm eine Stimme.

B: Ich wußte, daß du mich mochtest. Es wäre schön gewesen, wenn ich dich näher kennengelernt hätte, als ich einsam war. Die Zeit mit dir zusammen hat mir Spaß gemacht. Es war schwer, allein zu leben. Von allem ausgeschlossen sein . . . Es braucht dir nicht leid zu tun. Es ist schon in Ordnung.

F: Sag ihm etwas mehr, was du an ihm geschätzt hast.

B: Er war so freundlich.

F: Sag *ihm* das.

B: Du warst *so* freundlich. Der freundlichste Mensch, den ich kannte. Keine Feindseligkeit gegenüber irgend jemand. Unglaublich.

F: Kein Vulkan dabei?

B: Nein. Kein Vulkan.

F: Kannst du ihn sehen? Kannst du deinen Freund sehen? Berühr ihn und sag nochmal Lebwohl.

B: Lebwohl. (fängt zu weinen an) Lebwohl . . . (weint) Lebwohl. Es ist hart, Lebwohl zu sagen. Es ist hart, Lebwohl zu sagen . . . (schluchzt) . . .

F: Komm zurück zu uns. Wie siehst du uns jetzt?

B: Ich . . .

F: Nun, ich habe nicht das Gefühl, daß dein Lebwohl zu Ende ist. Du mußt schon noch ein bißchen mehr trauern. Zieh deine Wurzeln nochmal heraus und werde frei, um neue Freunde zu finden.

Das ist eine der wichtigsten unabgeschlossenen Situationen: Wenn man nicht genug um einen geliebten Menschen geweint hat, den man verloren hat. Freud hat großartige Arbeit in bezug auf die Trauerarbeit geleistet, in Europa dauert die Trauer gewöhnlich ein Jahr, erst dann hat man all die Verwurzelungen von einem toten Menschen gelöst und kann sich wieder den Lebenden zuwenden.

Ellie

Ellie: Ich heiße Ellie . . . Hm, ich habe ein flattriges Gefühl in der Brust, im Augenblick, und ich möchte locker werden.

Fritz: Das ist ein Programm.

E: Wie?

F: Das ist ein Programm — wenn du sagst: »Ich möchte locker werden.«

E: Ich versuche es, jetzt.

F: »Ich versuche es.« Das ist auch ein Programm. Du bringst das, was *du sein willst,* mit dem, was *ist,* durcheinander.

E: Jetzt — ich bewege meine Arme, um mich zwangloser zu fühlen. Und ich möchte über ...

F: Erlaube mir, dir etwas zu sagen, Elli. Die Grundlage dieser Arbeit ist das *Jetzt.* Du bist die ganze Zeit in der *Zukunft.* »Ich möchte an dem und dem arbeiten.« »Ich will das versuchen«, und so weiter. Wenn du arbeiten kannst, dann fange jeden Satz mit dem Wort *jetzt* an.

E: Jetzt sage ich zu Ihnen, Dr. Perls, daß ich mich nicht wohl fühle. Jetzt spüre ich, wie sich meine Brust hebt und senkt. Ich spüre einen tiefen Atemzug. Ich fühle mich jetzt ein bißchen besser.

F: Siehst du, anstatt zu versuchen, dich in die Zukunft zu flüchten, kommst du nun mit dir selbst im Jetzt in Berührung. Natürlich fühlst du dich besser ... Was machen deine Hände?

E: Sie beruhigen mich. Sie berühren sich — ich fühle sie, sie berühren mich. Ich habe das Gefühl, sie halten mich zusammen.

F: Rede mit ihnen: »Hände, ihr beruhigt mich.«

E: Hände, ihr beruhigt mich. Hände, ihr seid etwas, das ich kenne. Es fühlt sich gut an, den Finger hin- und herzubewegen.

F: Nun, meine Aufmerksamkeit ist mehr bei den Zuhörern. (zu den Zuhörern) Ich spüre eine gewisse Unruhe. Könntet ihr dazu etwas sagen?

X: Wir können nicht sehr gut hören.

F: So, ihr sitzt also lieber mit eurem Unbehagen, nicht sehr gut zu hören, da — strengt euch an —, anstatt daß ihr euch bemerkbar macht. Feige Tanten.

X: Könntest du dich umdrehen, damit wir dich hören können.

Y: Kannst du laut und deutlich sprechen?

E: Ja. — Könnt ihr mich jetzt verstehen? /X: Ja./ Gut. (räuspert sich) Ähem.

F: (mokiert sich, wie ein Sänger, der sich aufprotzt) Mi, mi, mi, mi, mi ...

E: Ich hätte es lieber, daß ihr mir's sagt, wenn ihr nicht verstehen könnt, anstatt daß ihr unruhig werdet. Aber ich will nicht dauernd an euch denken müssen — ich möchte euch bitten —

F: Was tust du mit deiner linken Hand?

E: Meine linke Hand? ... zeigt umher.

F: Bist du dir bewußt, daß du das tust?

E: Ich war es nicht. Ich bin mir jetzt bewußt. Ich möchte —

F: Noch ein Programm.

E: Ein Programm.

F: (brüsk) Danke — ich kann mit dir nicht arbeiten. Ich bitte dich, im Jetzt zu bleiben.

E: Ich fühle mich jetzt ganz unzureichend . . . Ich habe jetzt das Gefühl, daß ich etwas will. Ich befürchte jetzt, daß ich das nicht bekommen werde. Ich fühle mich —

F: Siehst du, du bist wieder in der Zukunft. »Ich will etwas, ich werde es nicht bekommen.« Was hast du dagegen, *hier* zu sein, lebendig zu sein, im Jetzt zu sein? Was läßt dich immer wieder in die Zukunft springen?

E: Es gibt so viel, das ich will, und ich habe Angst — ich werde es nicht haben.

F: Mit anderen Worten, du bist gierig.

E: Ja.

F: Sag das den Zuhörern: »Ich will, ich will, ich will.«

E: Ich will, ich will, ich bin gierig, selbstsüchtig. Ich bin unersättlich. Ich will, was ich will, augenblicklich. Ich habe kein gutes Gefühl dabei, es nicht zu bekommen . . . Ich fühle mich jetzt unangemessen.

F: Ich verstehe dieses Wort nicht.

E: Ich fühle mich jetzt dumm.

F: Vielleicht *bist* du dumm . . . oder *stellst du dich* dumm? Wie ist das, dumm zu sein?

E: Ich weiß nicht, was ich tun soll. Ich will etwas tun, aber ich weiß nicht, wie darangehen.

F: Dann spiel hilflos.

E: Bitte helfen Sie mir, Dr. Perls. /F: (als ob er nichts verstehen würde) Ähmh?/ Bitte helfen Sie mir, Dr. Perls. /F: Ähmh?/ Bitte helfen Sie mir, Dr. Perls! . . .

F: Hm, ich habe mein Scheckbuch nicht bei mir. (Lachen)

E: *Das* will ich nicht von Ihnen.

F: Oh! Du sagtest nicht einmal, was du willst — welche Art Hilfe du willst.

E: Ich will Hilfe, damit ich mich als Frau wohler fühle. Ich möchte, daß mir der Sex mit meinem Mann mehr Spaß macht.

F: Ah! Wenn du mit ihm schläfst, bist du da je im Jetzt? /E: Nein./ Wo bist du, wenn du Sex hast? Hast du ein Programm — den Orgasmus erreichen oder so etwas?

E: Ja. Genau.

F: Du willst einen Orgasmus haben. Du hast also wieder ein Programm aufgestellt.

E: Richtig. Und das ist mein Problem.

F: Dein Problem ist, daß du planst; du machst ein Programm. Anstatt zu ficken, machst du ein Programm. Wenn du im Jetzt bleibst, kannst du Spaß dran haben. Okay.

Wir sind alle mit der Idee der Veränderung beschäftigt, und die meisten gehen da heran, indem sie Programme machen. Sie wollen sich ändern. »Ich sollte so sein« und so weiter und so weiter. Was aber tatsächlich geschieht, ist, daß die Idee einer vorsätzlichen Änderung niemals, nie und nimmer, funktioniert. Sobald man sagt: »Ich möchte mich ändern« — ein Programm aufstellt — wird eine Gegenkraft in einem erzeugt, die von der Veränderung abhält. *Änderungen finden von selbst statt.* Wenn man tiefer in sich hineingeht, in das, was man *ist,* wenn man annimmt, was da vorhanden ist, dann ereignet sich der Wandel von selbst. Das ist das Paradoxe des Wandels. Vielleicht kann ich das mit einem guten alten Sprichtwort ein wenig untermauern, das folgendes besagt: »Der Weg in die Hölle ist mit guten Vorsätzen gepflastert.« Sobald man eine Entscheidung fällt, sobald man sich ändern *will,* begibt man sich auf den Weg in die Hölle, weil man's nicht erreichen kann; und dann empfindet man sich als schlecht; man quält sich selbst und fängt an, das allseits bekannte Selbstquälerei-Spielchen zu spielen, das bei den meisten Menschen unserer Zeit so sehr beliebt ist.

Solange man ein Symptom bekämpft, wird es schlimmer. Wenn man Verantwortung übernimmt für das, was man sich selber antut, dafür, wie man seine Symptome hervorbringt, wie man seine Krankheit hervorbringt, wie man sein ganzes Dasein hervorbringt — in dem Augenblick, in dem man mit sich selbst in Berührung kommt —, beginnt das Wachstum, beginnt die Integration, die Sammlung.

Dan

Dan: Ich hab eine psychosomatische Nase, und ich —

Fritz: Rede mit deiner psychosomatischen Nase.

D: Ich — hm, gut . . . ich habe mir immer schon gedacht, daß aus meiner Vergangenheit etwas herrührt, das ich nicht verstehen konnte, und ich habe daran gearbeitet, und ich kann es teilweise kontrollieren —

F: Was macht deine rechte Hand?

D: Wie bitte?

F: Was habe ich gesagt?

D: Was soll ich —

F: Ahah. Wir hatten vorher eine kurze Begegnung, bei der Dan seine Abneigung zuzuhören, schon zur Schau gestellt hat.

D: Ich habe den Schluß nicht gehört. Soll ich weitermachen? ... Ich habe versucht, es zu kontrollieren, und in einem gewissen Ausmaß kann ich es auch, zeitweise, und dann hier, letzten —

F: Hast du gehört, was ich gerade über Sich-Beherrschen sagte?

D: Ich habe gehört, was du über mein Nicht-Zuhören gesagt hast.

F: Hast du gehört, was ich über Sich-Beherrschen sagte? Und über Sich-ändern-Wollen?

D: Nein.

F: Kannst du etwa fünf Minuten zurückschalten?

D: Wo wir draußen waren, vorhin? Ich fragte dich etwas und du, äh ...

F: Hast du gehört, daß ich »fünf Minuten« sagte? ... Dir fällt doch auf, daß du, was ich auch sage, verdrehst, du hörst nicht zu, mit anderen Worten, du bist überhaupt nicht offen.

D: Ich will versuchen, mich zu öffnen.

F: »Ich will versuchen, mich zu öffnen.« Ein weiteres Versprechen. Ich weiß nicht, wie ich mit dir kommunizieren kann.

D: Ich hatte das Gefühl, du meintest, ich sei eine gifthaltige Persönlichkeit, aber wenn man es nicht probiert, was kann man dann tun?

F: Was würde passieren, wenn du zuhören würdest, wenn du Ohren hättest? Kannst du eine Phantasie machen? Welche Gefahr liegt im Zuhören? ...

D: Nun, wenn ich nicht zuhöre, aber man ist sich des Zuhörerns ja nicht bewußt; es müßte eigentlich nichts Gefährliches dabei sein, beim Zuhören — da ist eigentlich nichts Bedrohliches. Und ich sehe keine Bedrohung ...

F: Welche Gefahr liegt im Zuhören?

D: Die einzige Gefahr im Zuhören wäre, etwas zu hören, was man nicht hören wollte.

F: Ah! Kannst du diesen Satz sagen: »Ich höre nur, was ich gern höre.« Kannst du mir diesen Satz nachsagen?

D: Ah, du sagtest: »Ich kann nur das hören, was ich hören will.«

F: Habe ich das gesagt?

X: Nein ...

F: Tust du *das* durchweg, verdrehst du das, was du von außen mitgeteilt bekommst?

D: Es kann einfach nicht *immer* so sein, aber wahrscheinlich ist es manchmal so.

F: Hör jetzt sorgfältig hin: »Ich höre nur, was ich gern höre.«

D: Ich höre nur, was ich gern höre.

F: Sag das jetzt zu den Zuhörern.

D: Ich höre nur, was ich gern höre. /F: Nochmal/ Ich höre nur, was ich gern höre.

F: Sag es lauter. Sag es zu einigen bestimmten Leuten.

D: Ich höre nur, was ich *gern* höre. Ich höre nur, was ich gern höre.

F: Sag das zu deiner Frau.

D: Ich höre nur, was ich gern höre.

F: Spiel sie. Was würde sie antworten? . . .

D: Manchmal würde sie »Jawohl« sagen, und dann wieder würde sie sagen: »Du hast recht!«

F: Okay. Spiel jetzt eine Frau, die nur solche Dinge sagt, die du gern hörst . . .

D: Nun, äh . . .

F: Was hörst du denn gern?

D: Ich höre gern Dinge, die angenehm sind.

F: Wie zum Beispiel?

D: Nun, äh . . . Ich habe getan, was du von mir wolltest in dieser Sache, oder: Ich habe versucht, dies und jenes mit den Jungen zu tun, und ich glaube, daß du dem wahrscheinlich zustimmst, oder —

F: Du erwartest also, daß dir die Leute zuhören. Habe ich recht?

D: Hm ja, ich erwarte von mir, anderen zuzuhören und ich erwarte, daß die anderen mir auch zuhören. Nach dem, was du sagst, bin ich jedoch nicht sicher, ob ich es tue.

F: Das ist ein wunderbarer Trick. Wenn du erwartest, daß dir die Leute zuhören, du aber das nicht hören willst, was dir die Leute zu sagen haben, dann hast du dich und die anderen immer in der Gewalt.

D: Sich und die anderen zwar immer in der Gewalt zu haben, das mag schon sein, aber besonders glücklich ist man dabei auch nicht.

F: Genau. Und so kriegst du deine Symptome. Gut.

Dick

Dick: (schnell) Ich habe einen Alptraum, der immer wieder kommt. Ich schlafe und ich höre jemand schreien und wache auf und die Bullen verhauen ein Kind. Und ich will aufstehen und ihm helfen, aber da steht jemand am Kopf- und am Fußende meines Bettes; sie werfen Kissen hin und her, schneller und schneller, und ich kann meinen Kopf nicht bewegen. Ich kann mich nicht aufrichten. Und ich wache schreiend auf und bin ganz in Schweiß gebadet.

Fritz: Kannst du das ausagieren? Erzähl deinen Traum noch einmal, aber setze sowohl deinen Körper als auch deine Stimme dabei ein.

D: Ich schlafe. Plötzlich höre ich jemand schreien.

F: Warte einen Augenblick. Sag nochmal: »Ich schlafe.«

D: Ich schlafe.

F: Glaubst du das?

D: Nein.

F: Dann agiere es aus.

D: Ich schlafe. Plötzlich höre ich jemand schreien. Ich wache auf und sehe einige Bullen, wie sie ein Kind verhauen; ich will aufstehen, um ihm zu helfen, und am Kopf- und Fußende meines Bettes steht jemand, und sie werfen ein Kissen hin und her, (redet schneller) immer schneller, immer schneller, und ich kann mich nicht bewegen — ich möchte meinen Kopf hochheben und kann nicht, und sie werden immer noch schneller, und ich wache schreiend auf.

F: Kannst du das nochmal machen, mit deinem Kopf?

D: (schnell) Sie, sie werfen einfach das Kissen hin und her und es ist, es ist so schnell, daß ich meinen Kopf nicht bewegen kann. Es ist einfach so schnell, immer schneller und schneller und schneller und ich kann einfach meinen Kopf nicht bewegen —

F: Kannst du der Polizist sein und das Kind schlagen, so etwa — schneller und schneller?

D: (schnell und sehr ausdrucksvoll) Na gut, Kleiner, da haben wir dich endlich, und du kommst ins Gefängnis. Erzähl uns keinen Unsinn mehr. Du wirst jetzt schnurstracks in diese verdammte Besserungsanstalt gehen. Du meinst wohl, du kommst mit allem Möglichen durch; aber du wirst mit gar nichts Erfolg haben. Du wirst deine gottverdammte Strafe gefälligst absitzen und ein guter Bürger sein und nicht soviel Wirbel machen.

F: Wie fühlst du dich in dieser Rolle?

D: Ich mag sie nicht.

F: Du magst sie nicht?

D: Nein.

F: Gut, rede mit diesem Kerl — mit dem Polizisten.

D: (verteidigend) Der Kleine hat nicht versucht zu stehlen, er hat gar nichts gewollt. Er hatte einfach nichts, wo er hingehen sollte, und er hatte nichts zu tun. Er ist einfach in eine Falle gegangen, und er hat bloß ein paar Sachen gestohlen. Ihr solltet ihn nicht schlagen; ihr braucht ihn dafür nicht zu bestrafen. Ihr könnt freundlich zu ihm sein; ihr könnt ihm ein bißchen Zuwendung zeigen, ihm ein bißchen Sympathie entgegenbringen. Ihr könnt verstehen, durch welche Scheiße er durchgegangen ist.

F: Sei jetzt nochmal der Polizist. Erwidere etwas.

D: Ja, aber er raubt die Leute aus, und sie haben einigen Respekt bekommen. Er sollte verstehen, wie die sich fühlen, zum Teufel! Sie arbeiten für ihr Geld. Wenn er was haben will, soll er doch hingehen und sich auszubilden versuchen und eine Arbeit finden und produktiv sein und sein Geld redlich verdienen. Wenn er dem Geld nachgeht und dabei andere Leute verletzt, dann muß ihm umgekehrt auch wehgetan werden.

F: Stell den Kleinen dazu. Du bist der Polizist und der Kleine ist auch in der Szene.

D: (spielt den Kleinen) Ich wollte einfach — dazu gehören. Ich wollte Mitglied der Bande sein. Ich wollte niemand wehtun. Ich wollte niemandem sein Geld wegnehmen. Ich wollte nicht stehlen. Ich wollte zu den Leuten gehören. Ich wollte einfach von ihnen angenommen sein. Das ist alles. Ich hatte nichts Böses im Sinn. Ich hätte das Geld zurückgeben können, ich brauche das Geld nicht. Ich gebrauche es gar nicht — ich spiel bloß rum mit dem verdammten Zeug, werf es weg, verspiel es. Ich habe es nicht sehr lange. Ich will niemand weh tun.

F: Was sagt denn der Polizist?

D: Es ist mir gleich, was du tun *willst*, es geht darum, was du *getan hast*. Der Mensch hat dir doch nichts zuleide getan, du hast ihn einfach beraubt, weil du Teil der Bande sein wolltest. Nun, es gibt andere Banden und andere Leute. Die tun das alle nicht. Wenn du dazu gehören willst — dann gehör zu den richtigen Leuten, wenn du nicht willst, daß man dir weh tut.

Aber da lebe ich doch. So ist das Leben eben hier. Wir haben keine anderen Gruppen, zu denen wir gehen können. Wir haben keine Clubs. Jeder stiehlt und wenn du hier nicht stiehlst, dann gehörst du nicht dazu. Wenn du dazugehören und ein Teil davon sein willst, dann mußt du da mitmachen. Das ist alles. Und es geht nicht darum, daß man gegenüber dem Kerl, den man ausraubt, irgendwas empfindet.

Es ist mir gleich, was du empfindest. Was zählt, ist das, was du *tust*. Wenn du etwas tust, das unrecht ist, dann mußt du dafür bestraft werden.

F: Sag das jetzt zur Gruppe.

D: Wenn ihr etwas Unrechtes tut, werdet ihr dafür bestraft.

F: Rede weiter so mit uns.

D: Wenn ihr respektiert sein wollt und freundlich behandelt sein wollt, müßt ihr bereit sein, euch an das Gesetz zu halten und ihr müßt bereit sein, so wie die anderen Leute zu sein. Wenn ihr freie Menschen sein wollt und unter den Leuten Achtung genießen wollt, dann braucht ihr ihnen nur denselben Respekt zu zollen, den ihr von ihnen erwartet. Wenn ihr das nicht tut, werdet ihr halt bestraft, so wie ihr es verdient.

F: Spiel jetzt die Gruppe.

D: Wir wissen, daß das Leben in den Slums nicht einfach ist; es ist schwer, da herauszukommen, es ist schwer, herauszubekommen, was du tun solltest und was richtig ist. Es ist schwer, gegen den Kodex anzugehen, von dem jedermann zu glauben scheint, daß er recht hat in dem, was man tun soll. Es ist schwer, in dieser Art von Gesellschaft eine große Nummer zu haben, wenn man nicht derlei Dinge tut.

F: Ah! Hier haben wir ein neues Thema. Große Nummer — du willst eine große Nummer haben. Sag das dem Polizisten.

D: Ich will eine große Nummer haben. Ich will jemand sein, den andere Leute respektieren. Ich will genauso topp sein wie jeder andere auch. Ich kann alles nehmen, was du mir gibst, du wirst mich zu nichts bewegen. Du wirst mich nicht dazu bringen zu reden. Ich will hier ein toller Bursche sein.

F: Tauscht nochmal die Plätze.

D: Wenn ein »toller Bursche sein« heißt, daß man umhergeht und klaut, anderen Leuten ihre Habseligkeiten wegnimmt und das Gesetz bricht, dann wird der tolle Bursche bestraft.

F: Wie fühlst du dich jetzt in der Rolle des Polizisten? . . .

D: Ich sympathisiere mit ihm.

F: Du fühlst dich jetzt wohler als Polizist. /D: Ja./ Gut. Mach weiter.

D: Und es ist gleich, ob du ein toller Bursche oder eine Flasche bist oder dünn oder dick, schwarz oder weiß. Du kannst sein, was du magst, aber wenn du gegen das Gesetz verstößt, dann ist es unsere Aufgabe, dich davon abzuhalten. Wir halten dich davon auf die beste Art und Weise ab, die wir kennen, das ist alles. Manchmal braucht es dazu ein bißchen Gewalt, das ist alles . . .

F: Mach jetzt deine Augen zu, werde deiner selbst gewahr. Was erlebst du?

D: Schwäche in den Knien und Waden, Pulsieren in — über meinem linken Auge, Ohnmacht irgendwie, das tun zu können, was ich tun will.

F: Kannst du das jetzt zu diesem Jungen sagen.

D: Ich fühle mich schwach in den Beinen, ich spüre, wie es in meinem Kopf pocht, ich fühle mich nicht fähig, das zu tun, was ich tun will, ich fühle mich nicht frei — ich habe das Gefühl, du unterdrückst mich, du willst mich nicht dahin gehen lassen, wo ich hingehen will, nicht sein lassen, was ich sein will.

F: Nimm jetzt wieder die Stelle des Jungen ein. Antworte dem Polizisten.

D: Ich werde da rauskommen. Ich werde das tun, was ich tun will, aber ich brauche Hilfe. Ich kann es einfach nicht allein tun. Alles, was ich will, ist jemand, der mich versteht. Es ist *hart*.

F: Seht ihr, in dem Augenblick, in dem er in Beziehung, in Berührung mit sich selbst kam, wird deutlich, wieviel von der Zähigkeit, von dem tollen Burschen sich als Schwindel herausstellte. Und der Junge ist auch viel weniger trotzig, viel weniger aggressiv. Sie kommen sich ein bißchen näher. Gut, sei nochmal der Polizist.

D: Hör zu, Kleiner, wenn du wirklich aus diesem Milieu ausbrechen willst, gibt es eine Menge Dinge, die wir tun können, um dir zu helfen: alle Arten von Beratern, alle möglichen Arbeiter, die bereit sind, dir weiter zu helfen. Wir haben da die Big Brother-Organisationen. Das Bewährungsamt hat alle möglichen Handhaben, um dir zu helfen. Du wirst einige Zeit im Gefängnis verbringen; sie werden dir sagen, wie du durchkommst und hier herauskommst.

F: Schlag ihn jetzt nochmal. Gib's ihm.

D: (schreit wütend und expressiv) Du weißt wirklich nicht, wovon du redest, zum Teufel! Herrgottnochmal, was tun sie denn im Gefängnis? Die geben dir doch kein verdammtes bißchen Hilfe. Sozialarbeiter, da leckt mich doch! Das einzige, was die tun, ist, daß sie dich mit ihrer verdammten Schöntuerei überhäufen und dich auf ihre Seite ziehen wollen und dir sagen, was du mit deinem Leben anfangen sollst, aber helfen tun sie dir nicht!

F: Oh! Die Wut ist jetzt auf der Seite des Jungen. Du warst der Junge; du warst nicht der Polizist.

D: (ruhig) Ja.

F: Ahah. Was würde denn der Polizist jetzt zu der Wut von dem Jungen sagen? Jetzt hat sich der Spieß umgedreht.

D: (aufgeblasen stark) Hör zu, Kleiner. Wenn du dich nicht zusammenreißt und dich in Ordnung bringst, wenn du nicht einsiehst, was du da tust, dann wird dir niemand helfen. Sie versuchen, dir zu helfen und wenn du jedesmal, sobald sie dir zu helfen versuchen, meinst, daß sie bloß versuchen, dich rumzukriegen, dann wirst du überhaupt keine Hilfe bekommen. Wenn du aus dieser Scheiße herauskommen willst, dann reiß dich lieber zusammen und sieh ein, wer zum Teufel deine Freunde sind. Die Lauser, die glauben, sie sind deine Freunde — das ist doch ein Schmarrn. Die fallen dir für eine Mark in den Rücken.

F: Okay. Tausch die Rollen.

D: Ja. Aber die nehmen mich an. Die kennen mich und verlangen außer dem, was ich hergebe, nichts von mir. (wütend) Ihr andern alle mitsammen, ihr fordert immer das, was ich nicht bringen kann oder was ich euch nicht geben kann. Und ihr wollt es so haben, wie *ihr* die verdammte Scheiße definiert und nicht so, wie *ich* sie ansehe.

F: Was empfindest du denn jetzt?

D: Gewalttätigkeit.

F: Die Gewalttätigkeit ist nicht mehr projiziert. Du empfindest sie als deine eigene.

D: Ja...

F: Dann mach deine Augen jetzt nochmal zu. Komm jetzt mit deiner Gewalttätigkeit in Kontakt. Wie erlebst du deine Gewalttätigkeit?

D: (atemlos) Ich möchte alles zer- zerstören. Ich möchte — ich möchte die Vergangenheit zerstören. Ich möchte alles loswerden, was mich davon abhält, bestimmte Dinge zu tun. Ich will *frei* sein. Ich möchte auf sie einschlagen.

F: Rede mit der Vergangenheit. »Vergangenheit, ich möchte dich loswerden.«

D: Vergangenheit, du kannst mich nicht aufhalten. Eine Menge Kinder haben das gleiche durchgemacht. Es gibt alle möglichen Elendsviertel auf der Welt. Viele Leute sind in Besserungsanstalten und im Gefängnis gewesen. Das heißt nicht, daß sie nichts zustande bringen können. Ich krieg meinen Doktor schon. Ich bin *fertig* mit dir. Ich bin da *heraus*. Ich brauche dich nicht mehr um mich herum zu haben. Du brauchst mich nicht mehr zu belästigen. Ich brauche nicht mehr zurückgehen und zu sehen, wie beschissen das Leben da ist. Ich brauche *diese* Aufregung nicht mehr in mir zu haben. Ich kann leben, wo ich jetzt lebe. Ich gehe in die akademische Welt — die wirkliche Welt.

F: Was antwortet die Vergangenheit?

D: Ja, aber du — du weißt, daß wir deine Freunde sind und verstehen, was du willst. Unser Leben ist reicher. Da ist mehr Leben drin, da ist mehr Sinn darin, da gibt's mehr zu tun und mehr zu sehen. Es ist nicht steril. Du weißt ja, was du getan hast. Du kannst da nicht heraus, du kannst es nicht verlassen.

F: Mit anderen Worten, die Vergangenheit empfindet den Doktor als etwas steril, oder? Bist du —

D: Doktor ist — ahh, was zum Teufel ist denn schon der Doktortitel?

F: Sag ihm das.

D: Schau, wenn du einen Doktor hast, was hast du dann schon? Es versetzt dich in eine Lage, in der du fähig bist, ein bißchen mehr Hilfe beim Analysieren bestimmter Probleme zu leisten, und wenn die Leute dem gegenüberstehen, dann werden sie damit so verdammt viel auch wieder nicht anfangen. Es macht wirklich keinen so großen Unterschied — so oder so herum —, *was* du tust.

F: Schau, jetzt kommen wir zum existenziellen Problem. Jetzt hast du deine Klemme, deine Sackgasse.

D: Ja.

F: Du willst etwas Aufregendes tun.

D: Ich will nicht bloß etwas Aufregendes tun, ich will etwas Sinnvolleres tun — etwas Richtiges. Ich will es berühren, ich will es spüren. Ich will sehen, wie es wächst und sich entwickelt. Ich will das Gefühl haben, daß ich nützlich bin. Sogar auf eine warme, liebevolle Art will ich mich nützlich fühlen. Ich will ja nicht die Welt bewegen... Dieses Gefühl der Ohnmacht. Diese ganze Arbeit.

F: Das ist eine sehr interessante Beobachtung, denn alles Töten ist in der Ohnmacht begründet... Sei also der Doktor...

D: Es gibt drei Milliarden Menschen auf der Erde und vielleicht zehntausend fällen Entscheidungen. Und meine Arbeit wird denen, die Entscheidungen treffen, helfen, sie weiser zu treffen. Ich werde die Welt nicht aufrütteln, aber meine Arbeit wird eine ganze Menge mehr tun als das, was die restlichen Zweimilliardenneunhundertundeinpaarmillionen tun werden. Sie wird ein wertvoller Beitrag sein.

F: Siehst du, wie du immer vernünftiger wirst — wie sich die Gegensätze jetzt nähern? Wie fühlst du dich jetzt?

D: Ich habe das Gefühl, ich will vernünftig sein.

F: Ja, ja. Ich glaube, du hast sehr gute Arbeit hier geleistet.

Q: Wir haben in diesem Fall eine Menge Gewalttätigkeit und Aggression gesehen, die sich als Ergebnis eines Gefühls der Ohnmacht herausstellte. Welche Rolle spielt die Aggression bei der gesunden und integrierten Persönlichkeit?

F: Ich glaube, daß Aggression eine biologische Kraft ist, die normalerweise dazu benutzt wird, um Nahrung oder sonst etwas zu zerkleinern, zu destruieren, zu zerlegen, damit wir sie uns angleichen oder sie assimilieren können. Wir müssen zwischen Aggression, Gewalttätigkeit, Sadismus und so weiter unterscheiden. Sie werden in der modernen Psychiatrie alle in denselben Topf geworfen. Sie sind allesamt ziemlich unterschiedliche Phänomene. Gewalttätigkeit ist zum Beispiel, wie ihr hier sehen konntet, das Ergebnis von Ohnmachtsgefühlen, Impotenz. Wenn man keine andere Möglichkeit hat, mit der Wirklichkeit fertig zu werden, dann fängt man an zu töten. Aggression wird für jede Art von Arbeit gebraucht, aber ihr seht, daß Aggression oft nicht durch die Notwendigkeit, mit etwas fertig zu werden, motiviert wird, sondern durch Haß auf die Eltern oder einen Elternteil — nicht gegenüber einem *wirklichen* Elternteil, sondern gegenüber einem *eingebildeten* Elternteil. Ich frage in meiner Arbeit oft: »Wozu brauchst du eine Mutter?« Du brauchst sie nicht mit dir herumzuschleppen. Wirf sie in die Mülltonne, verschwende deine Zeit nicht damit, sie zu hassen. Und genau darüber rede ich, über das Entleeren des Mittelfeldes der Phantasie, der Einbildung. Wenn du ihr verziehen hast, was immer du in sie hineinprojiziert hast, dann kannst du sie aufgeben. Wenn du heute ein Steak ißt, was machst du mit dem Steak? Du verleibst es dir ein, und genau das ist der Fall bei jeder unabgeschlossenen Situation, jeder unvollständigen Gestalt, ist sie einmal verdaut, verarbeitet und als Nahrung genutzt. Die Rolle der Aggression in einer wohlintegrierten Persönlichkeit ist die eines Mittels, um mit einer bestimmten Situation fertig zu werden — bestimmte Situationen verlangen Aggression. Andere Situationen verlangen, sagen wir, rationales Verhalten, wieder andere Situationen verlangen Sich-Zurückziehen. Es fällt euch bestimmt auf, wieviel ich mit der Kontakt-Rückzug-Situation arbeite, mit dem Wechsel von Mit-der-Wirklichkeit-fertig-Werden und Sich-von-der-Welt-Zurückziehen. Wenn man mit einer Situation, so wie sie ist, nicht fertig werden kann, zieht man sich dorthin zurück, wo man sich wohler fühlt oder wo die unabgeschlossenen Situationen warten können, und dann kommt man wieder hervor. Dieser Rhythmus ist so wesentlich für das Leben. Wenn man auf diesen Rhythmus nicht hört, einseitig ist, dann ist man entweder eine aufgeblasene, laute Person, extravertiert, oder aber man lebt völlig zurückgezogen. Das ist nicht das Herz (er macht eine Faust). Und das ist auch nicht das Herz (er öffnet die Hand). Das ist das Herz (er öffnet und schließt die Hand, öffnet sie und schließt sie). Kontakt — Rückzug. Merkt es euch, es ist immer der Rhythmus.

Es fällt euch bestimmt auf, wieviel ich diesen leeren Stuhl (empty chair) benutze und wie man dadurch, daß man sich mit seiner eigenen Macht identifiziert, sie sich wieder zu eigen macht, sie durchkaut und assimiliert, und sie sich wieder einverleibt. Das ist der Prozeß des Wachsens, der Vorgang, bei dem wir unsere Kräfte in Bewegung setzen. Wenn man Nietzsche korrekt versteht, so weiß man, daß er über den Übermenschen spricht, er spricht nicht über den comic-strips-Superman, den Nazi-Typ, den mit den Muskelpaketen — der ist der *Untermensch*. Nietzsche spricht über den Menschen, der fähig ist, seine Kräfte und Möglichkeiten in einem großen Ausmaß zu gebrauchen. Und ich möchte noch einmal betonen, daß das nur eintritt, wenn man den Vorgang des Wachsens zuläßt.

Jede absichtliche Änderung scheitert. Änderung findet von selbst statt, wenn man das, was auch immer bereitsteht, wieder an sich nimmt und assimiliert. Tatsache ist, daß wir so viel mehr sind als wir in unseren wildesten Träumen zu sein glauben. Vor sechs Monaten machte ich eine interessante Erfahrung. Ich langweilte mich, da dachte ich: »Hm, warum eigentlich diese Zeit der Langeweile nicht nutzen und anfangen zu schreiben?« Ich fing also an, über mein Leben zu schreiben, und allmählich beginnt es zu fließen — meistens in Worten, teilweise in Poesie, aber es fließt. Ich habe in der kurzen Zeit über 300 Seiten geschrieben, und ich glaube, es wird ein schönes Buch; ich nenne es »In and Out the Garbage Pail.« Ich überlasse mich einfach der lebendigen Regung. Ich bin fünfundsiebzig. Denkt also daran, was ihr vor euch habt.

Beth: (mit barscher, schriller und kräftiger Stimme) In meinem Traum ist ein Stahlband, wie ein Teil eines Lastwagenreifens, um meine Brust, und ich kann nicht raus. Ich fühle mich in dem Stahlring gefangen und versuche andauernd, herauszukommen —
Fritz: Gut. Ich brauche dafür jetzt einen starken Mann, jemand, der hier herauf kommt. (Ein Mann steigt hinauf) Beth, du bist jetzt dieser Stahlring in deinem Traum. Lege deine Arme um seine Brust und versuche, ihn festzuhalten. (Sie tut es und preßt fest) Gut. (zu dem Mann) Jetzt versuch *du,* aus diesem Stahlring auszubrechen. (Es gibt einen kurzen heftigen Kampf und dann bricht er aus)
B: (Entdeckung) Aber ich bin doch nicht aus Stahl!
F: Ja! Hast du begriffen, worum es geht?
B: Ich habe wirklich gemeint, ich könnte ihn festhalten!
F: Gut.

Marian: (ruhig) Ich könnte ja einfach meine Beine überkreuzen, wenn ich möchte; und das tu ich auch. Ich bin wirklich nicht sicher, warum ich kommen will, aber äh, aus einem bestimmten Grund hatte ich eine turbulente Woche. Ich habe mich völlig durcheinander gefühlt, irgendwie als Ergebnis einer Woche hier in Esalen, und ich glaube, äh, vielleicht wenn ich mit dir rede, daß ich mich dann besser fühle, und ich bin nicht wirklich sicher, warum. Ich glaube, daß mir zum ersten Mal ein paar Fragen gestellt worden sind, die meinen eigenen Wert als Person betreffen und mein Selbstkonzept ist jetzt wirklich durcheinander. Und während deiner Vorträge habe ich die ganze Zeit versucht, über mich Klarheit zu bekommen und, äh, ich weiß wirklich nicht, wo ich im Augenblick stehe. Und ich fühle mich, äh, ich hatte mich während dieser Woche zurückgewiesen gefühlt, und ich hatte mich heute mittag von dir zurückgewiesen gefühlt. Und ich bin mir darüber im klaren, daß das nur in meiner Einbildung so ist; darf ich dir trotzdem davon berichten? ... Als ich erwähnte, ah, daß ich, ah, in deinem Haus ein erfreuliches Marathonerlebnis hatte, hatte ich das Gefühl, als ob ich zweierlei Mitteilungen erhalten hätte — wahrscheinlich bloß in mir selbst. Aber die Botschaften, die ich von dir bekam, waren, einmal, als du dich abwandtest und ich dachte — ich sagte in mir — »Du weißt doch, daß du nicht von Bedeutung bist, wozu redest du denn dann mit mir?« Und bei der anderen hatte ich das Gefühl ...

F: Wie war der Satz eben — »Du bist nicht von Bedeutung?«

M: Ich hatte das Gefühl, daß ich mich nicht direkt mit dir unterhalte.

F: Du sagtest irgendwelche Worte wie »Du bist nicht von Bedeutung.«

M: Ja. Das habe ich zu mir gesagt.

F: Ich weiß. Kannst du es noch einmal sagen: »Du bist nicht von Bedeutung.«

M: Ja. Du bist nicht von Bedeutung. /F: Sag das nochmal./ Du bist überhaupt nicht von Bedeutung. /F: Sag es nochmal./ Du bist überhaupt nicht von Bedeutung. /F: Sag es zu ein paar mehr Leuten./ Ihr, ihr seid wirklich nicht von Bedeutung. Ihr seid wertlos — ihr habt überhaupt keine Bedeutung. Ich mag das nicht.

F: Nun, arbeite das klarer heraus. In welcher Weise sind wir nicht von Bedeutung?

M: Nun, ihr seid von Bedeutung, aber ich — ich habe mir das für mich gedacht.

F: Ich weiß. Ich möchte, daß du es nochmal laut heraussagst.

M: Und du willst, daß ich es zu dir sage?

F: Ja.

M: Ich kann es sagen, aber, schau, ich glaube es nicht.

F: Ich möchte aber immer noch gern, daß du dieses Spielchen spielst.

M: O.K. Du bist wirklich nicht von Bedeutung. Für wen hältst du dich eigentlich, daß du soviel wichtiger bist als ich?

F: Mach weiter.

M: Ich glaube nicht, daß du auch nur irgendwie besser bist als ich ... Warum gibst du mir also dieses Gefühl?

F: Sag das zu ein paar Leuten mehr.

M: (kichert) Hm, mal sehen. Du bist wirklich nicht von Bedeutung für mich. Du bist nicht wichtig. Betty? Ich kenne deinen Namen, drum sag ich das zu dir; ich glaube es in Wirklichkeit (lacht) nicht, aber ich nehme deinen Namen her. Ben? Warum gibst du mir das Gefühl, daß — daß du *so* viel wichtiger bist. Du hast keine Bedeutung ... Ich fühle mich nicht wohl, wenn ich das tue.

198

F: Was erlebst du, wenn du das tust? Was ist das für ein Unbehagen?

M: Ein deutliches Gefühl von Verrat. Eine, weißt du, eine Art — »Hm, warum sage ich denn diese schrecklichen Dinge?« Ah, es ist so eine Art Gefühl — ah — des Einsamseins. Ich glaube, es gibt nichts Schlimmeres als Zurückweisung. Ich mag das nicht. Mir geht es sehr schlecht, wenn ich mich zurückgestoßen fühle ... das ist dann so ein Gefühl von Nicht-da-Sein, weißt du, nicht echt und eigentlich Da-Sein, innen drin.

F: Die Aussage würde also heißen: »Ich weise dich zurück, weil du nicht echt bist.«

M: Ja. Das habe ich in der Woche gesagt bekommen, und zwar ausdrücklich. Ich meine wirklich. Nicht in dem, was ich fühlte, aber — hm, nein. Ich nehme das zurück. Es war eigentlich nicht das, daß du nicht — daß du nicht echt bist. Es war so: »Warum lächelst du? Ich habe das Gefühl, daß du es nicht wirklich so meinst.« Das hat man mir gesagt ... Und äh, dann wieder hatte ich das Gefühl, daß andere Leute beachtet wurden und ich nicht, und zwar immer wieder ... Mein Selbstwertgefühl ist dann auch im Sturzflug abgesunken. Und das ist eine — eine neue Erfahrung für mich, weil ich das bisher nicht empfunden hatte. Aber jetzt bringt es mich wieder zurück. Ich frage mich nämlich, wie lange die Leute hier — und ich glaube nicht, daß sie das empfunden *haben* und jetzt — äh — fange ich an — äh — immer mehr das Gefühl zu haben, daß es sich da um ein Produkt meiner Einbildung handelt, wenn ich darüber rede — wenn ich mich mit dir darüber unterhalte.

F: Untersuchen wir doch diese Einbildung noch etwas weiter. Unterhalte dich mit Marian. Sag: »Marian, du bist wertlos, du bist unecht.« Mach sie einfach klein.

M: Marian, ich glaube, daß du wertlos bist, du hast keinen Wert ... Ich fühle mich sehr unwohl, wenn ich das sage. Das bringt einfach ein Gefühl hervor, das ich hatte, und zwar ein paar Mal, und das — äh — das ich nicht mag.

F: Du hast sie eben zum Weinen gebracht — laß Marian entgegnen ...

M: Hm, ich glaube, ich habe, ich bin sicher, daß ich einen Wert habe und ich weiß nicht, warum du mir das sagst. Ich habe das Gefühl, daß ich mein Leben lang ein sehr wertvoller Mensch gewesen bin, warum gibst du mir denn dann so ein Gefühl?

F: Wechsle wieder die Rollen.

M: Hm, du — du bist so eine Schwindelei —

F: Wie? Sag ihr, *wie* sie so eine Schwindelei ist.

M: Du lächelst, wenn ich es wirklich nicht glauben kann, daß du's so meinst. Du versicherst, so zu tun, als ob du es den Leuten gegenüber gut meintest, wenn du es in Wirklichkeit, wie ich glaube, nicht tust. Ich glaube, du versuchst, etwas vorzumachen.

F: Jetzt Marian? Was antwortet sie?

M: Aber ich *meine* es gut mit den Leuten. Ich denke — ich denke gut von den Leuten ... Du glaubst nicht, daß ich das tue ... Ich weiß nicht, warum ich gerade in dieser Woche dieses schreckliche Gefühl, in der Klemme zu sitzen, bekam ...

F: Wer hat dir dieses Gefühl gegeben?

M: Es war eine Erfahrung, die ich in einer Gruppe machte. Es war eine ...

F: Wer hat dir dieses Gefühl gegeben?

M: Wer? Mehrere Leute in der Gruppe. Keiner von ihnen ist im Augenblick hier.

F: Kannst du ihnen sagen, was sie dir getan haben?

M: Bedroht — ihr habt meine persönliche Integrität bedroht, indem ihr gesagt habt, daß ich nicht wirklich gemeint hätte, was ich sagte, und daß ich falsch gewesen sei. Ich habe euch von den Zeiten erzählt, als ich — ah — dazu beigetragen hatte, die Menschen aufzumuntern, ihnen zu helfen. Und ihr habt das in Frage gestellt. Und zwar habt ihr gesagt: »Hast du jemals mit deinen Versuchen Erfolg gehabt, jemand anderem ein gutes Gefühl zu geben?« Meine Antwort war: »Natürlich. Ich kann mich an viele Male erinnern, wo ich andern Menschen gegenüber hilfreich war.«

F: Komm, mach ihnen die Hölle heiß.

M: (kräftiger) Ich mag es gar nicht, daß ihr meine Integrität in Frage stellt.

F: Jetzt wird deine Stimme voller. Bring *sie* jetzt zum Weinen ...

M: (kräftig) Ihr wißt — ich glaube — ich glaube, sie sind ... Ich — äh — ich glaube nicht, daß sie es wert sind — daß ich meine Energie an euch verschwende, weil ich glaube, daß ihr so viel Stroh im Kopf habt, daß ich nicht einmal einen Schnaufer mehr an euch verschwenden werde. Es ist mir gleich, was ihr über mich denkt. Ich weiß, was ich von mir halte.

F: Schau, jetzt hast du das zurückgenommen, was du projiziert hattest ... Wie fühlst du dich jetzt?

M: Besser. /F: Ja./ Ich fühle mich irgendwie dumm. (kichert)

F: Machen wir doch diese Projektion rückgängig. Sag mir, daß ich dumm bin.

M: Du, Fritz? Daß du dumm bist? /F: Ja./ Hm, ich meine wirklich, daß — äh — ich kann dir nicht sagen, daß du dumm bist, weil ich das schon bei der anderen irgendwie rückgängig gemacht habe. Aber — weil ich nicht glaube, daß du dumm bist. Ich glaube, daß ich dumm bin oder ich glaube, daß ich dumm war. Ich glaube nicht, daß ich im Augenblick dumm bin.

F: Kannst du Marian verzeihen, daß sie dumm gewesen ist?

M: Ja, das kann ich.

F: Sag ihr das.

M: Marian, ich verzeihe dir, daß du so dumm gewesen bist und deine Projektionen anderen Leuten zugeschrieben hast oder, wenn es dir nicht gut ging, das auf jemand anderen projiziert hast... Danke, Fritz.

F: Siehst du, der Ärger mit dem Selbstquälerei-Spielchen liegt darin, daß du, wenn du dich selber quälst, den Trübsalblaser spielst. Du vergiftest die ganze Atmosphäre und deprimierst einen jeden in deiner Umgebung. Versuch das einfach in dich aufzunehmen.

Gail

Gail: (nervöses Lachen) Hier oben ist es viel schrecklicher, als ich meinte, daß es werden würde.

Fritz: Rede über diese Erfahrung: »*Es* ist schrecklich.«

G: Mein Herz klopft. Alle übrigen sind hier heraufgekommen und haben gearbeitet, und — puh.

F: Gut. Zieh dich in deinen Körper zurück, geh in deine Angst hinein.

G: Nein — ich spüre, wie mein Herz schlägt, und mein Puls ist — und meine Arme, meine Beine und mein Nacken... Es ist eigentlich kein unangenehmes Gefühl.

F: Genieß es.

G: Das ist ein gutes starkes Herz... Ich spüre die Wärme des Feuers am Rücken — das ist auch schön.

F: Komm jetzt zu uns zurück.

G: Ich bin jetzt nicht so verschreckt — es wirkt jedesmal, Fritz.

F: Was erlebst du denn jetzt?

G: Ich schaue dich an. Ich sehe dich. Vergangene Nacht hatte ich einen Traum, in dem ich in einer Gruppe war — ich bin in einer Gruppe.

F: Sag das zu den Zuhörern. Es mag ja sein, daß jemand interessiert ist. Frag sie, ob vielleicht jemand an dem Traum interessiert ist. Ich bin nicht dein einziger Zuhörer.

G: Ich frage wirklich nicht danach, ob sie an meinem Traum interessiert sind.

F: Ja. Entwickle das mal.

G: Ich bin viel mehr daran interessiert, mit Fritz zu arbeiten, als euch — euch zu unterhalten. Ich bin nicht zu eurer Unterhaltung hier.

F: Spürst du jetzt die Wahrheit, das Wirkliche in deiner Stimme? /G: Mmm./ Kannst du das noch weiter entwickeln? »Ich bin nicht zu eurer Unterhaltung hier —«

G: Wenn ihr etwas von dem habt, was während meiner Arbeit geschieht, das ist mir recht, aber wenn nicht, na ja — das ist mir auch recht. Ich bin nicht hier (lacht), um nach euren Erwartungen zu leben.

F: Und dann hast du *mich* angelangt.

G: Ja — ich bin nicht hier, um nach *deinen* Erwartungen zu leben.

F: Gut. Hörst du deine Stimme? Sie wurde auf einmal tiefer. Wunderbar.

G: Ja. Ich werd das nochmal versuchen. Fritz, ich bin nicht hier, um nach deinen Erwartungen zu leben.

F: Ich glaube dir noch nicht.

G: Ich bin hier, um nach *meinen* Erwartungen zu leben, unglücklicherweise. Genau da hakt es bei mir fest.

F: Aha. Rede mit Gail. Sag ihr, was du von ihr erwartest.

G: Ich erwarte, daß du dir nichts verpfuschst und die Gelegenheit zu wachsen verlierst. Ich erwarte, daß du mit Fritz in Fühlung bleibst und nicht deine dummen Spielchen spielst. Und wenn du — wenn du's verhunzt, dann werd ich dich aber wirklich dafür bestrafen. Ich mach dir's so, daß du dich entsetzlich fühlst.

F: Wie? Wie strafst du?

G: Ich werde uh . . . Ich werde dir das Gefühl geben, daß du ein Dreck bist, aber ich weiß nicht genau, wie — wie ich das tue.

F: Gut. Versuchen wir das mit der Gruppe: »Wenn ihr nicht nach meinen Erwartungen lebt, dann sorge ich dafür, daß ihr euch wie Scheiße fühlt.« Sag das zur ganzen Welt.

G: (lacht) . . . Wenn ihr nicht nach meinen Erwartungen lebt, werde ich dafür sorgen, daß ihr euch wie Scheiße fühlt. Und ich tue das, indem ich mich von euch zurückziehe, glaube ich. Ich glaube, daß ich es *so* mache . . . Ja.

F: Laß mich an einer Vermutung arbeiten. Kannst du das auch zu Gott sagen?

G: Uhuh . . . Wenn du nicht nach meinen Erwartungen lebst, werde ich mich von dir zurückziehen. Du wirst für mich nicht existieren . . . Es geht. (lacht) Und wenn ihr nicht nach meinen Erwartungen lebt, werde ich mich von euch zurückziehen (ihre Linke stößt in Richtung auf die Zuhörer).

F: Sag das nochmal zu den Zuhörern und sag diesmal: »Wenn ihr nicht nach meinen Erwartungen lebt, werde ich euch vernichten.«

G: Wenn ihr nicht nach meinen Erwartungen lebt, werde ich euch vernichten.

F: Vernichte sie jetzt auch mit deiner rechten Hand. Vernichte sie mit beiden Händen . . . Nochmal . . . Kannst du sie *wirklich* vernichten?

G: Ah. Da kommt die Erregung wieder /F: Ja./ (atemlos) Puh!

F: Da kommt neue Stärke zum Vorschein.

G: Ich bin — meine Atmung ist flach. Und ich fühle mich ein wenig schwindlig.

F: Zieh dich nochmal zurück.

G: Mein Schwindelgefühl nimmt zu . . . Wenn ich ihm widerstehe, werde ich — wird mir ein klein wenig übel, ich glaube, ich versuche also lieber, mitzugehen. (seufzt) . . .

F: Bist du jemals in Ohnmacht gefallen? /G: Nein./ Das ist der beste Weg, um sich auszulöschen. /G: Ja./ Das haben sie in den Viktorianischen Zeiten getan. Die Damen wurden immer ohnmächtig. Entweder sie bekamen Kopfschmerzen oder sie wurden ohnmächtig . . .

G: Ich kann jetzt tiefer Luft holen . . ., wenn ich . . . ich fühle . . . und die Erregung ist weg . . . Meine Hände sind immer noch schwach.

F: Komm zurück und sag das nochmal »Mit kraftlosen Händen —« /G: Ja./ »Wenn ihr nicht nach meinen Erwartungen lebt, werde ich euch mit kraftlosen Händen vernichten . . .«

G: Wenn ihr nicht nach meinen Erwartungen lebt, werde ich euch mit kraftlosen Händen vernichten — und das sind sie wirklich . . . Ich habe keine Kraft in ihnen. (seufzt) . . . euch vernichten . . .

F: Kannst du dir eine Vorstellung davon machen, was passieren würde, wenn du uns mit *kraftvollen* Händen vernichten könntest?

G: (schnell) Nichts . . . ich würde euch vernichten — uh — ja —

F: Was ist passiert?

G: Ich habe euch mit starken Händen vernichtet — wenn ich wirklich meine Hände gebrauchen würde, würde ich euch schlagen.

F: Ah! Endlich. Sag das nochmal.

G: Wenn ich meine Hände gebrauchen würde und sie stark wären, und ich euch vernichten würde — wenn ich das tatsächlich tun würde (lacht), würde ich euch schlagen . . . Aber ich tu's nicht. Ich vernichte euch mit meiner — mit meiner Stimme — mit meiner Stimme und nicht mit meinen Händen.

F: Du machst dich zunichte, indem du dich zurückziehst. »Ich bin schwach.«

G: Ja ... Ja ... Ja ...

F: Anstatt deine Kraft zu gebrauchen.

G: Das Schwindelgefühl genauso. Jaja. Ganz richtig ... Anstatt *sie* zum Gehen zu bringen, gehe ich.

F: Genau. Geh jetzt zu Gail zurück. »Wenn du nicht nach meinen Erwartungen lebst, werde ich dich mit meinen starken Händen vernichten.«

G: (schnell) Wenn du nicht nach meinen ... (langsamer) Wenn du nicht nach meinen Erwartungen lebst, werde ich dich mit meinen starken Händen vernichten. Ja ... Jaja! (lacht)

F: Nochmal.

G: Puh! ... Wenn *du* nicht nach meinen Erwartungen lebst ... oh je ... werde ich dich mit meinen starken Händen vernichten.

F: Gehen wir einen Schritt weiter. »Wenn du nicht nach meinen Erwartungen lebst, werde ich dich mit starker Stimme vernichten.«

G: (lacht) Jetzt kriegst du mich allmählich, oder? (mit stärkerer Stimme, schnell) Wenn du nicht nach meinen Erwartungen lebst — wenn —

F: Du hast deine Stimmkraft beinahe wiedergewonnen.

G: Oh, ich weiß auch nicht, wo sie ist. Das ist unglaublich. Ich bin nicht wirklich hier bei dir. Ich habe dich aber auch nicht ausgeschlossen. Wenn *du* nicht nach meinen Erwartungen lebst, werd ich dich mit starker Stimme vernichten.

F: Sag das nochmal.

G: (lauter) Ich vernichte dich mit starker Stimme! /F: Lauter./ *Ich vernichte dich mit starker Stimme!* /F: Lauter./ Ich vernichte dich mit starker Stimme!

F: Sag das jetzt mit deinem ganzen Körper, und deiner Stimme, und allem.

G: (holt Luft) Ich vernichte dich mit meiner starken Stimme! Ich vernichte dich! ... Huh ... ja ... Ich spüre es auch in meinem Rükken. Obwohl ich mich stärker fühle, spüre ich immer noch die Erregung, das Flattrige, hier. Aber ich fühle mich stärker. Ich fühle das — ja *wirklich*, ich fühle es auch. Ich vernichte dich *wirklich*. Du armes, schwaches, unbedeutendes Ding ... Warum wehrst du dich nicht?

F: Sag das nochmal.

G: Warum wehrst du dich nicht? /F: Sag das im Imperativ./ Wehr dich! /F: Nochmal./ Wehr dich! /F: Nochmal./ Wehr dich! ...

F: Tauscht jetzt die Plätze.

G: Ich schau sie nicht einmal mehr an.

F: Sag ihr das.

G: Ich — ich kann dich nicht einmal anschauen. Ich schaue irgendwie ums Eck. Du bist zu stark.

F: Das ist eine Lüge. Du *hast* die nötige Stärke.

G: Es ist *leichter*, wenn ich mich nicht wehre.

F: Ah. Das stimmt.

G: (seufzt) Dann wird es Schwierigkeiten geben. Ich werde nicht —

F: Oho! Du klappst schon wieder zusammen.

G: Ahhh . . . du kannst mich nicht mehr unterdrücken!

F: Sag das nochmal.

G: Du kannst mich nicht mehr unterdrücken! *Du kannst nicht* — (tiefer). Du kannst mich nicht — puh! Du kannst mich nicht mehr unterdrücken . . . Du kannst mich nicht mehr unterdrücken.

F: Tauscht die Plätze.

G: Was ist denn das? Ich glaube, sie meint, was sie sagt. Probieren wir's aus. Ich unterdrücke dich! Wehr dich! Da gibt's nichts zu lachen, wenn ich dich unterdrücke. Du nimmst das zu leicht. Das ist auch nicht richtig.

F: Rede noch mehr mit dieser Person, die da sitzt.

G: Wehr dich doch! Ich unterdrücke dich. Ich mach dir Asthma.

F: Tu das jetzt mit mir. Drück mich, unterdrück mich. (sie legt ihre Hände auf Fritz' Brust und drückt sanft zu) (Lachen)

G: Drücke ich dich nicht? . . . (sie drückt kräftig wie bei einer sehr heftigen künstlichen Beatmung)

F: Wie fühlst du dich jetzt?

G: Stärker.

F: Ja. Tu das jetzt mit dir selbst. Mach dir Asthma. (sie atmet laut und schnell aus) Lauter. Mehr. (sie atmet weiter so heftig, fängt an zu husten, dann zu keuchen) viel mehr.

G: (das Keuchen wird deutlicher, mehr Husten, dann läßt es nach, geht in schweres Atmen über) Meine Hände sind heiß . . .

F: Mach jetzt alle möglichen Arten von Lärm, zum Beispiel Orgasmuslaute oder so etwas Ähnliches.

G: (keucht, mit einzelnen Grunzern) Das war nicht richtig. (lechzt, grunzt, lauter) AH. Uh. Uh.

F: Du preßt.

G: Huh. Huh. Huh. /F: lauter./ Huh. Huh. Huh. /F: lauter./ (sie macht weiter mit dem gleichen Ton, einem huh, das von tief unten aus dem Bauch herauf kommt und von einem vollen Atem getragen wird)

F: Lauter. Gib ihr das »huh!« (Lachen)

G: (lacht) . . . Danke.

Mary: Wolltest du einen Traum haben? (Lachen)

Fritz: Seht ihr, der erste Schritt ist — ich höre mir vor allem immer den ersten Satz an. Im ersten Satz hat sie mir die Verantwortung übertragen.

M: Na gut. Ich bin in einem — da ist eine Art Krieg, und ich bin in Ohio und versuche, nach Michigan, nach Grand Rapids hineinzukommen. Und äh — es ist wie im zweiten Weltkrieg — weißt du, Ausweispapiere herzeigen und all das — wie in den Filmen über den zweiten Weltkrieg, die ich gesehen habe. Aus irgendeinem Grund habe ich keinen Personalausweis, und ich bin mit einer anderen Frau zusammen; ich weiß nicht, wer diese Frau ist, ich kann mich nicht daran erinnern. Aber jedenfalls erleben wir eine entsetzliche Zeit; wir bringen es zustande, den Erie-See zu überqueren und tauchen unter, als ob wir die französische Untergrundbewegung oder sowas wären. Und ich versuche — ich versuche, nach Hause zu kommen, das ist die Hauptsache, und ich komme anscheinend da nicht hin. Das ist alles.

F: Gut. Kannst du den Frustrator, den Versager, da drin spielen?

M: Den Versager?

F: Ja. Schau, es gibt zwei Arten von Träumen: Wunscherfüllung, im Sinne Freuds, und es gibt die Frustrationsträume, in denen du versagst und dir etwas versagst, die Alpträume. Du kannst wohl schon sehen, wie voll von Versagung, von Frustration, dieser Traum ist. Du versuchst, nach Hause zu kommen und immer hält dich etwas davon ab. Aber gleichzeitig ist es *dein* Traum — du frustrierst dich selbst. Spiel also den Versager, »Mary, ich lasse dich nicht nach Hause kommen! Ich lege dir Hindernisse in den Weg.«

M: O.K. Ich werde dich nicht nach Hause lassen ... einfach weiter reden?

F: Ja. Das ist der frustrierende Teil in dir. Bring das raus. Schau, wie gut du Mary frustrieren kannst, um sie am Nachhausekommen zu hindern.

M: Oh je, ich weiß nicht. Ah — nun, du nimmst den Weg oder den anderen oder — sonst einen, und ich werde dich davon abhalten, dorthin zu kommen, wo du hin willst. Ich werde es nicht zulassen, daß du dich erinnerst, wie du dorthin gelangst, ich werde dich mit *zu* vielem beschäftigen, als daß du noch dorthin kommen könntest — mit zu vielen anderen Tätigkeiten. Ich werde dich den See nicht überqueren lassen ... ich werde dich einfach *völlig verkrampft sein lassen* — (macht mit der rechten Hand eine Geste, als ob sie etwas wegstoßen würde)

F: Mach das nochmal.

M: Ich werde dich davon abhalten, es zu tun.

F: Tu das gegenüber Mary.

M: Mir gegenüber?

F: Ja, klar. Du bist der Frustrator.

M: Na gut. Bleib da, wo du bist. Geh nicht weiter.

F: Tausch jetzt die Plätze und sei Mary.

M: Ich will aber weitergehen.

F: Sag das nochmal . . .

M: Ich *will* aber dorthin gelangen . . .

F: Tauscht die Plätze.

M: Ich lasse dich nicht. Ich habe viel zu viel Wut auf dich. Ich werde dich *nicht* dorthin gelangen lassen . . .

F: Mach weiter mit deinem Drehbuch. Mach weiter mit dem Dialog.

M: Hin und her? /F: Ja./ Ich bin mir nicht darüber im klaren, wo ich im Augenblick stehe. Ah . . .

F: Was macht deine rechte Hand? Sie ist mir ein paar Mal aufgefallen.

M: Was meine was?

F: Rechte Hand tut.

M: Sie kratzt mich am Kopf, weil ich — ich . . . Nun, ich glaube, wo ich hin will ist, ich — ich will zu mir selbst kommen, ich will mich finden. Das ist das Zuhause.

F: Das stimmt. Es gibt ein wunderschönes Gedicht von Hölderlin, und Heidegger, einer der ersten Existenzialisten, schreibt darüber. Heimkommen bedeutet in dein Innerstes kommen — in dein Selbst. Und du hinderst dich am Heimkommen. /M: Mmm./ Und du hast schon gesagt, daß du dich daran hinderst, auf dich selbst wütend zu sein.

M: Ja, aber ich bin's wirklich. Das Wütende in mir gewinnt — ich meine, es widersteht ständig meiner Reife oder sowas und es gewinnt ständig. Es hält mich dauernd davon ab zu reifen, ich glaube wenigstens, — davon, mich selbst zu finden.

F: Sag *ihr* das. »Ich bin wütend auf dich.«

M: Ich bin wütend auf dich — ich bin wütend auf dich, weil du mich nicht anschauen magst . . . Ich bin auf meine Mutter wütend, weil sie mir nie zuhörte, weil sie mich nicht gern hatte, so wie ich war.

F: Okay. Wir müssen also jetzt diese Auseinandersetzung zu einer zwischen dir und deiner Mutter machen.

M: (weich) Mutter, du hast mich immer dann egoistisch genannt, wenn ich das tun wollte, was ich tun wollte, und du, Herr Psychiater, du nennst mich auch egoistisch, auf dieselbe Art. Ich komme anscheinend nicht darüber hinaus. Wenn ich also — Mutter, wenn ich das tat, was du tatest, wurde ich schwach — wenn ich tat, was du von mir wolltest, wurde ich schwach, aber ich — ich blieb egoistisch.

Aber du *warst* egoistisch. Du wolltest immer vor dem anderen kommen. Du wolltest die ganze Zeit, du weißt schon, »ich zuerst« sein, zuerst essen, wolltest alles zuerst haben. Und du denkst bloß an dich selbst, und wenn du nicht glücklich bist, dann wirst du's — schon irgendwie, bei Gott ...

Aber ich weiß wirklich nicht, wie ich meinen Egoismus loswerden könnte. Ich, ah. —

F: Du hast mich angeschaut. Was willst du von mir?

M: Ich brauche — ich habe Schwierigkeiten, dabei zu bleiben. Ich bin in eine Sackgasse geraten — ich bin irgendwie steckengeblieben.

F: Fühlst du diese Blockierung wirklich?

M: Ich sitz in der Falle. Ich spüre es. Ja.

F: Wie fühlt sich das an, wenn man in der Sackgasse steckt? *Wie* sitzt du fest?

M: Ich mag das nicht, verdammt. Ich sollte das eigentlich nicht tun. Wofür tu ich das dann, zum Teufel? Aha — das genau tu ich. Ich komme in eine Gruppe von Leuten, vor andere Leute und patsch, — ich komme nicht an meine Gefühle heran, weil ich mich verlegen fühle oder sonstwas.

F: Sag das zur Gruppe.

M: Ich geh euch in die Falle; ich will es gar nicht, aber ich tu's. Und das — ich glaube, das ist die Wut in mir, die sagt: »Mary, du weißt doch, daß du da nicht hinkommst.«

F: Gut, mach deine Augen zu und kneife. Geh weg. Geh irgendwohin, wohin du magst. Wohin würdest du gehen? ...

M: Soll ich dir sagen, wo ich bin? /F: Ja./ Am Michigansee, und ich schaue — ich gehe am Strand entlang.

F: Allein?

M: Ja.

F: Ja, und was — /M: Ich mag es da — wie bitte?/ Was erlebst du da?

M: (weich) Nun, ich mag es, wie das Wasser meine Füße umspült und gegen sie anströmt und — ich glaube, das ist das Zuhause — ein Teil Heimat. Wir haben eine Hütte da. Ich glaube, ich fühle mich ganz und vollständig, wenn ich am Strand langgehe.

F: Komm jetzt zu uns zurück. Wie erlebst du das Hiersein? Kannst du die beiden Erlebnisse einander gegenüberstellen? Welches würdest du bevorzugen?

M: Ich bin gern hier.

F: Was erlebst du hier?

M: Eine Menge netter Leute, eine Menge interessierter Leute.

X: Mary, möchtest du sagen — *Freunde?*

M: Ja. Freunde, ich glaub schon.

F: Gut, stehl dich nochmal davon. Geh nochmal weg...

M: Ich will nicht weggehen.

F: Gut, du fühlst dich hier wohler? /M: Ja./ Da ist immer noch was unvollständig. — Ahh. Du hast gerade unterbrochen. Was hast du mit deinen Händen gemacht? Nein, jetzt schwindelst du.

M: Das? (bewegt ihre Hände)

F: Laß die Rechte und die Linke miteinander reden.

M: Rechte, du bewegst dich so. Oh.

     Ich will dich verstecken.

     Aber ich will nicht versteckt sein.

     Aber ich will dich verstecken.

     Nein. Nein, versteck mich nicht. Ich will weggehen.

     Ich muß dich packen und verstecken...

     Na gut, ich laß dich stehen.

     Dann brauche ich mich nicht zu verstecken.

F: Sag das nochmal: »Ich brauche mich nicht zu verstecken.«

M: Ich brauche mich nicht zu verstecken. /F: Nochmal./ Ich brauche mich nicht zu verstecken. /F: Lauter./ Ich brauche mich nicht zu verstecken. /F: Sag das zu deiner Mutter./ Ich brauche mich nicht zu verstecken.

F: Hast du das zu ihr gesagt? Hört sie zu?

M: Ich weiß nicht. Was verstecke ich vor ihr?

F: Das ist die 1000-Mark-Frage. Die wichtigste Frage ist natürlich, wofür brauchst du deine Mutter? Warum trägst du sie immer noch mit dir herum?

M: Du meinst, warum ich sie mit herumtrage? /F: Ja./ Ich muß wohl wollen. Ich muß wohl mit ihrer Existenz verbunden bleiben.

X: Mary, meinst du, du hast deinen Personalausweis verloren, oder versteckst du ihn?...

M: Ich glaube, ich verstecke ihn...

Y: War die andere Frau, die mit dir war, deine Mutter?

M: Ich weiß nicht. Ich glaube, es war meine Schwester.

F: (zur Gruppe) Bitte. Es gibt etwas, das in der Gestalttherapie tabu ist — Mind-fucking, Interpretationen. Ihr habt gerade damit angefangen. Ich weiß, daß das die Hauptbeschäftigung in der Gruppentherapie ist. Aber wir wollen Erfahrung. Wir wollen hier die Wirklichkeit.

Was erlebst du jetzt, bei all diesen Einmischungen?

M: Ich hab es nicht besonders gern gehabt.

F: Aber du bist nicht mit der Sprache herausgerückt?

M: (zur Gruppe) Ich mochte nicht zu viel an Einmischung, weil ich versuche, mich zu konzentrieren.

F: Du *versuchst*, dich zu konzentrieren. Was heißt das?

M: Mit meinen Gefühlen näher an meine Mutter herankommen.

F: Ist das mit Anstrengung verbunden?

M: Manchmal.

F: Sag das jetzt zu deiner Mutter.

M: O.K. Mutter, manchmal ist es für mich anstrengend, mit meinen Gefühlen an dich heranzukommen — daß ich mich wirklich nicht verstecken will. Ich will nicht so sein, wie du mich haben willst. Ich will *ich* sein. /F: Nochmal./ Ich will *ich* sein, Mutter, und wenn das heißt, egoistisch sein /F: Lauter./, dann heißt es das halt, verdammt nochmal! /F: Lauter./ O.K. Ich will ich sein. Ich will *ich* sein. Ich will mich selbst herauskommen lassen und wenn das heißt, egoistisch sein, dann heißt es halt, egoistisch sein.

F: Sag das jetzt mit deinem *ganzen Körper.*

M: O.K. Ich will — ich will *ich* sein. Ich muß irgendwie *ich* sein. Ich werde nicht so sein, wie *du* es von mir willst.

F: Du sagst das nun immer noch vor allem mit deiner Stimme. Der Rest von dir ist immer noch tot und nicht ganz dabei. Steh auf und sag es mit deinem ganzen Selbst. (sie steht auf) . . . Was erlebst du im Augenblick?

M: Ein kleines bißchen Scheu, wieder mal.

F: Sag das zu deiner Mutter.

M: Mutter, ich bin scheu . . . Ich mag die Leute hier, alle, aber ich bin immer noch scheu.

F: Geh doch jetzt in deine Hütte am Michigansee zurück und sag es dort . . . Kannst du es dort sagen?

M: Ja, ich kann's, aber ich komme nicht leicht in meine Hütte zurück.

F: Wo würdest du dich wohl genug fühlen, um es zu sagen? . . .

M: Vielleicht am Strand.

F: Gut, kannst du dorthin gehen? . . . Ruf es über den See.

M: (schreit) He, Mutter, ich will *ich* sein.

F: Es ist immer noch unecht. Kannst du es hören?

M: Immer noch grell, ja.

F: Wir müssen jetzt etwas anderes in Angriff nehmen — die Scheu. Kannst du die Scheu tanzen?

M: Ob ich die Scheu tanzen kann?

F: Ja. Ich möchte, daß du sie tanzt.

M: (steht auf und tanzt) So? Meinst du, so? /F: Ja./ (kichernd) Ich will nicht jeden sehen da draußen.

F: Wie fühlst du dich dabei jetzt?

M: Oh, gut. Es macht mir Spaß.

F: Versuch jetzt nochmal, es zu deiner Mutter zu sagen.

M: Meinst du, es herausschreien . . .

F: Es ist mir gleich, ob du es schreist, solange ich irgendwie das Gefühl habe, daß du tatsächlich den entsprechenden Sinn vermittelst . . .

M: Es ist schwer für mich, es zu tun, denn da kommt auch meine Liebe zu ihr ins Spiel.

F: Sag *ihr* das —

M: Und das ist ein Konflikt.

F: Ahh. Jetzt kommst du an deine Blockierung heran. /M: Ja./ Sag ihr das jetzt.

M: Und außerdem ist sie tot; es ist also ohnehin erledigt.

F: Aber du trägst sie immer noch mit dir herum. Sie ist nicht tot.

M: O.K. He, Mutter, ich kann es nicht zu dir sagen, weil ich dich doch auch gern mag, und ich möchte, daß du mich magst. Und das ist es, ich möchte, daß du mich magst, und deshalb tu ich, was du von mir verlangst. *Verdammt nochmal.*

F: Spiel sie.

M: Das stimmt. Ich will, daß du tust, was ich von dir verlange. Aber ich mag dich, aber es war schwer, an dich heranzukommen, weil du egoistisch warst. Und abgesehen davon wollte ich einen Jungen. Ich wollte kein Mädchen.

Na ja, Mama, ich wollte ein Junge *sein.*

F: Sag ihr, daß sie egoistisch ist.

M: Du bist egoistisch, verdammt nochmal, weil du mich nicht wolltest; du wolltest einen *Jungen.* Und du hast *mich* bekommen und schau, was daraus geworden ist. Du hast ein großes, hochgeschossenes Mädchen bekommen und hast nichts damit anzufangen gewußt. Aber ich bin *ich* geworden.

F: Kannst du sagen: »Ich bin ein Mädchen geworden.«

M: Ich bin ein Mädchen geworden.

F: Sag das nochmal.

M: Es fällt mir schwer, es zu sagen.

F: Ja. Jetzt sitzt du wieder fest.

M: Ich will immer noch ein Junge sein. Ah, — ich bin ein Mädchen geworden, Mutter, und ich fühle mich nicht als besonders hübsches Mädchen.

X: Ich würde meinen, du bist sehr hübsch.

F: Da will einer »hilfreich« sein, ein barmherziger Samariter (Lachen)

M: Ich fühle mich nicht hübsch... Manchmal kann ich es nicht, und ein andermal kann ich's. (seufzt)

F: Spiel jetzt nochmal die Schüchterne.

M: Scheu?

F: Na ja, du sagst scheu. Ich sage schüchtern. (Lachen)

M: Meinst du, die Leute ringsumher anschauen? Sie sehen nicht, daß —

F: Ich sehe. Damit sie nicht sehen können, daß du keinen Schwanz hast. Ja?

M: Daß ich keinen — oh! (volles Gelächter) Ich bin verlegen.

F: Das war meine Vermutung. Das ist deine Verlegenheit. /M: Was?/ Das war meine Vermutung, daß das deine existenzielle Verlegenheit ist, in der du steckst. Du solltest eigentlich ein Junge sein, und ein Junge ohne Schwanz hat nicht viel von einem Jungen. Gut.

John

John: Wenn ich mich in Gedanken so durch das Ganze gehen sehe, was —

Fritz: Rede mit deinen Gedanken.

J: Aber ich sehe mich in Gedanken da durchgehen, wo —

F: Rede mit deinen Gedanken.

J: Ich will mit dir reden.

F: Na gut. Dankeschön. Wer ist der nächste?

J: Bist du so feindselig?

F: Ich bin nicht feindselig. Wenn du das nicht in dich aufnimmst — ich bin an Mind-fucking nicht interessiert. Wenn du arbeiten willst, willst du arbeiten.

J: O. K. Ich versuch's. Ich glaube zwar immer noch, daß du ein bißchen feindselig bist, aber ich versuch's.

F: Sag das Fritz. Setz Fritz auf den Stuhl. Sag: »Fritz, du scheinst ein bißchen feindselig zu sein —«

J: Fritz, du scheinst ein bißchen feindselig zu sein. Nicht bloß ein bißchen, sondern *ganz schön* feindselig.

F: Spiel Fritz.

J: Spiel Fritz. Geh runter von meinem Podium, — geh runter von meinem Podium, du gottverdammter Eindringling, der versucht, wie ein

Mensch zu handeln. Du verschwindest, weil du zu sagen versuchst, was du dir wirklich denkst, weil du wirklich zu handeln versuchst, weil du versuchst, wie ein echter Mensch zu handeln. Geh runter von meinem Podium, du gehörst nicht hier herauf; du bist nämlich niemand. Ich bin jemand. Ich bin Gott. Du bist niemand. Du bist ein gottverdammtes Nichts, du —

F: Sag den gleichen Satz den Zuhörern. »Ich bin Gott —«

J: Aber die gibt's doch.

F: Sag den gleichen Satz zu den Zuhörern.

J: Ich bin Gott. Euch gibt es nicht.

F: *Das* hast du nicht gesagt.

J: Ich habe vergessen, was ich sagte.

F: Also, dann geh runter vom Podium.

J: Das ist doch das Feindseligste, was ich je gehört habe, verdammt nochmal. Warum läßt du mich denn das nicht herausarbeiten?

F: Weil du jeden Schritt sabotierst.

J: Ich habe nur — du hast mir ja noch kaum eine Chance gegeben. Ich habe zwei Dinge gesagt.

F: Ja.

J: Und du willst mich gleich zum Klo hinunterspülen. *Warum* denn bloß? Ich glaube nicht, daß das fair ist.

F: Das stimmt, ich bin nicht fair. Ich arbeite.

Fällt euch auf, daß bei jedem, der nur ein *klein* wenig guten Willen mitbringt, eine ganze Menge passiert? Aber mit all den Saboteuren und Giftmischern und so weiter werde ich *keinerlei* Geduld zeigen. Wenn du mich beherrschen willst, mich zum Narren halten willst — das, was wir hier zu tun versuchen, sabotieren und zerstören willst —, da bin ich nicht dabei. Wenn du Spielchen spielen willst, dann geh zu einem Psychoanalytiker und leg dich bei ihm auf die Couch und steh auf Jahre und Jahrzehnte und Jahrhunderte hin nicht mehr auf.

J: Ich steh auf dem, was du tust. Das heißt, bis jetzt.

F: Umhm.

J: Und jetzt, weißt du, ich tu jetzt etwas, das — weißt du — in einem Satz mißbilligst du das — und ich kenne andere Männer und Mädchen genauso, die hier heraufkamen und, na ja, weißt du, sie wollen — weißt du, du läßt sie es herausarbeiten. Du willst mich sofort von deinem Podium runter haben. Warum? Das erscheint mir nicht fair.

F: Frag Fritz. Er kann dir vielleicht antworten.

J: Fritz spielen? Frag Fritz, hast du gesagt?

F: Ah! Zum ersten Mal hörst du zu.

J: Fritz spielen . . . dich spielen. Huh. Ich kann dich nicht spielen. Ich glaube, du bist ... Ich glaube, du bist so allmächtig, daß du vielleicht darauf bestehst, daß ich derjenige bin, der Gott spielt, nicht du.

F: Aha. Jetzt kommst du der Sache schon näher.

J: Na ja, verstandesmäßig komm ich schon mit und ich weiß auch, daß ich das tu, ein bißchen, aber ... Ich weiß nicht, daß ich es zu dem Zeitpunkt auch getan habe.

F: Würdest du bitte jedesmal — das gilt für die ganze Gruppe — anstatt »aber« »und« sagen. *Aber* teilt. *Und* fügt zusammen.

J: Tut mir leid. Ich verstehe nicht, was du sagst. Ich will ja, aber ich versteh's nicht. Ich habe es verpaßt ... Ich — *so* eifrig bin ich auch nicht. (kurzes trockenes Lachen) Würdest du das bitte wiederholen — was soll ich tun?

F: Nein. Wenn du nicht mittun willst, tust du nicht mit. Wenn du jeden Schritt sabotierst, wie kann ich dann mit dir arbeiten?

J: Ich *will* mittun. Gibst du mir eine Chance?

F: Ich habe dir bis jetzt schon drei Chancen gegeben. Nein, ich habe dir sechs Chancen gegeben. Geh zu deinem Stuhl zurück.

J: (sarkastisch) Da dank ich dir schön. Ich anerkenne deine Mitarbeit auch ... Ich bin in Wirklichkeit hier heraufgekommen, um dir einen Traum zu erzählen ... aber ich habe irgendwie das Gefühl, daß das der Prozedur von eben folgen könnte, anstatt über das Hin-und-her zwischen uns beiden und den Gefühlen, die ich dabei hatte, zu reden.

F: Gut, spiel Fritz. Was würde Fritz antworten?

J: Was Fritz fragen würde?

F: *Antworten* ...

J: Was Fritz antworten würde ... Fritz würde antworten (seufzt) — ich bin Fritz. Ich versuche, Fritz zu sein ... Ich sage dir, du sollst mittun. Ich sage dir, du sollst offen sein. Ich sage dir, du sollst dich meinem Willen beugen.

F: Sag das zu den Zuhörern.

J: Ich sage euch, ihr sollt euch meinem Willen beugen.

F: Nochmal.

J: Ich sage euch, ihr sollt euch meinem Willen beugen.

F: Gut, geh auf den anderen Stuhl. Antworte dem.

J: Ich will mich deinem Willen nicht beugen. Ich glaube, du bist ein aufgeblasener alter beschissener Schweinehund.

F: Ah! Dankeschön. Das erste Mitarbeiten. (Lachen)

J: Ich habe schon mit dir mitgetan, als ich mich das erste Mal hierher setzte, du gottverdammter Schweinehund. Du hast es bloß nicht gesehen.

F: Kannst du das nochmal machen?

J: Du hast verdammt recht, ich kann ... ich kam *meinetwegen* durch und nicht bloß deinetwegen. Du wolltest mich aus dem Gleichgewicht bringen, du aufgeblasenes altes Arschloch. *Ich* bin durchgekommen, weil *ich* weitermachte und darauf bestand, und nicht, weil *du* irgendwas getan hast ...

F: Also gewinnst *du*. (Lachen)

J: Das ist wirklich Klein-Machen ... Ich mag das nicht, wenn die Zuhörer über mich lachen.

F: Sag es *ihnen*.

J: Ich mag es nicht, wenn ihr über mich lacht. Ich glaube, ihr lacht über mich. Ich glaube, daß ihr auf seine Feindseligkeit einschwenkt.

X: Wir lachen *mit* dir.

J: Ich hoffe es. Ich glaube es nicht, aber ich hoffe es, denn nicht ich habe gelacht, (lacht) sondern ihr habt über mich gelacht.

F: Warst du dir nicht bewußt, daß du eben in diesem Moment gelacht hast?

J: Habe ich gelacht?

X: Ja, dir macht's doch auch Spaß, oder?

J: Ich glaub schon. Ich glaub, es macht mir Spaß. Na ja, ich weiß schon, daß ich wetteifere, ich weiß, daß die Theorie stimmt.

F: Kannst du mit deinem Dreckwerfen noch ein wenig weitermachen? Ich mag das.

J: Du kommst mir im Augenblick menschlicher vor. Es ist jetzt schwerer, dich zu beschimpfen, wo du menschlich erscheinst, als vorhin, wo du mich nicht auf deinem Postament hast bleiben lassen.

F: (sarkastisch) Wieweit kannst du überhaupt mittun? (Lachen)

J: Du willst wohl, daß ich dich ein bißchen in den Dreck ziehe, hah? O. K., ich glaube, du bist ein gottverdammter — ich glaube, du hast auch Konkurrenzprobleme! Du willst Gott sein, du willst deine ganze Produktion dieser Gruppe hier zur Schau stellen. Ich bin nicht davon überzeugt, daß das besser als eine Analyse oder eine private, vertrauliche Einzeltherapie ist, weißt du, vielleicht bist du bloß ein gottverdammtes protziges und aufgeblasenes Arschloch, das sich seine eigene Allmacht schon befriedigt, indem es hier heroben ist ...

F: So, kannst du diese Rolle jetzt spielen? Spiel ein protziges Arschloch, ein allmächtiges. Spiel den Fritz, mit dem du eben geredet hast.

J: Oh Gott! Das will ich doch gerade nicht sein! Davor habe ich doch Angst, daß ich so sein könnte. Wenn ich wirklich — ich bin. Ein gottverdammter protziger Arsch wie du — na gut, ich tu's mal. Ahh. Wie fang ich das an? Ahh. O. K., also, du kommst hier herauf, um mir deine Probleme zu erzählen, und ich will dir helfen, ja, ich will allen diesen

Leuten helfen, die hier sitzen, denn du weißt ja, ich weiß wirklich *alles*. Gut. Gut. Ich bin Fritz Perls, ich weiß alles. Ich habe zwar keine dicken Bücher geschrieben, aber ich habe ein paar Dinge geschrieben und ich bin fünfundsiebzig Jahre alt. Weißt du, da ich doch fünfundsiebzig Jahre alt bin und im vergangenen statt in diesem Jahrhundert geboren bin, müßte ich doch eigentlich alles wissen. Weißt du, ich weiß wirklich alles, denn *ich* bin doch schließlich *Doktor Fritz Perls,* zu dem ihr alle kommen solltest, um ihn zu hören.

F: Kannst du jetzt die gleiche Rolle als du selber spielen? Den gleichen Geist?

J: Oh Gott! Das will ich doch nicht sein. Na gut. Du bist hierher gekommen, um mich zu hören, *mich* — John. Ich bin großartig, ich bin wer, ihr alle solltet mir zuhören, denn *ich* habe etwas zu sagen. Ich bin wichtig. Ich bin *sehr* wichtig. Ich *bin* wichtig. Ihr solltet von mir lernen. *Ich* sollte *euch* nicht zuhören müssen. Eh, ich will das nicht sagen.

F: Fühlst du dich jetzt mehr zuhause?

J: Ein wenig. Ein klein wenig, ja.

F: Gut, kommen wir jetzt zum Traum.

J: Ich träumte — soll ich in der Gegenwart bleiben? Ich träumte? Ich träume —, daß ich nach Esalen komme und während ich hierher komme, träumte ich von mehreren Leuten — drei Männern, drei jungen Männern etwa meines Alters, in den frühen Dreißigern — ah, auf Pferden. Ich erinnere mich an ein paar Namen, die ich hörte, bevor ich hierher kam. Ein Name war John Heider, und noch ein anderer und noch irgendein anderer — da waren diese drei auf Pferden, und dann war Bill Schutz da oder du, und du, du warst nämlich nicht zu Pferd, du warst irgendwo da hinten. Die andern drei waren es, denen gegenüber ich Konkurrenzgefühle hatte.

F: Ja. Warst du dir im klaren, daß jeder, den ich aufforderte, an einem Traum zu arbeiten und ihn in der Gegenwart zu erzählen, das auch tat, während du der einzige bist, der das immer wieder sabotiert hat — in die Vergangenheit zurückging, Geschichten erzählte ...

J: Jaha, ich weiß jetzt, wo du es erwähnst — ja.

F: Ja, aber selber hörst du dich nicht.

J: Ich höre es, ich hatte nicht gleich das rechte Gespür, wie ich es tun sollte, und ich war so sehr damit beschäftigt, dir zu gefallen, daß ich dachte, ich tu es erst in der Vergangenheit und dann später in der Gegenwart. (Lachen) Das gefällt dir offenbar nicht.

F: Ich habe angenommen, daß das sogar der letzte Einfaltspinsel unmittelbar verstehen könnte, aber wenn du darüber nicht hinaus bist, wenn du —

J: Ich bin kein Einfaltspinsel, aber du bist so *verdammt* aggressiv. (Lachen) Ich glaube, daß du ein ganz toller Bursche bist, und du hast auch etwas anzubieten, aber warum bist du so verdammt aggressiv?

F: (lachend) Weil du ein aufgeblasenes Arschloch bist! (Gelächter)

J: Merkst du nicht, daß ich auch ganz hell bin da oben, oder sowas? Was ist denn? (Lachen) (John geht zu seinem Traum zurück) O. K. Ich bin — Ich bin — uh — ich bin nichts, oder ich bin etwas sehr Geringes, etwas sehr Unzusammenhängendes. Ich habe eigentlich nicht einmal das *Gefühl*, daß ich bin, daß ich existiere, ich spüre eigentlich nicht einmal meinen eigenen Körper. Ich spüre eigentlich nicht einmal mein eigenes Selbst. Ich bin nicht auf einem Pferd. Ich bin klein. Ich bin kleiner als ich es nach meiner körperlichen Erscheinung wirklich bin, und da sind diese drei Männer auf Pferden.

F: Schön, jetzt haben wir eine Gegensätzlichkeit. Spiel jetzt nochmal diesen unbedeutenden John.

J: Den bedeutenden John soll ich spielen?

F: Den *un*bedeutenden John.

J: Den unbedeutenden John spielen?

F: Den, der im Traum vorkommt.

J: Den unbedeutenden John spielen.

F: Und dann nimm dir die andere Rolle vor — den aufgeblasenen Arsch John. Und laß den unbedeutenden John und den aufgeblasenen Arsch zusammentreffen.

J: (schnell) Ich bin — Ich bin nichts. Ich fühle mich nicht. Ich habe nicht einmal das Gefühl, daß ich existiere. Du aufgeblasener Arsch. Ich fühle nicht einmal mich selbst, ich spüre nicht einmal meinen eigenen Körper — weil du, du aufgeblasenes Arschloch, mich nicht läßt (mit etwas brüchiger Stimme) — du verdammte Sau. Du versuchst, alles zu dirigieren, und ich bin wie zermalmt dabei. Ich spüre meinen Körper nicht, ich spüre meinen Penis nicht, ich spüre meinen Kopf nicht, ich spüre meine Zehen nicht, ich spüre meine Arme nicht, weil *du* mich zermalmen willst. Du willst mich nicht existieren lassen, du willst mich nicht spüren lassen, daß ich *wirklich* da bin, (fast weinend) du willst mich nicht spüren lassen, daß ich wirklich lebe, hier und jetzt.

F: Spiel ihn.

J: (schnell) Du *verdienst* es nicht zu existieren, du verdammter Einfaltspinsel. Du bist nur ein Scheißkerl, du bist nichts als ein Stück Dreck, du bist *nichts.* Du *solltest* gar nicht existieren. Du traust dich nicht zu existieren. Du hast viel zu viel Angst zu existieren. Du magst deinen Kopf gar nicht über Wasser halten. Du willst dich ja nicht *stellen,* damit dich die Leute sehen können. Du bist *nichts!* Du bist nicht einmal eine Handvoll Staub, du bist ja keine Handvoll Dreck. Du bist nicht einmal ein Tröpfchen Wasser! Nicht einmal ein Haufen Scheiße — du bist nichts! Du bist nicht hier und (Stimme bricht) du *warst* nie hier, du *wirst* nie hier *sein,* und ich hasse dich! (weint) Ich will dich nicht hassen.

F: Spiel ihn.

J: (schweratmend und weinend) Ich habe nicht das Gefühl, daß ich's gespielt habe. Ich fühle mich als nichts, du läßt mich ja nicht existieren. Du versuchst mich zu treten, du bist nichts. Du *bist* nichts. Ohh. Du läßt mich nicht. Du läßt mich nicht existieren, du versuchst, mich zu treten. Du bist — du Hurensohn, du — du — *du* bist der Scheißkerl.

F: Sag das lauter: »Du bist der Scheißkerl —«

J: *Du* bist der Scheißkerl, *du* bist der Hurensohn!

F: Lauter.

J: *Du* bist der Hurensohn! Du bist der Scheißkerl! Du bist der gottverdammte göttlich — der göttliche gottverdammte Gottes — — Gott, ich hasse dich, weil du mich nicht existieren läßt. Du willst mich ausmerzen. Aber *ich* bin es, *ich.* Ich *weiß,* daß *ich* es bin.

F: Das ist deine Gegensätzlichkeit. Du bist beides.

J: Ich weiß.

F: Und dazwischen ist nichts. Allmacht oder Ohnmacht. Alles oder nichts — mit nichts dazwischen. Du hast keine Mitte.

J: Ich weiß.

F: Spiel ihn also nochmal.

J: Ich . . . ah — du bist nichts. Du hast kein Recht zu existieren. Du solltest nicht hier sein. Du bist — du bist bloß eine Pfütze Pisse, ein Haufen Scheiße, eine Handvoll Staub bist du, du bist — du bist ja nicht einmal das, weil du ja gar nicht existierst. Dich gibt's ja gar nicht. Du bist nichts. Du *warst* nie hier. Du *wirst* nie hier sein, du *könntest* nie hier sein. Du bist jetzt nicht hier. Du wirst nie hier sein, weil du *nichts* bist.

F: Nimm nochmal die andere Rolle an.

J: Ich habe irgendwas getan, als du mich unterbrochen hast, eine Interpretation gegeben; ich hab sie irgendwie verloren. Ich habe es bis zu diesem Zeitpunkt gefühlt.

F: Nun, ich schlage dir vor — nimm dieses Nichts-Sein an. Sieh zu, wie weit du in diese Rolle, nichts zu sein, einsteigen kannst, »Ich bin ein Häufchen Scheiße«, oder sonstwas.

J: Ich bin ein Haufen Scheiße. Ich bin nichts. Ich existiere nicht. Mich gibt's ja gar nicht. Ich bin kein Mensch. Ich habe keine Zehennägel. Ich habe keine Füße und ich habe keinen Penis, ich habe keine Eier, ich habe keinen Finger, ich habe keine Hände, ich habe kein Herz —

F: Jedes Wort ist gelogen. Sag das alles nochmal und füge jedesmal hinzu, »— und das ist eine Lüge.«

J: Ich habe keine Zehen (weint) und das ist eine Lüge, weil ich *doch* welche habe. Ich habe keine Füße, und das ist eine Lüge, weil ich doch welche hab. Ich habe keine Beine, und das ist eine Lüge, weil ich doch welche hab, herrgottnochmal, da sind sie doch. Und ich habe keinen Penis, aber ich hab doch einen, da ist er nämlich und meine Eier sind da und mein Darm ist da, und alles ist da. Mein *Magen* ist da. Meine *Hände* sind da. Mein Kopf ist da — ich kann denken! Ich kann genauso gut denken wie du.

F: Rede jetzt noch einmal mit dem aufgeblasenen Arsch ... von dem neuen Standpunkt aus.

J: Von dem neuen Standpunkt aus?

F: Na ja, gerade hast du doch entdeckt, daß du *nicht* nichts bist, sondern daß du etwas bist.

J: Na ja gut, also, du bist gar kein so aufgeblasenes Arschloch. Ich *will* nicht, daß du so ein aufgeblasener Arsch bist ... ich befürchte, daß du's immer noch bist. Ich befürchte, daß in Wirklichkeit doch *ich* es bin — du bist ein aufgeblasenes Arschloch und darum bin ich auch ein aufgeblasenes Arschloch.

F: Nimm jetzt noch einmal die Position des aufgeblasenen Arschs ein. Du, aufgeblasener Arsch, wie existierst du denn?

J: Wie ich existiere? Ich existiere einfach wegen meiner Nichtigkeit —

F: Wart mal. Sag auch wieder jedesmal »— und das ist eine Lüge«. Laß ihn arbeiten und füge jedesmal hinzu, »— und das ist eine Lüge«. »Ich bin Gott und das ist eine Lüge. Ich bin ein aufgeblasener Arsch und das ist eine Lüge.«

J: Ich höre dich. Ich bin *Gott* und das ist eine Lüge. Ich weiß *alles* und jedermann sollte *mir* zuhören. Ich habe die Wahrheit und will sie *euch* geben, und ihr sollt mir zuhören, und das ist eine Lüge. (weinend) Denn dann werde ich nicht — ich werde immer noch so einsam sein. (heftiges Weinen) Ich will nicht allein sein. Ich weiß sonst nichts mehr zu sagen. Ich bin ein — ich weiß alles, und ihr wißt nichts, aber das ist eine Lüge, denn da sind doch eine ganze Menge warmherziger Menschen unter euch, und sie haben mir nette Dinge gesagt, und ihr seid auch etwas. Ich bin nicht alles ... Ich weiß nicht mehr zu sagen.

F: Gut, spielen wir das ganze Stück nochmal durch, den Underdog und den Topdog. Machen wir ein neues Treffen. Vielleicht können sie etwas entdecken.

J: (ruhig) Der Underdog und der Topdog — ich habe immer das Gefühl, als ob ich der Underdog wäre, ich *bin* der Underdog. Ich bleibe immer *ruhig,* ich *sage* nichts. Ich *äußere* mich nicht. Ich lehne mich *ruhig* zurück und höre dem Mind-fucker zu. Jeder macht zu viel Mind-fucking. Es scheint so, als ob ich *wirklich* da sein könnte, aber ich bin nicht wirklich da, ich *sage* nichts, ich *existiere* nicht, ich bin *nichts,* und ich *will* existieren. Und es scheint so, als ob du, du verdammter Huren-sohn, als ob du der Mind-fucker wärst und ich der Wirkliche, das *Etwas* wäre, wenn ich es nur sagen könnte. Aber du läßt mich nicht: Du redest immer, du — du bist der, der redet, du sagst immer irgend etwas, du bist immer — ich sag nie was. Ich lehne mich einfach zurück und *höre zu* und *nicke* und ich bin *mitleidig* und *freundlich* und ich *helfe* dir und ich sage die richtigen Dinge und mache die richtigen Interpreta-tionen. Ich bin ein *guter* Sozialarbeiter, ich bin ein guter Therapeut, ich tu das Richtige. Ich helfe den Leuten und sie bezahlen mich dafür und ich gehe aus, aber in Wirklichkeit empfinde ich mich als *unwirklich.* Ich empfinde mich nicht sehr häufig als wirklich.

F: Gut, sei jetzt noch einmal der Topdog. Was bist du? Er sagte dir gerade, daß du ein Mind-fucker bist.

J: Ich werde verwirrt — entweder — ich kann nicht so einfach hin- und herwechseln.

F: Das heißt, daß die Integration schon anfängt. Sie lernen beide von-einander.

J: Ah. Er sagte mir gerade, daß ich ein Klugscheißer bin. Ja. Ah ... (weint) Aber ich bin kein Klugscheißer. Ich will nicht so aufgebla-sen sein, ich will nicht so viel besser sein als jeder andere. Ich will einfach das Gefühl haben, daß ich zu den Leuten hier gehöre. Ich will einfach das Gefühl haben, einer von ihnen zu sein. Ich will nicht Teil der — ich will ich sein, aber — ich will mich einfach so fühlen, als ob — ich will mich einfach auch als etwas fühlen. Ich will kein aufge-blasener Arsch sein.

F: Was empfindest du körperlich, jetzt, und gefühlsmäßig?

J: Oh, ich spüre ein Prickeln über und über. Jeder — jeder Teil meines Körpers prickelt. Ich habe wohl auch eine Erektion.

F: Geh jetzt dieser Verwandlung nach, von Niemand-Sein, *keinen Körper* haben, zu Jemand-Sein, *Körper* haben.

J: Nachgehen, der Verwandlung von Keinen-Körper-Haben zu Einen-Körper-Haben.

F: Stell es dir so vor: Niemand (nobody) sein, ist: *keinen Körper haben;* jemand (somebody) sein ist: *einen Körper haben, Körper sein.*

J: Ohhh. Du meinst, ich soll es beschreiben, sagen, was ich empfinde? Ahh. Ich weiß nicht. Ich muß hier irgendwo in der Mitte sitzen.

F: Ahah . . .

J: Da gibt's keinen Stuhl. (lacht) Was tust du denn dann, hah? *Muß* es denn ein dauerndes Hin-und-her sein? Ist das das Leben? Ist es bloß ein Hin-und-her, ein *Dialog* zwischen zwei Teilen deines Selbst? Kannst du nicht irgendwo dazwischen sein? Kannst du dich nicht als wirklich empfinden? Mußt du immer zweigeteilt sein? Zwei Teile sein, dich entweder wie ein Nichts oder wie ein aufgeblasener Arsch fühlen?

F: Kannst du keine Mitte haben?

J: Was?

F: Kannst du keine Mitte haben?

J: Ich *will* eine Mitte haben. Ich möchte mich hier irgendwo hinsetzen — *das* würde ich gern tun —, aber ich will auf gleicher Höhe sein, ich will nicht auf dem Boden sitzen! (Lachen) O. K. (setzt sich auf den Boden) Das stimmt nicht ganz. Ich will hier sein. (zieht den Stuhl in die Mitte), *da* will ich sein, genau dazwischen. Hahhh. Ahhh. Ich will nicht, daß du von mir denkst, ich sei ein aufgeblasener Arsch, und ich will nicht, daß du denkst, ich sei nichts. Ich weiß nicht, *wo* ich bin.

F: Du kommst der Sache schon näher . . . (lange Pause). Was erlebst du denn jetzt?

J: Ich fühle mich irgendwie realer. Das Prickeln am ganzen Körper war etwas, das ich nicht erwartet habe. Ich befürchte, daß du mich verloren hättest, wenn ich nicht so stark gewesen wäre, wie ich's war, aber ich bin froh, daß ich so stark war, und ich frage mich, ob jemand — das hört sich jetzt wieder wie der aufgeblasene Arsch an — ich frage mich, ob jemand, der schwächer ist, aufgestanden wäre und unterwürfig gewesen wäre und einfach eine Seite von mir ausagiert hätte.

F: Es ist immer dasselbe, es ist immer eine Gegensätzlichkeit — du hast *diesen* Gegensatz in dir. Wir haben andere Gegensätze — Tyrann und Heulsuse und so weiter. Und womit du auch anfängst, es gibt immer etwas, das du durch sein Gegenteil ergänzen mußt. Ich wußte das schon von Anfang an. Es gibt eine alte Geschichte darüber: Ein Rabbi steht vor seiner Gemeinde und sagt: »Ich war ein so guter Rabbi, jetzt bin ich nichts. Ich bin wirklich nichts. Ach Gott, ich war so ein guter Rabbi und bin nichts mehr.« Und der Kantor, der Sänger, greift es auf. Er sagt: »Ach Gott, ich war so ein guter Kantor und ich bin nichts mehr. Ich bin wirklich nichts.« Ein kleiner Schneider in der Gemeinde greift es auf: »Ach Gott, ich war so ein guter Schneider, und ich bin nichts, wirklich nichts.« Und der Rabbi sagt zum Sänger: »Wer glaubt der denn, daß er ist, daß er glaubt, er ist nichts?« (Lachen)

Bitte beachtet, daß Ohnmacht und Kontrollversessenheit *wirklich* entgegengesetzt sind. Wenn du das Gefühl hast, alles beherrschen zu müssen, fühlst du dich augenblicklich ohnmächtig. Zum Beispiel: In dem Moment, in dem ich diese Wand hier hochgehen will, fühle ich mich auf jeden Fall ohnmächtig.

Fragen II

Q: Wenn ich einsehe, daß ich früher *wirklich* sabotiert habe und das mein Verhaltensmuster ist, wie kann ich mir dessen noch mehr bewußt werden, so daß ich mit dem Sabotieren aufhören kann?

F: Indem du *vorsätzlich* sabotierst. Indem du beschließt: »Ich bin ein *großer* Saboteur.« So, jetzt kannst du dich *dem* in die Quere stellen . . . (Lachen)

Du überwindest *nie etwas*, indem du ihm widerstehst. Du kannst etwas nur überwinden, wenn du tiefer in es hineingehst. Wenn du trotzig bist, sei *noch* trotziger. Wenn du eine Schau abziehst, mach noch mehr Schau. Was es auch ist, wenn du tief genug in es hineingehst, dann verschwindet es; es wird dir dann zu eigen werden. Jeder Widerstand ist von Übel. Du mußt voll da hineingehen — mitschwingen. Du mußt mitschwingen — mit deinem Schmerz, deiner Unrast, was immer da ist. Nutze deinen Trotz. Nutze deine Umgebung. Nutze alles, was du bekämpfst und verleugnest. Bilde dir was drauf ein! Prahle damit, was für ein großer Saboteur du bist. Wenn du im letzten Krieg in der Widerstandsbewegung gewesen wärst, wärst du wahrscheinlich ein Held.

Q: Na ja, das ist . . . Muß ich zum Beispiel dir gegenüber sabotieren? Oder jedem gegenüber, dem ich begegne? Oder —

F: Siehst du, schon sabotierst du. Ich sagte dir doch, du sollst dich rühmen, was für ein großer Saboteur du bist.

Q: Ich *bin's* — ein toller Saboteur.

F: Mach nur weiter.

Q: Einfach toll.

F: Komm schon. Erzähl uns.

Q: Na gut, ich habe einige Songs geschrieben, die an die Spitze der Hitparade in Kanada kletterten, als ich 17 war, und ein Freund von mir — ich war Mitautor, und ein Freund von mir hat sie gestohlen, und ich habe mich von meiner Mutter entmutigen lassen, ihn zu verklagen, und ich war lange Zeit froh in meinem Unglück. Und ich fing einen Nachtclub in Toronto an, als Partner meines Vaters, und er hat ihn mir weggenommen. Und ich bin zu meiner Mutter gelaufen, und sie sagte: »Wozu brauchst du denn einen Club? Da verkehren doch bloß die Gammler«, und in der Zwischenzeit, weißt du, verkehrten da sehr gute Leute, und ich wurde also richtig depressiv und ich versagte dauernd in der Schule. Das war schon ganz gut. Ich glaubte, ich wäre dumm.

F: Klar, klar.

Q: Ich hatte die Leitung in »David und Lisa« und handelte mir eine Absage ein, weil ich nach Toronto zurückging, anstatt dort zu bleiben, wie mir mein Agent geraten hatte. Ich weiß, daß ich künstlerisch begabt bin, und ich habe eine musikalische Begabung. Ich habe Talent. Ich bin ein begabter Mensch. Und ich lerne, mich selbst zu lieben, und das — das bringt mein Sabotieren völlig durcheinander, weil — und ich — ich helfe den Leuten, ich helfe den Leuten, und ich habe mich entschlossen, daß ich jetzt, wo ich weiß, daß *ich* »die Leute« bin, anfangen will, mir selbst zu helfen, und —

F: Wie sabotierst du *das?*

Q: Nun, ich vermeide — ich vermeide zu lesen, daß — ich bin an der Universität von Los Angeles angenommen, aber ich fürchte mich davor, wirklich da durchzugehen und ein Examen zu absolvieren.

F: Sag jetzt deinen Eltern: »Alles, was ich mit meinem Leben tun will, ist, daß ich euch enttäuschen will.«

Q: Alles, was ich mit meinem Leben tun will, ist, daß ich euch enttäuschen will.

F: Ich möchte jetzt vorschlagen, daß du dein Leben von neuem bedenkst. Vielleicht hat dein Leben noch einen anderen Sinn, nicht bloß den, deine Eltern zu enttäuschen. Ob es für dich eine lohnende Existenz darstellt, das mußt du selbst entscheiden. Mit anderen Worten, wirf einfach deine Eltern in die Mülltonne. Wozu brauchst du deine Eltern?

Q: Ja. Danke. Das war die Hand, von der du irgendwann meintest, daß sie nicht — du sagtest, sie sei gelähmt. Ich möchte dir die Hand geben.

F: Es gibt häufig dieses große Bedürfnis zu enttäuschen — Eltern oder andere Menschen, die sich so überaus um einen bemühen.

Q: Ist die Erfahrung dieser beiden Teile, die wir auf der Bühne, in uns selbst und anderen immer sehen — wenn diese beiden Teile — wenn sie so weit voneinander entfernt sind, daß sie wie, ah, Stimmen oder irgend etwas »da draußen« sind, kann man dann diese Technik immer noch anwenden?

F: Ja. Wenn du die stimmigen Gegensätze in die Hand bekommst und das Einander-Bekämpfen in ein Einander-Zuhören verwandelst, dann wird sich eine Integration ereignen. Es geht immer um Kämpfen gegenüber Zuhören. Das ist ziemlich schwer zu verstehen, denn es handelt sich um eine schwierige Gegensätzlichkeit. Wenn du Ohren hast, ist der Weg zur Integration offen. Verstehen bedeutet Zuhören.

Q: Was ist zu den möglichen Gefahren zu sagen, die entstehen, wenn wir annehmen, Gestalttherapie bei uns oder bei anderen tun zu können? Ich habe eine Menge an Amateur-Fritz-Perls' gesehen.

F: Ich habe das auch gesehen. Genau das versuche ich zu bekämpfen — das ganze Quacksalbergeschäft und die Aufputscherei und jeden, der ein paar Encounter-Sitzungen mitgemacht hat und dann hingeht und Encounter(Begegnungs-)-Gruppen leitet. Das ist ebenso gefährlich wie psychoanalytische Behandlung.

Ich kann hier vielleicht mal ein wenig über die historische Bedeutung des Esalen-Instituts sprechen. Esalen ist eine spirituelle Inselkolonie. Esalen ist eine Möglichkeit. Esalen ist ein Symbol geworden, ein Symbol, das dem deutschen Bauhaus sehr ähnlich ist, an dem eine Anzahl unterschiedlicher andersdenkender Künstler zusammengekommen waren, und vom Bauhaus ist eine weltweite wiederbelebende und anregende Wirkung auf die Kunst ausgegangen. Esalen und Gestalt sind nicht identisch. Wir leben in einer Symbiose, einer sehr zweckmäßigen Symbiose. Ich lebe und arbeite hier in einem wunderschönen Haus, aber ich bin nicht Esalen und Esalen ist nicht ich. Es gibt hier viele Leute, viele verschiedene Formen von Therapie: Seelentherapie, spirituelle Therapie, ein bißchen Yoga, ein bißchen Massage. Alle, jeder, der gehört werden will, kann in Esalen Seminare halten. Esalen ist ein Ort der Möglichkeiten und ist ein Symbol der Revolution der Menschlichkeit geworden, die vor sich geht. Das zweite, was ich sagen will, ist: Es gibt hier eine ziemlich gemischte Anzahl von Programmen, und ich möchte zwei Arten von Programmen unterscheiden: die eine ist ein Programm des *Wachsens,* und die andere ist eine, die man als *Trug der sofortigen Heilung* zusammenfassen kann — sofortige Freude, augenblickliche Sensibilität. Mit anderen Worten, ich will euch sagen, daß *ich nicht* zu den Antörnern gehöre. Letzte Woche hatten wir so einen Sofortspezialisten hier — augenblickliche, unvermittelte Gewaltsamkeit — einen Chinesen, der Karate machte, und einige Leute wurden ziemlich verletzt, und ich glaube, wir haben genug Erziehung zur Gewaltsamkeit im Fernsehen und in den Comics. Wir brauchen Esalen nicht, um das zu bekräftigen.

Q: Ich möchte nur eine Frage stellen. Ich versuchte, dein Buch »Gestalt Therapy« zu lesen, aber ich wünschte, daß irgendeiner in dieser Gruppe führender Denker usw. ein Buch in einer sehr einfachen Sprache schreiben würde — sofern sie das können — und dieselben Theorien so erklären, daß der durchschnittlich gebildete Leser ohne spezielle technische

Vorbildung und so weiter dann auch wirklich etwas mehr davon haben könnte. Ist das eine — ich weiß, daß es manchmal schwierig ist, über einen komplizierten Sachverhalt zu schreiben, ohne eine technische Sprache zu verwenden.

F: Fandest du meine Sprache hier zu technisch?

Q: Nein; aber sehr wohl in diesem Buch.

F: Wann habe ich dieses Buch geschrieben? 1951. Nein, ich bin jetzt vielmehr dafür, Filme zu machen und so weiter, um das zu vermitteln, und ich glaube, ich habe eine einfachere Sprache gefunden. Und ich glaube tatsächlich, daß meine Botschaft nicht gut ist, wenn ich nicht im Sinne von etwas Außergewöhnlichem ankommen kann. Ich lerne langsam.

Q: Dr. Perls, würden Sie — als Sie an dem formulierten und das erlebten, was dann als Gestalttherapie herauskam, ich möchte darin bestätigt werden, ich möchte es von Ihnen hören, es scheint, als ob das ein entdeckerischer Vorgang ist. Und doch glaube ich, daß sich die Leute so einstellen können, daß sie die Erwartungen des Therapeuten erfüllen, also z. B. ich sitze hier und sehe einen nach dem anderen einen inneren Gegensatz, einen Widerstreit von Kräften haben, und ich glaube, das auch tun zu können. Aber ich weiß nicht, wie spontan das sein würde, obwohl ich annehme, daß ich das *Gefühl* von Spontaneität haben würde. Sie haben über lange Zeit hinweg Menschen erlebt; erfüllen wir Ihre Erwartungen oder entdecken Sie uns?

F: Ich weiß nicht. Meine ganze Definition des Lernens ist: *Lernen ist Entdecken, daß etwas möglich ist,* und wenn ich Ihnen geholfen habe zu entdecken, daß es möglich ist, eine Reihe von inneren Konflikten zu lösen, einen Waffenstillstand im inneren Bürgerkrieg zu schließen, dann haben wir etwas erreicht.

Q: Hast du das Gefühl, daß der Workshop — daß die Zuhörer — ein wesentlicher Bestandteil der Auseinandersetzung und Begegnung ist, die hier vor sich gehen? Kann das mit dir allein gemacht werden, du und derjenige, der sich mit sich selbst auseinandersetzt?

F: Kannst du eine Aussage machen?

Q: Was ich mich frage ist, wie —

F: Das ist keine Aussage, das ist immer noch eine Frage.

Q: Nun, ich persönlich glaube, daß das, was da auf der Bühne vor sich ging, ohne Zuhörer gemacht werden kann.

F: Gut, jetzt haben wir deine Aussage gehört.

Q: Dr. Perls, es hat mir sehr großen Spaß gemacht, Ihrer Arbeit zuzuschauen. Wie geht es in therapeutischer Hinsicht mit denjenigen Leuten weiter, die zu einem anderen Grad an Selbstverwirklichung oder

Durcharbeiten gelangt sind? Was schlagen Sie diesen Leuten vor zu tun?

F: Nichts. Man muß seinen eigenen Weg finden, so wie man seinen Weg zu mir gefunden hat.

Q: Kann man genauso von einem Zwiegespräch mit sich selbst profitieren? Kann man irgend etwas davon haben? Oder sind wir immer dazu verdammt, irgendwie umherzuirren — Assoziationen und so weiter — bis wir jemand wie dir, außerhalb unserer selbst, begegnen, der uns auf einige Tatsachen und derlei Dinge aufmerksam macht?

F: Ich glaube, ich habe diese Frage beantwortet.

Q: Ich komm nicht ganz mit.

F: Das hängt davon ab, ob die zwei Parteien einander zuhören oder sich bekämpfen. Nimm irgendein Beispiel aus der Geschichte. Wenn die USA und Nordvietnam einander zuhören würden, wenn die verschiedenen Fraktionen und Cliquen in der UNO einander zuhören würden, anstatt die Versammlung zu verlassen und sich zu bekämpfen, wenn Ehemänner und Ehefrauen einander zuhören würden, wäre die Welt eine andere.

Q: Aber manchmal gibt es objektive Fakten — ich meine, es gibt zwei Seiten, und die eine sagt so und die andere anders, und man kann das Zuhören bestimmen, indem man sagt: Na ja, wenn das Ergebnis positiv ist, dann ist das ein Zeichen, daß sie einander zuhören, aber das heißt irgendwo, eine petio principii machen. Wie kann man im voraus sagen, ob sie einander zuhören oder nicht? /F: Man kann das nicht./ Kannst du dir nicht vorstellen, daß sie einander zuhören und doch nichts dabei herauskommt?

F: Doch. Dann geht der Krieg weiter.

Q: Entschuldige. Kann ich meine Frage nochmal formulieren?

F: Oh, ich bin sicher, daß du das kannst.

Q: Dann laß es mich tun. Kannst du erkennen, ob sie einander zuhören oder nicht? Du urteilst nach dem Ergebnis, lediglich durch das Betrachten dessen, was geschieht. Kannst du das erkennen, daß sie einander zuhören — du weißt nicht, was dabei herauskommen wird, aber sie hören einander *wirklich* zu?

F: Ja. Ich kann das *genau* erkennen, am Ton der Stimme, an den Gesten.

Q: Noch eine Frage: Es gab Fälle, bei denen du sehr schnell zu einem Ende gekommen bist — es gab Leute, mit denen du sehr schnell am Ende gewesen bist und andere, mit denen du sehr lange gearbeitet hast, und manchmal hatte ich den Eindruck, daß du in bestimmte Richtungen nicht mitgehen willst.

F: Du hast vollkommen recht.

Q: Kannst du die Kriterien für diese Unterscheidung herausarbeiten?

F: Ja. Immer, wenn ich diese Möglichkeit sehe, daß ich eine Situation nicht abschließen kann und die Leute hängen lassen müßte, wenn ich etwas vor mir habe, das ich in diesem Kontext nicht bewältigen kann, dann weigere ich mich weiterzumachen. Der einzige Sinn dieses Seminars ist, zu demonstrieren, daß ich glaube, daß die Gestalttherapie wirksam ist, daß man nicht jahre-, jahrzehnte-, jahrhundertelang auf einer Couch liegen muß. Das ist alles, was ich zeigen will.

Gut. Danke.

Die folgenden Transkriptionen stammen von Tonbandaufnahmen, die bei einem vierwöchigen Gestalttherapie-Intensiv-Workshop mit 24 Teilnehmern am Esalen Institut im Sommer 1968 gemacht worden sind. Sie veranschaulichen, vor allem durch aufeinanderfolgende Sitzungen mit derselben Person und durch die Gruppeninteraktion einige Aspekte der Gestalttherapie, die in den vorangehenden Transkriptionen von Wochenend-Traumarbeit-Seminaren nicht zum Vorschein kamen.

Die Rolle des Traums spielen

Fritz: Ich möchte jetzt, daß ihr alle mit euren Träumen sprecht und die Träume antworten laßt — nicht den Inhalt der Träume, sondern so, als ob die Träume ein Gegenstand wären. »Träume, ihr macht mir Angst«, »Ich will nichts über euch wissen«, oder etwas dergleichen, und laßt die Träume etwas entgegnen. (Alle reden einige Minuten lang mit ihren Träumen) . . .
So, jetzt möchte ich, daß jeder von euch die Rolle seiner Träume spielt, also z. B.: »Ich komme nur selten zu dir, und dann nur in kleinen Teilen und Stückchen«, oder wie ihr auch eure Träume erlebt. Ich möchte, daß ihr dieser Traum *seid*. Kehrt die Rolle um, so daß ihr der Traum seid und redet mit der ganzen Gruppe, als ob ihr der Traum wärt, der mit euch redet.
Neville: Ich halte dich zum Narren, oder? Ich bin nämlich voller wichtiger Tatsachen über dich, und ich lasse es nicht zu, daß du dich an mich erinnerst. Das bringt dich zur Weißglut, oder? Das verwirrt dich, und ich habe eine Menge Spaß daran, wenn ich dich deprimiere und dir zuschaue, wie du im Verlauf des Tages immer tiefer und tiefer sinkst. Du hättest keinerlei Schwierigkeiten, dich an mich zu erinnern, wenn du dich nur ein bißchen auf mich konzentrieren würdest. Ich spiele also Versteck mit dir, und irgendwie belustigt mich dein Unbehagen daran. Ich halte dich absolut zum Narren. Ich spiele meine Spielchen mit dir und dann entziehe ich mich dir, und so bringe ich dich ganz durcheinander . . . Ich laß dich ein anderes Ich sehen, oder nicht? . . .
Glenn: Ich komme häufig nicht sehr klar heraus, denn du scheinst mich

nicht besonders gut zu verstehen. Ich würde öfter eine ganz schöne Schau abziehen, wenn du mir mehr Aufmerksamkeit zuwenden würdest; aber so wie die Dinge liegen, gibst du wenig auf mich acht, und ich tu irgendwie eine recht erbärmliche Arbeit für dich.

Raymond: Ich bin gemein. Du weißt, daß ich hier bin, aber ich lasse dich nicht wissen, was vor sich geht.

Blair: Ich werde dich irreführen. Ich bin symbolisch, undurchdringbar . . . ich bringe dich durcheinander . . . ich lasse dich im unklaren.

Bob: Ich bin ganz umnebelt, wie der Berg da drüben. Sogar wenn der Nebel verschwinden würde, würdest du dich schwer tun, etwas aus mir herauszukriegen.

Franz: Du solltest dich nicht schämen wegen mir. Du solltest mehr aus dir herausgehen und mir zu begegnen suchen. Ich habe das Gefühl, daß ich dir helfen kann. Ich möchte dir mehr begegnen.

Lily: Ich kann sehen und hören, fühlen und reden und spüren und berühren und alles tun, was du tun willst.

Jane: Ich bin lustig, aufregend, interessant, ich bring dich wirklich in Fahrt, und wenn wir dann ans Ende kommen, bremse ich dich ab. Und du wirst das Ende nicht zu sehen bekommen. Und dann schmollst du den ganzen Tag, weil du nicht zum Ende gekommen bist.

Sally: *Wir* stören deinen Schlaf nicht. Wenn wir eine Gelegenheit finden könnten, wo du uns zuhörst, dann wären wir danach klar, so wie ein Blitz — und das ist schockierend. Wir schockieren dich, aber du wirst es über kurz oder lang abschütteln, und wenn du aufwachst und deiner täglichen Arbeit nachgehst, nimmst du uns mit. Aber wenn wir immer so weitermachen, wirst du schließlich merken, daß nichts richtig funktioniert. Du wirst versuchen, dich vor all deinen Fehlern, all deinen Befürchtungen, zu verstecken, aber wir werden dasein und dich aus der Fassung bringen.

Ale: Sei so gut zu dir selbst und erinnere dich, daß wir dir einige sehr schöne Augenblicke gegeben haben, manchmal solche von Bedeutung, manchmal machtvolle. Neulich haben wir dir einen Schreck eingejagt — einen entsetzlichen Schreck, und außerdem hast du dich neulich von uns abgewandt.

Jan: Ich glaube, daß du dich in Wirklichkeit gar nicht an mich erinnern willst oder mich kennen willst. Ich habe nicht das Gefühl, als ob du an mir Spaß haben wolltest. Jedesmal, wenn ich mich dir ganz nahe kommen lasse, sagst du: »Nun, ich bin zu müde, um dich aufzuschreiben oder dir Aufmerksamkeit zu zollen. Vielleicht tu ich's morgen früh.« Ich habe das Gefühl, daß du mich immer noch zu vermeiden versuchst.

Fergus: Ich bin recht seltsam. Ich bin der einzige ehrliche, der einzige spontane Teil von dir, ich bin der einzige freie Teil von dir.

Tony: Du tust mir sehr leid.

Nancy: Ich werde dir nicht das Vergnügen bereiten, mich kennenzulernen, und ich werde dir nicht die Freude lassen, dich erwachsen zu fühlen.

Daniel: Du weißt, daß ich aus allen möglichen Teilchen und Stücken gemacht bin, die während des Tages unerledigt geblieben sind, und es ist besser, daß ich sie habe, anstatt daß sie einfach vergessen werden. Abgesehen davon, manchmal bin ich sehr schön und sehr bedeutsam, und du weißt, daß ich ziemlich viel Gutes für dich tue, vor allem, wenn du mich sorgfältig anschaust.

Steve: Ich bin ein vielfarbiger Mantel, der herabstürzt und dich davonträgt, der dir Macht gibt.

Claire: Du spielst nur rum, und ich bin wirklich alles. Und du kannst ewig auf mich warten.

Dick: Du bist dir meiner Existenz sehr bewußt, aber die meiste Zeit ignorierst du mich.

Teddy: Ich bin eine sehr schöpferische, interessante Situation. Handlungen und Zusammenstellungen aller Art, an die du in deinem Wachzustand nie denken würdest. Ich bin viel schöpferischer, ich bin viel erschreckender, und ich erscheine vor dir nicht als Bilder. Du weißt, was vor sich geht, wenn ich da bin; nachher vergißt du's. Aber ich trete nicht als Film auf; ich bin eine Art Wissen. Du würdest mich gern in Bildern sehen, aber ich erscheine nicht.

June: Ich mache dich *unglücklich,* ich *zerstöre* dich, ich *schließe* dich ein und *drücke dich hinab* und gebe dir ein Gefühl, als ob du nicht atmen könntest. Und ich *bleibe* hier und *hocke* auf dir! . . .

Fritz: Nun, ihr habt möglicherweise etwas bemerkt, was für eine ganze Anzahl von euch sehr interessant ist, wie nämlich der Traum als solcher euer verstecktes Selbst symbolisiert. Ich möchte, daß ihr damit in den Gruppen arbeitet und mehr und mehr dieses Ding *seid* und ausagiert, was ihr euch nur als Traum vorgestellt habt. Ich weiß nicht, wie sehr diejenigen, die ihre Träume spielten, erkennen, wieviel von ihnen durchgekommen ist, aber ich bin ziemlich sicher, daß die meisten von euch ohne Schwierigkeiten einsehen, daß das der Teil von euch ist, den ihr ungern ans Licht bringt. Wenn ihr das *buchstäblich* nehmt, wozu ich euch aufforderte, nämlich euren Traum zu spielen, als ob der Traum ein Mensch wäre, dann sind diese Anleitungen völliger Unsinn. Wie kann man sein Traum sein? Und dann, wenn man ihn ausdrückt, wird er schließlich Wirklichkeit. Manchmal gibt es eine

Überraschung, wenn der betreffende Mensch es die ganze Zeit fertig gebracht hat, seine Maske reizvoll und überzeugt zu tragen. Zum Beispiel fiel euch doch auf, wieviel aus June herauskam. Ich weiß nicht, wie viele von euch ihre ungeheure Zerstörungskraft gesehen haben. Das kam sehr klar heraus. Sehr schön.

June

June: Der Traum beginnt in einem Auto, das auf einem großen kellerähnlichen unterirdischen Parkplatz geparkt ist, in der Nähe eines Bahnhofs, und ich bin ein kleines Mädchen. Ich bin erst ungefähr sieben Jahre alt... Mein Vater sitzt neben mir im Auto und er sieht *sehr* groß und *sehr* dunkel aus. Kein Licht ist an — alles ist verdunkelt, und ich weiß, daß er mich zum Bahnhof bringt, um mich in den Zug zu setzen, mit dem ich zur Schule zurückfahre; ich weiß das, weil ich meine Schuluniform anhabe, meine blaue Matrosenbluse und meinen blauen Rock, und es ist gerade ein Luftangriff; wir müssen deshalb im Auto sitzenbleiben; die Bomben fallen herab und es ist ein ziemlicher Lärm.

(dünne, kleine Stimme) Ich fürchte mich so. Pappi, ich fürchte mich so. Ich will nicht zum Zug gehen und ich will nicht zur Schule zurück. (sehr schwach) Ich will einfach daheim bleiben, bei dir und Mutter.

(streng) Fürchtest du dich vor den Bomben, June? Oder hast du Angst davor, in die Schule zurückzugehen? Fürchte dich nicht vor den Bomben, denn das Ganze ist ein Traum, und das Auto schützt uns.

(schwach) Ich will nicht in die Schule zurück. Ich mag es dort nicht.

Nun, ich hätte es gern, wenn du von der Schule zuhause bleiben würdest. Ich würde dich gern zum Hotel zurückkommen lassen und dich an einer Schule in der Nachbarschaft einschreiben, aber deine Mutter will dich da nicht wieder haben...

(jammernd) Aber du bestimmst doch die Regeln.

Ich bestimme die Regeln nicht. Ich muß mit deiner Mutter leben und auskommen.

Aber die Bomben fallen doch.

Fritz: Sei du der Pilot...

J: Das ist ein ungeheures Gefühl der Macht, ein Flugzeug zu fliegen und jemand zu finden, auf den man Bomben fallen lassen kann und dann einfach — auf den Knopf zu drücken. (sicher) Ich habe dieses

231

Flugzeug in der Hand und ich kann es hinfliegen, wohin ich will, und ich kann sie fallen lassen. Plops. Fallen lassen. Plop. Ich habe auf dem ganzen Fußboden Pedale, und jedesmal, wenn ich auf eines trete, fällt eine Bombe. (schwächer) Ich mache bestimmt *einigen* Leuten die Hölle heiß vor Schreck.

F: Gut. Sei immer noch der Bomber, geh nach Vietnam.

J: Ich kann — ich kann (atemlos und mit zitternder Stimme) ich kann das Flugzeug da hinfliegen, aber ich kann die Bomben nicht abwerfen! Dort sind wirkliche Menschen. Die Menschen in meinem Traum sind nicht wirklich ... Da sind keine — da sind keine Knöpfe oder Pedale auf dem Fußboden, darum kann ich auch nicht bombardieren. Ich kann das Flugzeug fliegen. Ich kann es fliegen und ich kann Kreise ziehen und ich kann einen Sturzflug machen und beschossen werden, aber ich kann nicht zurückschießen ... Ich will nicht zurückschießen ...

F: Dann geh zurück und wirf die Bomben noch einmal auf das Auto.

J: (fast weinend, hilflose Stimme) Da ist ein kleines Mädchen im Auto. Ich kann das nicht tun ... Doch, ich kann ... ich hab es getan. Sie sind alle neben das Auto gefallen.

(schwankend) Und ich bin das Auto und ich bin ins Schwanken gekommen und ich bin erschüttert, aber das Innere ist intakt, und die Menschen im Auto sind in Sicherheit. Sie fürchten sich sehr.

F: Viel Lärm um nichts. Du kannst dir einfach nichts anhaben ... Du bist in Sicherheit ...

J: *Du* kannst mir nichts anhaben, aber *ich* kann *mir* etwas antun.

F: Okay. Versuchen wir's noch einmal.

J: Jawohl!

F: Sei ein Bomber und wirf Napalmbomben auf die Vietnamesen.

J: In Ordnung ... Ich komme jetzt über die Landesgrenze und ich habe eine ganze Ladung voll tödlicher Napalmbomben. Gallertartiges Zeug. Ich geh jetzt tiefer und tiefer, denn diesmal werd ich wirklich zuschlagen, und ich will sehen, was ich getroffen habe ... (weint, schluckt) Oh, NEIN! ... Ich habe eine Frau getroffen, die mit einem Kind im Arm gelaufen ist, und einen Hund hinter sich hatte ... (weint) und sie *haben sich vor Schmerzen gekrümmt!* ... und ich habe sie nicht getötet ... Aber sie sind verbrannt.

F: Dann finde dir jemand anders zum Töten.

J: Hier?

F: Das ist gleich, solange du nur das Töten aus deinem System herausbringst.

J: (weint) Meine Mutter ... wie kann ich sie umbringen. (weich und eindringlich) Ich will, daß es weh tut! ... Mann, will ich, daß es weh tut ... Oh! Ich habe sie umgebracht. (immer noch weinend) Ins Schwimmbad, voll mit Säure, und sie ist darin untergetaucht. Es ist einfach nichts übrig. (lacht) ... (ruhig) Du hast es verdient. Ich hätte es schon vor langer Zeit tun sollen. Es sind nicht einmal Knochen übrig. Sie ist einfach verschwunden.

F: Ich habe nicht mitbekommen, was du da gemurmelt hast. Bist du willens, es uns zu sagen? Du mußt nicht; nur, wenn du willst.

J: (ruhig) Ich habe das Bad gefüllt, ich habe es gefüllt — ich habe ihr Schwimmbad bis obenhin mit Säure vollgefüllt, und sie wußte es nicht. Es war ganz klar.

F: Wessen Schwimmbad?

J: Das Schwimmbad meiner Mutter und meines Vaters. Und sie kam herunter, um zu schwimmen, sie tauchte hinein ... und sie — sie *verbrannte*. Und sie fiel auf den Grund, und das Fleisch löste sich ab und löste sich auf, und die Knochen fingen an hinabzusinken und lösten sich auf. Und dann war wieder alles klar und blau ... Und dann fühlte ich mich irgendwie *wohl*. Ich hätte es schon längst tun sollen.

F: Sag das zur Gruppe.

J: Ich fühlte mich wohl! Ich hätte es schon *längst* tun sollen. Muriel, ich fühlte mich *wirklich* wohl, und ich hätte es schon längst tun sollen. Ich fühlte mich wohl, Glenn. Ihr Todeskampf gab mir ein Wohlgefühl. Ihr Tod tat mir wohl. Ich hätte es schon längst tun sollen.

F: Gut. Mach jetzt deine Augen zu. Geh in dein siebtes Lebensjahr zurück. Werde sieben Jahre alt.

J: (schwach) Gut ... Sieben? ... Oh Mann, bin ich häßlich. Richtig fett. Ich habe schief geschnittene Ponys. Sie schrägen sich von hier nach hier ab, denn ich muß sie selber schneiden, weil sie mir niemand schneidet. Meine Haare sind ... kraus und ungepflegt. Meine Fingernägel — sie sind alle kurz gebissen. Vom Hals bis zu den Knien bin ich direkt schwarz, schmutzig! — denn alles, was ich tun muß, ist, meine Matrosenbluse zuknöpfen, um sagen zu können, daß ich mich gewaschen habe, daß ich mir die Zähne geputzt habe, und ich habe gestern abend nicht gestört, und sie haben nie die Knöpfe von deiner Matrosenbluse aufgeknöpft, um zu sehen, ob du dich überhaupt weiter als bis zu den Gelenken gewaschen hast. Und meine Matrosenbluse war voller Marmelade und voller Tinte ... Sie zwangen uns, in kleinen abgeschlossenen Schlafräumen mit Bettüchern abgedeckt zu baden, und als ich sieben war — ich bin sieben — ich will nicht unter diesem Tuch baden. (weint) Und eine Glocke läutet, und das bedeutet, daß wir in die Halle hinausgehen müssen, und wir stellen uns der Reihe nach auf. (weint und redet unverständliche Worte dabei) Und mit wem kann ich reden? Und ich weiß nicht einmal — oh je — daß niemand dieses Kind will. (jammert) Ich kriege immer fünf Ermahnungen. Ich kriege nie Bonbons oder Eiskrem. Ich esse Kartoffeln und solches Zeug. Meine Großmutter schickt mir eine Schachtel Pralinen, und ich darf sie nicht behalten. Ich muß sie in einen großen Kasten im Eßzimmer legen und sie mit allen teilen... und ich kriege nicht *eine* davon. (bricht in Tränen aus) Kann ich bitte eine haben? — und dann werde ich nächste Woche keine haben. (schluchzt)

F: Gut, June. Wie alt bist du jetzt?

J: Ungefähr neun.

F: Und dein tatsächliches Alter? Wie alt bist du?

J: Ich bin gerade 35 geworden.

F: 35. Spiel eine 35jährige Frau, die mit diesem Mädchen redet. Laß das *jetzige* Mädchen mit dem *damaligen* Mädchen reden... Setze sie in den Stuhl da, und du sitzt hier. Du bist jetzt 35.

J: (sanft) Du bist kein *schlechtes* Mädchen. Kleine, neun Jahre alte Mädchen sind nicht *schlecht*. Du bist einfach ziemlich dumm, und nicht einmal das ist dein Fehler... Mir macht es nichts aus, wenn du rückhändig schreibst... Ich mache mir nichts daraus, wenn du vom Schokoladeessen Löcher in den Zähnen bekommst. Und, June, es macht mir nichts aus, wenn du fett bist. Es macht mir nichts aus, wenn du schmutzig bist, denn all das ist wirklich sehr oberflächlich.

F: Ich will jetzt, daß du zu uns zurückkommst. Ich möchte gern ein bißchen gescheit daher reden über das ganze. Hast du irgendeine Vorstellung, was dich dazu bringt, diese Erinnerung so sehr in deiner Brust zu hegen?

J: Es ging so *lange* Zeit so.

F: Gut, schau dich um, was hier vor sich geht.

J: Ich weiß nicht. Es hat nicht die *geringste* Beziehung zu dem, was ich hier und jetzt tue.

F: Also, dann macht es mich neugierig, daß du dieses Mädchen mit dir herumschleppen mußt, daß du es nicht loslassen kannst.

J: Jaah... manchmal... Ich habe nie das Gefühl, als ob ich es *herumschleppen* würde. Ich habe ein Gefühl, als ob es — als ob es dasitzen würde, und irgendwie wartet es auf eine Gelegenheit, wenn mich jemand klein macht, und — Mann, dann übernimmt es einfach die Führung, und ich bin ein kleines Kind.

F: Genau, genau. Sag jetzt: »Ich warte auf eine Gelegenheit, die »tragische Königin« zu spielen, oder so etwas.

J: Uh, ich kann's; ich bin nicht sicher, ob das stimmt.

F: »Ich spiel dich für eine Zärtlichkeit.«

J: Ich warte auf eine Gelegenheit, um mit deiner Zuneigung und Wärme und deinem Verständnis mein Spiel treiben zu können . . . und wenn ich sie dann bekomme, bin ich sehr dankbar und fühle mich wohler und wieder 35 Jahre alt. So daß ich zurechtkomme. Aber in dem Augenblick, in dem ich das Gefühl habe, daß ich mit der Wirklichkeit *nicht* mehr fertig werden kann, dann schrumpfe ich zusammen und bin klein und laß jemand anderen mit mir fertig werden.

F: Dann ziehst du es aus der Mülltonne, ja?

J: (stark) Ja. Dann ziehe ich es heraus, ich präsentiere es mir, ich nehme es an, und ich handle als das Mädchen, bis ich jemand finde, der mir zugeneigt ist, der mir in die Fänge gerät, und dann sind sie freundlich, und ich fühle mich wieder bestärkt und kann sie dann wegstecken.

F: Geh jetzt zu ihr zurück. Rede mit ihr. Unterhalte dich mit ihr über das hinterhältige Spielchen, das ihr beide spielt . . .

J: Kleine, wir haben da ein Spielchen laufen. Ich habe es bis zu diesem Moment nicht einmal gewußt. (Lachen) Ich bin 35 Jahre alt. Ich bin nicht fett. Ich habe keine dreckigen Gelenke. (Lachen) Ich kann eine Schachtel Pralinen kaufen und sie essen, wann ich will. Ich habe *viele* Leute, die mich sehr liebhaben. Ich habe *viele* Leute um mich, die mich unterstützen, wenn ich Unterstützung brauche, wozu brauche ich dich denn dann? (Lachen)

F: Was antwortet sie?

J: Ahhh, sagt sie, so ganz *sicher* bist du nicht. Weißt du das? Ah — ich bin ein *sehr* hübsches kleines Mädchen, das man um sich herum haben kann. (Lachen)

(lacht) *Du brauchst auch ein Säurebad!* (großes Gelächter)

F: Und für die Profis unter euch — um es euch zu zeigen — das ist eines der berühmten Traumata, mit denen die Freudianer hausieren gehen. Sie leben jahrelang davon. Sie halten es für die *Ursache* der Neurose, anstatt zu sehen, daß es einfach ein Trick ist. Die Psychoanalyse ist eine Krankheit, die vorgibt, ein Heilmittel zu sein.

Versteht ihr, daß es sehr schwer ist, einem nahe zu bringen, daß all das, was hier geschieht, in der Phantasie stattfindet. Die Neurose ist ein Kompromiß zwischen der Psychose und der Realität. June sitzt in einem bequemen Stuhl. Nichts kann ihr passieren. Und trotzdem wird alles, was in ihrem Traum erscheint, als wirklich angesehen. Deshalb sind wir weit davon entfernt, die Tatsache einzusehen, daß wir Rollen spielen. Es gibt hier keine Bomben, kein Töten, es gibt kein kleines Mädchen, *das sind alles nur Bilder,* Einbildungen. Der größte Teil unseres ganzen Ringens im Leben ist reine Phantasie. Wir wollen nicht werden, was wir *sind.* Wir wollen eine Vorstellung von uns, eine Phantasie werden; so, wie wir sein *sollten*. Manchmal haben wir das, was die Leute immer ein Ideal nennen, was ich aber den Fluch nenne, vollkommen zu sein, und dann befriedigt uns nichts —, was wir auch tun. Es gibt dann immer etwas, das wir bekritteln müssen, um unser Selbstquälerei-Spielchen aufrecht zu erhalten, und, wie ihr seht, in diesem Traum nimmt das Selbstquälerei-Spielchen einen ganz schönen Raum ein.

Glenn I

Glenn: Ich fühle mich irgendwie zittrig, und — in meiner Brust ist so eine Art Nervosität, eine Art Beben. Ich mag meine Stimme nicht ... Ich bin mir meiner Knie bewußt, die brennen, und meiner Waden. Meine Hose spannt an den Beinen. Als ich mich niedersetzte, bin ich mit der Hose hängengeblieben.
Fritz: Was hat das damit zu tun, daß du deine Stimme nicht magst?
F: Nichts. Hat nichts damit zu tun.
F: Du bist von deiner Stimme zu deinen Beinen gesprungen ... Mit anderen Worten, mit deinem Deine-Stimme-nicht-Mögen warst du in dem Zwischenbereich ... Und anstatt deine Stimme zu erleben, hast du über sie geurteilt, /G: Ich habe über sie geurteilt./ du hast etwas *getan* ...
G: Ja. Anstatt sie als dumpf und irgendwie zittrig zu hören, höre ich sie als *schlecht*.
F: Ja. Mir fiel auf, daß du dich von einem Schriftsteller in einen Richter verwandelt hast (Lachen) ... Schau, sobald du einmal urteilst, kannst du nicht mehr erleben, denn du bist jetzt viel zu sehr damit beschäftigt, Gründe und Erklärungen, Verteidigungen und lauter solches Zeug zu finden ...
G: Es fällt mir sogar schwer, hier zu sitzen. Ich beurteile mich und sage, daß ich ungeduldig bin und daß ich etwas tun sollte.
F: Gut. Bleib in diesem Zwischenbereich, im Mittelfeld. Mach dich ein bißchen vertrauter mit dem, was hier vor sich geht ...
G: Ich bin mir nicht einmal sicher, wie ich das tun kann. Ich habe das Gefühl, Fraktur zu reden (lacht). Ich beurteile mich, und dann ist das O.K. Da bin ich halt, im Zwischenbereich. (Lachen) Das Lachen verschafft mir ein angenehmeres Gefühl. Ich spüre, daß ich meinen Nakken steif halte und damit Hand in Hand geht: »Das sollte ich nicht tun«, ich sollte entspannt sein ... Mein Hals ist verkrampft, ich trage Scheuklappen und kann meinen Kopf nicht bewegen. (bewegt den Kopf) Aber ich kann es. Ich spüre, daß ich irgendwie ein Loch grabe,

daß ich mich selber in eine Ecke dränge ... ich will das nicht tun ...
Ich fange an zu empfinden, daß mich jedermann beurteilt, daß du mich
beurteilst, daß du mich durch dein Gähnen beurteilst, durch deine
Unruhe urteilst du über mich.

F: Siehst du, wie sich das Mittelfeld immer mehr erweitert. Du verlierst
mehr und mehr das Gespür deiner selbst und der Welt. Du hast eine
sehr schöne erstklassige Paranoia. (Gelächter)

G: Ich würde mein Mittelfeld lieber verengen. Ich fange wirklich an,
mir dumm vorzukommen. (Gelächter) Es ist, als ob es genau rückläufig
wäre. Ich tue jetzt, was ich tagelang versucht habe, *nicht* zu tun —
nämlich in diesem beschissenen Mittelfeld zu bleiben. (immer noch
Gelächter)

F: Was ist jetzt mit dem Gelächter passiert? Hast du dieses Gelächter
auch in deinen Bezugsrahmen gestellt? Hast du es als feindliche Haltung dir gegenüber interpretiert oder ...? Ich hatte den Eindruck, daß
du aus deiner Paranoia herausgesprungen bist und dich an dem Gelächter vergnügt hast.

G: Ja, es war einfach lustig. Gegen Ende zu fing ich damit an, wieder
eine Ordnung herzustellen, mit dem Urteilen ... (schallendes Gelächter) Ja. (humorvoll) Es ist, als ob ich's nicht so *sein* lassen kann, wie's
ist. Ich muß entscheiden, ob es positiv oder negativ ist.

F: Ich glaube, wir können mit Sicherheit sagen, daß in deinem Zwischenbereich das herrscht, was wir den Topdog, das Über-Ich, nennen ..., der dich beurteilt, der dir sagt, was du tun sollst.

Das Unangenehme muß durchgestanden werden, ob es nun Frustration
ist oder der extreme andere Fall, die Situation, in der man sich der
Erfahrung des Totseins stellen muß — der echten Blockierung, der
echten Implosionsschicht. Es ist nicht angenehm, mit seinem Tod in
Kontakt zu kommen, aber es gibt keinen anderen Ausweg als den, durch
dieses Höllentor des Seelensumpfes, dieses äußerste Leiden, hindurchzugehen. Ich predige nicht zu leiden. Ihr wißt das. Ihr kennt mich gut
genug, um das nicht von mir zu glauben. Aber ich bin bereit, mich
einzubringen, wann immer ein Leiden, eine Widerlichkeit, daher-
kommt.

Und was mich betrifft, so kann ich euch eine der wichtigsten Lösungen
für diese Unannehmlichkeiten sagen. Ihr wißt, wie unangenehm die
Langeweile ist. Ich nehme die Langeweile schließlich in Angriff und
beschließe, daß ich immer dann, wenn es mir langweilig wird, zu
schreiben anfange, und damit hat sich die Langeweile in die ungeheure
Erregung des Schreibens verwandelt. Das ist nun in jedem anderen
Fall wahr. Wenn deine Blase voll ist, wird es dir unangenehm. Wenn

du es weiter verhältst, wird es immer unlustvoller. Und dann kommt das Pissen, und das Pissen ist angenehm. Du fühlst eine Erleichterung nachher. Jedesmal ist also das Sich-Stellen und Durcharbeiten, und wirklich In-Fühlung-mit-dem-Unangenehmen-Bleiben das einzige Mittel, um zu wachsen und seine Stellung zu befestigen. Was wir also tun müssen, ist, immer mehr zu verstehen, an welcher Stelle man phobisch wird, in welchem Augenblick man Schmerzen vermeiden will, und immer mehr das Durcharbeiten der Situation zu lernen.

Jetzt zum Beispiel, *in diesem Augenblick,* geh in deine Schwere hinein ... Betrachte diese Schwere als Lied, als Gedicht, geh hinein und schwelge darin, wenn du magst ... Fangen wir mit Glenn an. Du findest es unangenehm, mit Menschen in Fühlung zu sein — fühle dich lieber selbst. Schau umher und sage jedem von uns, wie unangenehm es ist, in Fühlung mit jedem von uns zu sein ... versuchen wir etwas Äußerstes. Sag zu jedem von uns: »Ich will dich nicht ertragen. Du bist zu dreckig, zu lustig.«

Glenn II

G: Sei in dem mittleren Bereich. Ich will — ich will dich nicht ertragen.

F: Du darfst mich mit einbeziehen.

G: Ich will dich nicht ertragen, Fritz. Ich kann das Gefühl nicht ertragen, — daß ich nach deinem Beifall strebe, und deshalb umgehe ich dich.

F: Bleib ein bißchen länger bei mir. Du bist nicht bereit, mich zu ertragen, weil ich dir nicht genug Beifall und Zustimmung gebe.

G: (kichert) In Wirklichkeit habe ich das Gefühl, daß du mir eine *Menge* Anerkennung gibst. Ich bin nicht sicher —/F: Genug?/ Ja, es ist genug —

F: Ich glaube dir nicht.

G: Gut. Gut. Ich glaube das auch nicht. Oh, ich lade es mir immer selber auf. Ich kann das Gefühl nicht ertragen, daß ich etwas haben will, denn wenn ich wirklich damit in Verbindung trete, dann bekomme ich es nicht. Meine Katastrophenerwartung ist, daß du mir da nicht begegnest. Du sitzt da und pfaffst deine Zigarette und ...

F: Sag das zu mir.

G: Du sitzt da und pfaffst deine Zigarette und ...

F: Und du erträgst es nicht und willst es nicht ertragen.

G: Ja ... Uh — Es ist sehr schwer für mich, dich anzuschauen, (Stimme bricht allmählich), denn du schaust mich mit einem freundlichen Blick an, und ich —

F: Kann das nicht ertragen.

G: (Stimme bricht) Ich kann das nicht ertragen. Jawohl.

F: Laß noch ein bißchen mehr los und werd menschlich (Glenn weint) . . . Atme . . .

G: Ich will das nicht ertragen, dieses Gefühl. Ich will mich davon zurückziehen.

F: Dann zieh dich zurück. Das ist in Ordnung. Einen Augenblick lang, wenn du zurückkommst. Geh weg, zieh dich zurück, damit du besser springen kannst . . . Wohin gehst du?

G: Ich komme immer wieder zu dir zurück. Ah — sobald es ruhig wird, dann, ich . . . (weint) ich kann es nicht aushalten — diese Gefühle — (weint) dich zu lieben. (weint) Dir gefällig sein wollen und . . . ich finde mich, wie ich dein Gesicht blockiere, einfach blockiere . . . (unter Tränen) was für mich auch so schmerzhaft ist, ist, daß du mich anschaust, ohne Erwartungen zu haben. Du stellst keine Forderung an mich. Und ich finde das schön. Ich ertrage es selbst nicht, dich anzuschauen . . . ich bin so glücklich . . .

F: Nimm dir jetzt noch zwei andere . . .

G: Ich kann es nicht ertragen, mich selbst zu fühlen. Es ist so viel leichter, wütend oder verletzend oder drängend zu sein.

F: Sei ein hartgesottener Bursche.

G: Uuuuh. Ich bringe dich in eine Lage, daß du mich nicht anlächelst.

F: Ich möchte, daß du einen Dialog erfindest. Zwei Burschen treffen aufeinander. Der eine ist der Hartgesottene, der andere der Weiche. Laß sie einander begegnen, in Fühlung miteinander kommen. Der Weiche sitzt hier; der Harte sitzt dort. Oder möchtest du es anders herum haben? Setzen wir den Harten da hinein.

G: Ja. Er ist derjenige, auf den du herabschaust. Wenn ich jetzt hier sitze, habe ich keinen besonderen Respekt für dich.

F: Ich glaube, sie sind beide nicht gewillt, einander zu ertragen.

G: Ja . . . Du kannst es nicht ertragen, wenn ich ganz weich werde. Du glaubst, daß es besser ist, nichts zu zeigen. Ich bin nicht so sicher, ob du überhaupt so hartgesotten bist. Ich glaube, du bist nur irgendwie hölzern. (seufzt)

Ja, aber das ist viel viel besser. Ich bin — ich — ich bin kaum so verschmerzt wie du. Ich stoße die Leute umeinander und lächle darüber irgendwie, ab und zu. Ja. Und du hörst nicht zu, was ich sage, denn wenn du weich bist und dich jemand nahe fühlst, wird doch nichts daraus. Ich sage dir doch immer wieder, du mußt es kühl machen, denn wenn du anfängst, dich wirklich in Verbindung mit Menschen zu fühlen, gehen sie weg. Sie ziehen sich zurück. Sie wollen nichts mit dir zu tun haben. Niemand will jemand um sich herum haben, der sich an ihm festklammert ...

(seufzt) Du, du bist so einsam! Ich weiß wenigstens, daß ich einsam bin. Du meinst, du bist nur allein. Wenn ich nicht spüre — wenn du mich nicht fühlen läßt bei den Menschen, wenn du nicht fühlst — wenn du mich fühlen läßt, damit ich die Hand ausstrecken und berühren kann —

F: »Die Hand ausstrecken und berühren.« Was macht deine rechte Hand?

G: Sie streckt sich aus nach etwas.

F: Ja, sie ist ausgestreckt. /G: (weich) Ohhh./ Mach es jetzt mit der anderen Hand. /G: Jaah./ Sag das nochmal und nimm die andere Hand.

G: Wenn ich diese Hand ausstrecke, kann ich meine Finger zittern spüren.

F: Entwickle das jetzt.

G: Nein. Ich will meine Hand ausstrecken, aber ich habe das Gefühl, daß niemand von mir berührt werden will und ich fühle gleichzeitig — daß ich — nicht berührbar bin.

F: Mach es jetzt nochmal mit deiner rechten Hand.

G: Mach es nochmal. Ich bin — (die rechte Hand ist eine Faust)

F: Ist gut. Fang damit an.

G: Das ist ziemlich gut sein, so.

F: Berühre ihn mit deiner Faust.

G: Das geht auch. Denn der Harte tut das nicht. Oder vielmehr — das ist seltsam. Der Harte tut's nicht — die Heulsuse ist auch die einzige, die jemand mit der Faust berührt. *Er* tut überhaupt nichts.

F: Öffne jetzt deine rechte Hand, und strecke beide aus ...

G: (schwer atmend) ... Ja. Ich ertrage das nicht ... (weint) Ich strecke beide Hände aus. Ich empfinde sie als verlangend.

F: Laß jetzt deine beiden Fäuste sich berühren.

G: Ich glaube ... meine Fäuste machen mir nichts aus.

F: Gut. Dann sei nochmal der Harte. Sei nochmal eine Faust.

G: Ich habe das Gefühl, daß ich gar nicht so sehr der Harte bin. Ich will einfach nicht. /F: Sag das nochmal./ Ich will einfach nicht. Das ist — ich will nicht!

F: Sag es mehr mit deinen Beinen.

F: Was machen deine Hände?

G: Sie klammern sich fest.

F: Sie klammern sich fest.

G: Ja.

F: Rede mit deinem Sitz.

G: Sitz, ich klammere mich an dir fest — an dir — ich werde verdammt darauf aufpassen, daß du genau hier bleibst, unter mir. Ich klammere mich auch an dir fest, weil's weh tut . . . Ich weiß nicht, *warum* ich mich so sehr an dir festklammere. Ich klammere mich fest, bis es weh tut. Du läßt mich gehen, wohin ich will. Ich sitze auf dir.

F: Tu jetzt du dem Sitz weh. (Glenn zerbricht und zerkleinert den Stuhl) Klammere dich fest an der Mama und tu ihr weh.

G: Jaah . . . ich tu weh.

F: Huh?

G: Ich tu weh. Ich tu dir weh, Mama, obwohl ich überhaupt nichts tue.

F: Was empfindest du in deinem After?

G: Ich bin verkrampft.

F: Klammerst du dich an deiner Scheiße fest?

G: Ja.

F: Laß deinen Schließmuskel und die Scheiße miteinander streiten.

G: (lacht) Schließmuskel, huh? Das ist der Bursche da drin. Nein. Ich sagte, halt dich fest. Ich laß nicht los. Verdammt, wehe wenn du sie hinausdrückst. Ja. Ich bin befriedigt, wenn ich da sitze und die Scheiße festhalte.

F: Verstehst du jetzt deine gefühlsmäßige Verstopfung?

G: Ja . . .

F: Gut. Was empfindest du jetzt in deinem After?

G: Er ist immer noch sehr verkrampft, aber ich spüre ihn. Er ist nicht bloß —

F: Mach deine Augen zu und bleibe bei der Verkrampftheit. Laß sich entwickeln, was sich auch immer entwickeln will . . .

G: Ich bin am Platzen. Und mir ist ziemlich übel.

F: Jaa . . .

G: Ich krieg's nicht hin. (lacht) Mein Bauch sagt sowas wie: »Wäre es nicht schön, wenn du dich entspannen könntest.«

F: Machen wir doch ein paar schöne Sätzchen. Wiederhole einfach diesen Satz: »Ich will nicht geboren werden.«

G: Ich hoffe nicht . . . oh . . . ich will nicht geboren werden. (lacht) Ich will nicht geboren werden! Hahh! Ich hab dich jetzt. Ich . . . ICH WILL NICHT . . . Ich frage mich, ob das eine Arsch-Geburt ist? Ich will nicht herauskommen. Ich will dir trotzen. Ich möchte gern lächeln. Ich will hier sitzen und sagen: Jetzt hab ich dich (schweratmend) . . . und jetzt bin ich in Verbindung mit dir. (lacht herausfordernd) Du warst dabei, mich durchzudrücken, und du wirst das nicht mehr tun. Du wolltest mich lehren, hart zu sein. Das meinst *du.*

F: Gut. Komm zu uns zurück.

G: Jimmy hat lauter Luft um sich herum. Du bist jetzt so klar für mich. Ich sehe dich als schönen Menschen, ganz für sich.

F: Bist du jetzt mehr in der Welt?

G: (zittrig) Ich bin glücklich ... in diesem Teil zu sein. Es ist sehr klar.

F: Ich glaube nicht, daß wir dieses Symptom schon ausgeleert haben. Aber ich glaube, wir haben es jetzt wieder in den Brennpunkt zurückgebracht.

Helena

Helena: Ich fühle mich sehr schwer, schwer im Stuhl. Ich fühle den Boden, die Sohlen meiner — die Sohlen und Fersen meiner Füße auf dem Boden, und es fühlt sich sehr hart an. Mein Fuß bewegt sich auf und ab — knackt im Knöchel. Ich sehe die Augen von Fritz geschlossen. Ich höre sein Atmen... Daniels Gesicht schaut besorgt aus... Ich spüre, wie sich meine Wangen erhitzen — die warme Hand ist unter meiner kalten Hand... ich kann die Maschine hören; es ist sehr ruhig. Der Raum scheint sehr ruhig. Stille. Bewegungslosigkeit. Frank schaut verdutzt, ungeduldig — das ist urteilend. Ich sehe deinen Fuß sich bewegen. Ich spüre wieder meine Wangen; sie sind sehr heiß. Ich sah dich deinen Kopf zur Seite drehen. Ich sehe deine Augen... (lange Pause) Teddy. (weich) Fühlst du dich wohl, Fritz?

Fritz: Mum. *Wunderbar!* ... (leise, tief, mit wahrnehmbarer Erregung) Ich gehe durch ein sehr intensives Erlebnis. Ich weiß nicht, ob — ob ich mich erinnere, dieses Erlebnis schon gehabt zu haben — so vollständig *da* zu sein, ohne *jedes* Rollenspielen, oder auch nur den geringsten Versuch, eine Beziehung herzustellen und so weiter. Völlige Einheit von — es war eine Anstrengung, körperlich ganz da zu sein — und Integration. Ganz gesammelt. Ungeheures Erleben der Farben. Ich kann es nicht mitteilen. Es war so intensiv, daß ich eine Weile glaubte, ich könnte es nicht ertragen. Ich hatte ein *klein* wenig von so einem Erlebnis einmal, als ich das Violinkonzert von Bartok zum ersten Mal hörte und glaubte, entweder ich werde verrückt oder ich verstehe die Musik.

H: Ich glaube, daß alles, was ich auch sagen würde, bedeutungslos wäre, weil da etwas sehr Starkes geschah.

F: Du hast es gespürt?

H: Ja. Deshalb konnte ich nicht reden. Ich konnte einfach nicht reden.

F: Es war eine Erfahrung, als ob die äußeren und die inneren Bereiche

vollständig zusammenkamen, mit *nichts* dazwischen. Einfach eine Welt
... (lange Pause).

H: (fortfahrend) Ich bin mir bewußt, daß ich eine ganze Menge zen-
siere, und ich sehe nicht die individuellen Gesichter, sondern eine
Gruppe — Farben und Figuren, aber nichts Besonderes ... Ich fühle
mich sehr gelöst. Ah! Ah. Ich fühle mich sehr wohl in dem Stuhl —
innerlich ruhig. Ich habe meine Lippen geschmeckt und sie waren
salzig. Ich schmecke Lippen und sie sind salzig. Ich bemerke Junes
Augen, sie sind wie zwei schwarze Murmeln und ihr Kleid ist wie ein
Wandteppich. Und Dick sieht aus, als ob er aus einem Cowboy-Film
herausgekommen wäre — er braucht nur noch eine Kanone ... Jetzt
schlägt mein Herz schneller, ich werde zunehmend erregt ...

F: Welche Beziehung besteht zwischen der Erregung jetzt und der
vorangegangenen Situation — daß er wie ein Cowboy aussieht?

H: Er wurde für mich lebendig — eine Persönlichkeit — nicht nur eins
mit der Wand. Er kam plötzlich mit einem kecken Gesichtsausdruck aus
der Wand heraus, und dann June und dann Dick — und ich spürte, wie
mein Herz zu klopfen anfing. Ich verspürte ein Lustgefühl.

F: Wurde er lebendig?

H: Für mich. Ja. Für mich.

F: Wurdest du auch lebendig?

H: Ja. Ich fing an, das Schauen viel aufregender zu empfinden — als
ob ein Schleier gelüftet wurde. Und Dick war nicht nur da und rauchte
eine Zigarette, sondern er wurde eine ganze Persönlichkeit. Und Junes
Augen und Kleid — sie wurde auch eine Persönlichkeit.

F: Zieh dich in dich zurück.

H: Ich spüre, wie meine Hände und Arme und meine Beine kribbeln,
und mein Kopf fühlt sich sehr leicht an — nicht mein ganzer Kopf, bloß
mein Hinterkopf fühlt sich leicht an, aber die Stirn — hier — da ist ein
Druck quer über die Stirn. Mein Herz schlägt regelmäßiger, aber ich
habe immer noch ein sehr leichtes Gefühl hier — oben und hinten am
Kopf — sehr leicht ... Jane sieht aus, als ob sie aus Brooklyn käme
— aus dem Buch, dem Buch über die Banden —

F: Ich mag grundsätzlich schon, was du erlebst. Ich bin ziemlich verwirrt durch das Gefühl, daß du eine *Berichterstattung* machst.

H: Uuhm ... Ich berichtete.

F: Ich empfinde mehr als Berichten — eine Berichterstattung *machen*.

H: Welche Berichterstattung?

F: Du tust das ganze für die nächste Wochenausgabe der ah — so und
so — Zeitschrift für Gestalttherapie oder dergleichen. Führen wir doch
ein etwas anderes Moment ein. Immer wenn du hinausgehst, verwen-

dest du das Wort *du,* dann gehst du zurück und verwendest das Wort *ich.* Pendle zwischen *du* und *ich.*

H: Wenn ich über die anderen — *euch* — rede. Das draußen — ich fühle mich stocken und ich bin mir bewußt, daß ich über mich selbst urteile, daß ich hier heroben so herumtue und mich dauernd frage, was ich wohl als nächstes sage. Ich bin gewahr, daß ich meine Hände zusammenbringe und ungeduldig bin ... Huh! Ich entdecke, daß mir sehr heiß ist ... und daß Ginnys Kleid *sehr* leuchtend ist – dein Kleid ist sehr leuchtend. Ich tu immer noch dasselbe ... (sarkastisch) Dein Kleid ist also leuchtend, ach!

F: Verwandeln wir doch dann den Berichterstatter in einen Clown.

H: Das ist wenigstens lebendiger.

F: Den Clown spielen ist immer ein guter Weg aus dem Dilemma. Wo andere Leute paranoid werden, wirst du ein Clown. Der Unterschied ist nicht so groß. Schau, der Paranoide verwendet nämlich jedes beliebige Material, das er für seine aggressiven Zwecke will und braucht. Der Paranoide sucht Streit und daher sucht er die Beleidigungen und alles Mögliche. In ähnlicher Weise verwendet der Clown alles, dessen er habhaft werden kann, für seine Unterhaltungszwecke. Okay.

Blair

Blair: Ich habe ein unerledigtes Geschäft mit dir, Fritz.

Fritz: Ja.

B: (vorsichtig-leise Wut) Ich weiß nicht, welche Art Gestaltunsinn du gestern abend abzuziehen versucht hast, als ich dich um ein Streichholz fragte, aber alles, was ich will, ist ein einfaches Ja oder Nein, wenn ich dich um ein Streichholz bitte, und nicht so ein dauerndes Hin- und Hergerede, bis ich schließlich mit den passenden Worten daherkomme und du mit dem Streichholz herausrückst. Und noch etwas, wenn ich — wenn ich so einen verdammten Vortrag über gesellschaftliche Anstandsregeln hören will, dann bitte ich dich schon darum. Was mich anbelangt, so betrittst du meinen Lebensraum, wenn ich da hinauf auf diesen verdammten Stuhl komme, und sonst nicht. Ich bin nicht daran interessiert.

F: (sanft) So, was soll ich denn tun?

B: Mich nicht durcheinanderbringen, wenn ich dich um ein Streichholz bitte. Du kannst ja oder nein sagen, und das genügt. Und ich laß dich's wissen, wann ich dich für mich haben will, und das ist da oben auf dem heißen Stuhl.

F: Du hast einen Fehler gemacht. Du hast mich nicht um ein Streichholz gebeten.

B: (laut) Oh, doch. Das hab ich sehr wohl. 99 Prozent der Menschen in Amerika — d. h. solche, die über 10 Jahre alt sind — kommen nicht daher und sagen: »Ja, ich hab ein Streichholz« oder so einen ähnlichen kleinen klugen Satz, wenn man fragt: »Haben Sie ein Streichholz?« Du hast gewußt, was ich meinte. Warum hast du da so ein Gescheiß veranstaltet?

Dale: Das sind alles unehrliche Menschen.

B: Oh, komm, behalt deinen Unsinn für dich, Dale.

F: Kommst du zu meiner Verteidigung?

Dale: Oh, neinnein, nein, ich sag ihm das bloß. (lacht) Nein, du machst das schon selber ganz gut.

B: (immer noch wütend) Das ist einfach Geschwätz. Das ist das Gestalt-Spielchen, ganz genau das ist es. Und du kannst mich nicht offen und ehrlich anschauen und sagen, du hättest nicht gewußt, daß ich ein Streichholz haben will.

F: (sich blöde stellend) Oh, ich wußte, daß du ein Streichholz haben wolltest.

B: Warum hast du denn dann diesen ganzen Unsinn dahergebracht?

F: Weil ich diesen ganzen Unsinn dahergebracht habe. Weil ich das *eine Prozent* bin! (Gelächter)

B: Ohh, Mann oh Mann! Ich will hier raus.

F: Das ist rechter Ärger.

B: Weißt du, allmählich ärgerst du mich nicht einmal mehr. (Lachen) (Blair erhebt mahnend den Finger gegen Fritz) Du verdienst dein Geld, wenn du in diesem Stuhl sitzt, und — (Fritz ahmt Blairs Zeigefinger nach) Ja. *»Böser Junge«* (Lachen) Du bist ein — gut, du spielst nach deinen Regeln, ich werde nach meinen spielen. Ich will einfach, daß du nicht — Meine Regeln sind die, daß, wenn ich dich um ein Streichholz bitte, na ja — gib es mir halt einfach. (Lachen) Gib mir eine aufrichtige Antwort.

F: Kannst du denn auch anerkennen, was ich getan habe?

B: Natürlich. Ich will dir nur sagen, (Lachen) daß ich dir gegenüber nicht auch anders empfinde, Fritz. Aber das hält mich nicht davon ab, verdammt ärgerlich zu sein. Die Tatsache ist, daß —

F: Tatsache ist, daß der lahme blutleere Bursche, der du vor zwei Wochen warst, jetzt mit einer echten Wut herausrückt.

B: Shh! Ich war vorher nicht lahm und blutleer. (Lachen) Nein, das ist Tatsache... Ich hatte etwas anderes, das ich sagen wollte... *Das* wollte ich sagen. Tatsache ist, daß ich dich liebe, aber das hält mich nicht davon ab, dich manchmal auch zu hassen.

F: Natürlich nicht. Ich hoffe es ... Aber du gehst da heran, als ob es schlecht wäre zu hassen. Du »sollst nicht« hassen.

B: Ich hatte heute morgen eine ganze Menge Gefühl, Fritz, und irgendwie macht mir das Spaß. (Lachen)

F: Gut. Danke.

Ich sehe als eine Hauptschwierigkeit im Bewußtheitsprozeß, in der Gegenwärtigkeit, die wir erreichen möchten, an, daß wir uns unserer Aktivitäten nicht bewußt sind. Versuchen wir, das doch sehr klar herauszubekommen. Es ist mit ein klein wenig Übung für die meisten Leute sehr einfach zu entdecken, was in der Welt geschieht, Farben und Leute und so weiter zu entdecken. Es ist auch verhältnismäßig leicht — außer wenn man wirklich empfindungslos ist —, seine eigenen Empfindungen oder Gefühle zu entdecken. Aber wo viele Leute stolpern, ist, wo sie sich ihrer Aktivitäten nicht bewußt sind. Es ist so viel Aktivität in der Zwischenzone wie »Ich probe«, »Ich bin darauf aus, dich zum Narren zu halten«, »Ich spiele das Anpasse-Spielchen«. Diese Bewußtheit der Aktivität dessen, was man tut, ist etwas, dem ich besondere Beachtung schenken möchte. Das könnte nämlich der entscheidende Grund dafür sein, daß Leute, die sonst sehr empfindungsfähig und oft auch fähig sind, eine Menge Dinge bei anderen Leuten zu sehen, nicht in der Lage sind, zum Bewußtsein des Jetzt, zur Wirklichkeit, zu sich selbst zu gelangen ... Gut.

Muriel I

Muriel: (weich, volle Stimme) Ich bin jetzt gewahr, daß ich sehr tief in den Stuhl hineinsinke. Der Stuhl unterstützt mich unter meinen Schenkeln und hinter meinem Rücken ... Uh —

F: Da kannst du eine projizierte Aktivität sehen. Der Stuhl unterstützt dich, als ob der Stuhl etwas für dich tun würde.

M: Mmhm, ich habe schon das Gefühl, daß er das tut. Ah, ich bin froh, daß er da ist und meine Schenkel unterstützt ... Ich spüre ihn hinter meinem Rücken, auch drückt er mich. Ich lehne mich zurück, an ihn an. und es ist ... genauso. Ich spüre, daß ich weit hinten in meinem Hinterkopf bin. Ich bin gewahr, daß meine Augen da hinauf gerichtet sind und diese drei Riegel oder was das ist und die Balken anschauen, und ich sehe, wie der Halbkreis durch den langen Balken quer geschnitten wird ... und wie der Balken — oh!

F: Entdeckst du etwas?

M: Ja, der Balken und das senkrechte Dings in diesem Bild ... sind dasselbe, und ich frag mich, ob ... uh, ob das Bild so gemalt worden ist oder ob da etwas in der Beziehung zwischen dem Balken und dem Bild geschehen ist, als es da hingehängt worden ist.

Steve: Es ist das Licht von draußen.

M: (interessierte Überraschtheit) Es ist das Licht von draußen. Jetzt sehe ich, daß da noch andere Menschen im Raum sind. Ich sehe Sally in ihrem tiefblau und weißen japanischen Gewand; du siehst *sehr* ausgeruht und erfrischt aus.

F: Kannst du das Blau noch etwas eingehender, im Detail, beschreiben? Welche Art Blau ist es?

M: Es ist fast schwarz quer über deine Brust hin, wo es nach unten zieht und wenn du — wie es zum Arm herunterkommt, wird es heller, und uh, ich sehe die weißen Rechtecke, die den Konturen des Gewebes folgen. Und jetzt bemerke ich das Rosa und das Blau am Grund, und das Gold deines Gürtels.

F: Ja, tu mir einen Gefallen. Verwende das Wort *entdecken* so oft wie möglich, denn das war vorher nicht da. Es ist sehr oft schwer, die Idee des Phänomens zu verstehen ... Die Welt existiert, aber sie existiert so lange *nicht*, bis du sie *entdeckst*. Sie ist nur eine Theorie, bis du sie *siehst*. Du entdeckst also jetzt, du hast deine Welt durch etwas Neues bereichert. Mach jetzt deine Augen zu und schau, ob du dasselbe *in* dir tun kannst; geh auf eine Entdeckungsreise.

M: Ich entdecke, daß ich beide Ellbogen niederdrücke ... ich entdecke, daß meine Finger sehr schwer sind und herabfallen, nein, uh, hängen, das meine ich, schwer herabhängen. Uh, ich entdecke ein rotes zittriges Etwas vor meinen beiden Augen und meine Lider zittern, und ich sehe ein rotes Beben.

F: Ich möchte noch einmal den Unterschied betonen zwischen einem Menschen, der auf Entdeckungsreise ist, immer etwas Neues entdeckt, für den die Welt immer reicher wird. Immer mehr Neues und neue Erfahrungen und Erlebnisse kommen herein — im Gegensatz zu dem Menschen, der den Status quo aufrecht erhält — dem Klischeemenschen —

M: Soll ich meine Augen nochmal schließen? /F: Ja./ Ich entdecke eine wirbelnde Bewegung oben in meinem Kopf. Uh, und beim Atmen halte ich den Atem in den Schultern fest und versteife mich. Das ist unangenehm. Uh, ich tu das immer noch, und das überrascht mich. Ich fühle mich — uh — in dem Wirbel oben in meinem Kopf gefangen; ich gehe nicht mehr weiter. Es ist, als ob der Wirbel stärker werden würde. (seufzt) Und wenn ich so atme, hört es auf ... (öffnet die Augen)

F: Ah, du kommst zu uns zurück. Was entdeckst du in *dieser* Welt?

M: Ich entdecke, daß Helena wie eine Statue aussieht (lacht) . . . Ich entdecke, daß Dick ein falsches Lächeln aufhat. Ich entdecke, daß Bob so eifrig wie stets schreibt.

F: Das Wesen der wahren Entdeckung ist nun das »Aha!«-Erlebnis. Immer wenn etwas klickt, wenn etwas ohne Anstrengung zustandekommt, jedesmal, wenn sich eine Gestalt schließt, gibt es diesen »Aha!«-Klick, den Schock der Erkenntnis. Du hast eine sehr erfolgreiche Reise in die Außenwelt getan, kehre also jetzt in die Innenwelt zurück.

M: Uh, ich will nicht. Ich will, weil du mich dazu aufgefordert hast . . . Um, ich habe hier einen kleinen Krampf, und es tut gut, wenn ich ihn massiere, es tut *sehr* gut . . . Ich bin wieder einmal oben in meinem Kopf . . . und ich erlebe mich als unwillig weiterzumachen.

F: Wie erlebst du das: »Ich will nicht weitermachen«?

M: Nun, ich habe irgendwie eine Abwärtsbewegung in meiner Brust gemacht und das hat hier heroben etwas getan und es gestoppt . . . Ich habe meine Augen aufgemacht, Fritz, ich . . .

F: Bist du deines Lächelns gewahr?

M: Nein — jetzt bin ich's . . . Um, ich will lächeln und meine Augen aufmachen, und —

F: Siehst du, da geht etwas im Zwischenbereich vor sich. Ein Konflikt zwischen: »Fritz hat mir gesagt, ich soll . . .« und »Ich will es nicht tun.« Werde dir etwas mehr des Geschehens im Zwischenbereich gewahr.

M: Ich fühle mich im Augenblick sicherer, wenn ich meine Augen geöffnet habe . . . Sobald ich sie schließe, fängt es in meinem Kopf zu wirbeln an.

F: Kannst du das in Abständen von fünf Sekunden tun? Halte deine Augen fünf Sekunden lang geöffnet, schließe sie für fünf Sekunden und geh zu dem Wirbel zurück, geh dann wieder zur Welt zurück, dann zurück zum Wirbel — und schau, was dann passiert.

M: Uh, du siehst interessiert aus, Teddy, und das gefällt mir. Bob hält seinen Finger über seinem Mund, als ob er ihn geschlossen halten wollte. (schließt die Augen) Der Wirbel drückt mir den Kopf nach hinten, dem habe ich vorher widerstanden . . . Uh, ich empfand es als schwierig, von dort aus zurückzugehen, aber es ist außerordentlich angenehm — oh!

F: Komm also zu uns zurück . . .

M: Ich sehe ein Interesse in Fergus' Gesicht, und das gefällt mir . . . Sally, du hältst deinen Mund zu — ich frage mich, was das bedeutet.

F: Geh jetzt in deine Innenwelt zurück.

M: Mein Kopf will gehalten werden. (läßt den Kopf auf der Hand ruhen) . . . Je mehr ich ihn ruhig lege — oh, ja! Das ist gut . . . Wenn ich ihn frei lasse, stößt ihn der Wirbel irgendwohin und sowie ich ihn in meine Hand lege, hält ihn meine Hand und ich spüre den Wirbel nicht.

F: Komm zurück . . .

M: Jane sieht aus wie eine Katzenfrau, die aus ihrem Haar hervorspäht.

F: Schließ deine Augen . . . Was erlebst du? . . .

M: Zittern, Heiserkeit, Räuspern, Zittern hinter meinen Augenlidern. /F: Mach deine Augen auf./ Ich will die Leute hier nicht anschauen. /F: Mach deine Augen zu./ Stärkerer Wirbel. /F: Mach deine Augen auf./ Ich will die Leute hier *wirklich* nicht anschauen. /F: Mach deine Augen zu./ — Noch stärkerer Wirbel. /F: Mach deine Augen auf./ Meine Augen zittern jetzt richtig, und ich halte meine Hände, halte meinen Kopf.

F: Kannst du jetzt versuchen, das zu integrieren. Schau uns an und beachte zur gleichen Zeit den Wirbel in deinem Kopf. Bring deinen Wirbel mit. Es mag sehr schwierig sein, aber versuch's . . .

M: Uh, oh! /F: Ja?/ Ich sah gerade, ich sah so etwas wie ein Licht eines Heiligenscheins hinter — Sam, Sallys Kopf und wenn ich Teddys Gesicht anschaue, sehe ich die Konturen unter deinem Fleisch — die Knochenstruktur (weich) Oh, oh —

F: Eine kleine Entdeckung, ein kleiner Schritt vorwärts, eine neue Art zu sehen. Mach deine Augen nochmal zu.

M: Ich will sie offen halten. (schließt die Augen) Ich sehe jetzt die — so etwas wie die phosphoreszierenden Formen von — es ist Teddy, und, ich weiß nicht, — oh, es ist Frank.

F: Ja, du nimmst sie mit dir mit zurück. Gut, so weit will ich gehen. So, kann ich etwas Feedback haben.

Jane: Ich war die ganze Zeit interessiert.

Frank: Es war schön, so schön. Das ist wohl eine Interpretation: Du hältst damit zurück, dir Schönheit und Reichtum zu geben.

Dale: Dieser Wirbel im Hinterkopf — du hast es die ganze Zeit nicht tun wollen. Als du es dich dann schließlich hast tun lassen, war es wunderschön.

F: Das Wichtige ist, daß nicht ein einziger Satz unecht war.

M: Das gefällt mir sehr.

F: Das ist ein sehr gutes Beispiel der Integration der Innenwelt und der Außenwelt. Als sie zusammenkamen, OH! Da gibt es dann keine Unterbrechung durch den Zwischenbereich, das Mittelfeld — keine Erklärungen, keine Interpretationen, keine Urteile und all das. Das ist der entscheidende Augenblick — der Unterschied zwischen der alten abgedroschenen Routine, dem Immergleichen, im Gegensatz zur Entdeckung, die immer etwas Neues bedeutet, die bedeutet, daß du etwas zu deinem Leben hinzufügst, daß du etwas zu deinem Wissen hinzufügst, daß du etwas zu deinem Wachstum hinzufügst. Es gibt etwas in dieser Welt, das zuvor nicht da war. Das ereignet sich nur, wenn man das Jetzt berührt und mit ihm in Fühlung steht.

Muriel II

Muriel: Wenn ich so in der Gruppe umherschaue, empfinde ich mich in einer dramatischen Lebewohl-Szene, die ich selber spiele. Es ist Zeit, daß ich den entscheidenden Vorstoß mache, *wohin auch immer*. Mein Traum ist genau hier herüben. Als ich heute morgen aufstand, erschien er einfach, und den ganzen Tag stand er da im Raum. /F: Zu deiner Rechten./ Ja, genau hier . . . Und er ist irgendwie sehr freundlich gegenüber dem Ganzen. Er sagt mir, daß er da ist und da bleiben wird, und ich habe keine Wahl . . . »Es ist Zeit« und »Komm zur Sache«. Und dann ist genau vor mir, da drüben, der Mensch, den ich gestern nacht im Spiegel gesehen habe, den ich nicht kenne und nie zuvor gesehen habe. Ich weiß nicht, wer er ist . . .
F: Wo bist du denn jetzt?
M: (wie erwachend) Ohh! Ich bin im Nirgendwo. Ich begegne diesem Fremden, und er weicht zurück, immer zurück? . . .
F: Wo bist du jetzt? . . .
M: Hm, es ist sehr weiß.
F: Du hast keine Drogen genommen?
M: Nein! . . .
F: Siehst du mich?
M: Ja. Klar.
F: Siehst du die anderen?
M: Ja. Wenn ich schaue. Ich sehe jeden sehr klar . . . Und jetzt bin ich verwirrt, als ob etwas los wäre. Und ich glaube, daß ich, als ich die Jetzt-Sache machte, diese kleine Übung, und den Wirbel in meinem Kopf hatte und ein klein wenig Integration zustandegebracht hatte — ich habe mir danach gedacht, jaah, das ist so etwas, was ich tue, wenn ich Hasch geraucht habe . . .
F: Pendle doch zwischen deinen Erlebnissen und deiner Erfahrung der Gruppe hin und her.

M: Umm ... Du siehst jetzt wie Das Große Steinerne Gesicht aus — und innen drin kann ich — ich höre, wie mein Herz schlägt — bum, bum, bum ... Der Raum erscheint sehr hell und leuchtend. Die Lichter erscheinen sehr hell. Und du *starrst* mich an, Fergus. Du siehst für mich aus, als ob du tot wärst, mit deinen klappernden Augendeckeln.

F: Ja. Wie ein Alfred-Hitchcock-Bild.

M: (lacht ein bißchen) Du siehst wie ein Zwerg oder ein Kobold aus, mit deinem zerzausten Haar ... (schließt die Augen) Meine Füße sagten gerade: »Das ist es nicht.« Das ist es ... Meine Hände sind kalt, und ich kann die Luft um sie herum spüren, wenn sie sich bewegen, zu dieser massierten Stelle hin. Ich kann sie mit geschlossenen Augen sehen, ganz braun gebrannt. (öffnet die Augen) Oh, Mann! (immer noch mit weicher Stimme sprechend) Es ist viel Licht hier herinnen, viel Licht, und ich gehe sofort zum Traum hin, wo ich nicht genug Licht zu sehen bekommen konnte ...

Dale: Ich habe das Gefühl, daß der ganze Raum »hochgehoben« ist, auf eine andere Ebene. Ich meine, so als ob niemand wirklich wäre, alle unwirklich, oder ... also, irgendwie fühle ich nicht einmal, daß *du da* bist, Fritz. (lacht) Fliegen wir doch alle zum Mond oder so was. Ich weiß nicht ...

Jane: Ja, ich habe das gleiche Gefühl.

M: Jetzt habe ich Angst, dir zu sagen, was ich gerade gesehen habe, denn das ist wie beim Grass-Rauchen ... Sally, deine Augen sind rosarot, wie die einer Prozellanpuppe, und deine Augen sind *tief* und *dunkel* und starren, von *ganz weit hinten* hervor ...

F: Weißt du was? Du hast recht.

M: Ja. (Lachen) Oh, danke, Pappi.

F: Aber ist das alles?

M: Genau!

Dale: Ach komm, Unsinn. Ich will mehr.

M: Mehr was? Oh, ich liebe es, dein Gesicht anzusehen, Sally.

F: So. Geh jetzt zu dir zurück.

M: Ohhh. Vor allem einfach ungeduldige Füße. Und jetzt habe ich einen schweren Kopf. Viel Schwere da hinten herum — bewegt sich überall hin ... Jetzt empfinde ich, daß sich eine tiefe Ruhe und Stille über jeden gebreitet hat. Ich hab zu tun ... Das macht mir Angst, Fritz.

F: Ja. Depersonalisiert. Das macht Angst. Klar macht es Angst ... Das ist eine Welt ohne Seele. So etwas wie eine glorifizierte Madame Tussaud.

M: (murmelt) Oh, oh, ja ... Das ist es, genau, wie ich mich fühle.

F: Ja.

M: Ich habe Angst.

F: Bleib noch mehr in dir selbst . . .

M: Ich spüre jetzt ein Anzeichen von — nur eben ein sehr schwaches Zittern meiner Augenlider — nur *sehr* schwach. Normalerweise arbeitet so viel *Zeugs* in mir. Ich sehe aber nichts.

F: Gut. Komm zu uns zurück . . . und sag uns Lebwohl.

M: Ich will nicht Lebwohl sagen.

F: Hm?

M: Ich will nicht.

F: Ich möchte, daß du's tust. Du hast es am Anfang aufgebracht.

M: Ja. Ich weiß, genau so fühlt sich das an. (schwache Stimme) Lebwohl, aber, ich werde dich irgendwann wiedersehen — vielleicht . . . Lebwohl, Dick, viel Spaß beim Bildermachen . . . Lebwohl, June, ich weiß nicht, ob wir uns wiedersehen. (etwas stärker) Ich sagte zuvor schon Lebwohl zu dir . . . Lebwohl . . . Hm. — (fast unhörbar) Lebwohl, Teddy . . . (zu Fritz) Zu dir auch, eh?

F: Mhm . . .

M: (seufzt) . . . Ich will dir nicht Lebwohl sagen.

F: Was willst du? . . .

M: (seufzt) Ich weiß *wirklich* nicht . . . O.K. Lebwohl. (seufzt) Das bedeutet ganz klar: »Schau nicht her . . .«

F: Als du Lebwohl sagtest, hast du deine Beine übereinandergeschlagen.

M: Genau. Zumachen, Verschließen. (schnell) Lebwohl!

Dale: Ich glaube nicht, daß du Fritz wirklich Lebwohl gesagt hast. Du hast ein paar Töne hervorgebracht, und du —

M: Nun ja, ich hab es genauso getan wie gegenüber jedem anderen.

Dale: Oh, nein. Bei Teddy bist du lange geblieben.

M: Ich glaube, ich befürchte, daß es ganz schrecklich wäre, wenn ich es wirklich tun würde.

F: Genau.

M: Nun ja, ein *wirkliches* Lebwohl sagen ist dasselbe wie Sterben und Tod.

F: Ja.

M: Drum —

F: Du möchtest also nicht, daß ich sterbe.

M: Nmm.

F: Was hast du dagegen?

M: Oh, ich will dich hier haben, damit ich bei dir sein kann und im heißen Stuhl sitzen kann, wenn ich nervös werde, und damit du jeden heilen kannst . . . Ich bin einfach empfindungslos.

F: Gut. Mach deine Augen zu und geh in deine Empfindungslosigkeit hinein. (sie seufzt) Ja. das kommt hin.

M: Hm?

F: Das kommt hin, ja. Geh in deine Empfindungslosigkeit hinein.

M: Ich habe auf der Stelle ein Gesicht gemacht. Es ist *sehr* schwer, vor allem in meinem Gesicht ... und ... na ja, es ist so, als ob irgendein dickliches Zeug an mir festgemacht wäre, an meinem Gesicht, und jetzt erweitert es sich ... uh ... ich bin nicht ...

F: Was nun folgt, ist bloß ein Experiment. Ich kann nicht sagen, ob es funktionieren wird, ob wir auf der richtigen Spur sind oder nicht. Würdest du bitte zu deinem Spiegel Lebwohl sagen.

M: Ich fühle mich irgendwie in ihm, im Augenblick ... ich sehe mich sofort als ungefähr acht Jahre alt.

F: Gut. Sag zu dem acht Jahre alten Mädchen Lebwohl.

M: Wirst du wirklich weggehen? Ja. Sie sagt ja. Jetzt wendet sie sich um und geht weg — verschwindet einfach, geradewegs ins Nichts hinein.

F: Geh zum Spiegel zurück. Kannst du zu diesem Menschen Lebwohl sagen?

M: Ich kenne diesen Menschen nicht.

F: Rede — ist er männlich oder weiblich?

M: Eine Sie — ich bin es.

F: Nun, als erstes mußt du ihre Bekanntschaft machen.

M: Jetzt bekomme ich es *wirklich* mit.

F: Ja ...

M: (seufzt) Nun, sie ist einfach da in dem Spiegel drin.

F: Rede mit ihr.

M: Wer bist du? Ich habe dich nie vorher gesehen. Ich erkenne dich nicht. Ich habe nicht das Gefühl, daß ... Ich habe nicht das Gefühl, dich zu kennen. Ich habe dich noch nie zuvor gesehen. Deine Augen sehen normalerweise nicht so aus.

F: Wie sehen ihre Augen *jetzt* aus?

M: Sie sind braun — es sind meine Augen — sie sind braun und sie sind offen, und — und — da ist ein kleiner leuchtender Fleck in jedem der beiden, der etwa ein Zwanzigstel der Größe hat, die ich gewöhnlich im Spiegel sehe, und dann ist da auch noch so etwas wie ein toter Punkt in jedem Auge. So etwa.

F: Tausch jetzt die Plätze ...

M: Sie sagt nichts. Sie schaut nur und ihr Gesichtsausdruck ändert sich nicht.

F: Gib ihr eine Stimme. »Ich sage kein Wort« —

M: Ich sage nichts. Ich bin einfach, ich bin hier und schaue hinaus zu dir. Ich schaue hinaus und schaue dich an. Und ich fühle *keinerlei* Leben in mir, und diese beiden Leuchtflecken, die du in meinen Augen siehst, das ist nur das Licht von draußen, das kommt nicht von mir.

Hm, wo bist du denn *hergekommen?* Weißt du, ich bin nicht so, und du bist meine Widerspiegelung im Spiegel, und darum —

F: Sag das noch einmal: »Ich bin nicht so.«

M: Ich bin nicht so /F: Nochmal./ Ich bin *nicht* so. /F: Nochmal./ (lauter) Ich *bin* nicht so! /F: Nochmal./ (sehr laut) Ich bin *nicht* so! /F: Nochmal./ (mit zittrigem Lachen) Ich bin's *nicht.*

F: Deine Stimme wird echter. Sei sie nochmal.

M: So, wer macht denn das Spiegelbild im Spiegel? Hahahaha . . .

Du hast mich erwischt . . . Ich habe keine Antwort darauf. So wird es wohl sein. Du bist mein Spiegelbild.

F: Sag das zur Gruppe.

M: So wird es wohl sein, du bist mein Spiegelbild.

F: Mhm.

M: (sehr leise) So wird es wohl sein, du bist mein Spiegelbild . . . (fährt fort, mit verschiedenen Tönungen) Es wird wohl so sein, ihr seid mein Spiegelbild. Es wird wohl so sein, ihr seid mein Spiegelbild. Es wird wohl so sein, ihr seid mein Spiegelbild.

F: Was erlebst du denn wirklich? . . .

M: Ich habe das Gefühl, daß die obere Hälfte von mir sich bewegen will, und als ob Blut da drin wäre.

F: Bewege sie. (Fritz streckt seine Hand nach ihrer Hand aus) Laß mich . . . Sie ist — sie ist noch nicht warm.

M: Ein bißchen warm. Sie ist schwitzig. Oh, diese Luft hier herinnen. Oh, Oh, Oh! Wo bin ich *gewesen?*

F: Wo du gewesen *bist?*

M: Ich weiß nicht.

F: Als du dich hier in den Stuhl setztest, warst du in Trance, du warst nicht hier.

M: *Verrückt.*

F: Ja. Außerhalb dieser Welt, da warst du.

M: Einfach verrückt.

F: Siehst du mich?

M: Klar. Ich habe mich eben erinnert, daß Abe gestern beim Massage-Kurs so eine Hypnose-Sache gemacht hat . . . Gut. Ich spüre jetzt, daß es zurückkommt.

F: Du gehst in deine Trance zurück? /M: Ja./ Gut. Geh zurück./ M: Geh zurück?/ Geh in deine Trance zurück.

M: Hm, jetzt spüre ich diese ganze *innere Bewegung* in meiner Hand, und meinen Nacken entlang nach unten, es *bewegt* sich alles.

F: Es ist jetzt schwerer zu sterben, tot zu sein.

U: Mhm.. Oh... Huh — und meine Hände massieren wieder, wie wir es heute gemacht haben, als ich Dales Bein massiert habe und dabei ganz aufgeregt geworden bin und in den Rhythmus hineingekommen bin.

F: Mach deine Augen zu und geh jetzt dahin zurück.

M: Wohin?

F: Zu Dales Bein.

M: Ich streiche da entlang, und ich sehe Molly zu, wie sie es macht, und sie legt ihr ganzes Innere hinein und tut das alles ganz, und so mache ich es ihr halt nach, wie sie steht und was sie tut, und ich vertiefe mich in dieses Bein, und ich fühle all das Innere der Muskulatur und ich *gehe wirklich ganz hinein und ganz mit*. Ich habe bloß ein Bein massiert und bin wirklich in den Rhythmus hineingekommen und habe jede einzelne Minute geliebt. Ich habe jetzt kein solches Gefühl. Die Zeit kommt dem Ganzen dazwischen, aber —

F: Gut, sag diesem Bein Lebwohl und komme zu uns zurück.

M: Das ist ziemlich gut so. Es ist — es ist *sehr* reglos... Da schauen mich zwei Augen an, wie die eines Ghuls...

F: Kannst du diese Augen sein und uns anschauen?

M: Sie sind *wirklich* riesig und sie sehen *nichts*. Ich meine, sie sehen all das, wovon ich vorher gesprochen habe, aber irgendwie — ist da mehr zu sehen.

F: Geh jetzt zurück zu dem Bein, zur Massage.

M: Dales Bein? Hm, ich bin gerade bei der Wade des einen Beins, da war es wirklich toll.

F: Was entdeckst du denn?

M: Nun ja, all das Zeug, das darunter liegt!

F: Was noch?... Ich dachte, ich hörte, daß du Begeisterung oder Freude oder so etwas entdeckt hast.

M: Nun ja, irgendwie ging das alles von selbst.

F: Ja.

M: Und, ich weiß nicht — es war nichts so Besonderes — war es etwas Besonderes? Ich weiß, ich hatte etwas davon.

F: Gut. Kannst du das jetzt zur Gruppe sagen?

M: Hm, ich sehe irgendwie, wie jeder jetzt seinen eigenen Geschäften nachgeht. Tony ist weit hinten, irgendwo, so irgendwie, und Dale ist Therapeut und June ist Freundin und Gastgeberin.

F: Deine Stimme ist immer noch nicht in der Wirklichkeit, immer noch im Trancezustand.

M: Gut . . .

F: Schließen wir einen Kompromiß. Im Augenblick bist du nicht tot, du bist nur zur Häfte tot.

M: Gut . . .

F: Versuch das Folgende: Laß dein Obergestell sich mit deinem Untergestell unterhalten.

M: Oh, ja. Gut. He, was tust du denn da unten?
Bewegen wir uns doch ein bißchen; was hält dich denn aufrecht?
Ich weiß nicht. Der Stuhl.

F: Dich trägt der Stuhl und nicht deine Beine.

M: Genau. Stimmt. Hm, kannst du denn nicht aufstehen und auf deinen eigenen Beinen stehen?

F: Ich bezweifle es.

M: Ich werde mir's überlegen. Ich werde darüber nachdenken.

F: Du fühlst dich da heroben viel wohler.

M: Oh jaah. Stimmt. Stimmt. Genau. Brauch nicht herumzugehen. Brauch zu keinem hinaufzugehen . . .

F: Ich möchte, daß du den Grund, den Boden, entdeckst.

M: Gut.

F: Steh auf. Schau, wieviel Unterstützung dir deine Beine geben können.

M: (schwach) Hm, meine Füße sind schon da. Ich spüre den Teppich . . . Oh, Mann! Jeder sieht so aus, als ob er weit weg wäre . . . Ich fühle mich so *groß*, wenn ich aufstehe.

F: Ah! Kannst du spüren, wieviel Raum du in diesem Zimmer hier einnimmst?

M: Oh, ja! Ja!

F: Du fühlst dich drei Meter groß?

M: Nein, nein. Aber ich bin größer als ich bin. Na ja, das ist ja nicht so neu. (seufzt) Nein, es ist kein Zusammenhang da — kein Zusammenhang.

F: Weißt du was? Du klingst, als ob du nicht so ganz glaubst, daß du existierst.

M: Uh . . .

F: Und folglich existieren *wir* nicht . . . Kennst du die Geschichte vom Zen-Mönch und dem Schmetterling. Chuang-Tse träumte, er sei ein Schmetterling, und dann sann er darüber nach, was nun eigentlich der Fall sei. Bin ich ein Zen-Mönch, der gerade träumte, er sei ein Schmetterling, oder bin ich ein Schmetterling, der träumt, er wache als Zen-Mönch auf.

M: Gut! Also dann, zurück zum Bein!

F: Du hast *sein* Bein entdeckt, aber nicht das *deine*.

M: Nein, na ja, ich konnte irgendwie keinen Unterschied mehr fest-stellen zwischen meinen Händen und dem Körper, der sich bewegte, und dem Bein, das darin war, und den Muskeln, die ich fühlte. /F: Ja, ja./ und alledem.

F: Ich will nicht über Konfluenz, das Ineinanderübergehen und Ver-schwimmen, sprechen. Das ist eine zu schwierige Sache, aber das ist es, was du erlebst — keine Ich-Grenzen.

Dale: Das ist das erste Mal, daß ich im Phantasieland eingefangen wurde. Ich bin irgendwie völlig gefangen gewesen darin.

Jane: Es war faszinierend. Ich hatte die Vorstellung, daß du eine Hexe bist und uns alle hypnotisierst. Aber es machte mir Spaß. Ich war gerne in dem Trancezustand und so.

Daniel: Wir hatten hier schon viele Hypnotiseure, aber keiner war so mächtig wie du.

F: Ja. Nein. Es ist anders. Sie ist nicht der Hypnotiseur. Sie ist die Somnambule. Sie ist die Schlafwandlerin. Sie ist hypnotisiert, im Tran-cezustand, und jeder verfällt mit ihr in denselben Trancezustand. Für einen Künstler ist das nur *schön*.

Jane: Es war faszinierend. Du hast mich einfach angetörnt. Ich hatte einen sehr guten Trip.

M: Ich weiß nicht einmal, wovon du redest.

Dale: Es war so wirklich, so echt. Ich war mir nicht sicher, ob ich aus diesem Gebäude hinausgehen und da draußen Boden unter meinen Füßen finden könnte. Ich bin mir tatsächlich immer noch nicht sicher.

F: Jedenfalls hast du uns alle mit auf eine Reise genommen. Kehren wir doch jetzt wieder zurück.

Claire

Claire: Ich will —

Fritz: »Ich will«; Komm, runter von dem Stuhl. Du willst. Ich will nie-mand, der will. Es gibt zwei große Lügen: »Ich will« und »Ich ver-such's«.

C: Ich bin fett ... Das ist meine Existenz. (wimmernd) Ich mag es nicht und mag es doch. Ich mache mich mit dieser Tatsache andauernd verrückt. Und das geht mir immer im Kopf rum ... und ich plage mich damit ... Und ich bin's müde, das zu beweisen ... Willst du, daß ich von diesem Stuhl runtergehe?

F: Nein.

C: Willst du denn nicht, daß ich runtergehe?

F: Nein.

C: Ja?

F: Nein ... weder will ich, daß du runtergehst, noch will ich nicht, daß du runtergehst.

C: Wirst du hier sitzenbleiben, Claire, oder wirst du etwas versuchen und etwas für das tun, was du tust. (seufzt) Du willst einfach hier sitzen und fett bleiben ...

(in einem Abschnitt, der hier ausgelassen wird, berichtet sie einen langen Traum über ihre Fettleibigkeit und ihr Zurückgewiesenwerden und arbeitet weitgehend unproduktiv an diesem Traum)

F: Gut, jetzt. Ich glaube, ich sagte dir vorhin schon meine Diagnose.

C: Daß ich leer bin.

F: Nein. Ich finde das sehr häufig bei fettleibigen Frauen, daß sie keine Ich-Grenzen haben. Sie haben kein Selbst. Sie leben immer durch andere Leute und andere Leute werden sie selbst. Du kannst nicht unterscheiden, was ich bin und was du bist. »Wenn du weinst, dann weine ich. Wenn du dir's gut gehen läßt, lasse ich mir's auch gut gehen.« Das ist dein Problem.

C: Und wie soll ich mein Problem angehen? Ich bin — Nachdem du mir das gesagt hast, blieb ich mir dessen bewußt und — und — ich tu das, oft. Was nun?

F: Ich weiß nicht. Schau, die ganze Zeit, immer wenn du redest, redest du über dein Bild von dir, dein Selbstkonzept. Als du einen Augenblick lang (in der ausgelassenen Traumarbeit) du selbst wurdest, mit dir selbst in Kontakt gekommen warst, hattest du dich wohl und sexy gefühlt ... bis du wieder —

C: Hm, ja. Ich kann mich über längere Zeit hin wohlfühlen und sexy sein und die ganze Zeit Sex haben und alles, und — und — und — aber man kann halt nur zwölf Stunden lang oder so im Bett sein (lacht). Man kann es nicht immer haben —

F: Siehst du, wieder eine Phantasie ... wieder ein Konzept. Du mußt hin und wieder essen, und derlei Dinge.

C: Ja, stimmt. Und dann bleibt man fett.

F: Arbeite jetzt an dieser Vorstellung, daß du keine Kontakt-Grenzen hast. Was du berührst, was du schmeckst, was du siehst, was immer die Kontakt-Grenze ist, sie ist verschwommen, oder vielleicht existiert sie nicht, und du hast keine Grenzen und darum mußt du immer fetter werden, bis du das ganze Universum einnimmst.

C: Das empfinde ich so. Davor habe ich Angst. Hm. Nhn ja. Gut. Also — bei Abe — ich weiß nicht wie — Meine erste Tendenz ist die, einfach Abe zu *sein*.

F: Ja. Genau. Kannst du fühlen wie Abe fühlt? (Claire macht Abes Haltung nach) Fühl dich jetzt als du selbst. Mach deine Augen zu und gewinne Klarheit über dich selbst.

C: Mhm.

F: Was fühlst du?

C: Ich fühle mich in dieser Lage nicht wohl.

F: Aha. Und was noch?

C: Ich fühle mich von Abe abgesondert. Ich fühle immer noch mit dir, so als ob ich ein Abbild von Abe, hier drinnen, wäre. Aber ich spüre meine eigene Vagina —

F: Ist das alles? Bestehst du außer der Vagina noch aus etwas anderem?

C: Oh, doch. Klar. Ich spüre meine Arme und meine Hände und den Stuhl unter mir und wie es hier weh tut, wenn ich in dieser Haltung dasitze.

F: Gut. Geh jetzt zu Abe zurück. Wie erlebst du Abe?

C: Ich bin von ihm abgesondert, und dann kann ich ihn auch hierher bringen.

F: Kannst du ihm erlauben, dort draußen zu bleiben, und mit ihm in Fühlung bleiben, anstatt ihn dir einzuverleiben? Ohne ihn zu verschlingen und zu deiner Fettleibigkeit hinzuzufügen? . . .

C: (zögernd) Klar.

F: So, was erlebst du denn jetzt?

C: Er ist einfach da, und er reibt sein Bein —

F: Ja.

C: Und schaut . . . und ich bin hier herüben.

F: Ich glaube dir nicht ganz. Ich glaube, du versuchst, mir zu Gefallen zu sein.

C: Ich fühle mich hier, und ich fühle ihn dort.

F: Und was siehst du? Was erlebst du?

C: Oh, Bob spielt mit seinem Bein und schaut. Ich sehe deinen Bart und deine Augen schauen und dein Mund ist fest geschlossen —

F: Bist du noch hier? . . . Hast du irgendwelche Reaktionen auf ihn?

C: (belebter) Ja! Ich fühle mich wie eine Frau hier herüben und er spricht mich sexuell an. Ich fühle mich jetzt mit ihm flirten. Ich fühle das nicht, wovon du sprichst. Ich fühle das nicht — wenn es Extreme gibt, ich fühle sie nicht. Ich fühle es nicht, daß — daß — er in *Wirklichkeit* ich ist oder ich wirklich er bin, noch fühle ich, daß er *total* abgesondert ist von mir, da drüben. Ich fühle eine Verbindung zwischen uns, aber die Verbindung ist nicht — ah — ist keine wirkliche Verbindung, sie ist einfach irgendwie da.

F: Nimm Sally . . .

C: Nun, ich sehe Sally dort, und ich sehe, daß sich ihre Füße bewegen und — und —

F: Und wie erlebst du dich selbst? Mach deine Augen zu.

C: Mehr wie Sally als wie Abe. Jetzt fühle ich mich mehr wie Sally. Ich glaube aber nicht, daß das ungewöhnlich ist.

F: Aber du *reagierst* nicht auf sie.

C: Ich reagiere selbst nicht.

F: Du *reagierst* nicht auf sie. Du zerstörst sie. Du reagierst nicht auf sie, du zerstörst sie, indem du sie in dich hineinnimmst.

C: Ich — ich *nehme* sie in mich *hinein,* sagst du.

F: Anstatt auf sie zu reagieren. Da ist kein Kontakt vorhanden. *Kontakt ist Anerkennung von Unterschieden.*

C: Mit anderen Worten, was fühle ich Sally gegenüber?

F: Ja.

C: Hm, ich *fühle,* daß du halt irgendwie interessiert bist, und — uh, ich —

Frank: Du beschreibst immer noch.

Dale: Du bist immer noch sie.

C: Hm, der eine von euch sagt, daß ich immer noch sie bin und der andere sagt, daß ich sie beschreibe.

Dale: Das ist dasselbe.

Frank: Das liegt nahe beieinander.

F: Es ist dasselbe. In beiden Fällen hast du keine Reaktion *auf* sie. Dein eigenes Selbst ist ausgelöscht.

C: Ich — ich — ich — es ist mir eigentlich im Augenblick gleich, ob du an mir interessiert bist.

F: Du reagierst immer noch nicht auf sie. Du reagierst auf einen Spiegel . . . Kannst du dir ein Glas Wasser vorstellen. Wie reagiert ein Wassertropfen in diesem Glas Wasser auf die anderen?

C: Er bleibt für sich.

F: (freundlich scheltend) Ah na. Da ist Ineinander-Übergehen. Keine Reaktion da. Gleichheit. Da gibt es keinen Kontakt, keine Grenze. Nimm Eiswürfel, ja, die können Kontakt miteinander haben. Sie berühren einander; da gibt es ein wenig Unterschiedlichkeit.

C: Es macht mir große Schwierigkeiten, das, was du sagst, in einen Zusammenhang zu bringen.

F: Na klar. Sicher. Ich weiß. Du hast —

C: Eiswürfel — haben Kontakt miteinander und sie bleiben voneinander abgesonderte Eiswürfel.

F: Ja. Und Wasser? . . . Wenn die Eiswürfel schmelzen, sind sie dann immer noch in Kontakt?

C: Sie gehen ineinander über.

F: Dann verfließen sie ineinander. Jedes Kontaktgefühl verschwindet.

C: Hm, was mich im Hinblick auf das Wasser durcheinander gebracht hatte, war, daß ich — jemand sagte mir, daß ein Wassertropfen *sehr wohl* für sich bleibt, und ich wußte das nicht.

F: Du lügst. Niemand hat dir das gesagt.

C: Nun, ich bin nicht /F: Du lügst/ bereit, meine Autorität einzusetzen.

F: Du erfindest das. Ad hoc.

C: Ich will mich damit nicht abgeben. Ich will mich mit den Eiswürfeln beschäftigen und mit etwas anderem, das ineinander übergeht ... Mit der Luft ... ein Luftteilchen — ändert sich einfach ständig und bewegt sich anderswohin. Ich kann mir nicht einmal vorstellen, wie ein Luftteilchen aussieht.

F: Gut. Ich zeige dir etwas. Beobachte den Rauch meiner Zigarette ... Siehst du den Rauch? /C: Ja./ Beobachte ihn jetzt. Er hat doch Kontakt mit der Luft, oder? /C: Ja./ Kannst du sehen, wie sich der Kontakt verringert und immer mehr zu Konfluenz wird?

C: Ja. Bis alles ineinander verstrickt ist.

F: Kannst du mir jetzt sagen, was Rauch und was Luft ist?

C: Nein.

F: Nun, das ist deine Situation auch. Du weißt nicht, was Rauch und was Luft ist. *Kontakt ist die Anerkennung von Unterschieden.* Du weißt nicht, was das Selbst ist und was das Andere ist. Ich würde sagen, *wahrscheinlich* mit Ausnahme deiner sexuellen Beziehungen. Deine Geschlechtsteile haben immer noch Kontaktfunktionen, nach dem, wie du's beschreibst. Doch selbst da bin ich mir nicht ganz sicher. Wenn du vögelst, spürst du dann den Unterschied zwischen deiner Vagina und dem Schwanz?

C: Natürlich.

F: Gut, *da* ist also Kontakt vorhanden. Anscheinend ist also deine Intensität beim Sex —

C: Ich spüre das auch, wenn ich jemand berühre. Sie sind abgesondert von mir. Du bist im Augenblick von mir abgesondert. Deshalb verstehe ich das nicht. Ich bin nicht du. Ich fühle in keiner Weise, daß ich du bin.

F: Ja.

C: Nun, ich ...

Dale: Du projizierst etwas auf einen Menschen, und dann ist die einzige Möglichkeit, das zurückzubekommen, die, ihn dir einzuverleiben.

C: Die — ich möchte es versuchen und das in mich aufnehmen und zusehen, was ich damit anfangen kann. Es hört sich fremd an für mich. Wenn ich auf Steve projiziere, was ich glaube, daß er fühlt, dann investiere ich etwas in ihn, und dann muß ich das wieder zurückbekommen. Ist es das, was du sagst?

Fergus: Ich glaube, es ist für dich angebracht, immer fetter zu werden.

C: (sarkastisch) Oh, dankeschön.

F: In diesem Augenblick zum Beispiel bist du willens, dich von ihr verschlingen zu lassen. Sie stellt sich hungrig und dumm: »Du mußt mich ernähren.« Und jeder kommt herbei und will von ihr aufgesogen werden. Das ist etwas, das ihr bitte nicht tut — wann immer jemand stekkenbleibt, eilt *nicht* zur Rettung herbei ...

C: Ja. Ich habe das Gefühl, das wäre eine sehr einfache Art und Weise, diese spezielle Sitzung für mich zu beenden. Nämlich, mir zu sagen, daß ich versuche, die Leute in mich hineinzustopfen, und dann muß ich mir sagen, was ich schon oft gesagt habe, daß es absolut keinen Grund gibt, warum ich nicht abnehmen sollte, wenn ich abnehmen will. Es ist einfach das, daß ich die Leute in mich hineinziehen will und mich selbst bemitleiden will und all sowas. Nun, damit lebe ich schon jahrelang.

F: Jetzt versuchst du, *mich* dir einzuverleiben.

C: Ja. Genau. Ich *weiß* das. Also ist es eines meiner — wo beläßt mich denn das? Das beläßt mich immer noch bei meinem dummen Problem und — / F: läßt dich immer noch hungrig sein./ Ich stelle mich dumm.

F: Du bist also immer noch hungrig.

C: Ja ... Was wiederum das andere Problem nährt.

F: Was das andere Problem nährt ...

C: Und so sage ich halt jetzt, wie kann ich damit fertig werden. Ich stecke immer noch dabei fest.

F: »Gib mir Antworten. Wie kann ich damit fertig werden. Komm, komm, gib mir, gib mir, gib mir.«

C: Ich — weißt du — wirklich, ich *will* die Antworten nicht einmal mehr, denn niemand ist *wirklich*, na ja — jeder hat eine Antwort, und mir tut es überhaupt nicht gut.

F: »Komm, gib mir die richtige Antwort, die eine, die mich wirklich nährt, die mir wirklich hilft, bring mich aus meiner Sackgasse heraus.«

C: Dann bin ich also wieder beim Alten. *Ich bin* diejenige, die *mir* die Antwort geben muß, wie ich aus der Sackgasse hinausgelange.

F: Nein. Antworten helfen nicht.

C: Hm, was hilft denn dann, zum Teufel? ... Was hilft?

F: Noch eine Frage. »Komm, komm.«

C: Die Antwort ist, du hörst zu essen auf, wenn du nicht essen willst.

F: Hier sind alle typischen Symptome für eine Blockierung. Das Karussell — jeder sieht das Offensichtliche, außer der Patientin. Sie macht einen verrückt. Sie ist steckengeblieben. Sie ist verzweifelt. Sie setzt alles an Tricks und Künsten in Bewegung, was sie hat, um aus der Sackgasse herauszukommen. Ich habe das Gefühl, daß du von einer Art Empfindung in dir ausgegangen bist, du seist tot. Oder du nanntest es gelangweilt. Gelangweilt und leer. Du mußt dich selbst füllen.

C: Ja. Ich esse wirklich, wenn ich mich langweile und leer bin. Ich esse auch manchmal, wenn — wenn ich voll und nicht gelangweilt bin.

Jane: Wie bist du tot, Claire? . . .

C: (räuspert sich) . . . Ich fühle mich nicht tot . . . Oh Scheiße.

F: »Ich fühle mich tot. Ich fühle mich tot, wenn ich mich langweile. Nein, ich fühle mich nicht tot.« Du bist also wieder auf dem Karussell.

C: Nein, ich bin bloß leer und gelangweilt, ich bin nicht tot.

F: So sei gelangweilt und leer.

C: Gelangweilt und leer und ich — wenn ich mich weigere, mit mir in Fühlung zu sein. Wenn ich *nicht* mit mir in Fühlung bin. Das ist so ein kleiner Trick, den ich bei mir spiele.

F: Genau. Anstatt deine Langeweile und Leere ins Gespür zu bekommen, willst du sie wieder mit etwas anderem auffüllen.

C: Ja! Und es funktioniert auch nicht.

F: Natürlich nicht.

C: Es funktioniert nie.

F: Du kannst für eine Million Dollar künstliche Blumen in der Wüste streuen. Sie blüht deshalb immer noch nicht.

C: Ja. Das stimmt.

F: Wenn du deine Leere vermeidest und sie mit unechten Rollen und irgendwelchen leeren Aktivitäten ausfüllst, kommst du nirgendwohin. Aber wenn du mit der Leere wirklich in Berührung kommst, beginnt sich etwas zu ereignen — die Wüste beginnt zu blühen. Das ist der Unterschied zwischen der unfruchtbaren Leere und der fruchtbaren Leere. Gut.

Jane I

Jane: Ah, in meinem Traum fahre ich nach Hause, um meine Mutter und meine Familie zu besuchen . . . und ich fa — ich fahre von Big Sur nach — zum — zum Haus meiner Mutter.

Fritz: Was geht im Augenblick vor sich?

J: Es macht mir Angst, hier heroben. Ich habe nicht gedacht, daß es auch nur halb so schlimm sein würde. (Diese Workshop-Sitzung wurde in einem großen Raum abgehalten, mit einer weiteren Seminargruppe von 30 Leuten als Zuschauern)

F: Mach deine Augen zu ... und bleib bei deiner Furcht ... Wie erlebst du Furcht?

J: Zittrigkeit im oberen Brustabschnitt, (seufzt) Unregelmäßigkeit der Atmung. Ah, mein — mein rechtes Bein zittert. Mein linkes Bein — jetzt zittert mein linkes Bein. Wenn ich meine Augen lange genug geschlossen halte, fangen meine Arme an zu zittern.

F: In welchem Augenblick kam diese Furcht über dich?

J: Ich habe dahinaus geschaut. (Lachen)

F: Dann schau nochmal. Rede mit diesen Leuten da. »Ihr macht mir Angst« oder sonst etwas.

J: Hm, jetzt ist es nicht so schlimm. Ich greife mir jemand heraus und wähle aus.

F: Wen greifst du denn heraus?

J: Oh, Mary, Ellen und Alison. John. Ich habe eine ganze Menge Gesichter übergangen.

F: Rufen wir doch jetzt deinen Vater und deine Mutter in die Zuhörerschaft.

J: Ich würde sie nicht anschauen.

F: Sag *ihnen* das.

J: Ah, wo ihr auch sitzt, ich werde euch nicht anschauen ... weil ich nicht — willst du, daß ich es erkläre? Oh, nein. (Lachen) Gut, ich werde euch nicht anschauen, Mutti und Vati.

F: Was erlebst du, wenn du sie *nicht* anschaust?

J: Mehr Angst. Wenn ich dir den Traum erzähle, ist es das gleiche — es ist einfach dasselbe.

F: Gut, erzähl mir den Traum.

J: Gut. Ich fahre nach Hause, um meine Mutter und meinen Vater zu besuchen und die ganze Zeit über, während ich nach Hause fahre, habe ich Angst. Und ich — da ist eine lange Treppenflucht zum Haus hinauf — es sind ungefähr 60 Stufen. Und im Traum werde ich mit jeder Stufe ängstlicher. Ich öffne also die Tür, und das Haus ist sehr dunkel. Ich rufe nach meiner Mutter — oh, ich merke, daß alle Autos hier sind, sie sind also zu Hause. Ich rufe nach meiner Mutter, aber es kommt keine Antwort. Ich rufe nach meinem Vater, und es kommt keine Antwort. Ich rufe die Kinder, und es kommt keine Antwort. Es ist also, ich — es ist ein sehr großes Haus, und so gehe ich von Zimmer zu Zimmer, um sie zu suchen und ich — ich komme ins Schlafzimmer und mein Vater und meine Mutter sind im Bett, aber sie sind, sie sind bloß, sie sind nicht Mu — sie sind Skelette. Sie haben keine Haut. Sie sind nicht, sie reden nicht ... sie sagen nichts. Und ich zittere — Dieser Traum kommt immer wieder und kürzlich bin ich mutig genug gewesen, sie zu schütteln. Aber ...

F: Im Traum, kannst du da die Rolle ... Was geschieht, wenn du sie schüttelst?

J: Ah, nichts. Ich meine — ich fühle bloß ein Skelett — ein Skelett. Und im Traum schreie ich sie ganz laut an. Ich sage zu ihnen, sie sollen aufwachen. Und sie wachen nicht auf. Sie sind bloß Skelette.

F: Gut. Fangen wir noch einmal an. Du betrittst das Haus, ja?

J: Gut. Ich betrete das Haus und gehe zuerst in die Küche und es ist sehr dunkel und es riecht nicht so, wie ich es in Erinnerung habe. Es riecht muffig, so als ob es schon lange nicht mehr sauber gemacht worden wäre. Und ich höre keinen Laut. Normalerweise ist es sehr laut — eine Menge Kindergeschrei. Und ich höre keinerlei Lärm. Dann gehe ich in mein ehemaliges Schlafzimmer, und da ist niemand und alles ist sauber. Alles ist ordentlich und alles ist unberührt.

F: Laß uns eine Auseinandersetzung hören zwischen der Küche deines Traums und dem Schlafzimmer.

J: Der Küche und dem Schlafzimmer. O.K. Ich bin die Küche und ich rieche nicht so, wie ich gewöhnlich rieche. Gewöhnlich rieche ich nach Essen. Gewöhnlich rieche ich nach Leuten. Und jetzt rieche ich nach Staub und Spinnweben. Ich bin normalerweise nicht sehr ordentlich, aber jetzt bin ich sehr, sehr ordentlich. Alles ist weggeräumt. Niemand ist in mir.

F: Spiel jetzt das Schlafzimmer.

J: Schlafzimmer ... Ich bin sehr — ich bin ordentlich. Ich weiß nicht, wie ich mich mit der Küche auseinandersetzen soll.

F: Gib einfach mit dem an, was du bist.

J: Nun, ich bin ebenso ordentlich wie du. Ich bin auch sehr ordentlich. Aber ich rieche auch so schlecht wie du, und ich rieche nicht nach Parfüm und ich rieche nicht nach Leuten. Ich rieche einfach nach Staub. Nur daß kein Staub auf meinem Boden liegt. Ich bin sehr ordentlich und sehr sauber. Aber ich rieche nicht gut und ich fühle mich nicht so wohl wie gewöhnlich. Und ich weiß, wenn mich Jane betritt, fühlt sie sich unwohl, wenn ich so ordentlich bin und niemand in mir ist. Und sie kommt im Traum in mich hinein, wie sie in dich hineinkommt. Und sie hat große Angst. Und wir sind — ich bin sehr hohl. Ich bin sehr hohl. Wenn du in mir einen Ton machst, gibt es ein Echo. So fühlt es sich im Traum an.

F: Sei jetzt noch einmal die Küche . . .

J: Ich bin auch sehr hohl — ich, ooh . . .

F: Ja? Was ist geschehen?

J: Ich fühle mich leer.

F: Du fühlst die Leere jetzt. /J: Ja./ Bleib bei der Leere.

J: Gut. Ich . . . ich fühle sie jetzt nicht. Warte. Ich habe sie verloren. Ich bin sehr, weißt du, ich —

F: Bleib dabei, was du jetzt erlebst.

J: Ich habe wieder das Angstgefühl.

F: Wenn du die Küche wirst. Ja?

J: Ja. Ich bin die Küche . . . Und es gibt keine frische Luft in mir. Es gibt keine gute — ich soll mich mit dem Schlafzimmer auseinandersetzen. Hmm. Ohhh . . .

F: Sag das alles einfach dem Schlafzimmer.

J: Ich bin genauso muffig wie du. Und das ist sehr widerspruchsvoll, denn ich bin sehr sauber und fleckenlos. Und Janes Mutter hält mich gewöhnlich nicht so in Ordnung. Sie ist zu sehr beschäftigt, um mich so sehr in Ordnung zu halten. Irgendetwas stimmt bei mir nicht. Ich bekomme nicht die Art Zuwendung, die ich gewöhnlich bekomme. Ich bin tot. Ich bin eine tote Küche.

F: Sag das nochmal.

J: Ich bin tot. /F: Nochmal./ Ich bin tot.

F: Wie erlebst du das Totsein?

J: Nun, ich fühle mich nicht schlecht dabei . . .

F: Bleibe jetzt so, wie du bist und sei deiner rechten und linken Hand gewahr. Was tun sie?

J: Meine rechte Hand zittert und ist ausgestreckt. Und die Linke ist sehr fest geballt und meine Fingernägel drücken sich in die Handfläche hinein.

F: Was will deine rechte Hand tun?

J: Es ist gut so, wie es ist. Ich glaube, sie will nicht zittern.

F: Noch etwas anderes, neben dem? Will sie aufhören? Sich ausstrecken? Ich verstehe deine rechte Hand nicht. Setze die Bewegung fort. (Jane macht die Bewegungen des Ausstreckens mit der rechten Hand.) Du willst die Hand nach etwas ausstrecken. Gut. Und was will deine linke Hand tun? . . .

J: Meine linke Hand will zurückhalten. Sie hält sich ganz fest. Meine rechte Hand fühlt sich wohl.

F: Dann wechsle. Laß jetzt die linke Hand tun, was die rechte Hand tut und umgekehrt. Strecke deine linke Hand aus.

J: Nein . . . Meine linke Hand will nicht ausgestreckt sein.

F: Was ist die Schwierigkeit dabei, die linke Hand auszustrecken?

J: Das fühlt sich ganz anders an, und meine rechte Hand ist nicht geballt: sie ist kraftlos. Ich kann es *tun*. Doch, — ich kann es *tun*...

F: Das wäre künstlich. /J: Ja./ Strecke jetzt nochmal deine linke Hand aus... (weich) Strecke deine Hand nach mir aus... (Jane streckt ihre Hand aus... seufzt)... Was geschah jetzt?

J: Ich fing an zu zittern... und ich hörte damit auf.

F: Laß jetzt deine rechte und deine linke Hand sich miteinander auseinandersetzen, so, wie es am Anfang war, »Ich halte mich zurück und du streckst dich aus.«

J: Ich bin die rechte Hand und ich strecke mich aus. Ich bin frei. Ich bin sehr entspannt und sogar wenn ich zittere, fühle ich mich nicht unwohl. Ich zittere jetzt und fühle mich nicht unwohl...

Ah, ich bin die linke Hand und ich strecke mich nicht aus. Ich mache eine Faust. Und jetzt sind meine Fingernägel lang, so, daß ich mir weh tue, wenn ich es tu, wenn ich eine Faust mache... Ohh...

F: Ja, was ist passiert?

J: Ich tue mir selber weh.

F: Ich will dir etwas sagen, das normalerweise der Fall ist. Ich weiß nicht, ob das auch bei dir der Fall ist. Die rechte Hand ist gewöhnlich der männliche Teil eines Menschen und die linke Hand ist der weibliche Teil. Die rechte Seite ist der aggressive, aktive und hinausgehende Teil und die linke Seite ist der empfindsame, empfängliche, offene Teil. Probier das jetzt mal aus, um zu sehen, ob es bei dir paßt.

J: O. K. Der Schreihals kann herauskommen, wie du weißt. /F: Ja./ Aber der weiche Teil ist... nicht so leicht...

F: Gut. Betritt noch einmal das Haus und setze dich mit dem auseinander, dem du begegnest — vor allem dem Schweigen.

J: Auseinandersetzung mit dem Schweigen. /F: Schweigen, ja./ Das Schweigen sein?

F: Nein, nein. Du betrittst das Haus und alles, was dir begegnet, ist Schweigen. Stimmt's?

J: Ja. Du regst mich auf. Das Schweigen regt mich auf. Ich mag es nicht.

F: Sag das zum Schweigen.

J: Ich bin hier. Es sitzt dort. Du regst mich auf. Ich mag dich nicht. Ich höre nicht viel in dir, und wenn ich doch etwas höre, dann mag ich es nicht.

F: Was antwortet das Schweigen?

J: Nun, ich hatte hier nie Gelegenheit, viel aufzukommen, denn als du jung warst, waren immer viele Kinder um dich herum und deine Eltern sind beide recht laut und du bist laut und du weißt wirklich kaum etwas über mich. Und ich glaube, daß du möglicherweise Angst vor mir hast. Könntest du vor mir Angst haben?

Versuchen wir das doch jetzt. Ja. Ich empfinde jetzt keine Angst, aber ich könnte vor dir Angst haben.

F: Betritt also nochmal das Haus und begegne noch einmal dem Schweigen. Geh zum Traum zurück.

J: Gut. Ich bin im Haus und es ist sehr still und ich mag es nicht. Ich mag es nicht, daß es ruhig ist. Ich möchte irgendwelche Laute hören, ich will Lärm in der Küche hören und im Schlafzimmer und ich will Kinder hören (Stimme beginnt umzuschlagen) Ich will meine Mutter und meinen Vater lachen und reden hören, ich —

F: Sag *ihnen* das.

J: Ich will euch hören, lachen und reden hören. Ich will die Kinder hören. Ich vermisse euch. (fängt an zu weinen) Ich kann euch nicht loslassen... Ich will euch hören... Ich will euch hören ... und ich will euch hören.

F: Gut. Laß uns jetzt den Traum umdrehen. Laß sie reden. Erwecke sie wieder zum Leben.

J: Sie wiedererwecken. /F: Ja./ Ich habe sie da.

F: Du sagst, du versuchst, sie zu schütteln. Sie sind nur Skelette. /J: (furchtsam) Ohhh./ Ich möchte, daß du Erfolg hast.

J: Du willst, daß ich mich auseinandersetze und — ich bin verwirrt. (hat aufgehört zu weinen)

F: Du bist im Schlafzimmer. Stimmt's? /J: Ja./ Deine Eltern sind Skelette. /J: Mhm/ Skelette reden normalerweise nicht. Bestenfalls klappern sie und rasseln. /J: Ja./ Ich möchte, daß du sie wiedererweckst.

J: Um sie lebendig zu machen.

F: Mach sie lebendig. Bis jetzt sagst du doch, daß du sie auslöschst. Das tust du doch im Traum.

J: Ich schüttle sie im Traum. Ich nehme sie und schüttle sie.

F: Rede mit ihnen.

J: Wacht auf! /F: Nochmal./ (laut) Wacht auf! /F: Nochmal./ (laut) *Wacht auf!* /F: Nochmal./ (laut) Wacht auf! ... Und ... (laut, fast weinend) Ihr könnt mich nicht hören! Warum könnt ihr mich nicht hören? ... (seufzt) Und sie antworten nicht. Sie sagen nichts. Sie sagen nichts.

F: Komm. Verstell dich doch. Erfinde sie. Erwecke sie. Machen wir ein Spielchen.

J: Gut. Wir wissen nicht, warum wir dich nicht hören können. Wir wissen es nicht. Wir wissen nicht, daß wir dich nicht einmal hören *wollen.* Wir sind bloß Skelette. Oder sind wir noch? Nein ... Wir wissen nicht, warum wir dich nicht hören können. Wir wissen nicht, warum wir so sind. Wir wissen nicht, warum du uns so gefunden hast. (weinend) Vielleicht wäre das nicht geschehen, wenn du nie weggegangen wärst, wenn du nie weggegangen wärst. Das fühlt sich richtig an. Das würden sie sagen. Das würden sie sagen.

F: Gut. Nimm nochmal deinen Platz ein ...

J: Ich habe das Gefühl, daß ich euch sagen will, daß ich zu früh weggegangen bin und in Wirklichkeit gar nicht so weit von euch weggehen kann. (fast weinend)

F: Sag ihnen, daß du sie immer noch brauchst.

J: Ich brauche euch immer noch.

F: Sag ihnen mehr im einzelnen, was du brauchst.

J: Ich brauche immer noch meine Mutter, damit sie mich hält.

F: Sag ihr das.

J: Ich brauche dich immer noch, damit du mich hältst. (weinend) Ich möchte ein kleines Mädchen sein, manchmal — vergiß das »manchmal«.

F: Du redest noch nicht mit ihr.

J: (schluchzend) Gut. Mutter, Mutter, du glaubst, ich sei sehr erwachsen ... und ich glaube, ich sei sehr erwachsen. Aber da ist ein Teil von mir, der nicht von dir weg ist, und ich kann es nicht, ich kann da nicht loslassen.

F: Siehst du, wie sich unsere letzte Sitzung hier fortsetzt? Du fingst als das harte, eherne Mädchen an, und dann kam das Weiche an dir heraus, oder? Jetzt beginnst du anzunehmen, daß du Bedürfnisse nach Weichheit und Zärtlichkeit hast ... Sei also deine Mutter.

J: (schüchtern) Nun, du weißt, daß du jederzeit zurückkommen kannst, Jane. Aber es wird nicht ganz dasselbe sein wie sonst, denn ich habe andere kleine Mädchen zu versorgen. Ich muß mich um deine Schwestern kümmern, und sie sind kleine Mädchen, und du bist ein großes Mädchen und kannst dich jetzt um dich selber kümmern. Und ich bin froh, daß du so erwachsen bist. Ich bin froh, daß du so tüchtig bist ... Jedenfalls weiß ich nicht, wie ich noch mit dir reden kann. Ich meine, ich weiß — ich respektiere dich, aber ich verstehe dich die meiste Zeit nicht ... (schluchzend) und, und ...

F: Was ist eben geschehen? Was ist geschehen, als du aufhörtest?

J: Ich spürte einen Schmerz in meinem Magen. Ich fühlte mich frustriert.

F: Sag Jane das.

J: Jane, ich — (weinend) ich habe Schmerzen im Magen. Ich fühle mich frustriert; denn ich verstehe dich nicht, weil du so komische Dinge tust; denn du bist von zu Hause weggegangen, als du noch so jung warst und du bist nie wirklich zurückgekommen. Und du bist von mir weggelaufen und ich habe dich geliebt und ich wollte, daß du zurückkommst und du bist nicht zurückgekommen. Und jetzt willst du zurückkommen und es ist zu spät.

F: Spiel nochmal Jane.

J: (nicht weinend) Aber ich brauche dich noch. Ich möchte auf deinem Schoß sitzen. Niemand sonst kann mir das geben, was du hast. Ich brauche noch eine Mutter. (weinend) . . . Ich kann es nicht glauben. Ich kann einfach nicht glauben, was ich sage. Ich meine, ich kann mit dem übereinstimmen, was ich sage, aber —

F: Okay, unterbrechen wir das. Du bist ohnehin aufgewacht. Geh zur Gruppe zurück. Wie erlebst du uns? Kannst du der Gruppe sagen, daß du eine Mutter brauchst?

J: Hmmm. (Lachen) (Jane lacht) Ich kann es dir sagen, Fritz. Ah, nein, das sind zu viele.

F: Also gut, schauen wir doch jetzt, ob wir die Dinge nicht zusammenbringen können. Hab jetzt eine Auseinandersetzung zwischen deiner babyhaften Abhängigkeit und dem Ehernsein. /J: O. K./ Das sind deine zwei Pole.

J: (als die Eherne) Du bist wirklich ein Bengel. Du hörst dich so armselig an. Du bist doch hier gewesen. Du bist lange Zeit hier gewesen. Du hast eine Menge Dinge gelernt. Du weißt, wie du dich selber durchbringen kannst. Was ist denn los mit dir, zum Teufel? Worüber weinst du denn?

Nun, ich bin manchmal gern hilflos, Jane, und ich weiß, daß du das nicht magst. Ich weiß, daß du dich damit oft nicht abfinden kannst. Aber manchmal kommt es eben heraus. Ich kann zum Beispiel mit Fritz arbeiten, ohne daß es herauskommt. Ich kann es verstecken . . . lange Zeit, aber . . . wenn du mir das nicht zugestehst, werde ich wirklich, ich werde immer wieder herauskommen und du wirst vielleicht nie erwachsen werden.

F: Sag das nochmal.

J: Ich werde immer wieder herauskommen und du wirst vielleicht nie erwachsen werden.

F: Sag das sehr trotzig.

J: Ich werde *immer wieder* herauskommen und du wirst vielleicht *nie* erwachsen werden . . .

F: Gut, sei jetzt nochmal die eherne Jane.

J: (seufzt) Nun, ich habe versucht, dich zu unterdrücken und zu verstecken und dich in die Ecke zu stellen und jeden glauben zu machen, daß es dich nicht gibt. Was willst du denn noch, daß ich mit dir tue? Was willst du von mir? . . .

Ich will, daß du mir zuhörst . . .

F: Ist die eherne Jane bereit zuzuhören?

J: Ich habe gerade angefangen zuzuhören. Gut. Ich werde dir eine Chance geben. Ich habe das Gefühl, daß ich dir eine Chance gebe . . . (rechte Hand macht eine drohende Faust)

F: Ja? Ja? — Nein, nein, nein, tu's nicht. Versteck sie nicht. Komm heraus. Du gibst ihr keine Chance, du drohst ihr.

J: Ja, ich weiß. Das tue ich.

F: Ja, ja . . . gib ihr beides. Drohe ihr und gib ihr eine Chance.

J: Gut. Ich will dir eine Chance geben. (rechte Hand winkt)

F: Aha, das bedeutet, »Komm zu mir«.

J: Ja. Kommen wir zusammen. Versuchen wir zusammenzukommen und zu sehen, was wir tun können . . . Aber ich warne dich, (Lachen) wenn du mich weiter zum Narren hältst, so wie du das machst, Jane, mit deinem Weinen und deiner Abhängigkeit . . . du wirst mich nie erwachsen werden lassen. (gedankenvoll) Ich werde dich nie lassen — Hm. (Lachen) Na ja.

F: Sei die andere Jane nochmal.

J: Nun, ich will nicht erwachsen werden — dieser Teil von — ich will nicht erwachsen werden. Ich will so bleiben, wie ich bin.

F: Sag das nochmal.

J: Ich will so bleiben, wie ich bin.

F: »Ich will nicht erwachsen werden.«

J: Ich will nicht erwachsen werden. /F: Nochmal./ Ich will nicht erwachsen werden. /F: Lauter./ Ich will nicht erwachsen werden. /F: Lauter./ Ich will nicht erwachsen werden. (Stimme beginnt umzuschlagen) /F: Lauter./ Ich will nicht erwachsen werden!

F: Sag es mit deinem ganzen Körper!

J: (weinend) Ich *will* nicht erwachsen werden! Ich will nicht erwachsen werden. Ich bin es müde, erwachsen zu werden. (weinend) Das ist *so verdammt hart!* . . . (seufzt)

F: Sei jetzt nochmal die eherne Jane.

J: Natürlich ist das hart. Ich weiß, daß es hart ist. Ich kann es. Ich kann alles tun! Ich beweise das ständig und bei allem. Was ist los mit *dir?* Du bist immer hinter mir. Du mußt mich einholen . . . Komm! Hol mich ein . . .

Gut. Ich werde dich einholen, Jane, aber du mußt mir helfen.

F: Sag ihr, wie sie dir helfen kann.

J: Du mußt mir erlauben zu existieren, ohne daß du mich bedrohst, ohne mich zu bestrafen.

F: Sag das nochmal.

J: (fast weinend) Du mußt mir erlauben zu existieren, ohne mich zu bedrohen und zu bestrafen.

F: Kannst du das ohne Tränen sagen?

J: (ruhig) Du mußt mir erlauben zu existieren, ohne mich zu bedrohen und ohne mich zu bestrafen.

F: Sag das auch zur Gruppe — denselben Satz . . .

J: Ihr müßt mir erlauben zu existieren, ohne mich zu bedrohen und ohne mich zu bestrafen.

F: Sag das auch zu Raymond. (Verlobter)

J: (weinend) Du mußt mir erlauben zu existieren, ohne mich zu bedrohen . . . du weißt das . . .

F: Hast du's verstanden?

J: Ja . . .

F: Gut.

Jane II

Jane: Ich hatte gestern nacht einen Traum, an dem ich gern arbeiten möchte. Ich bin auf dem Fasching, und es ist sehr laut und aufregend . . . Und ich gehe durch die Menschenmenge und stoße mit Leuten zusammen und sie stoßen mit mir zusammen, und es geht mir nicht sehr gut. Ich halte die Hand meines kleinen Bruders fest, damit er nicht verloren geht. Und wir gehen durch die Menschenmenge, und er sagt, er möchte in diese Bahn einsteigen, wo die Leute sich in diese kleinen Sitze setzen und durch einen Tunnel fahren. Und — uh —

Fritz: Wieder zurück zum »und«?! Du verwendest »und, und, und«, als ob du davor Angst hättest, die Ereignisse für sich selbst stehen zu lassen.

J: Ja. Also, wir haben kein Geld — wir haben kein Geld, um in die Bahn hineinzukommen. Ich nehme eine Uhr von meinem Arm, ich gebe sie meinem Bruder und bitte ihn, den Fahrscheinverkäufer zu fragen, ob er uns beide für die Uhr mitfahren lassen würde. Er kommt zurück und sagt, daß der Fahrscheinverkäufer die Uhr nicht nehmen will; also schleichen wir uns hinein.

F: Gut. Fangen wir den Traum noch einmal von vorn an. Diesmal träumst nicht du ihn, sondern dein Bruder träumt ihn.

J: (ungestüm) Hm, wir sind da auf dem Fasching und es ist wirklich lustig, außer daß meine Schwester meine Hand festhält. Sie umklammert mein Handgelenk, damit sie mich nicht verliert. Sie hat mich — sie hält mich sehr fest am Handgelenk — und ich will — ich will, daß sie mich losläßt. Mir ist es gleich, ob ich verloren gehe. Aber ihr ist es nicht gleich, darum lasse ich sie meine Hand festhalten. Da ist eine Bahn, mit der ich fahren möchte. Es ist mir gleich, ob sie mit mir geht oder nicht, aber ich weiß, daß sie mich nicht gehen läßt, wenn sie nicht auch mitkann, wenn sie nicht bei mir sein kann. Sie will ... sie will nicht allein sein. Wir haben kein Geld, um mitzufahren, um bei der Bahn mitzufahren, und sie gibt mir ihre Uhr. Ich bin glücklich, daß — daß wir einen Weg gefunden haben, um reinzukommen. Ich gehe zum Fahrscheinverkäufer hinauf, und es geht nicht, aber ich will da wirklich mitfahren.

F: Sag das nochmal.

J: Ich will da wirklich mitfahren. /F: Nochmal./ Ich will da wirklich mitfahren. /F: Nochmal./ (lauter) Ich will da wirklich mitfahren.

F: Ich glaube dir nicht.

J: Ohh ... *ich* will auch nicht; mein Bruder will. (lacht) Mmm. Ich will da wirklich mitfahren, Jane. Ich will wirklich ... Ob du mit mir gehst oder nicht, ich will da mit. Es ist *lustig*. Gib mir doch deine Uhr ... Und sie gibt mir ihre Uhr. Der Kartenverkäufer sagt Nein. Jane! Wir schleichen uns hinein. Sie will nicht. Na ja, dann werde *ich* mich hineinschleichen. Ohh. Du willst nicht ohne mich gehen, darum wirst du dich auch hineinschleichen. Gut. Dann werden wir uns also hineinschleichen. Und jetzt nehme ich deine Hand, anstatt daß *du meine* Hand nimmst, denn ich werde dir helfen, hineinzuschleichen. Halt dich also fest und kriech unter dem Tor durch, ich bin sehr klein, ich bin sehr jung —

F: Unterbrich es jetzt. Mach deine Augen zu und spüre deine Hände.

J: Hm. Meine rechte Hand ist steif, sehr steif. Sie zeigt irgendwohin. Meine linke Hand zittert und ist — ist offen. Sie ist — um — meine beiden Hände zittern. Beide Hände zittern. Und meine Knie und meine Knöchel fühlen sich steif an. Ich fühle nicht den Druck in der Brust, den ich sonst fühle. Aber ich fühle mich schwer in der Brust und meine Hand zeigt auf etwas. Und jetzt —

F: Mir fiel auf, daß, als du dich bewegtest, die rechte Hand der Bruder war und die linke Hand Jane.

J: Hm — ich habe vergessen, wo ich war. Ich bin Jane. Oh, wir werden — ja — ich werde mich hineinschleichen. Darum habe ich große Angst, aber ich befürchte mehr, ihn zu verlieren, als hineinzuschleichen und erwischt zu werden, darum nehme ich seine Hand und — ich nehme seine Hand —

F: Warte einen Augenblick. Wie heißt dein Bruder?

J: Paul —

F: *Paul* träumt immer noch den Traum.

J: Oh. Gut. Also, nimm meine Hand. Ich weiß, wie sehr du dich davor fürchtest, so etwas zu tun, aber ich weiß auch, daß du dich *so* sehr davor fürchtest, daß ich verloren gehen könnte, darum kann ich dich auch dazu bringen, dich mit mir hineinzuschleichen und schwarz zu fahren. Und ich bin so gern lustig, und ich werde meinen Spaß haben, ob du dich davor fürchtest oder nicht. Wir kriechen also unter dem Geländer hindurch und gehen zwischen den Beinen der Leute, die rein- und rausgehen, am Kartenverkäufer vorbei —

F: Ich glaube dir nicht. Du bist nicht im Traum. Deine Stimme geht so: Ahhhrrr

J: Meine Beine tun weh und mein Oberschenkel ist irgendwie . . . Ich habe Jane an der Hand. Wir gehen — wir gehen (ihre Stimme wird ausdrucksvoller) wir gehen zwischen den Beinen all dieser Leute und wir — wir krabbeln, und (hell, fröhlich) ich mag das, ich tu das gern, und sie hat Angst. (seufzt) Und wir gehen — wir steigen zur Tür hinauf, und wir gehen gleich durch die Tür hindurch, und sie *zieht* mich und ich *ziehe* sie. Ich versuche, sie durchzuziehen und sie will einfach nicht mit mir mitkommen. Ich packe sie also am Handgelenk, so, wie sie das bei mir gemacht hatte und ziehe sie und ich bin kleiner als sie, aber ich kann sie durchziehen, und sie ist auf den Vieren und ich ziehe sie weiter. Und wir gehen durch — wir gehen durch die Tür durch, und ich springe auf die Bahn und lasse sie da stehen und der kleine Tölpel fährt durch die Tür durch — sie nicht — sie verliert mich. Jetzt bin ich einmal da drin und kann da mitfahren.

F: Sag Jane Lebwohl.

J: Lebwohl, Jane! . . . Ich bin — ich wollte ihr nicht Lebwohl sagen. Ich möchte lieber meinen Spaß haben . . . Jane steht dort hinten und sieht ganz belämmert aus. Da steht sie mit zitternden Beinen und ich kümmere mich einen Dreck. Ich kümmere mich wirklich einen Dreck. Es ist leicht, ihr Lebwohl zu sagen. (lacht) Sie steht da wie eine Irre und ruft mich, sie ruft meinen Namen. Sie sieht wie außer sich geraten aus, sie sieht aus, als ob sie in Panik geraten ist. (uninteressiert) Aber ich will lieber meinen Spaß haben. Sie wird schon wieder mit sich zurechtkommen.

F: Gut. Tausche jetzt nochmal die Rollen. Sei nochmal Jane.

J: Der Traum ist sehr lang.

F: Da ist schon so vieles vorhanden.

J: Nochmal Jane sein. Gut. Ich bin mit meinem Bruder auf dem Fasching und wir gehen so durch — ich glaube *wirklich nicht,* daß ich hier sein will, und —

F: Sag's uns. Sag *uns* deine Lage —

J: Was habe ich gerade gesagt?

F: Deine ganze Lage. Die Situation ist offen, ja? Sehr klar. Da ist dein Bruder, und da bist du. Du willst dich an ihm festhalten; er will frei sein.

J: Nun, ich glaube — ich glaube, er ist jünger als ich, und er *ist* jünger als ich und ich will nicht, daß er — tut — was ich getan habe. Ich will (ruhig und zögernd) ihn beschützen oder so etwas. Ich halte ihn fest. Ich glaube — ich glaube, ich versuche immer, das zu tun, was meine Mutter nicht tun kann ... Es ist verrückt. Es ist wirklich verrückt ... Ich rede mit ihm. Ich sage es ihm. Paul, hör auf, Drogen zu nehmen, und hör auf umherzuziehen. (weint) Hör auf zu versuchen, so frei zu sein, denn du wirst es bereuen. Wenn du zwanzig bist, wirst du's bereuen.

Ich möchte jetzt seine Seite spielen. Er würde sagen, wie kannst du zu mir sagen, ich soll nicht genau das tun, was du tust? — was du getan hast, als du sechzehn und siebzehn alt warst. Wie kannst du das sagen? Das ist nicht fair. Ich *mag,* was ich tue. Laß mich allein. Du bist — du bist wirklich ein Luder. Du bist halt genauso wie meine Mutter, du bist so ein Luder. Wie kannst *du* so ein Luder sein, wenn du das schon getan hast? ... (seufzt)

Ich — ich versuche, mich um dich zu kümmern. Ich versuche, mich um dich zu kümmern, und ich weiß, daß ich's nicht kann — (weint) ich weiß, daß ich dich loslassen muß, aber in meinen Träumen versuche ich immer noch, dich festzuhalten, mich an dir festzuhalten und dich in Sicherheit zu haben, denn es ist so gefährlich, was du tust! ... Du wirst dich völlig zugrunde richten. (weint)

Aber du bist nicht völlig zugrundegerichtet! So schau dich doch an! Du hast dich geändert, du hast dich wirklich geändert. Du lügst nicht mehr viel. (Lachen) Du nimmst kaum mehr Drogen, wie du's sonst getan hast. Ich werde mich auch derart verändern. Ich muß einfach tun, was ich tun muß. Du traust mir nicht, oder? Du bist wie meine Mutter, du traust mir nicht. Du glaubst nicht, daß ich stark bin.

F: Gut, Jane. Ich glaube, du kannst das jetzt selbst verarbeiten. Ich möchte jetzt etwas anderes tun. Ich möchte mit dem Traumanfang beginnen. Seht euch immer den Anfang des Traums an. Paßt auf, wo ein Traum stattfindet, ob man im Auto ist, ob der Traum in einem Motel oder in der Natur oder in einem Wohngebäude stattfindet. Das gibt euch immer den unmittelbaren Eindruck des existenziellen Hintergrundes. Du fängst nun deinen Traum so an: »Das Leben ist ein

Faschingsfest.« Gib uns jetzt etwas über das Leben als Faschingsfest zu hören.

J: Das Leben — das Leben ist ein Faschingsfest. Du machst da mit und hörst auf. Du machst dort mit und hörst auf. Du gehst auf diese und auf jene Reise. Und dann stößt du mit allen möglichen Leuten zusammen, mit *allen möglichen* Leuten stößt du zusammen, und einige von ihnen schauen dich an, und einige von ihnen schauen dich nicht an, und einige von ihnen bringen dich durcheinander und rempeln dich an und andere tun's nicht, andere sind freundlich zu dir. Und du gewinnst etwas auf dem Faschingsfest. Du kannst Geschenke gewinnen und eine Reise ... und einiges von dem, wo man mitfahren kann — meist macht alles Angst, wo man mitfahren kann, wo man mitmachen kann. Aber es ist auch lustig. Es ist lustig und es macht Angst. Es sind sehr viele Leute da, es ist sehr dicht gedrängt — viele viele Gesichter ... Und im Traum halte ich auf diesem Faschingsfest jemand fest und er will überall mitmachen.

Jane III

Jane: Der Traum, den ich angefangen habe, als ich das letzte Mal gearbeitet habe, ich habe den Traum nie zu Ende erzählt, und ich glaube, daß der letzte Teil ebenso wichtig ist wie der erste Teil. Wo ich zu erzählen aufhörte, war, als ich im Tunnel der Liebe war —

Fritz: Woran zupfst du? (Jane hat sich am Bein gekratzt)

J: Hmm (räuspert sich) ... Ich sitze einfach mal da, eine Minute lang, damit ich wirklich hier sein kann ... Ich bin jetzt in meinem Zwischenbereich und ich — ich denke über zwei Dinge nach: Soll ich an dem Traum arbeiten oder soll ich an der Zupferei arbeiten, denn das ist etwas, was ich oft tue. Ich zupfe in meinem Gesicht herum, und ... ich werde zum Traum zurückgehen. Ich bin im Tunnel der Liebe und mein Bruder ist in den — irgendwohin — gegangen und zu meiner Linken ist ein großes Zimmer und das ist in der Farbe — in der Farbe ausgemalt, die meine Klassenzimmer immer hatten, einer Art schmutzigem Grün, und zu meiner Linken sind Zuschauersitze. Ich mustere die Szene und sehe all die Leute da sitzen. Es sieht aus, als ob sie warteten, mitzufahren. Da ist eine große Menschenmenge um einen Menschen herum, um Raymond (Verlobter). Er redet mit ihnen und er erklärt ihnen etwas und sie hören ihm alle zu. Und er bewegt seinen Finger, so etwa, und macht irgendwelche Gesten. Ich bin überrascht, ihn zu sehen. Ich geh hinauf zu ihm, und es ist ganz offensichtlich, daß er nicht mit mir reden will. Er ist daran interessiert, bei all diesen Leuten zu sein und sie alle zu unterhalten. Also sage ich ihm, daß ich auf ihn warten werde. Ich sitze drei Reihen höher und schaue hinab und beobachte das, was da vor sich geht. Ich werde gereizt, und ich werde wütend und sage dann: »Raymond, ich geh. Ich werde nicht mehr auf dich warten.« Ich gehe hinaus vor die Tür — ich stehe eine Weile vor der Tür — und bekomme Angst. Ich spüre die Angst im Traum. Ich spüre jetzt auch diese Angst, denn in Wirklichkeit will ich nicht da draußen sein. Ich will drinnen sein, bei Raymond. Also gehe ich hinein. Ich gehe durch die Tür zurück —

F: Erzählst du uns einen Traum oder — tust du deine Arbeit?

J: Erzähle ich einen Traum —

F: Oder tust du deine Arbeit?

J: Ich erzähle einen Traum, aber es ist noch — ich erzähle keinen Traum.

F: Hm. Bestimmt nicht.

J: Ich tue meine Arbeit.

F: Ich habe dir nur diese Alternative gegeben.

J: Ich kann nicht sagen, daß ich dessen wirklich gewahr bin, was ich tue. Außer dem Körperlichen. Ich bin gewahr, was körperlich mit mir vor sich geht, aber — ich weiß wirklich nicht, was ich tue. Ich bitte dich nicht, mir zu sagen, was ich tue ... Ich sage bloß, daß ich's nicht weiß.

F: Mir fiel eines auf: Wenn du hier herauf auf den heißen Stuhl kommst, hörst du auf, die dumme Gans zu spielen.

J: Hm. Ich bekomme Angst, wenn ich hier heroben bin.

F: Du stirbst ab.

J: Whuu ... Wenn ich meine Augen schließe und in meinen Körper gehe, weiß ich, daß ich nicht tot bin. Wenn ich meine Augen aufmache und »meine Arbeit verrichte«, dann bin ich tot. Ich bin jetzt im Zwischenbereich, ich frage mich, ob ich tot bin oder nicht. Mir fällt auf, daß meine Beine kalt sind, und meine Füße sind auch kalt. Ich fühle — ich fühle mich fremd ... ich bin jetzt im mittleren Bereich. Ich bin — ich bin weder bei meinem Körper noch bei der Gruppe. Mir fällt auf, daß meine Aufmerksamkeit auf diese kleine Streichholzschachtel am Boden konzentriert ist.

F: Gut. Unterhalte dich mit der Streichholzschachtel.

J: In diesem Moment unterbreche ich es, dich anzuschauen, denn das ist — das ist ein — denn ich weiß nicht, was vor sich geht, und ich weiß nicht, was ich tue. Ich weiß nicht einmal, ob ich die Wahrheit sage.

F: Was antwortet die Streichholzschachtel?

J: Es ist mir gleich, ob du die Wahrheit sagst oder nicht. Das macht mir nichts aus. Ich bin lediglich eine Streichholzschachtel.

F: Probieren wir doch das mal aus: Sag zu uns: »Ich bin bloß eine Streichholzschachtel.«

J: Ich bin bloß eine Streichholzschachtel. Und ich fühle mich dumm, wenn ich das sage. Ich fühle mich irgendwie blöde, wenn ich eine Streichholzschachtel bin.

F: Mhm.

J: Ein klein wenig nützlich, aber nicht sehr nützlich. Es gibt eine Million von meinesgleichen. Und man kann mich anschauen und kann mich mögen, und wenn ich dann aufgebraucht bin, kannst du mich wegwerfen. Ich habe es nie gemocht, eine Streichholzschachtel zu sein ... Ich — ich weiß nicht, ob das die Wahrheit ist, wenn ich sage, daß ich nicht weiß, was ich tue. Ich weiß, daß es einen Teil von mir gibt, der weiß, was ich tue. Und ich fühle mich in der Schwebe, ich fühle mich — unerschütterlich. Ich fühle mich nicht entspannt. Jetzt versuche ich zu verstehen, warum sich in den zwei Sekunden, die ich brauche, um von der Gruppe auf den elektrischen Stuhl zu gelangen, meine ganze — meine ganze Persönlichkeit ändert ... vielleicht weil ich — ich will mit der Jane in dem *anderen Stuhl* reden.

Sie würde sagen, (mit Autorität) nun, du weißt, woran du bist. Du stellst dich dumm. Du stellst dich uneinsichtig. Du tust dies und du tust das und du nützt die Leute aus und du — (lauter) sagst nicht die Wahrheit! Und du bist steckengeblieben, und du bist tot ...

Und wenn ich *hier* bin, will ich sofort — die Jane hier würde sagen (mit kleiner, zittriger Stimme) nun, das ist — ich fühle mich jetzt in diesem Stuhl in einer Verteidigungshaltung ... Ich fühle mich in der Abwehr. Ich habe das Gefühl, daß ich mich aus irgendeinem Grund verteidigen muß. Und ich weiß, daß das nicht stimmt ... Wer mäkelt denn an dir herum? Es ist *die* Jane da drüben, die an mir herummäkelt.

F: Ja.

J: Sie sagt ... sie sagt (lebhaft), wenn du dich jetzt auf diesen Stuhl setzt, mußt du im Hier-und-jetzt sein, du mußt es *richtig* machen, mußt angetörnt sein, mußt alles wissen —

F: »Du mußt deine Arbeit tun.«

J: Du mußt deine Arbeit tun und du mußt sie *richtig* tun. Und du mußt — allem voran, mußt du dich total selbstverwirklichen, und du mußt all deine Anhänglichkeiten aufgeben, und damit Hand in Hand — das ist nicht — das ist kein Befehl, daß du das tust, aber es wäre schön, wenn du auch noch unterhaltsam wärst, während du all das tust. Versuch das doch ein bißchen zu würzen, damit es den Leuten nicht langweilig wird und sie einschlafen, denn das macht dir Angst. Und du mußt *wissen*, warum du auf diesem Stuhl sitzt. Du kannst dich nicht einfach hierhersetzen und nicht wissen, warum du da bist. Du mußt *alles* wissen, Jane.

Du machst es mir wirklich schwer. Du machst es wirklich schwer. Du erlegst mir wirklich eine Menge Forderungen auf ... Ich weiß nicht alles. Und das fällt mir schwer zu sagen. Ich weiß nicht alles, und vor allem weiß ich nicht, was ich die Hälfte der Zeit tue ... Ich weiß nicht — ich weiß nicht, ob das die Wahrheit ist oder nicht. Ich weiß nicht einmal, ob das gelogen ist.

F: Dann sei nochmal dein Topdog.

J: Ist das —

F: Dein Topdog. Das ist der berühmte Topdog. Der rechtschaffene Topdog. *Da* ist deine Macht.

J: Ja. Nun — uh — ich bin dein Topdog. Du kannst ohne mich nicht leben. Ich bin der, der — ich halte ein Auge auf dich, Jane. Ich halte ein Auge auf dich. Wenn nicht ich, würde dich niemand beachten. Du solltest also lieber etwas dankbarer dafür sein, daß es mich gibt. Nun, ich will nicht beachtet werden, *du* willst es. Du willst auffallen. Ich will nicht auffallen. Ich will nicht ... Ich will wirklich nicht so auffallen wie du.

F: Ich möchte, daß du die rechtschaffene Seite dieses Topdogs angreifst.

J: Angreifen — die rechtschaffene Seite.

F: Der Topdog ist immer rechtschaffen. Der Topdog *weiß*, was du tun mußt, er hat das volle Recht zu kritisieren und so weiter. Der Topdog nörgelt, zupft an dir herum, drängt dich in die Defensive.

J: Ja ... Du bist ein Luder! Du bist wie meine Mutter. Du weißt, was für mich gut ist. Du machst mir das Leben *schwer*. Du sagst mir, was ich tun soll. Du sagst mir, ich soll *echt* sein. Du forderst mich auf, mich selbst zu verwirklichen. Du forderst mich auf — uh, die Wahrheit zu sagen.

F: Bitte verändere jetzt nicht, was deine Hände tun, sondern sage uns, was in deinen Händen vor sich geht.

J: Meine linke Hand ...

F: Laß sie miteinander reden.

J: Meine linke Hand. Ich zittere und ich bin in einer Faust und will nach vorn und (Stimme schlägt um) das ist irgendwie — die Faust ist sehr fest, meine Fingernägel, sie drücken sich in meine Hand. Das tut nicht gut, aber ich tu es dauernd. Ich fühle mich angespannt.

F: Und die rechte Hand?

J: Ich halte sie zurück.

F: Sag ihr, warum du sie zurückhältst.

J: Wenn ich dich loslasse, dann — dann wirst du auf etwas einschlagen. Ich weiß nicht, auf was du einschlagen würdest, aber ich muß — ich muß dich zurückhalten, denn du kannst das nicht tun. Du kannst nicht umhergehen und auf irgendetwas einschlagen.

F: Schlag jetzt auf deinen Topdog ein.

J: (kurzer schriller Schrei) Aaaarkh! Aaaarkh.

F: Rede jetzt mit deinem Topdog: »Hör auf, mich zu bekritteln.«

J: (laut, schmerzvoll) Laß mich in Ruhe! /F: Ja, nochmal./ Laß mich in Ruhe! /F: Nochmal./ (schreit es und weint) *Laß mich in Ruhe!* /F: Nochmal./ (schreit es, ein richtiger Ausbruch) LASS MICH IN RUHE! ICH BRAUCH NICHT ZU TUN, WAS DU SAGST! (immer noch weinend) Ich brauch nicht so gut zu sein! ... Ich brauch nicht auf diesem Stuhl zu sitzen! Ich *muß* nicht. *Du* zwingst mich dazu, hierher zu kommen! (schreit) Aarkkh! Du zwingst mich, an meinem Gesicht herumzuzupfen, (weinend) das tust *du.* (schreit und weint) Aaarkkh! Ich würde dich am liebsten umbringen!

F: Sag das nochmal.

J: Ich würde dich am liebsten umbringen! /F: Nochmal./ Ich würde dich am liebsten *umbringen!*

F: Kannst du ihn in deiner linken Hand zermalmen?

J: Er ist so groß wie ich ... Ich erwürge ihn.

F: Gut. Sag das, »Ich erwürge dich —«

J: *(ruhig)* Ich werde dich erwürgen ... ich packe dich am Hals. Grrrruuuu (Fritz gibt ihr ein Kissen, das sie würgt, während sie Laute dabei ausstößt) Arrggh. Uuggh. Wie gefällt dir denn *das?* (es hört sich an wie Würgelaute und Schreien und Weinen)

F: Gib noch mehr Töne von dir.

J: Hrugghhh! Aaahh! Arrgrughhh! (sie fährt fort, auf das Kissen einzuschlagen und weint und schreit)

F: Gut. Entspann dich, mach deine Augen zu ... (langes Schweigen) (weich) Gut. Komm zu uns zurück. Bist du bereit? ... Sei jetzt nochmal der Topdog ...

J: (schwach) Das hättest du nicht tun sollen. Ich werde dich dafür bestrafen ... Ich werde dich dafür bestrafen, Jane. Das wird dir noch leid tun, was du da getan hast. Paß bloß auf!

F: Rede jetzt in der Art mit jedem von uns ... Sei rachelüstern gegenüber jedem von uns. Greif irgendetwas heraus, das wir getan haben ... Fang mit mir an. Wofür wirst du mich als dein Topdog bestrafen?

J: Ich werde dich dafür bestrafen, daß du mir das Gefühl gibst, dumm zu sein.

F: Wie wirst du mich bestrafen?

J: (prompt) Indem ich dumm bin ... Dümmer als ich bin.

F: Gut. Tu das noch ein paar Mal.

J: Raymond, ich werde dich dafür bestrafen, daß du blöde bist. Ich werde dir ein Arschgefühl geben... Ich werde dich denken lassen, daß ich heller bin als du, und du wirst dich blöder fühlen und ich werde mich als klug empfinden... Ich fürchte mich wirklich! Ich sollte das nicht tun. (weint) Das ist nicht schön.

F: Sag ihm das. Dreh es um. »Du solltest nicht —«

J: Du soll — du solltest nicht — du solltest nicht — du solltest nicht — hooo — du solltest dich nicht — du solltest nicht so blöde sein. Du solltest dich nicht so dumm stellen. Denn das ist gar nicht schön.

F: Du tust wieder einmal deine Arbeit.

J: Ja. Ich weiß. Ich will das nicht tun. (weinend) Ich — ich weiß nicht, wie ich dich bestrafen soll. (seufzt) Ich werde dich bestrafen, indem ich hilflos bin.

Raymond: Wofür bestrafst du mich?

J: Ich werde dich dafür bestrafen, daß du mich liebst. Dafür werde ich dich bestrafen. Ich werde es dir *schwer* machen, mich zu lieben. Ich werde dich nicht wissen lassen, ob ich komme oder gehe.

F: »Wie kannst du so niedrig sein, jemand wie mich zu mögen?« Ja?

J: *Ich* tu das.

F: Ich weiß. Wie kann man eine Streichholzschachtel lieben? ...

J: Fergus, ich werde dich bestrafen, weil du so langsam bist — in deinem Körper, aber geistig so schnell. Wie ich das machen werde — ich werde dich erregen, versuchen, dich zu erregen, und das ist wahr. Ich werde dich dafür bestrafen, daß du sexuell gehemmt bist. Ich lasse dich glauben, daß ich sehr sexy bin. Ich werde dir ein schlechtes Gefühl geben, wenn du um mich herum bist ... Und ich werde dich dafür bestrafen, daß du vorgibst, mehr zu wissen, als du in Wirklichkeit weißt.

F: Was erlebst du, wenn du die Strafen austeilst?

J: (wacher, lebendiger) Das ist ein sehr seltsames Erlebnis. Ich weiß nicht, ob ich das seit langer Zeit je gehabt habe. Das ist irgendwie — es ist ein Gefühl, das ich immer dann hatte, wenn ich mich — wenn ich mich an meinen Brüdern gerächt habe, weil sie gemein zu mir gewesen waren. Ich knirsche mit den Zähnen und denke an das *Allerschlimmste*, das ich tun könnte — und irgendwie macht mir das Spaß.

F: Ja. Das ist mein Eindruck; das hier hat dir keinen Spaß gemacht.

J: Mm.

F: Gut. Geh zurück und sei nochmal der Topdog, und *genieße* es, Jane zu bestrafen — an ihr rumzuzupfen, sie zu quälen.

J: Du bist die einzige, bei der mir das Bestrafen Spaß macht ... Wenn du zu laut bist — wenn du zu laut bist, werde ich dich dafür bestrafen, daß du zu laut bist. (die Stimme ist nicht genüßlich) Wenn du nicht laut genug bist, dann sage ich dir, daß du zu gehemmt bist. Wenn du zu viel tanzt, dann sage ich zu dir, daß du versuchst, die Leute sexuell aufzureizen. Wenn du nicht genug tanzt, dann sage ich dir, daß du tot bist.

F: Kannst du Jane sagen: »Ich mach dich verrückt?«

J: (weint) Ich mache dich verrückt. /F: Nochmal./ Ich mache dich verrückt. /F: Nochmal./ Ich mache dich *verrückt* ... Ich habe sonst immer nur die andern verrückt gemacht, und jetzt mache ich *dich* verrückt ... (Stimme sinkt ab, wird sehr schwach) Aber es ist zu deinem eigenen Vorteil. *Das* würde meine Mutter sagen. »Zu deinem eigenen Vorteil.« Ich mache dir *Schuldgefühle*, wenn du etwas Schlechtes getan hast, damit du es auch nicht wieder tust. Und ich — ich klopfe dir auf die Schultern, wenn du etwas Gutes tust, damit du dich daran erinnerst, es wieder zu tun. Ich halte dich aus dem Augenblick heraus. Ich sehe zu, daß du — daß du immerzu planst, daß du programmiert bist, und ich lasse dich nicht leben — nicht im Augenblick leben. Ich lasse dich dein Leben nicht genießen.

F: Ich möchte, daß du das verwendest: »Ich bin unnachgiebig.«

J: Ich — ich *bin* unnachgiebig. /F: Nochmal./ Ich bin unnachgiebig. Ich tu alles — vor allem, wenn mich jemand herausfordert, etwas zu tun. Dann muß ich es dir zu tun anschaffen, Jane, damit du es beweisen kannst, damit du dich selbst beweisen kannst. Du *mußt* dich selbst unter Beweis stellen — in dieser Welt.

F: Versuchen wir das: »Du mußt deine Arbeit tun.«

J: (lacht) Du mußt deine Arbeit tun. Du wirst aufhören herumzulungern, und — du hast sowieso lange Zeit nichts getan —

F: Ja. Ändere jetzt deine Haltung nicht. Der rechte Arm geht zum linken und der linke Arm geht zum rechten. Sag dasselbe nochmal und bleibe dir dessen bewußt.

J: Du hast lange Zeit über nichts getan. Du mußt etwas tun, Jane. Du mußt etwas *sein* ... Du mußt die Leute um dich herum stolz auf dich machen. Du mußt erwachsen werden, du mußt eine Frau werden und du mußt alles, was schlecht ist an dir, versteckt halten, damit es niemand sehen kann, damit sie denken, daß du vollkommen bist, einfach vollkommen ... Du mußt lügen. Ich werde dich zwingen zu lügen.

282

F: Nimm jetzt nochmal Janes Platz ein.

J: Du bist — du, du (weint) machst mich verrückt. Du nörgelst an mir
herum. Ich würde dich wirklich gern erwürgen — uh — dann wirst du
mich noch mehr bestrafen. Du wirst zurückkommen — und mir dafür
die Hölle heißmachen. Warum gehst du denn nicht einfach davon?
Ich will dir nicht mehr übern Weg laufen. Geh bloß weg und laß mich
in Ruhe — und ich bitte dich nicht darum!! Verschwinde bloß! /F:
Nochmal./ Verschwinde bloß, du! /F: Nochmal./ *Verschwinde!* /F:
Tauscht die Plätze./

Du wirst bloß halb soviel sein, wenn ich gehe! Du wirst nur ein
halber Mensch sein, wenn ich dich verlasse. Dann wird es dir erst richtig
schlecht gehen! Du kannst mich nicht wegschicken, du mußt dir etwas
ausdenken, was du mit mir *tun* kannst, du mußt mich *einsetzen.*

Nun, dann — dann — dann würde ich deine Meinungen zu einer
ganzen Menge von Dingen ändern, wenn ich das tun müßte.

F: Ah!

J: Und dir sagen, daß nichts, was ich tun könnte, schlecht ist ... ich
meine, wenn du mich in Ruhe lassen könntest, würde ich nichts
Schlechtes tun.

F: Gut. Ruh dich noch einmal aus.

J: (schließt die Augen) ... Ich kann mich nicht ausruhen.

F: Dann komm zu uns zurück. Erzähl uns von deiner Unruhe.

J: Ich frage mich dauernd, was ich damit anfangen soll. Als ich meine
Augen geschlossen hatte, sagte ich mir: »Sag ihr, sie soll sich einfach
entspannen.«

F: Gut. Spiel jetzt *ihren* Topdog.

J: Entspann dich einfach.

F: Mach sie zum Underdog, und du bist der Topdog.

J: Und du brauchst nichts zu tun, du mußt nichts beweisen. (weint) Du
bist doch erst zwanzig Jahre alt. Du brauchst nicht die Königin zu
sein ...

Sie sagt, O.K. Ich verstehe das. Ich weiß das. Ich bin einfach in
Eile. Ich bin in *großer Eile.* Wir müssen so vieles tun — und jetzt, ich
weiß, wenn ich in Eile bin, dann kannst du nicht im Jetzt sein, du kannst
nicht — wenn ich in Eile bin, kannst du nicht in der Minute bleiben,
in der du bist. Du mußt immerzu — du mußt immerzu eilen, und die
Tage vergehen, einer nach dem anderen, und du meinst, Zeit zu verlieren oder sowas. Du tust dich *viel* zu schwer mit mir. Ich muß — ich
muß dich in Ruhe lassen.

F: Hm, ich möchte gern unterbrechen. Laß deinen Topdog sagen: »Ich
werde ein bißchen geduldiger mit dir sein.«

J: Uh. Ich werde — ich werde ein bißchen geduldiger mit dir sein.

F: Sag das nochmal.

J: (weich) Es fällt mir sehr schwer, geduldig zu sein. Du weißt das. Du weißt, wie ungeduldig ich bin. Aber ich will — ich werde versuchen, etwas geduldiger mit dir zu sein. »Ich werde es versuchen.« — Ich werde ein bißchen geduldiger mit dir sein. Wenn ich das sage, stampfe ich mit dem Fuß auf und schüttele den Kopf.

F: Gut. Sag: »Ich *will nicht* geduldig mit dir sein —«

J: (es fällt ihr leicht) Ich *will nicht* geduldig mit dir sein, Jane! Ich will nicht geduldig mit dir sein. /F: Nochmal./ Ich will nicht geduldig mit dir sein. /F: Nochmal./ Ich will nicht geduldig mit dir sein.

F: Sag das jetzt zu uns . . . Greif ein paar Leute heraus.

J: Jan, ich will nicht geduldig mit dir sein . . . Dick, ich will nicht geduldig mit dir sein. Muriel, ich *will* nicht geduldig mit dir sein. Jimmy, ich *will* nicht geduldig mit dir sein . . . Und June, ich *will* auch mit dir nicht geduldig sein.

F: Gut. Wie fühlst du dich jetzt?

J: Gut.

F: Verstehst du das, der Topdog und der Underdog sind noch nicht beieinander. Aber wenigstens ist der Konflikt klar, liegt offen, ist vielleicht ein *klein* bißchen weniger heftig.

J: Ich hatte das Gefühl, daß ich das vorhin, als ich arbeitete, am Traum und dem Traumdings, schon verarbeitet hätte. Ich fühlte mich *wohl*. Ich — ich — es kommt — es kommt immer wieder.

F: Ja. Das ist das berühmte Selbstquälerei-Spielchen.

J: Ich mache es so *gut*.

F: Jeder tut es. Du machst es auch nicht besser als wir übrigen. Jeder meint: »Ich bin der schlechteste Kerl.«

Steve I

Steve: Ich möchte an einem Traumfragment arbeiten. Ich stehe auf einem Feld. Es ist Nacht, und die Luft ist sehr kühl. Es ist ein wirklich schöner Abend. Ich glaube, daß der Mond scheint. Ich kann ein wenig sehen. Und da ist auch ein bebautes Feld voller Tomatenstauden.

Fritz: Was empfindest du jetzt?

S: Mein Herz schlägt ziemlich schnell, meine Stimme ist hoch, etwas Angespanntheit, Lampenfieber.

F: Wie erlebst du uns?

S: Ich blende euch aus. Ich bin in den Traum gegangen.

F: Würdest du bitte zu uns zurückkommen?

S: Klar. Ich zittere jetzt stärker. Ich spüre ein Zittern in meinen Beinen, in meinen Händen. Meine linke Hand hält mich . . . um sich nicht bewegen zu müssen. Ich zittere ziemlich stark, hier.

F: Bist du dir unser bewußt?

S: Nein, nicht als — nein. Ich bin zu mir selbst zurückgegangen. Ich schaue hinaus zu euch und mein Zittern wird schwächer . . . Ich fühle Schweiß auf der Stirn. Ich gehe immer wieder zu mir selbst zurück . . . Ich sehe Leute, ich sehe nichts Besonderes. Ich sehe euch alle. Ich bin nicht besonders interessiert an euch . . . (kurzes Lachen) Ich will in meinen Traum gehen . . . Ich bitte dich um Erlaubnis.

F: Ich gebe dir keine Erlaubnis.

S: Ja . . .

F: Ich möchte daran arbeiten, wie sehr du mit uns *in Kontakt bist* oder aber uns *nicht* spürst, wie sehr du mit dem, was geschieht, Kontakt *hast* oder *nicht*.

S: Ich fühle mich jetzt mit keinem von euch in Kontakt. Ich schaue umher und ich sehe, daß die Leute irgendetwas miteinander tun — du — mit — uh, Teddy und Helena und mit Sally. Ich sehe, wie die Leute einander anschauen und mich in keiner Weise beachten und ich fühle mich nicht als Teil von irgendetwas, ich —

Teddy: Das hast du da gerade gesehen?

S: Nein, nein. Ich war wieder bei mir. Ich war wieder bei mir. Nein, im Augenblick hast du mich angeschaut (lacht). Vorher, da warst du anderswo. Im Augenblick schaust du mich an, mit einigem Interesse. Ich sehe Helena immer noch traurig — bei ihrer Traurigkeit.

Helena: Ich bin immer noch bei meiner Sache. (sie hat eben gearbeitet)

S: Ja. Ja. Blair schaut sehr zurückgezogen aus — weitweg, uninteressiert. Sally, du siehst mich, aber ich fühle irgendwie nichts von dem, was du siehst.

F: Jetzt fängst du an, dich *anderen zuzuwenden.*

S: Ja.

F: Anstatt *Zuwendung haben zu wollen.*

S: Ja.

F: Gib uns also *mehr* von deiner Zuwendung. Beachte uns mehr.

S: Dick sieht besorgt aus, er reibt sich das Gesicht — *du reibst* dein Gesicht . . . siehst erwartungsvoll aus. Ich weiß nicht, wo Bob ist. Bob, ich weiß nicht, wo du bist. Jane, du schaust Bob an . . .

F: Gut. Ich bin bereit, mich deinem Traum zuzuwenden.

S: Gut. Ich bin auf diesem Feld, es ist Nacht, es ist ein Feld mit Tomatenstauden. Der Boden ist ganz feucht und fruchtbar, und es wächst kein Unkraut.

F: Sei das Feld.

S: Sei das Feld. (legt sich hin) Ich bin in Reihen bebaut, der Dreck mag — ich bin weiche, feuchte Erde. Ich bin gefurcht — uh — in den Furchen kann das Wasser ablaufen, ich nähre diese Pflanzen, es sind eine Menge Stangen in mich hineingetrieben. Die Stangen halten die Tomatenpflanzen. Die Tomatenpflanzen leben in mir, die Wurzeln sind in mir, und sie wachsen hoch hinauf, und ich bin kühl, feucht und nährend. /F: Sag das nochmal./ Ich bin kühl und feucht und nährend. /F: Nochmal./ Ich bin kühl und feucht und nährend. Und es ist auch noch etwas anderes in mir. Da ist ein Zaun durch die Mitte des Feldes und auch der Zaun ist in mich hineingetrieben — ein Meter lange Holzstangen.

F: Was teilst du durch den Zaun?

S: Dazu müßte ich der Zaun sein. (steht auf und streckt die Arme seitwärts aus) Ich bin der Zaun in der *Mitte* des *Feldes*. Ich bin wirklich sinnlos. Die Pflanzen sind die gleichen auf beiden Seiten des Feldes. Der Dreck ist derselbe, das Licht dasselbe. Der Zaun hat zwei Seiten. *Ich* habe zwei Seiten. Ich habe zwei Seiten. Ich habe eine gute und eine schlechte Seite. Die gute Seite geht dahin (nach hinten), die schlechte Seite geht dorthin (nach vorn). Meine schlechte Seite geht dorthin. Aber ich bin in der Mitte des Feldes und es ist — ich bin sinnlos. Ich habe keinen Zweck. Das Feld ist zu beiden Seiten. Wenn ich dieses Feld beschützen wollte, oder auch die Pflanzen darin, müßte ich am Rand sein oder außen herum. Ich bin in der Mitte, und zu beiden Seiten sind Pflanzen ... Ich habe noch nicht beschrieben, wie — ich will die Tomatenpflanzen und die Stangen sein ...

Ich bin eine Stange, die die Tomatenpflanzen hochhält und um mich herum sind Schnüre gewickelt und um die Stauden genauso, und ich halte die Stauden fest, so — (macht einen Kreis mit den Armen). Wenn ich euch nicht festhalten würde, Stauden, würdet ihr — würdet ihr am Boden entlang wachsen und dann würdet ihr kein Licht bekommen, denn all die anderen Tomatenpflanzen in der Umgebung von euch haben Stangen und stehen aufrecht und hochgewachsen da, und ich halte euch hoch.

F: Ich habe Schwierigkeiten, dir zu folgen, ich schlage also vor: Sei deine Stimme.

S: Meine Stimme sein. Meine Stimme klingt irgendwie hohl.

F: »Ich bin —«

S: Ich bin hohl. Ich bin — ich halle wider, vor und zurück in einer langen Röhre. Ich bin meine Stimme. Ich bin meine Stimme. Ich bin gesäumt von Traurigkeit. Ich habe — außen herum ist — ich habe das Gefühl, daß mich außen herum etwas hemmt. Ich bin — ich komme durch, aber etwas ist da und zerrt an mir, etwas hält mich zurück, etwas zerrt an mir. Wenn ich herauskomme, etwas hält zurück, außen herum.

F: Ich werde immer schwerer ...

S: Ja ... Ich werfe einen Mantel über euch ... ich decke alles zu. Ich verschleiere. Ich bin meine Stimme. Ich bin am Grund schwer ... Ich will euch alle abtöten — ich glaube, das ist Computern. Ich bin meine Stimme. Stimme ...

F: Was erlebst du denn jetzt?

S: Schwere, trockenen Mund ... wie hängend, wie ... alles ... Ich fühle, daß ich hänge, ich bin — alles zieht mich nach unten, ich bin — einfach eine Last. Meine Spannung in den Schultern — die habe ich gerade losgelassen. Ich hatte meine Schultern hochgezogen. Schwitzen, Wärme.

F: Gut. Sind irgendwelche Menschen in deinem Traum?

S: Nein. Nein. Da ist nur noch ein anderer Teil. Ich bin im Feld, ich schaue da hin, ich stehe einfach da und der Zaun fängt an der anderen Seite zu brennen an, eine ganze Seite entlang.

F: Aha. Es ist nicht völlig implosiv, nicht völlig tot.

S: Die Tomatenpflanzen sind lebendig ... Ja, das Feuer ist das einzige, was sich bewegt. Und wie ich das Feuer sehe, ist es einfach wie ein Blitz und die ganze Außenseite des Zauns steht in Flammen. Ein sanfter Wind weht in diese Richtung und die Flammen züngeln dahin, so — und eben nur an der einen Seite (der schlechten Seite des Zauns, die nach vorn geht)

F: Tanze es. Tanze die Flammen.

S: (Gesten wie aufflammendes Feuer) Ich bin am Zaun festgemacht. Ich bin am Zaun festgemacht, aber ich —

F: Rede mit dem Zaun.

S: Ich verzehre dich. Ich bin an dir befestigt. Ich kann nicht von dir weg. Ich brauche dich — du bist mein Brennstoff — aber meine Flammen richten sich da hinaus — weg von dir. Ich werde die Tomatenpflanzen hier herüben versengen. Ich bin — wenn ich im Traum bin, als ich, sehe ich, daß der Zaun sinnlos ist und ich möchte den Zaun gern loswerden, aber das Feuer ist der falsche Weg, um das zu tun, denn ein Feuer verbrennt alle Pflanzen in seiner Nähe, und das will ich nicht. Hm —

F: Spiel das Feuer. Rede mit uns als Feuer. »Wenn ich ein Feuer wäre, würde ich euch alle verzehren und das ist schlecht«, und so weiter.

S: Ja. Wenn ich ein Feuer wäre, würde ich euch kaputtmachen, würde ich euch töten, würdet ihr braun werden, ihr würdet euch aufwickeln, ihr — ihr würdet sterben, eure Frucht würde verkümmern, die grüne Frucht würde nie reif werden... Sogar die Stangen, an denen ihr festgemacht seid, würden verbrennen. Alles würde zerknittert werden und zusammenschrumpfen und bröckelig und braun werden —
F: Kannst du statt des *es* das Wort *ich* verwenden. »*Ich* würde das tun. *Ich* würde —«
S: Ich würde euch schrumpfen und braun werden lassen —
F: »Ich würde dich zum Schrumpfen bringen.«
S: Ich würde dich zum Schrumpfen bringen. Ich würde deine Frucht verkümmern lassen und abtöten. Ich würde dich töten. Ich würde dich töten. Du würdest sterben. Du würdest — wenn ich auflodern würde — als Feuer würde ich dich töten. Nicht die, die weit weg wären, sondern jeden, der mir nahe wäre. Jeden, der nahe wäre, würde ich töten... (sinkt langsam in eine kauernde Stellung und weint tief und lange)... Ich denke an ein Gedicht, das mein Vater geschrieben hat. Ich weiß nicht, ob ich es ganz zusammenbringe. Er spricht von seiner Liebe zum Meer und —
»— Ich fordere nichts vom Meer...
Aber wenn ich meine Hand nach andern Händen strecke,
ist meine Berührung voller Tücke und die Gaben, die ich bringe —
Aufdringliches Fordern, nicht Trauen und nur Fragen.
Ich bin des Streitens und der Schmerzen müde.
Ich werde zurückgehen und wieder dem Meer meine Liebe zutragen.«
So, (weich) Danke, Fritz.

Steve II

Steve: Ich muß einiges durchtrennen.
Fritz: Huh?
S: (macht mit der rechten Hand eine Schneide-Bewegung in der Nabel-gegend) Ich muß an einer Entbindung arbeiten...
F: Huh? Was hat das mit mir zu tun?
S: Gut. Das ist eine Ankündigung. Für jeden hier. Ich habe noch einen eintönigen, leblosen, langweiligen Traum, in dem ich wieder in der Mitte eines Feldes stehe, nur ist es ein anderes Feld. Dieses ist — es ist Ende Sommer und es sind Unmengen von — von Pflanzen und Unkraut, alles durcheinander im Feld. Übriggelassene Pflanzen. Die Ernte ist schon vorbei. In der Mitte dieses Feldes steht eine riesige hohe Eiche,

aber ich habe den Verdacht, daß all das ziemlich unwesentlich ist. Das wichtige ist, daß eine Figur da steht, eine sehr verschwommene Figur einer alten Frau. Sie erlaubt mir zu bleiben und Blumen zu pflücken und so weiter — ich kann tun, was ich will. Und da, im Traum, schien es in Ordnung, aber später, als ich darüber nachdachte, mochte ich es nicht.

(herausfordernd) Alte Frau, wer bist du denn, daß du mir in meinem eigenen Traum die Erlaubnis erteilst, umherzugehen? . . .

(beschwichtigend) Ich will dir bloß die Erlaubnis geben, ich glaubte halt, ich glaubte, du würdest das gern haben. Was du gesagt hast, verletzt mich . . . Ich bin im Zwischenbereich. Ich denke — uhh.

F: Dann arbeite doch an deiner Projektion. Sag jedem von uns: »Ich erteile dir die Erlaubnis. Ich erlaube dir —« Sei gönnerhaft.

S: Gut. Daniel, ich erteile dir die Erlaubnis, ein kleiner Junge zu sein. Raymond, ich erteile dir die Erlaubnis, die tollste Schrotflinten-Phantasie zu haben, die du haben willst. Jane, sei — sei so hart, wie du willst — zwei Schießeisen an jeder Hüfte. Sally, sei so süß wie du willst — sei sehr freundlich und sanft und süß und ansprechend. Dale, bleib in deiner Falle! Geh in deine Falle zurück. Das ist ein schöner Ort. Ich gebe dir die Erlaubnis, gefangen zu sein. Uhhh . . . Jimmy, sei so *verwirrt*, wie du willst. Geh so weit du willst, in jede beliebige Richtung. Wirklich verwickelt. Je verwickelter du sein kannst, desto besser, und so weiter — Frank, du bist ein prächtiger Clown — *ich gebe dir die Erlaubnis*, ein Clown zu sein. Komm nie davon ab. Lily, ich erteile dir die Erlaubnis, ein Gummiband zu sein und vorwärts- und zurückzugehen. Schnapp. Schnapp. Schnapp. Schnapp. Schnapp.

F: Geh jetzt ins Gegenteil: »Ich erteile dir *nicht* die Erlaubnis —«

S: Gut. Ich erteile dir nicht die Erlaubnis. Uhh. Bob, ich erteile dir nicht die Erlaubnis, ein Zen-Meister zu sein, dich hinter dem reglosen Gesicht zu verbergen und — ich gebe dir die Erlaubnis *nicht* — du mußt dich beteiligen. Du mußt mitmachen. Muriel, ich erlaube dir nicht, in deinen Kopf hineinzugehen. Ich erteile dir die Erlaubnis nicht, im Himmel umherzusegeln. Dick, ich erteile dir nicht die Erlaubnis, — uh —

F: Bist du dir bewußt, daß du hackst? (Steve hat mit seiner rechten Hand kurze hackende Bewegungen gemacht)

S: Daß ich hacke? Ja.

F: Kurzer Abstecher.

S: Uh. Ja. Ich weiß nicht, was ich damit anfangen soll.

F: (trocken) Ich erteile dir die Erlaubnis, nicht zu wissen, was du damit anfangen sollst. (Gelächter)

S: Ohh. Mann — oh — Mann. (lacht) Ich hatte nicht gedacht, daß du mir je eine Erlaubnis erteilen würdest, irgendetwas zu tun! Gut. Dick, (langsamer) ich gebe dir nicht die Erlaubnis, — weiterhin steckenzubleiben.

F: Sag ihm, was er tun sollte.

S: Er sollte, verdammt nochmal, dasselbe tun, was ich tun sollte. (seufzt) Schmelzen, explodieren, lebendig werden, scheißen, wütend sein, ich weiß nicht was. Einfach — na ja, sich befreien . . . Es ist so leicht, jemand *anderem* zu sagen, was er tun sollte.

F: Nimm deine linke Hand beim Reden.

S: Mit der linken Hand reden. Gut. Ja, Abe, ich gebe dir nicht die Erlaubnis, die Autorität zu sein, der Autokrat, der Diktator, der Kapitän auf dem Schiff zu sein. Ich gebe dir *nicht* die Erlaubnis dazu.

Abe: Was soll ich tun?

S: Sei ein Mitglied der Mannschaft. Sei ein Mitglied der Mannschaft. Sei weder der Kapitän noch der Verurteilte, der jeden Augenblick von der Gurgel bis zum Arsch aufgeschlitzt werden soll. Jan, ich erlaube dir nicht, der Tragöde zu sein. Ich erlaube dir *nicht* — uh, die ganze Zeit traurig zu sein. Ich erlaube dir nicht, —

F: Jetzt verbinde die beiden: »Weder erlaube ich dir, noch verbiete ich dir, . . .«

S: Ahhhhh. Gut. Claire, weder verbiete ich dir, noch erlaube ich dir — Stimmt das? Ja. — Weder verbiete ich dir, noch erlaube ich dir —

F: Bitte mit der linken Hand.

S: Tut mir leid. Weder verbiete ich dir, noch erlaube ich dir, das mißbrauchte Sternchen — zu spielen, die — ahh — Herzzerreißende.

Claire: Sag mir's nur.

S: Verlange so viel du willst, das ist in Ordnung. Ich verbiete dir's nicht und erlaube dir's auch nicht. Helena, ich verbiete dir nicht, noch erlaube ich dir, du zu sein. Du bist großartig, so wie du bist. Du hast jetzt für mich nichts Dinghaftes an dir. Eine Zeitlang war es die chinesische Madonna, du weißt schon — aber das ist für mich verschwunden. Glenn, weder verbiete ich dir, noch erlaube ich dir, ein Spaßvogel zu sein, wenn du's mit der Angst zu tun bekommst . . . (murmelt) Blair, ich verbiete dir nicht, noch erlaube ich dir, zwischen dem kleinen Jungen, der traurig und unglücklich und fertig ist, und dem wütenden herrischen Hurensohn hin und her zu schwanken.

F: Du tust, was du tust, und ich tu, was ich tu. Nimm es von der Seite.

S: Ja. O. K. Du tust, was du tust, und ich tu, was ich tu. Nancy, uh — du tust, was du tust, du bleibst hinter dem durchsichtigen Glas, das ist in Ordnung so: Ich tu, was ich tu.

F: Was tust du?

S: Was ich tu? Ohhh. (Gelächter) Ahhh. (verdrossen) So ziemlich dasselbe wie du, Nancy. (Gelächter) Ich tu so ziemlich dasselbe wie du. Gott! Ich fühle mich wirklich lebendig!

Dale: Du bist es.

S: Fergus, du tust, was du tust, ich tu, was ich tu — wanke du nur durch die Wüste, mit deinen Nierensteinen. (Gelächter) Ich bleibe hinter meinem (lacht) durchsichtigen Glas. Oh Gott. Neville, du tust, was du tust, ich tu, was ich tu. Du kannst wie so ein Golfball bleiben, der lauter Gummi dicht um sich herum hat und ganz eingedrückt ist, und ich bleibe einfach hinter meinem Glas und schaue irgendwie hinaus, ab und zu, und (kichert) sehe, was vor sich geht — und krieg auch ein bißchen Luft. June, du tust, was du tust, und ich tu, was ich tu. Du machst einfach mit deinen großen Szenen weiter und springst weiterhin von einer Szene zur andern, und deine Stimme, dieses — (macht sie nach, atemlos) »Oh! Ich hatte so ein *phantastisches Erlebnis!*« (Gelächter) Ich tu, was ich tu, ich stehe hinter der Glaswand und beobachte dich und breche ab und zu aus und komme hinter meinem Glas hervor. Ahh. Gut.

Frank: Du hast Fritz ausgelassen.

S: Oh, Fritz. Ja. (Lachen) Uhh. Du tust, was du tust und ich tu, was ich tu. Du sitzt hier heroben und paffst deine Gemüsezigaretten, spielst den König der Berge, und — zu wem gehst *du* denn in die Therapie? (Gelächter) (S: läßt Luft heraus) Das ist ein großartiges Erlebnis. Der Stuhl ist überhaupt nicht elektrisch geladen. Wie macht man das?

F: Einfach, indem man wirklich in *eine* Projektion ganz hineingeht.

S: Ja. Ja.

F: Es kommt nicht darauf an, welche Projektion du hernimmst, solange du sie ganz durcharbeitest.

S: Ja. Sie wirklich leben. Wirklich tun.

F: Das ist es, was wir mit dieser Arbeit an Projektionen erreichen wollen. Wenn es einmal klickt, bist du durch die Projektion hindurch und alles ist vorüber. Zuerst blickst du durch ein Fenster und dann erkennst du plötzlich, daß du bloß in einen Spiegel schaust.

Fagan, J., Shepherd, I (1970): Gestalt Therapy Now, Science and Behavoir Books, Palo Alto, California.

Latner, J. (1973): The Gestalt Therapy Book, The Julian Press, Inc., New York.

Ledermann, J. (1969): Anger and the rocking chair: Gestalt awareness with children, McGraw-Hill, New York.

Perls, F. S. (1969): Ego, Hunger and Aggression, London 1947; 2. Aufl. Random House, New York.

— (1969): In and Out the Garbage Pail, Real People Press, Lafayette, Calif.

—, Hefferline, R. F., Goodman, P. (1965): Gestalt Therapy, Julian Press, New York 1951; 2. Aufl. Dell, New York.

Petzold, H. (1965): Gestalttherapie und Psychodrama, Nicol, Kassel.

— (1974): Gestalttherapie und Psychodrama in der Behandlung Drogenabhängiger, in: H. Petzold (Hrsg.) Drogentherapie, Junfermann, Paderborn.

—, Martin, K., Sieper, J. (1972 ff.): Skripte zur Gestalttherapie, Würzburg, Fritz Perls Institut für Gestalttherapie und Kreativitätsförderung Würzburg-Oberdürrbach, Sandstr. 7.

Polster, E., Polster, M. (1970): Gestalt Therapy Integrated, Brunner & Maysel, New York.

Pursglove, P. D. (1968): Recognitions in Gestalt Therapy, Funk & Wagnalls, New York.

Roszak, T. (1970): Die Gestalttherapie bei Paul Goodman, in: Reese, K. (Hrsg.), Dig — Neue Bewußtseinsmodelle, März Verlag, Frankfurt.

Simkin, J. (1968): Festschrift for Fritz Perls, Los Angeles. Big Sur, Simkin Training Center, Route 1, California.

Zinker, J. (1966): Gestalt Therapy and possible growth in a dying person. Gestalt Institute of Cleveland, Cleveland, Ohio, 12921 Euclid Avenue.